◆ 希汉对照 ◆

柏拉图全集

III. 2

菲勒玻斯

溥林 译

Platon

PHILEBVS

(ΦΙΛΗΒΟΣ)

本书依据牛津古典文本（Oxford Classical Texts）中
由约翰·伯内特（John Burnet）所编辑和校勘的
《柏拉图全集》（*Platonis Opera*）第Ⅱ卷译出

前　言

商务印书馆120余年来一直致力于移译世界各国学术名著，除了皇皇的“汉译世界学术名著丛书”之外，更是组织翻译了不少伟大思想家的全集。柏拉图是严格意义上的西方哲学的奠基人，其思想不仅在西方哲学的整个历史中起着继往开来的作用，也远远超出了哲学领域而在文学、教育学、政治学等领域产生着巨大的影响。从19世纪开始，德语世界、英语世界、法语世界等着手系统整理柏拉图的古希腊文原文，并将之译为相应的现代语言，出版了大量的单行本和全集本，至今不衰；鉴于柏拉图著作的经典地位和历史地位，也出版了古希腊文–拉丁文、古希腊文–德文、古希腊文–英文、古希腊文–法文等对照本。

商务印书馆既是汉语世界柏拉图著作翻译出版的奠基者，也一直有心系统组织翻译柏拉图的全部作品。近20年来，汉语学界对柏拉图的研究兴趣和热情有增无减，除了商务印书馆之外，国内其他出版社也出版了一系列柏拉图著作的翻译和研究著作；无论是从语文学上，还是从思想理解上，都取得了长足的进步。有鉴于此，我们希望在汲取西方世界和汉语世界既有成就的基础上，从古希腊文完整地翻译出柏拉图的全部著作，并以古希腊文–汉文对照的形式出版。现就与翻译相关的问题做以下说明。

1. 翻译所依据的古希腊文本是牛津古典文本（Oxford Classical Texts）中由约翰·伯内特（John Burnet）所编辑和校勘的《柏拉图全集》（*Platonis Opera*）；同时参照法国布德本（Budé）希腊文《柏拉图全集》（*Platon: Œuvres complètes*），以及牛津古典文本中1995年出版的第 I 卷最新校勘本等。

2. 公元前后，亚历山大的忒拉叙洛斯（Θράσυλλος, Thrasyllus）按照古希腊悲剧“四联剧”（τετραλογία, Tetralogia）的演出方式编订柏拉图的全部著作，每卷四部，共九卷，一共 36 部作品（13 封书信整体被视为一部作品）；伯内特编辑的《柏拉图全集》所遵循的就是这种编订方式，但除了 36 部作品之外，外加 7 篇“伪作”。中文翻译严格按照该全集所编订的顺序进行。

3. 希腊文正文前面的 SIGLA 中的内容，乃是编辑校勘者所依据的各种抄本的缩写。希腊文正文下面的校勘文字，原样保留，但不做翻译。译文中〈 〉所标示的，乃是为了意思通顺和完整，由译者加上的补足语。翻译中的注释以古希腊文法和文史方面的知识为主，至于义理方面的，交给读者和研究者本人。

4. 除了“苏格拉底”“高尔吉亚”等这些少数约定俗成的译名之外，希腊文专名（人名、地名等）后面的“斯”一般都译出。

译者给自己确定的翻译原则是在坚持“信”的基础上再兼及“达”和“雅”。在翻译时，译者在自己能力所及的范围内，对拉丁文、德文、英文以及中文的重要译本（包括注释、评注等）均认真研读，一一看过，但它们都仅服务于译者对希腊原文的理解。

译者的古希腊文启蒙老师是北京大学哲学系的靳希平教授，谨将此译作献给他，以示感激和敬意。

鉴于译者学养和能力有限，译文中必定有不少疏漏和错讹，敬请读者不吝批评指正。

溥林

2018 年 10 月 22 日于成都

SIGLA

B = cod. Bodleianus, MS. E. D. Clarke 39 = Bekkeri 𝔄

T = cod. Venetus Append. Class. 4, cod. 1 = Bekkeri t

W = cod. Vindobonensis 54, suppl. phil. Gr. 7 = Stallbaumii Vind. 1

C = cod. Crusianus sive Tubingensis = Stallbaumii 𝔗

D = cod. Venetus 185 = Bekkeri Π

G = cod. Venetus Append. Class. 4, cod. 54 = Bekkeri Λ

V = cod. Vindobonensis 109 = Bekkeri Φ

Arm. = Versio Armeniaca

Ars. = Papyrus Arsinoitica a Flinders Petrie reperta

Berol. = Papyrus Berolinensis 9782 (ed. Diels et Schubart 1905)

Recentiores manus librorum B T W litteris b t w significantur

Codicis W lectiones cum T consentientes commemoravi, lectiones cum B consentientes silentio fere praeterii

目　录

菲勒玻斯

［或论快乐］[1]

1　忒拉叙洛斯（Θράσυλλος, Thrasyllus）给该对话加的副标题是“或论快乐”（ἢ περὶ ἡδονῆς）。按照希腊化时期人们对柏拉图对话风格的分类，《菲勒玻斯》属于“伦理性的”（ἠθικός）。

ΦΙΛΗΒΟΣ

ΣΩΚΡΑΤΗΣ ΠΡΩΤΑΡΧΟΣ ΦΙΛΗΒΟΣ St. II p. 11

ΣΩ. Ὅρα δή, Πρώταρχε, τίνα λόγον μέλλεις παρὰ Φιλή- a
βου δέχεσθαι νυνὶ καὶ πρὸς τίνα τὸν παρ' ἡμῖν ἀμφισβητεῖν,
ἐὰν μή σοι κατὰ νοῦν ᾖ λεγόμενος. βούλει συγκεφαλαιω- b
σώμεθα ἑκάτερον;

ΠΡΩ. Πάνυ μὲν οὖν.

ΣΩ. Φίληβος μὲν τοίνυν ἀγαθὸν εἶναί φησι τὸ χαίρειν
πᾶσι ζῴοις καὶ τὴν ἡδονὴν καὶ τέρψιν, καὶ ὅσα τοῦ γένους
ἐστὶ τούτου σύμφωνα· τὸ δὲ παρ' ἡμῶν ἀμφισβήτημά ἐστι
μὴ ταῦτα, ἀλλὰ τὸ φρονεῖν καὶ τὸ νοεῖν καὶ μεμνῆσθαι καὶ
τὰ τούτων αὖ συγγενῆ, δόξαν τε ὀρθὴν καὶ ἀληθεῖς λογισμούς,
τῆς γε ἡδονῆς ἀμείνω καὶ λῴω γίγνεσθαι σύμπασιν ὅσαπερ
αὐτῶν δυνατὰ μεταλαβεῖν· δυνατοῖς δὲ μετασχεῖν ὠφελιμώ- c
τατον ἁπάντων εἶναι πᾶσι τοῖς οὖσί τε καὶ ἐσομένοις. μῶν
οὐχ οὕτω πως λέγομεν, ὦ Φίληβε, ἑκάτεροι;

ΦΙ. Πάντων μὲν οὖν μάλιστα, ὦ Σώκρατες.

ΣΩ. Δέχῃ δὴ τοῦτον τὸν νῦν διδόμενον, ὦ Πρώταρχε,
λόγον;

ΠΡΩ. Ἀνάγκη δέχεσθαι· Φίληβος γὰρ ἡμῖν ὁ καλὸς
ἀπείρηκεν.

a 2 νυνὶ B : νῦν T τὸν Schleiermacher : τῶν B T b 1 ἐὰν B : ἂν T b 7 μεμνῆσθαι T : τὸ μεμνῆσθαι B

菲勒玻斯

苏格拉底　普洛塔尔科斯　菲勒玻斯

苏格拉底：那你就来看看，普洛塔尔科斯[1]，你现在打算接受从菲 11a1
勒玻斯[2]那里来的何种说法，以及打算对从我们这里来的何种说法持有
异议——假如它说得不合你心意的话[3]。你愿意让我们概述一下[4]两者 11b1
中的每一个吗？

普洛塔尔科斯：当然。

苏格拉底：那好，一方面，菲勒玻斯说，对于一切活物而言[5]，善 11b5
就是享受[6]、快乐和愉悦，以及所有〈其他〉与此类事情相一致的东
西[7]。另一方面，从我们这儿而来的异议[8]是，它不是这些，而是具
有明智[9]、进行理解[10]、已经想起[11]，以及复又与这些同家族的那些东
西[12]，〈如〉正确的判断和各种真实的计算，它们对于所有那些能够取
得它们的活物来说都肯定会变得比快乐是更好的和更值得拥有的；而对 11c1
于所有那些能够分有它们的活物来说——无论是对于那些正是着的，还
是对于那些将是着的——，它们都是所有一切中最为有益的。菲勒玻斯
啊，我俩各自岂不约莫就是这样说的？

菲勒玻斯：完完全全就是这样，苏格拉底！

苏格拉底：那么，普洛塔尔科斯啊，你会接受现在被〈我〉提交出 11c5
来的这种说法吗？

普洛塔尔科斯：必然接受；因为，菲勒玻斯，这位英俊的家伙，已经从我们这里打退堂鼓了[13]。

苏格拉底：那么，无论如何都必须用所有的方式抵达关于它们的真 11c10
相吗[14]？

ΣΩ. Δεῖ δὴ περὶ αὐτῶν τρόπῳ παντὶ τἀληθές πῃ περανθῆναι;

d ΠΡΩ. Δεῖ γὰρ οὖν.

ΣΩ. Ἴθι δή, πρὸς τούτοις διομολογησώμεθα καὶ τόδε.

ΠΡΩ. Τὸ ποῖον;

ΣΩ. Ὡς νῦν ἡμῶν ἑκάτερος ἕξιν ψυχῆς καὶ διάθεσιν ἀποφαίνειν τινὰ ἐπιχειρήσει τὴν δυναμένην ἀνθρώποις πᾶσι τὸν βίον εὐδαίμονα παρέχειν. ἆρ' οὐχ οὕτως;

ΠΡΩ. Οὕτω μὲν οὖν.

ΣΩ. Οὐκοῦν ὑμεῖς μὲν τὴν τοῦ χαίρειν, ἡμεῖς δ' αὖ τὴν τοῦ φρονεῖν;

ΠΡΩ. Ἔστι ταῦτα.

ΣΩ. Τί δ' ἂν ἄλλη τις κρείττων τούτων φανῇ; μῶν οὐκ,
e ἂν μὲν ἡδονῇ μᾶλλον φαίνηται συγγενής, ἡττώμεθα μὲν ἀμφότεροι τοῦ ταῦτα ἔχοντος βεβαίως βίου, κρατεῖ δὲ ὁ τῆς
12 ἡδονῆς τὸν τῆς φρονήσεως;

ΠΡΩ. Ναί.

ΣΩ. Ἂν δέ γε φρονήσει, νικᾷ μὲν φρόνησις τὴν ἡδονήν, ἡ δὲ ἡττᾶται; ταῦθ' οὕτως ὁμολογούμενά φατε, ἢ πῶς;

ΠΡΩ. Ἐμοὶ γοῦν δοκεῖ.

ΣΩ. Τί δὲ Φιλήβῳ; τί φῄς;

ΦΙ. Ἐμοὶ μὲν πάντως νικᾶν ἡδονὴ δοκεῖ καὶ δόξει· σὺ δέ, Πρώταρχε, αὐτὸς γνώσῃ.

ΠΡΩ. Παραδούς, ὦ Φίληβε, ἡμῖν τὸν λόγον οὐκ ἂν ἔτι κύριος εἴης τῆς πρὸς Σωκράτη ὁμολογίας ἢ καὶ τοὐναντίον.

b ΦΙ. Ἀληθῆ λέγεις· ἀλλὰ γὰρ ἀφοσιοῦμαι καὶ μαρτύρομαι νῦν αὐτὴν τὴν θεόν.

ΠΡΩ. Καὶ ἡμεῖς σοι τούτων γε αὐτῶν συμμάρτυρες ἂν εἶμεν, ὡς ταῦτα ἔλεγες ἃ λέγεις. ἀλλὰ δὴ τὰ μετὰ ταῦτα

d 4 ἡμῶν B : αὐτῶν T e 1 ἡδονῇ] ἡδονὴ B T a 3 γε B T : om. al. a 4 ὁμολογούμενα T : ὁμολογοῦμεν ἅ B a 7 δέ B : δ' ὦ T a 9 φίληβε T : φίληβος B b 3 γε B T : om. vulg. b 4 εἶμεν corr. Ven. 189 : ἦμεν B T

普洛塔尔科斯：当然必须。 11d1

苏格拉底：好吧[15]！除了这些之外[16]，让我们还要就下面这点达成一致。

普洛塔尔科斯：哪点？

苏格拉底：那就是，现在我俩各自都要试着去显明灵魂的某种习性或
状态[17]，它能够为所有人提供一种幸福的生活。难道不要这样〈做〉吗？ 11d5

普洛塔尔科斯：当然要这样〈做〉。

苏格拉底：岂不是这样：一方面，你们〈认为〉它属于享受；另一方面，我们〈认为〉它属于具有明智[18]？

普洛塔尔科斯：是这样。 11d10

苏格拉底：但如果另外某种〈习性或状态〉显得优于这两者，又会
怎样呢？难道不是这样：一方面，如果它显得更为与快乐是同类的，那 11e1
么，我们双方虽然都将败给那牢牢地拥有这类东西[19]的生活，但快乐这 12a1
种生活会胜过明智这种生活[20]？

普洛塔尔科斯：是的。

苏格拉底：另一方面，如果它〈显得更为〉与明智〈是同类的〉，那么，明智将战胜快乐，而快乐会被打败？你俩说这些就这样被达成了一致呢，还是会怎样？

普洛塔尔科斯：至少在我看来是这样， 12a5

苏格拉底：但在菲勒玻斯〈你〉看来又如何呢？你怎么说？

菲勒玻斯：我现在认为，也将认为，快乐完完全全会取胜；而你，普洛塔尔科斯，自己去认识吧！

普洛塔尔科斯：一旦你把谈话交给了我们，菲勒玻斯啊，那你都不 12a10
再是具有决定权的了，无论就〈我〉同苏格拉底〈达成〉的同意，还是反过来〈没有达成同意〉。

菲勒玻斯：你说得对；其实[21]我已经洗手不干了[22]，并且现在我也 12b1
请女神本人来作证。

普洛塔尔科斯：并且对你而言，我们也肯定会就是这些事情的共同证人[23]，即〈证明〉你说过你现在所说的这些。但依次接下来的那些，

ἑξῆς, ὦ Σώκρατες, ὅμως καὶ μετὰ Φιλήβου ἑκόντος ἢ ὅπως
ἂν ἐθέλῃ πειρώμεθα περαίνειν.

ΣΩ. Πειρατέον, ἀπ' αὐτῆς δὴ τῆς θεοῦ, ἣν ὅδε Ἀφροδίτην
μὲν λέγεσθαί φησι, τὸ δ' ἀληθέστατον αὐτῆς ὄνομα Ἡδονὴν
εἶναι.

ΠΡΩ. Ὀρθότατα.

ΣΩ. Τὸ δ' ἐμὸν δέος, ὦ Πρώταρχε, ἀεὶ πρὸς τὰ τῶν θεῶν c
ὀνόματα οὐκ ἔστι κατ' ἄνθρωπον, ἀλλὰ πέρα τοῦ μεγίστου
φόβου. καὶ νῦν τὴν μὲν Ἀφροδίτην, ὅπῃ ἐκείνῃ φίλον,
ταύτῃ προσαγορεύω· τὴν δὲ ἡδονὴν οἶδα ὡς ἔστι ποικίλον,
καὶ ὅπερ εἶπον, ἀπ' ἐκείνης ἡμᾶς ἀρχομένους ἐνθυμεῖσθαι δεῖ
καὶ σκοπεῖν ἥντινα φύσιν ἔχει. ἔστι γάρ, ἀκούειν μὲν οὕτως
ἁπλῶς, ἕν τι, μορφὰς δὲ δήπου παντοίας εἴληφε καί τινα
τρόπον ἀνομοίους ἀλλήλαις. ἰδὲ γάρ· ἥδεσθαι μέν φαμεν
τὸν ἀκολασταίνοντα ἄνθρωπον, ἥδεσθαι δὲ καὶ τὸν σωφρο- d
νοῦντα αὐτῷ τῷ σωφρονεῖν· ἥδεσθαι δ' αὖ καὶ τὸν ἀνοηταί-
νοντα καὶ ἀνοήτων δοξῶν καὶ ἐλπίδων μεστόν, ἥδεσθαι δ' αὖ
τὸν φρονοῦντα αὐτῷ τῷ φρονεῖν· καὶ τούτων τῶν ἡδονῶν
ἑκατέρας πῶς ἄν τις ὁμοίας ἀλλήλαις εἶναι λέγων οὐκ ἀνόητος
φαίνοιτο ἐνδίκως;

ΠΡΩ. Εἰσὶ μὲν γὰρ ἀπ' ἐναντίων, ὦ Σώκρατες, αὗται
πραγμάτων, οὐ μὴν αὐταί γε ἀλλήλαις ἐναντίαι. πῶς γὰρ
ἡδονῇ γε ἡδονὴ [μὴ] οὐχ ὁμοιότατον ἂν εἴη, τοῦτο αὐτὸ ἑαυτῷ, e
πάντων χρημάτων;

ΣΩ. Καὶ γὰρ χρῶμα, ὦ δαιμόνιε, χρώματι· κατά γε αὐτὸ
τοῦτο οὐδὲν διοίσει τὸ χρῶμα εἶναι πᾶν, τό γε μὴν μέλαν
τῷ λευκῷ πάντες γιγνώσκομεν ὡς πρὸς τῷ διάφορον εἶναι
καὶ ἐναντιώτατον ὂν τυγχάνει. καὶ δὴ καὶ σχῆμα σχήματι

b 7 δὴ T : δὲ B c 6 ἔχει B T : ἔσχεν G d 1 ἄνθρωπον om. Galenus d 2 δ' αὖ T Alexander Aphrodisiensis : δὲ B d 3 δ' αὖ B : δ' αὖ καὶ T d 4 φρονοῦντα . . . φρονεῖν T : σωφρονοῦντα . . . σωφρονεῖν B d 8 αὐταί T : αὗταί B e 1 ἡδονῇ γε ἡδονὴ scripsi : ἡδονήν γε ἡδονὴ B : ἡδονή γε ἡδονῇ T μὴ secl. Badham τοῦτο αὐτὸ] τὸ γ' αὐτὸ ci. Stallbaum e 3 χρώματι B T : χρώματος al. Ast e 4 οὐθὲν T πᾶν B T : τὸ πᾶν vulg. Galenus

苏格拉底啊，不管菲勒玻斯愿意，还是他会想要任何别的什么，让我们 12b5
仍旧带着他尝试将它们带往终点。

苏格拉底：必须尝试，而且是从女神本人开始，虽然这个人[24]说她
被称作阿佛洛狄忒[25]，但她最真实的名字其实是赫多涅[26]。

普洛塔尔科斯：非常正确。 12b10

苏格拉底：但我那总是关乎诸神名字的畏惧，普洛塔尔科斯啊，它 12c1
不是在人的限度内[27]的，而是一种超出了最大的害怕〈的畏惧〉[28]。甚
至现在[29]，就阿佛洛狄忒，怎样是令她喜欢的，我就怎样称呼她。而就
快乐来说，我知道它是错综复杂的[30]，并且正如我所说的，我们必须通 12c5
过从它开始来寻思和考察它究竟具有何种本性。因为，虽然这样简单地
乍一听，它是某种一[31]，但它无疑已经取得了各种各样的形象，而且它
们在某种方式上彼此是不相似的[32]。你只需瞧瞧：我们说，一方面放纵 12d1
的人感到快乐，另一方面节制的人也恰恰因节制[33]而感到快乐；此外，
一方面那缺乏理智的人感到快乐，因为他充满了各种无理智的意见和希
望，另一方面具有明智的人复又恰恰因具有明智而感到快乐。而一个
人，当他说这〈两种〉快乐中的每一种彼此是相似的时，他又怎么会不 12d5
正当地显得是无理智的呢？

普洛塔尔科斯：这些〈快乐〉，苏格拉底啊，虽然它们确实是来自
一些相反的情况[34]，但它们彼此无论如何都不是相反的。因为，快乐之 12e1
于快乐，这种东西本身同它自己，究竟怎么可能不是一切事物中[35]最相
似的呢[36]？

苏格拉底：其实[37]颜色，非凡的人啊[38]，之于颜色〈也如此〉。至
少就这点而言，即每一种颜色是〈颜色〉，它们并无任何不同；但黑色
之于白色，我们每个人都认识到，除了是不相同的之外[39]，也恰好是 12e5
〈与之〉最相反的。当然[40]，形状之于形状也同样如此：一方面，在家

κατὰ ταὐτόν· γένει μέν ἐστι πᾶν ἕν, τὰ δὲ μέρη τοῖς μέρεσιν
13 αὐτοῦ τὰ μὲν ἐναντιώτατα ἀλλήλοις, τὰ δὲ διαφορότητ' ἔχοντα
μυρίαν που τυγχάνει, καὶ πολλὰ ἕτερα οὕτως ἔχονθ' εὑρή-
σομεν. ὥστε τούτῳ γε τῷ λόγῳ μὴ πίστευε, τῷ πάντα τὰ
ἐναντιώτατα ἓν ποιοῦντι. φοβοῦμαι δὲ μή τινας ἡδονὰς
ἡδοναῖς εὑρήσομεν ἐναντίας.

ΠΡΩ. Ἴσως· ἀλλὰ τί τοῦθ' ἡμῶν βλάψει τὸν λόγον;

ΣΩ. Ὅτι προσαγορεύεις αὐτὰ ἀνόμοια ὄντα ἑτέρῳ, φή-
σομεν, ὀνόματι· λέγεις γὰρ ἀγαθὰ πάντ' εἶναι τὰ ἡδέα. τὸ
μὲν οὖν μὴ οὐχὶ ἡδέα εἶναι τὰ ἡδέα λόγος οὐδεὶς ἀμφισβητεῖ·
b κακὰ δ' ὄντα αὐτῶν τὰ πολλὰ καὶ ἀγαθὰ δέ, ὡς ἡμεῖς φαμέν,
ὅμως πάντα σὺ προσαγορεύεις ἀγαθὰ αὐτά, ὁμολογῶν ἀνόμοια
εἶναι, τῷ λόγῳ εἴ τίς σε προσαναγκάζοι. τί οὖν δὴ ταὐτὸν
ἐν ταῖς κακαῖς ὁμοίως καὶ ἐν ἀγαθαῖς ἐνὸν πάσας ἡδονὰς
ἀγαθὸν εἶναι προσαγορεύεις;

ΠΡΩ. Πῶς λέγεις, ὦ Σώκρατες; οἴει γάρ τινα συγχωρή-
σεσθαι, θέμενον ἡδονὴν εἶναι τἀγαθόν, εἶτα ἀνέξεσθαί σου
c λέγοντος τὰς μὲν εἶναί τινας ἀγαθὰς ἡδονάς, τὰς δέ τινας
ἑτέρας αὐτῶν κακάς;

ΣΩ. Ἀλλ' οὖν ἀνομοίους γε φήσεις αὐτὰς ἀλλήλαις εἶναι
καί τινας ἐναντίας.

ΠΡΩ. Οὔτι καθ' ὅσον γε ἡδοναί.

ΣΩ. Πάλιν εἰς τὸν αὐτὸν φερόμεθα λόγον, ὦ Πρώταρχε,
οὐδ' ἄρα ἡδονὴν ἡδονῆς διάφορον, ἀλλὰ πάσας ὁμοίας εἶναι
φήσομεν, καὶ τὰ παραδείγματα ἡμᾶς τὰ νυνδὴ λεχθέντα
οὐδὲν τιτρώσκει, πεισόμεθα δὲ καὶ ἐροῦμεν ἅπερ οἱ πάντων
d φαυλότατοί τε καὶ περὶ λόγους ἅμα νέοι.

ΠΡΩ. Τὰ ποῖα δὴ λέγεις;

a 5 εὑρήσομ' ἐναντίας B : εὑρήσομεν ἐναντίαις pr. T a 6 ἡμῶν B T : ἡμῖν vulg. a 9 οὐχὶ T : οὐχ B b 2 ὅμως] ὁμοίως Hermann πάντα T : om. B ⟨ἂν⟩ ἀνόμοια Hermann b 3 προσαναγκάζει Jackson b 4 ἐνὸν] ἐνορῶν Thompson : ἐννοῶν Apelt c 1 ἡδονάς B T : om. al. c 7 ἡδονὴν T G : ἡδονὴ B εἶναι B T : om. G c 8 τὰ νῦν δὴ B : δὴ τὰ νῦν T c 9 οὐδέν τι τρώσει Jackson πεισόμεθα Badham : πειρόμεθα B : πειρασόμεθα T

族上它们全都是一[41]；另一方面，就它的诸部分来说，一些部分彼此
是最相反的，一些部分则无论如何都恰好有着无限的不同。并且我们还 13a1
将发现，许多其他的东西也是这样[42]。因此，请你一定不要相信这种说
法，因为它把所有最相反的东西弄成了一。不过我担心[43]，我们将发现 13a5
某些同〈其他〉快乐相反的快乐。

普洛塔尔科斯：或许吧。然而，为何这将损害我们的说法呢？

苏格拉底：因为，虽然它们是不相似的，我们会说，你却用另一个
名称来称呼它们，由于你说所有快乐的事情都是善的。因此，一方面，
各种快乐的事情都是快乐的，没有任何说法对这持有异议；另一方面， 13b1
尽管其中多数是恶的，但也有一些是善的，正如我们所说，然而你却把
它们全都称作是善的，即使你会同意它们是不相似的，假如某人用道
理[44]来逼迫你的话。那么，究竟是什么样的同一者同样地内在于各种恶
的和各种善的快乐中，以至于使得你把所有的快乐都称作是善的？ 13b5

普洛塔尔科斯：你为何这么说呢，苏格拉底啊？你真的认为，一个
人，一旦他确定了快乐就是善之后，接下来竟然将同意，〈或〉将容忍
你说[45]，一些快乐是善的，而其中另一些是恶的？ 13c1

苏格拉底：无论如何[46]你都肯定会说，它们彼此是不相似的，甚至一些还彼此相反。

普洛塔尔科斯：绝不会〈这么说〉，至少就它们是快乐这点而言[47]。 13c5

苏格拉底：我们重新把自己带回到了那个同样的说法，普洛塔尔科
斯啊，即快乐之于快乐并无任何不同，相反，我们会说所有的快乐都是
相似的；并且刚才所说的那些例子也丝毫没有伤害到我们，而我们将表
现出来的[48]和将说的，正是所有人中那些最不用心的[49]，以及同时在讨 13d1
论方面是新手[50]的人〈所表现出来的和说的〉。

普洛塔尔科斯：你究竟在说何种事情？

ΣΩ. Ὅτι σε μιμούμενος ἐγὼ καὶ ἀμυνόμενος ἐὰν τολμῶ λέγειν ὡς τὸ ἀνομοιότατόν ἐστι τῷ ἀνομοιοτάτῳ πάντων ὁμοιότατον, ἕξω τὰ αὐτὰ σοὶ λέγειν, καὶ φανούμεθά γε νεώτεροι τοῦ δέοντος, καὶ ὁ λόγος ἡμῖν ἐκπεσὼν οἰχήσεται. πάλιν οὖν αὐτὸν ἀνακρουώμεθα, καὶ τάχ' ἂν ἰόντες εἰς τὰς ὁμοίας ἴσως ἄν πως ἀλλήλοις συγχωρήσαιμεν.

ΠΡΩ. Λέγε πῶς; e

ΣΩ. Ἐμὲ θὲς ὑπὸ σοῦ πάλιν ἐρωτώμενον, ὦ Πρώταρχε.

ΠΡΩ. Τὸ ποῖον δή;

ΣΩ. Φρόνησίς τε καὶ ἐπιστήμη καὶ νοῦς καὶ πάνθ' ὁπόσα δὴ κατ' ἀρχὰς ἐγὼ θέμενος εἶπον ἀγαθά, διερωτώμενος ὅτι ποτ' ἐστὶν ἀγαθόν, ἆρ' οὐ ταὐτὸν πείσονται τοῦτο ὅπερ ὁ σὸς λόγος;

ΠΡΩ. Πῶς;

ΣΩ. Πολλαί τε αἱ συνάπασαι ἐπιστῆμαι δόξουσιν εἶναι καὶ ἀνόμοιοί τινες αὐτῶν ἀλλήλαις· εἰ δὲ καὶ ἐναντίαι πῃ γίγνονταί τινες, ἆρα ἄξιος ἂν εἴην τοῦ διαλέγεσθαι νῦν, εἰ 14 φοβηθεὶς τοῦτο αὐτὸ μηδεμίαν ἀνόμοιον φαίην ἐπιστήμην ἐπιστήμῃ γίγνεσθαι, κἄπειθ' ἡμῖν οὕτως ὁ λόγος ὥσπερ μῦθος ἀπολόμενος οἴχοιτο, αὐτοὶ δὲ σῳζοίμεθα ἐπί τινος ἀλογίας;

ΠΡΩ. Ἀλλ' οὐ μὴν δεῖ τοῦτο γενέσθαι, πλὴν τοῦ σωθῆναι. τό γε μήν μοι ἴσον τοῦ σοῦ τε καὶ ἐμοῦ λόγου ἀρέσκει· πολλαὶ μὲν ἡδοναὶ καὶ ἀνόμοιοι γιγνέσθων, πολλαὶ δὲ ἐπιστῆμαι καὶ διάφοροι.

ΣΩ. Τὴν τοίνυν διαφορότητα, ὦ Πρώταρχε, [τοῦ ἀγαθοῦ] b τοῦ τ' ἐμοῦ καὶ τοῦ σοῦ μὴ ἀποκρυπτόμενοι, κατατιθέντες δὲ εἰς τὸ μέσον, τολμῶμεν, ἄν πῃ ἐλεγχόμενοι μηνύσωσι πότερον

d 6 ἡμῖν ἐκπεσὼν B : ἐκπεσὼν ἡμῖν T d 7 ἂν ἰόντες Ven. 189 : ἀνιόντες BT e 5 ἀγαθά BT : ἀγαθόν per errorem Bekker e 6 ἐστὶν ἀγαθόν B : ἐστὶ τἀγαθόν T e 10 ἀνόμοιοί T : ἀνόμοιαί B a 2 μὴ δὲ μίαν B : μηδὲ μίαν T ἀνόμοιον BT : ἂν ἀνόμοιον vulg. a 3 οὕτως B : οὗτος T a 6 δεῖ TG : δεῖν B a 8 γιγνέσθων] γίγνεσθον BT b 1 τοῦ ἀγαθοῦ seclusi auctore Bury b 3 ἐλεγχόμενοι BT : ἐλεγχομένω Grouius : ἐλεγχόμεναι Stallbaum

苏格拉底：这种：如果我通过模仿你并捍卫自己而敢于说，一切中最不相似的同最不相似的是最相似的，那么，我就将能够如你一样说同 13d5
样的那些事情[51]，而我们由此也肯定显得比应然的是更为幼稚的，并且我们的讨论也将因搁浅而失败[52]。因此，让我们再次把它推回去，并且有可能[53]通过前往一些相似的东西，我们或许会[54]以某种方式在彼此之间达成一致。

普洛塔尔科斯：你只管说，以何种方式？ 13e1

苏格拉底：请你假定我再次被你询问，普洛塔尔科斯啊。

普洛塔尔科斯：究竟〈问〉何种事情？

苏格拉底：明智[55]、知识、理智，以及所有起初[56]我通过假设而将 13e5
之说成是善的那些东西，当我被盘问善究竟是什么时，它们岂不恰恰遭受了你的说法所遭受的这同样的事情？

普洛塔尔科斯：为何？

苏格拉底：全部的知识看起来既是许许多多的，其中一些也彼此是 13e10
不一样的。然而，如果其中一些在某种方式上甚至变得彼此是相反的，
那么，我现在还配得上〈同你〉交谈吗，假如我就因害怕这点而宣称， 14a1
没有任何知识会变得同〈另外的〉知识不一样，并且随后我们的讨论由
此就像一个故事一样因破灭而归于失败，而我们自己只能借助某种无理 14a5
性[57]而被拯救？

普洛塔尔科斯：但这真的不应该发生，除了这点之外，即被拯救。但至少下面这点让我感到满意，那就是：你的说法和我的说法是同等的；一方面让快乐变得是许许多多的和不一样的，另一方面也让知识变得是许许多多的和不同的。

苏格拉底：那么，普洛塔尔科斯啊，我们就不要掩盖你的善和我的 14b1
善[58]之间的不同了，而是要把它放到中间，让我们敢于冒下面这个险，那就是：一旦〈我俩的说法〉被以某种方式加以质问[59]，它们就将揭示

ἡδονὴν τἀγαθὸν δεῖ λέγειν ἢ φρόνησιν ἤ τι τρίτον ἄλλο εἶναι. νῦν γὰρ οὐ δήπου πρός γε αὐτὸ τοῦτο φιλονικοῦμεν, ὅπως ἁγὼ τίθεμαι, ταῦτ' ἔσται τὰ νικῶντα, ἢ ταῦθ' ἃ σύ, τῷ δ' ἀληθεστάτῳ δεῖ που συμμαχεῖν ἡμᾶς ἄμφω.

ΠΡΩ. Δεῖ γὰρ οὖν.

c ΣΩ. Τοῦτον τοίνυν τὸν λόγον ἔτι μᾶλλον δι' ὁμολογίας βεβαιωσώμεθα.

ΠΡΩ. Τὸν ποῖον δή;

ΣΩ. Τὸν πᾶσι παρέχοντα ἀνθρώποις πράγματα ἑκοῦσί τε καὶ ἄκουσιν ἐνίοις καὶ ἐνίοτε.

ΠΡΩ. Λέγε σαφέστερον.

ΣΩ. Τὸν νυνδὴ παραπεσόντα λέγω, φύσει πως πεφυκότα θαυμαστόν. ἓν γὰρ δὴ τὰ πολλὰ εἶναι καὶ τὸ ἓν πολλὰ θαυμαστὸν λεχθέν, καὶ ῥᾴδιον ἀμφισβητῆσαι τῷ τούτων ὁποτερονοῦν τιθεμένῳ.

ΠΡΩ. Ἆρ' οὖν λέγεις ὅταν τις ἐμὲ φῇ Πρώταρχον ἕνα
d γεγονότα φύσει πολλοὺς εἶναι πάλιν τοὺς ἐμὲ καὶ ἐναντίους ἀλλήλοις, μέγαν καὶ σμικρὸν τιθέμενος καὶ βαρὺν καὶ κοῦφον τὸν αὐτὸν καὶ ἄλλα μυρία;

ΣΩ. Σὺ μέν, ὦ Πρώταρχε, εἴρηκας τὰ δεδημευμένα τῶν θαυμαστῶν περὶ τὸ ἓν καὶ πολλά, συγκεχωρημένα δὲ ὡς ἔπος εἰπεῖν ὑπὸ πάντων ἤδη μὴ δεῖν τῶν τοιούτων ἅπτεσθαι, παιδαριώδη καὶ ῥᾴδια καὶ σφόδρα τοῖς λόγοις ἐμπόδια ὑπολαμβανόντων γίγνεσθαι, ἐπεὶ μηδὲ τὰ τοιάδε, ὅταν τις
e ἑκάστου τὰ μέλη τε καὶ ἅμα μέρη διελὼν τῷ λόγῳ, πάντα ταῦτα τὸ ἓν ἐκεῖνο εἶναι διομολογησάμενος, ἐλέγχῃ καταγελῶν ὅτι τέρατα διηνάγκασται φάναι, τό τε ἓν ὡς πολλά ἐστι καὶ ἄπειρα, καὶ τὰ πολλὰ ὡς ἓν μόνον.

ΠΡΩ. Σὺ δὲ δὴ ποῖα, ὦ Σώκρατες, ἕτερα λέγεις, ἃ μήπω συγκεχωρημένα δεδήμευται περὶ τὸν αὐτὸν τοῦτον λόγον;

b 4 τι T : om. B b 5 τοῦτο corr. Coisl. : τοῦτο ὃ B T b 6 ἁγὼ] ἄγω B : ἅ 'γὼ T b 7 δεῖ B : δή pr. T G c 9 ἀμφισβητῆσαι B : ἂν ἀμφισβητῆσαι T d 2 τιθέμενος B : τιθεμένους T e 1 ἅμα B T : ἄλλα Badham

出，应该说快乐是善呢，还是明智是善，甚或某个另外的第三者是善。
因为，现在无疑不是为了这点我们要一争高下[60]，即究竟是我所假设的 14b5
这种东西，还是你所假设的那种东西，将是得胜者，而是为了那最真的
东西，我俩才无论如何都应该并肩作战。

普洛塔尔科斯：确实应该。

苏格拉底：那么，让我们通过一个协议来进一步巩固下面这种说法。14c1

普洛塔尔科斯：究竟何种说法？

苏格拉底：就是对所有人带来麻烦的那种说法，并且无论他们情
愿，还是一些人有时不情愿。 14c5

普洛塔尔科斯：请你说得更为清楚些。

苏格拉底：我在说刚才所遇到的那个说法，它在本性上无论如何都
生来是令人惊异的。因为，多是一，以及一是多，说出来都确实是令人惊
异的；并且，无论一个人提出这两者中的哪一个，都容易对他加以反驳。 14c10

普洛塔尔科斯：那么，你是在这样说吗，那就是：每当有人说，
我，普洛塔尔科斯，虽然在本性上已经成为了一，但那个我[61]复又是 14d1
多，甚至是彼此相反的，只要他把这同一个〈我〉确定为既是大的又是
小的，既是重的又是轻的，以及其他成千上万这样的情形？

苏格拉底：你，普罗塔尔科斯啊，一方面，关于一和多的那些令人
惊异的事情，你说出了其中一些已经变得众所周知的东西[62]；另一方 14d5
面，几乎可以说[63]，它们都已经被所有人同意，不需要触碰这类事情[64]，
因为他们认为它们是孩子气的和容易〈解决〉的，甚至对于各种讨论来
说变成了严重的绊脚石[65]，既然连下面这类事情也不〈要去触碰〉，那
就是：每当有人在言说中分开每个人的〈四〉肢，此外[66]还有其各个部 14e1
分时，一旦他使得〈另一个人〉承认所有这些就是那个一，那么，他就
通过嘲笑进行质问，因为〈那人〉已经被迫说了一些怪异的事情，即一
是多，甚至是无限的，而多仅仅是一[67]。

普洛塔尔科斯：但你，苏格拉底啊，关于这同样的说法，你究竟还 14e5
有哪些其他的事情要说，它们尚未因被同意而变得众所周知？

ΣΩ. Ὁπόταν, ὦ παῖ, τὸ ἓν μὴ τῶν γιγνομένων τε καὶ 15
ἀπολλυμένων τις τιθῆται, καθάπερ ἀρτίως ἡμεῖς εἴπομεν.
ἐνταυθοῖ μὲν γὰρ καὶ τὸ τοιοῦτον ἕν, ὅπερ εἴπομεν νυνδή,
συγκεχώρηται τὸ μὴ δεῖν ἐλέγχειν· ὅταν δέ τις ἕνα ἄνθρωπον
ἐπιχειρῇ τίθεσθαι καὶ βοῦν ἕνα καὶ τὸ καλὸν ἓν καὶ τὸ ἀγαθὸν
ἕν, περὶ τούτων τῶν ἑνάδων καὶ τῶν τοιούτων ἡ πολλὴ
σπουδὴ μετὰ διαιρέσεως ἀμφισβήτησις γίγνεται.

ΠΡΩ. Πῶς;

ΣΩ. Πρῶτον μὲν εἴ τινας δεῖ τοιαύτας εἶναι μονάδας b
ὑπολαμβάνειν ἀληθῶς οὔσας· εἶτα πῶς αὖ ταύτας, μίαν
ἑκάστην οὖσαν ἀεὶ τὴν αὐτὴν καὶ μήτε γένεσιν μήτε ὄλεθρον
προσδεχομένην, ὅμως εἶναι βεβαιότατα μίαν ταύτην; μετὰ
δὲ τοῦτ' ἐν τοῖς γιγνομένοις αὖ καὶ ἀπείροις εἴτε διεσπα-
σμένην καὶ πολλὰ γεγονυῖαν θετέον, εἴθ' ὅλην αὐτὴν αὑτῆς
χωρίς, ὃ δὴ πάντων ἀδυνατώτατον φαίνοιτ' ἄν, ταὐτὸν καὶ
ἓν ἅμα ἐν ἑνί τε καὶ πολλοῖς γίγνεσθαι. ταῦτ' ἔστι τὰ
περὶ τὰ τοιαῦτα ἓν καὶ πολλά, ἀλλ' οὐκ ἐκεῖνα, ὦ Πρώταρχε, c
ἁπάσης ἀπορίας αἴτια μὴ καλῶς ὁμολογηθέντα καὶ εὐπορίας
[ἂν] αὖ καλῶς.

ΠΡΩ. Οὐκοῦν χρὴ τοῦθ' ἡμᾶς, ὦ Σώκρατες, ἐν τῷ νῦν
πρῶτον διαπονήσασθαι;

ΣΩ. Ὡς γοῦν ἐγὼ φαίην ἄν.

ΠΡΩ. Καὶ πάντας τοίνυν ἡμᾶς ὑπόλαβε συγχωρεῖν σοι
τούσδε τὰ τοιαῦτα· Φίληβον δ' ἴσως κράτιστον ἐν τῷ νῦν
ἐπερωτῶντα μὴ κινεῖν εὖ κείμενον.

ΣΩ. Εἶεν· πόθεν οὖν τις ταύτης ἄρξηται πολλῆς οὔσης d
καὶ παντοίας περὶ τὰ ἀμφισβητούμενα μάχης; ἆρ' ἐνθένδε;

ΠΡΩ. Πόθεν;

ΣΩ. Φαμέν που ταὐτὸν ἓν καὶ πολλὰ ὑπὸ λόγων γιγνό

a 3 νῦν δή T: νῦν δεῖν B a 7 σπουδὴ secl. Badham : σπουδῇ R. G. Bury : που δὴ J. B. Bury : που ἤδη Apelt b 4 post προσ-δεχομένην lacunam statuit Hoffmann ὅμως] ὅλως Badham : ὄντως Susemihl μίαν] fort. μὲν Zeller c 3 ἂν secl. Badham c 4 τοῦθ' B : που τοῦθ' T d 1 οὖν B : οὖν ἂν T d 2 ἐνθένδε ποθεν Socrati tribuunt B T d 4 που B T : ποι vulg.

苏格拉底：无论何时，孩子啊，只要一个人不像我们刚才说的那 15a1
样，在那些既生成又毁灭的东西中设定一[68]。因为，一方面，到〈那些
东西〉那里以及就这样一种一，正如我们刚才所说的，已经被同意了不
需要去进行反驳；但另一方面，每当有人试图把人设定为一、把牛设定 15a5
为一、把美设定为一，以及把善设定为一时，那时关于这些一元[69]以及
诸如此类的〈一元〉，巨大的热忱就会随着〈对它们的〉一种细分而变
成了一种争执。

普洛塔尔科斯：为何？

苏格拉底：首先，是否应当接受这样一些一性[70]是真正是着的[71]。 15b1
其次，这些一性复又是怎样的：虽然〈它们中的〉每个始终是同一的，
并且既不容许生成，也不容许毁灭，全都最为牢固地是这个一[72]，但在 15b5
这之后，在那些生成出来的并且复又无穷无尽的东西那里，或者必须得
假设它已经碎裂于其中并且成为了多，或者就得假设它作为整体同其自
身分离——这肯定会看起来是一切中最不可能的——，从而〈它作为〉
同一且单一的东西同时出现在一和多中。就这类一和多来说，是这些， 15c1
而不是〈前面〉那些，普洛塔尔科斯啊，才要为所有的困境[73]负责，假
如它们没有被很好地达成一致的话，而如果很好地〈达成了一致〉，它
们复又会[74]导致疑难的解决[75]。

普洛塔尔科斯：那么，苏格拉底啊，我们现在岂不必须首先苦心经 15c5
营这点？

苏格拉底：至少我会怎么说。

普洛塔尔科斯：那么，也就请你假定在这儿的我们所有人[76]在这样一些方面都同意你；至于菲勒玻斯，或许现在最好不要因询问而惊动他，既然他舒舒服服地躺在那儿。

苏格拉底：好吧[77]！围绕这些有争议的东西的斗争是重大且多种多 15d1
样的，一个人应从何处开始这场斗争呢？莫非从这里？

普洛塔尔科斯：从哪里？

苏格拉底：我们无论如何都会说，一和多，虽然由于各种言说而成

μενα περιτρέχειν πάντῃ καθ' ἕκαστον τῶν λεγομένων ἀεί, καὶ πάλαι καὶ νῦν. καὶ τοῦτο οὔτε μὴ παύσηταί ποτε οὔτε ἤρξατο νῦν, ἀλλ' ἔστι τὸ τοιοῦτον, ὡς ἐμοὶ φαίνεται, τῶν λόγων αὐτῶν ἀθάνατόν τι καὶ ἀγήρων πάθος ἐν ἡμῖν· ὁ δὲ πρῶτον αὐτοῦ γευσάμενος ἑκάστοτε τῶν νέων, ἡσθεὶς ὥς
e τινα σοφίας ηὑρηκὼς θησαυρόν, ὑφ' ἡδονῆς ἐνθουσιᾷ τε καὶ πάντα κινεῖ λόγον ἄσμενος, τοτὲ μὲν ἐπὶ θάτερα κυκλῶν καὶ συμφύρων εἰς ἕν, τοτὲ δὲ πάλιν ἀνειλίττων καὶ διαμερίζων, εἰς ἀπορίαν αὑτὸν μὲν πρῶτον καὶ μάλιστα καταβάλλων, δεύτερον δ' ἀεὶ τὸν ἐχόμενον, ἄντε νεώτερος ἄντε πρεσβύτερος ἄντε ἧλιξ ὢν τυγχάνῃ, φειδόμενος οὔτε πατρὸς οὔτε μητρὸς
16 οὔτε ἄλλου τῶν ἀκουόντων οὐδενός, ὀλίγου δὲ καὶ τῶν ἄλλων ζῴων, οὐ μόνον τῶν ἀνθρώπων, ἐπεὶ βαρβάρων γε οὐδενὸς ἂν φείσαιτο, εἴπερ μόνον ἑρμηνέα ποθὲν ἔχοι.

ΠΡΩ. Ἆρ', ὦ Σώκρατες, οὐχ ὁρᾷς ἡμῶν τὸ πλῆθος, ὅτι νέοι πάντες ἐσμέν, καὶ οὐ φοβῇ μή σοι μετὰ Φιλήβου συνεπιθώμεθα, ἐὰν ἡμᾶς λοιδορῇς; ὅμως δὲ μανθάνομεν γὰρ ὃ λέγεις, εἴ τις τρόπος ἔστι καὶ μηχανὴ τὴν μὲν τοιαύτην ταραχὴν ἡμῖν ἔξω τοῦ λόγου εὐμενῶς πως ἀπελθεῖν, ὁδὸν δέ
b τινα καλλίω ταύτης ἐπὶ τὸν λόγον ἀνευρεῖν, σύ τε προθυμοῦ τοῦτο καὶ ἡμεῖς συνακολουθήσομεν εἰς δύναμιν· οὐ γὰρ σμικρὸς ὁ παρὼν λόγος, ὦ Σώκρατες.

ΣΩ. Οὐ γὰρ οὖν, ὦ παῖδες, ὥς φησιν ὑμᾶς προσαγορεύων Φίληβος. οὐ μὴν ἔστι καλλίων ὁδὸς οὐδ' ἂν γένοιτο ἧς ἐγὼ ἐραστὴς μέν εἰμι ἀεί, πολλάκις δέ με ἤδη διαφυγοῦσα ἔρημον καὶ ἄπορον κατέστησεν.

ΠΡΩ. Τίς αὕτη; λεγέσθω μόνον.

c ΣΩ. Ἣν δηλῶσαι μὲν οὐ πάνυ χαλεπόν, χρῆσθαι δὲ παγχάλεπον· πάντα γὰρ ὅσα τέχνης ἐχόμενα ἀνηυρέθη πώποτε διὰ ταύτης φανερὰ γέγονε. σκόπει δὲ ἣν λέγω.

d 7 ἔστι T : ἐπὶ B d 8 ἄγηρων (sic) B e 3 ἀνειλίττων B : ἀνελίττων T a 3 μόνον ἑρμηνέα B T : ἑρμηνέα μόνον vulg. b 5 γένοιτο B : γίγνοιτο T b 6 ἧς] ⟨ἣ⟩ ἧς Madvig c 1 χρῆσθαι T : χρῆναι B c 2 ἀνευρεθῇ B : ἂν εὑρεθῇ T

为了同一个东西[78]，但它们总是在各方面于那些被说出的东西中的每一 15d5
个那儿打转，无论是过去，还是现在。并且这既从不会停止，也不是现
在才开始；相反，它是这样一种东西，正如对我显得的那样，即在我们
身上各种言说本身的一种不朽的和不老的情状。而年轻人中那每回首次
体验[79]到它的，他〈如此地〉感到快乐，仿佛已经发现了智慧的某个宝 15e1
库似的，他既被快乐弄得心醉神迷[80]，也满心欢喜地使每一种言说运动
起来；他时而使之〈从一边〉滚向另一边[81]，并将之糅合成一，时而则
再次铺展和分开它，由此一方面，他首先并且尤其把自己抛入困惑中，
另一方面，随后又把那时常在身边的人[82]〈抛入困境〉，无论他恰好是 15e5
更为年轻的，还是更为年长的，还是同龄的；他既不放过父亲，也不放
过母亲，也不放过听者中的其他任何人[83]，差不多[84]甚至连其他动物也 16a1
不会放过，而不仅仅是人，既然野蛮人中的任何一位他都不会放过，只
要他能从某个地方得到一位翻译者的话。

普洛塔尔科斯：难道，苏格拉底啊，你没有看到我们这一大群人全
都是年轻人吗，并且你不害怕我们将同菲勒玻斯一起来攻击你吗，假如 16a5
你指责我们的话？然而，我们其实理解你所说的，如果有某种方式和办
法，一方面能够使得这样一种混乱以某种友好的方式离开我们的讨论，
另一方面能够为〈我们的〉讨论找到某条比这更好的道路，那么，你只 16b1
需对这显示出热情，而我们也将力所能及地[85]进行跟随；因为，现在的
讨论可不是无关紧要的，苏格拉底啊。

苏格拉底：确实不是〈无关紧要的〉，孩子们啊，正如菲勒玻斯在
称呼你们时说〈你们〉的那样[86]。既没有，也不会出现一条比下面这条 16b5
道路更美的道路，这条道路就是：一方面，我始终是它的一位热爱者，
另一方面，它也已经时常通过逃走而使我处于孤零零的和无路可走的状
态中。

普洛塔尔科斯：这是一条什么样的路？只管让它被说出来[87]！

苏格拉底：虽然指出它完全不困难，但进行运用则非常困难；因 16c1
为，所有那些曾经同一种技艺相关而被发现的东西[88]，都是通过这条道
路而被揭示出来的[89]。请你看看我说的这条路。

ΠΡΩ. Λέγε μόνον.

ΣΩ. Θεῶν μὲν εἰς ἀνθρώπους δόσις, ὥς γε καταφαίνεται
ἐμοί, ποθὲν ἐκ θεῶν ἐρρίφη διά τινος Προμηθέως ἅμα
φανοτάτῳ τινὶ πυρί· καὶ οἱ μὲν παλαιοί, κρείττονες ἡμῶν
καὶ ἐγγυτέρω θεῶν οἰκοῦντες, ταύτην φήμην παρέδοσαν,
ὡς ἐξ ἑνὸς μὲν καὶ πολλῶν ὄντων τῶν ἀεὶ λεγομένων εἶναι,
πέρας δὲ καὶ ἀπειρίαν ἐν αὑτοῖς σύμφυτον ἐχόντων. δεῖν
οὖν ἡμᾶς τούτων οὕτω διακεκοσμημένων ἀεὶ μίαν ἰδέαν περὶ d
παντὸς ἑκάστοτε θεμένους ζητεῖν—εὑρήσειν γὰρ ἐνοῦσαν—
ἐὰν οὖν μεταλάβωμεν, μετὰ μίαν δύο, εἴ πως εἰσί, σκοπεῖν,
εἰ δὲ μή, τρεῖς ἤ τινα ἄλλον ἀριθμόν, καὶ τῶν ἓν ἐκείνων
ἕκαστον πάλιν ὡσαύτως, μέχριπερ ἂν τὸ κατ' ἀρχὰς ἓν μὴ
ὅτι ἓν καὶ πολλὰ καὶ ἄπειρά ἐστι μόνον ἴδῃ τις, ἀλλὰ καὶ
ὁπόσα· τὴν δὲ τοῦ ἀπείρου ἰδέαν πρὸς τὸ πλῆθος μὴ προσ-
φέρειν πρὶν ἄν τις τὸν ἀριθμὸν αὐτοῦ πάντα κατίδῃ τὸν
μεταξὺ τοῦ ἀπείρου τε καὶ τοῦ ἑνός, τότε δ' ἤδη τὸ ἓν e
ἕκαστον τῶν πάντων εἰς τὸ ἄπειρον μεθέντα χαίρειν ἐᾶν.
οἱ μὲν οὖν θεοί, ὅπερ εἶπον, οὕτως ἡμῖν παρέδοσαν σκοπεῖν
καὶ μανθάνειν καὶ διδάσκειν ἀλλήλους· οἱ δὲ νῦν τῶν ἀν-
θρώπων σοφοὶ ἓν μέν, ὅπως ἂν τύχωσι, καὶ πολλὰ θᾶττον 17
καὶ βραδύτερον ποιοῦσι τοῦ δέοντος, μετὰ δὲ τὸ ἓν ἄπειρα
εὐθύς, τὰ δὲ μέσα αὐτοὺς ἐκφεύγει—οἷς διακεχώρισται τό τε
διαλεκτικῶς πάλιν καὶ τὸ ἐριστικῶς ἡμᾶς ποιεῖσθαι πρὸς
ἀλλήλους τοὺς λόγους.

ΠΡΩ. Τὰ μέν πως, ὦ Σώκρατες, δοκῶ σου μανθάνειν, τὰ δὲ ἔτι σαφέστερον δέομαι ἃ λέγεις ἀκοῦσαι.

ΣΩ. Σαφὲς μήν, ὦ Πρώταρχε, ἐστὶν ἐν τοῖς γράμ-

c 7 φανοτάτῳ T (sed ο in ras.) : φανωτάτῳ B κρείττονες ⟨ὄντες⟩ Badham c 8 φήμην B : φήμῃ T c 9 καὶ T : καὶ ἐκ B d 2 ζητεῖν T : ζητῶν B ἐνοῦσαν T : ἓνοῦσαν B d 3 μεταλάβωμεν BT : καταλάβωμεν Stephanus : λάβωμεν Badham d 4 ἓν ἐκείνων] ἐν ἐκείνῳ Ast d 7 προσφέρειν T b : προφέρειν B e 1 δ' ἤδη T : δὴ δεῖ B a 1 καὶ πολλὰ secl. olim Stallbaum : τὰ πολλὰ Dindorf a 2 βραδύτερον] βραχύτερον Badham τὸ] τὰ Jackson a 4 ἐριστικῶς T : ὁριστικῶς B a 7 σαφέστερον δέομαι B : δέομαι σαφέστερον T a 8 γράμμασιν B : πράμμασιν (π supra γ) T : πράγμασιν G

普洛塔尔科斯：你只管说！

苏格拉底：作为诸神对人的一种馈赠，至少对我显得如此，它同一 16c5
种极其光芒四射的火一道，由一位普罗米修斯从诸神的某个地方[90]扔
给〈我们〉；并且一些古人——他们比我们更强有力，并且住得也离诸
神更近——，曾传下来了这种传闻，那就是：那些总是被称作是〈着〉
的东西，一方面，它们都是出于一和多，另一方面，它们在它们自身那 16c10
儿就与生俱来地具有限度和无限。因此，既然这些已经如此这般地被安 16d1
排了，那关于它们每个我们在任何时候都必须总是设定一种形式[91]，并
探寻它——因为〈我们〉将发现它是内在于其中的——；于是，如果
我们把握到了它，那么，就必须在一〈种形式〉之后探知二〈种形式〉，
假如它们无论如何都是着的话，不然的话[92]，就考察三〈种形式〉或其
他某个数，并且进而以同样的方式探知那些一中的每一个，直到一个 16d5
人看到原初的一[93]不仅是一、多和无限，而且究竟是多少[94]为止[95]。然
而，不要把无限这种形式应用到众多身上，在一个人看清楚它的所有
数[96]，即无限和一之间的所有数之前，而只有到那时[97]，他才允许一切 16e1
中的每个一进入到无限中，听之任之[98]。因此，一方面，诸神，正如我
所说的，就以这种方式把考察、学习和相互教导〈这些方法〉传给了
我们。另一方面，现今人们当中的一些智慧者，一则他们随随便便地[99] 17a1
设立一，以及多[100]，并且同应然的相比，不是做得过快，就是做得过
慢；一则在一之后，他们径直设立无限，而各种中间的东西逃离了他
们[101]——但正是通过这些中间的东西，才区分出了我们彼此之间究竟
是以对话的方式[102]在进行讨论呢，还是复又以争吵的方式在进行讨 17a5
论——。

普洛塔尔科斯：在一些方面，苏格拉底啊，我似乎无论如何都理解你，而在另一些方面[103]，我还需要更为清楚地听听你所说的。

苏格拉底：普洛塔尔科斯啊，于各种字母那儿，我所说的肯定是清

μασιν ὃ λέγω, καὶ λάμβαν᾽ αὐτὸ ἐν τούτοις οἷσπερ καὶ
b πεπαίδευσαι.

ΠΡΩ. Πῶς;

ΣΩ. Φωνὴ μὲν ἡμῖν ἐστί που μία διὰ τοῦ στόματος ἰοῦσα, καὶ ἄπειρος αὖ πλήθει, πάντων τε καὶ ἑκάστου.

ΠΡΩ. Τί μήν;

ΣΩ. Καὶ οὐδὲν ἑτέρῳ γε τούτων ἐσμέν πω σοφοί, οὔτε ὅτι τὸ ἄπειρον αὐτῆς ἴσμεν οὔθ᾽ ὅτι τὸ ἕν· ἀλλ᾽ ὅτι πόσα τ᾽ ἐστὶ καὶ ὁποῖα, τοῦτό ἐστι τὸ γραμματικὸν ἕκαστον ποιοῦν ἡμῶν.

ΠΡΩ. Ἀληθέστατα.

ΣΩ. Καὶ μὴν καὶ τὸ μουσικὸν ὃ τυγχάνει ποιοῦν, τοῦτ᾽ ἔστι ταὐτόν.

ΠΡΩ. Πῶς;

c ΣΩ. Φωνὴ μέν που καὶ τὸ κατ᾽ ἐκείνην τὴν τέχνην ἐστὶ μία ἐν αὐτῇ.

ΠΡΩ. Πῶς δ᾽ οὔ;

ΣΩ. Δύο δὲ θῶμεν βαρὺ καὶ ὀξύ, καὶ τρίτον ὁμότονον. ἢ πῶς;

ΠΡΩ. Οὕτως.

ΣΩ. Ἀλλ᾽ οὔπω σοφὸς ἂν εἴης τὴν μουσικὴν εἰδὼς ταῦτα μόνα, μὴ δὲ εἰδὼς ὥς γ᾽ ἔπος εἰπεῖν εἰς ταῦτα οὐδενὸς ἄξιος ἔσῃ.

ΠΡΩ. Οὐ γὰρ οὖν.

ΣΩ. Ἀλλ᾽, ὦ φίλε, ἐπειδὰν λάβῃς τὰ διαστήματα ὁπόσα ἐστὶ τὸν ἀριθμὸν τῆς φωνῆς ὀξύτητός τε πέρι καὶ βαρύτητος,
d καὶ ὁποῖα, καὶ τοὺς ὅρους τῶν διαστημάτων, καὶ τὰ ἐκ τούτων ὅσα συστήματα γέγονεν—ἃ κατιδόντες οἱ πρόσθεν παρέδοσαν ἡμῖν τοῖς ἑπομένοις ἐκείνοις καλεῖν αὐτὰ ἁρμονίας, ἔν τε ταῖς κινήσεσιν αὖ τοῦ σώματος ἕτερα τοιαῦτα ἐνόντα

b 3 ἡμῖν T : om. B b 4 ἄπειρος B : ἀπείρους T b 6 οὐδὲν T : οὐδ᾽ ἐν B c 1 καὶ τὸ T : om. B : καὶ Hermann c 8 μόνα B T : om. G δὲ εἰδὼς B : εἰδὼς δὲ T

楚的，并且请你就在这些东西中——甚至正是借助它们你才已经被教育
了[104]——，来把握它。 17b1

普洛塔尔科斯：如何〈把握〉？

苏格拉底：通过我们的嘴而出的声音，无论如何都既是一，也复又在数量上是无限的，无论是在所有人那儿，还是在每一个人那儿。

普洛塔尔科斯：为何不呢？ 17b5

苏格拉底：并且我们无论如何都尚不会因这〈两者〉的任何一个而是智慧的，无论是因为我们知道它的无限，还是因为知道它的一；相反，〈知道〉它是多少以及是怎样，正是这，才使得我们中的每个人成为一个精通文法的人[105]。

普洛塔尔科斯：非常正确。 17b10

苏格拉底：而且，那恰好使得〈我们中的每个人〉成为一个精通音乐的人的，也正是这同一回事。

普洛塔尔科斯：为何？

苏格拉底：声音，相应于那门技艺[106]，无论如何在它那里[107]也都 17c1
是一[108]。

普洛塔尔科斯：那还用说？

苏格拉底：而让我们将之设定为二，即低音和高音，以及第三种，
中音[109]。或者如何？ 17c5

普洛塔尔科斯：就这样。

苏格拉底：而你依然在音乐方面还不会是智慧的，如果仅仅知道这些的话；但假如你〈连这些都〉不知道，那么，几乎可以说，在这方面你根本就将是一文不值的[110]。

普洛塔尔科斯：当然。 17c10

苏格拉底：但是，朋友啊，每当你在声音的高和低方面把握到了
各个音程[111]在数量上是多少和是怎样，以及各个音程的界限，以及多 17d1
少个音阶[112]从这些音程中产生出来了——以前的人们观察到它们之后，他们将之传给了我们这些跟在他们后面的人[113]，并把它们称作和声[114]；并且〈当他们观察到〉，复又在身体的各种运动中产生出了其他诸如此

πάθη γιγνόμενα, ἃ δὴ δι' ἀριθμῶν μετρηθέντα δεῖν αὖ φασι ῥυθμοὺς καὶ μέτρα ἐπονομάζειν, καὶ ἅμα ἐννοεῖν ὡς οὕτω δεῖ περὶ παντὸς ἑνὸς καὶ πολλῶν σκοπεῖν—ὅταν γὰρ αὐτά τε λάβῃς οὕτω, τότε ἐγένου σοφός, ὅταν τε ἄλλο τῶν ἓν e
ὁτιοῦν ταύτῃ σκοπούμενος ἕλῃς, οὕτως ἔμφρων περὶ τοῦτο γέγονας· τὸ δ' ἄπειρόν σε ἑκάστων καὶ ἐν ἑκάστοις πλῆθος ἄπειρον ἑκάστοτε ποιεῖ τοῦ φρονεῖν καὶ οὐκ ἐλλόγιμον οὐδ' ἐνάριθμον, ἅτ' οὐκ εἰς ἀριθμὸν οὐδένα ἐν οὐδενὶ πώποτε ἀπιδόντα.

ΠΡΩ. Κάλλιστα, ὦ Φίληβε, ἔμοιγε τὰ νῦν λεγόμενα εἰρηκέναι φαίνεται Σωκράτης.

ΦΙ. Κἀμοὶ ταῦτά γε αὐτά· ἀλλὰ τί δή ποτε πρὸς ἡμᾶς ὁ 18
λόγος οὗτος νῦν εἴρηται καὶ τί ποτε βουλόμενος;

ΣΩ. Ὀρθῶς μέντοι τοῦθ' ἡμᾶς, ὦ Πρώταρχε, ἠρώτηκε Φίληβος.

ΠΡΩ. Πάνυ μὲν οὖν, καὶ ἀποκρίνου γε αὐτῷ.

ΣΩ. Δράσω ταῦτα διελθὼν σμικρὸν ἔτι περὶ αὐτῶν τούτων. ὥσπερ γὰρ ἓν ὁτιοῦν εἴ τίς ποτε λάβοι, τοῦτον, ὥς φαμεν, οὐκ ἐπ' ἀπείρου φύσιν δεῖ βλέπειν εὐθὺς ἀλλ' ἐπί τινα ἀριθμόν, οὕτω καὶ τὸ ἐναντίον ὅταν τις τὸ ἄπειρον ἀναγκασθῇ πρῶτον λαμβάνειν, μὴ ἐπὶ τὸ ἓν εὐθύς, ἀλλ' [ἐπ'] b
ἀριθμὸν αὖ τινα πλῆθος ἕκαστον ἔχοντά τι κατανοεῖν, τελευτᾶν τε ἐκ πάντων εἰς ἕν. πάλιν δὲ ἐν τοῖς γράμμασι τὸ νῦν λεγόμενον λάβωμεν.

ΠΡΩ. Πῶς;

ΣΩ. Ἐπειδὴ φωνὴν ἄπειρον κατενόησεν εἴτε τις θεος εἴτε καὶ θεῖος ἄνθρωπος—ὡς λόγος ἐν Αἰγύπτῳ Θεῦθ τινα

d 5 πάθη] μάθης Poste αὖ B : αὐτὰ T d 6 ῥυθμοὺς T : ἀριθμοὺς B ἅμα T : ἄλλα B d 7 αὐτά pr. T G . ταῦτά B t e 1 ὅταν τε B : ὅταν δὲ T ἓν B : ὄντων T : ὄντων ἓν Wohlrab e 2 ἕλῃς] ἔχῃς Adam τοῦτο T : τούτων B e 4 οὐδ' ἐνάριθμον T : οὐδέν' ἀριθμὸν B a 1 κἀμοὶ Badham : καὶ μοὶ B : καὶ ἐμοὶ T a 3 τοῦθ' T : ταῦθ' B a 7 εἴ T : ἓν εἴ B a 8 φύσιν δεῖ B T : δεῖ φύσιν vulg. b 1 τὸ ἕν B T : τὰ ἓν G ἐπ' secl. Liebhold b 2 κατανοεῖν] κατὰ νοῦν Apelt b 7 θεῦθ T : θεύθ B : in G lacuna

类的内在情状，一旦它们确实通过数而得到了测量，他们再次说，那就 17d5
应当将之称作节奏和韵律[115]，此外还要考虑，必须以这种方式去考察每
一种一和多——，当你真的以这种方式把握到了〈所有〉这些[116]之后， 17e1
那时你就变得智慧了，而当你也这样[117]通过观察而抓住了那些是着的
东西中的任何其他的一[118]，那你由此关于这[119]也就已经成为有头脑的
了。而属于每个东西并且在每个东西中的那种无限的众多，在任何时候
都使得你无限地远离思想[120]，并且使得你〈在那些智慧的人中〉既是不
值得被计在内的，也是不值得被算在内的[121]，因为在任何东西那里你都 17e5
尚未着眼于数来进行打量[122]。

普洛塔尔科斯：至少对我显得，菲勒玻斯啊，苏格拉底已经非常漂
亮地说出了刚才所说的那些。

菲勒玻斯：它们确实对我显得也是这样；然而，这番话究竟为何现 18a1
在被说给我们了，并且它究竟意味着什么呢？

苏格拉底：的确，普洛塔尔科斯啊，菲勒玻斯已经正确地问了我们
这个问题。

普洛塔尔科斯：完全如此，也请你务必回答他。 18a5

苏格拉底：我会这样做的，不过恰恰就这些事情，我还要略微细
说一下。因为，正如这样：如果一个人在某个时候要把握任何的一，那
么，这个人，就像我们所说的那样，他不应当径直就看向无限这种本
性，而是应当看向某个数；反过来也是这样，当一个人被迫首先把握无 18b1
限时，他也不应该径直就看向一，而是再次应该看清那总是[123]包含着
某种众多的某个数[124]，并最终从所有〈这些〉那儿抵达一。但让我们重
新在诸字母那里来把握现在所说的。

普洛塔尔科斯：如何〈做〉？ 18b5

苏格拉底：自从某位神，甚或某位神一样的人，注意到语音是无限
的以后——就像在埃及那儿，有一个传说就把某位透特[125]说成是这样一

τοῦτον γενέσθαι λέγων, ὃς πρῶτος τὰ φωνήεντα ἐν τῷ
ἀπείρῳ κατενόησεν οὐχ ἓν ὄντα ἀλλὰ πλείω, καὶ πάλιν
c ἕτερα φωνῆς μὲν οὔ, φθόγγου δὲ μετέχοντά τινος, ἀριθμὸν
δέ τινα καὶ τούτων εἶναι, τρίτον δὲ εἶδος γραμμάτων διε-
στήσατο τὰ νῦν λεγόμενα ἄφωνα ἡμῖν· τὸ μετὰ τοῦτο διῄρει
τά τε ἄφθογγα καὶ ἄφωνα μέχρι ἑνὸς ἑκάστου, καὶ τὰ φωνή-
εντα καὶ τὰ μέσα κατὰ τὸν αὐτὸν τρόπον, ἕως ἀριθμὸν αὐτῶν
λαβὼν ἑνί τε ἑκάστῳ καὶ σύμπασι στοιχεῖον ἐπωνόμασε·
καθορῶν δὲ ὡς οὐδεὶς ἡμῶν οὐδ' ἂν ἓν αὐτὸ καθ' αὑτὸ ἄνευ
πάντων αὐτῶν μάθοι, τοῦτον τὸν δεσμὸν αὖ λογισάμενος ὡς
d ὄντα ἕνα καὶ πάντα ταῦτα ἕν πως ποιοῦντα μίαν ἐπ' αὐτοῖς
ὡς οὖσαν γραμματικὴν τέχνην ἐπεφθέγξατο προσειπών.

ΦΙ. Ταῦτ' ἔτι σαφέστερον ἐκείνων αὐτά γε πρὸς ἄλληλα, ὦ Πρώταρχε, ἔμαθον· τὸ δ' αὐτό μοι τοῦ λόγου νῦν τε καὶ σμικρὸν ἔμπροσθεν ἐλλείπεται.

ΣΩ. Μῶν, ὦ Φίληβε, τὸ τί πρὸς ἔπος αὖ ταῦτ' ἐστίν;

ΦΙ. Ναί, τοῦτ' ἔστιν ὃ πάλαι ζητοῦμεν ἐγώ τε καὶ Πρώταρχος.

ΣΩ. Ἦ μὴν ἐπ' αὐτῷ γε ἤδη γεγονότες ζητεῖτε, ὡς φῄς,
e πάλαι.

ΦΙ. Πῶς;

ΣΩ. Ἆρ' οὐ περὶ φρονήσεως ἦν καὶ ἡδονῆς ἡμῖν ἐξ ἀρχῆς ὁ λόγος, ὁπότερον αὐτοῖν αἱρετέον;

ΦΙ. Πῶς γὰρ οὔ;

ΣΩ. Καὶ μὴν ἕν γε ἑκάτερον αὐτοῖν εἶναί φαμεν.

ΦΙ. Πάνυ μὲν οὖν.

ΣΩ. Τοῦτ' αὐτὸ τοίνυν ἡμᾶς ὁ πρόσθεν λόγος ἀπαιτεῖ,
πῶς ἔστιν ἓν καὶ πολλὰ αὐτῶν ἑκάτερον, καὶ πῶς μὴ ἄπειρα
19 εὐθύς, ἀλλά τινά ποτε ἀριθμὸν ἑκάτερον ἔμπροσθεν κέκτηται
τοῦ ἄπειρα αὐτῶν ἕκαστα γεγονέναι;

b 8 ὅς T : ὡς B c 5 ἀριθμὸν αὐτῶν B T : αὐτῶν ἀριθμὸν vulg. c 8 τοῦτα B T : τοῦτον δὲ G d 1 πάντα τὰ ταῦτα B : ταῦτα πάντα T d 4 τε T : γε B d 9 ζητεῖτε B : ἐζητεῖτε T a 2 αὐτῶν (ω supra ο) T : αὐτὸν B

位——，他首先注意到在无限〈的语音〉中的元音〈字母〉[126]不是一，而
是几个[127]；进而〈注意到〉另外一些〈字母〉，它们虽然不分有清晰的声 18c1
音，但仍分有某种声响[128]，而其中也有着一定的数目；而且他还区分出
了字母的第三种形式，它们现在被我们称为辅音[129]。在此之后，他既区
分开哑音和辅音，直至每一个为止，也以同样的方式分开那些元音和中间 18c5
音[130]，直到在把握到了它们的数目之后，再把每一个各自和它们全部一起
命名为简单音[131]。然而，由于一方面他看清了下面这点，即我们中无人能
够把〈它们中的〉每一个自身就其自身地弄明白——在没有〈弄明白〉它
们全部的情况下——，另一方面，就这种纽带而言[132]，他推断它是一，并
且它在某种方式上使得所有这些成为一，于是，他就〈说〉一〈门技艺〉 18d1
是在它们那里[133]，通过将之称作文法的技艺[134]而四处嚷嚷[135]。

菲勒玻斯：我已经比〈前面〉那些还要更为清楚地理解了这些，普
洛塔尔科斯啊，至少就它们两相比较而言；然而，对我来说，无论现在
还是前不久[136]，于讨论那里有着同样的不足。 18d5

苏格拉底：难道〈是这点吗〉，菲勒玻斯啊，即这同目的又[137]有何
干系[138]？

菲勒玻斯：是的，这正是我们早就在寻找的事情，无论是我，还是
普洛塔尔科斯。

苏格拉底：实际上[139]虽然你们其实已经抵达了它那里[140]，但如你
所说，你们却还在久久地寻找它。 18e1

菲勒玻斯：为何？

苏格拉底：我们的讨论起初岂不是关于明智和快乐，即应该选择这
两者中的哪一个？

菲勒玻斯：为何不是呢？ 18e5

苏格拉底：而且我们还说这两者中的每个都肯定是一？

菲勒玻斯：完全如此。

苏格拉底：那么，这岂不正是前面的讨论要求我们〈回答的〉，即
为何它们两者中的每个既是一，又是多，以及为何都不径直就是无限
的，而是两者中的每个都已经为自己取得了某一确定的数目，在它们各 19a1
自成为无限的之前？

ΠΡΩ. Οὐκ εἰς φαῦλόν γε ἐρώτημα, ὦ Φίληβε, οὐκ οἶδ'
ὅντινα τρόπον κύκλῳ πως περιαγαγὼν ἡμᾶς ἐμβέβληκε
Σωκράτης. καὶ σκόπει δὴ πότερος ἡμῶν ἀποκρινεῖται τὸ
νῦν ἐρωτώμενον. ἴσως δὴ γελοῖον τὸ ἐμὲ τοῦ λόγου διά-
δοχον παντελῶς ὑποστάντα διὰ τὸ μὴ δύνασθαι τὸ νῦν
ἐρωτηθὲν ἀποκρίνασθαι σοὶ πάλιν τοῦτο προστάττειν· γελοιό-
τερον δ' οἶμαι πολὺ τὸ μηδέτερον ἡμῶν δύνασθαι. σκόπει b
δὴ τί δράσομεν. εἴδη γάρ μοι δοκεῖ νῦν ἐρωτᾶν ἡδονῆς
ἡμᾶς Σωκράτης εἴτε ἔστιν εἴτε μή, καὶ ὁπόσα ἐστὶ καὶ ὁποῖα·
τῆς τ' αὖ φρονήσεως πέρι κατὰ ταὐτὰ ὡσαύτως.

ΣΩ. Ἀληθέστατα λέγεις, ὦ παῖ Καλλίου· μὴ γὰρ δυνά-
μενοι τοῦτο κατὰ παντὸς ἑνὸς καὶ ὁμοίου καὶ ταὐτοῦ δρᾶν
καὶ τοῦ ἐναντίου, ὡς ὁ παρελθὼν λόγος ἐμήνυσεν, οὐδεὶς εἰς
οὐδὲν οὐδενὸς ἂν ἡμῶν οὐδέποτε γένοιτο ἄξιος.

ΠΡΩ. Σχεδὸν ἔοικεν οὕτως, ὦ Σώκρατες, ἔχειν. ἀλλὰ c
καλὸν μὲν τὸ σύμπαντα γιγνώσκειν τῷ σώφρονι, δεύτερος
δ' εἶναι πλοῦς δοκεῖ μὴ λανθάνειν αὐτὸν αὑτόν. τί δή μοι
τοῦτο εἴρηται τὰ νῦν; ἐγώ σοι φράσω. σὺ τήνδε ἡμῖν τὴν
συνουσίαν, ὦ Σώκρατες, ἐπέδωκας πᾶσι καὶ σεαυτὸν πρὸς
τὸ διελέσθαι τί τῶν ἀνθρωπίνων κτημάτων ἄριστον. Φιλή-
βου γὰρ εἰπόντος ἡδονὴν καὶ τέρψιν καὶ χαρὰν καὶ πάνθ'
ὁπόσα τοιαῦτ' ἐστί, σὺ πρὸς αὐτὰ ἀντεῖπες ὡς οὐ ταῦτα
ἀλλ' ἐκεῖνά ἐστιν ἃ πολλάκις ἡμᾶς αὐτοὺς ἀναμιμνῄσκομεν d
ἑκόντες, ὀρθῶς δρῶντες, ἵν' ἐν μνήμῃ παρακείμενα ἑκάτερα
βασανίζηται. φῂς δ', ὡς ἔοικε, σὺ τὸ προσρηθησόμενον
ὀρθῶς ἄμεινον ἡδονῆς γε ἀγαθὸν εἶναι νοῦν, ἐπιστήμην,
σύνεσιν, τέχνην καὶ πάντα αὖ τὰ τούτων συγγενῆ, ⟨ἃ⟩ κτᾶσθαι
δεῖν ἀλλ' οὐχὶ ἐκεῖνα. τούτων δὴ μετ' ἀμφισβητήσεως
ἑκατέρων λεχθέντων ἡμεῖς σοι μετὰ παιδιᾶς ἠπειλήσαμεν
ὡς οὐκ ἀφήσομεν οἴκαδέ σε πρὶν ἂν τούτων τῶν λόγων e

b 2 ἡδονῆς T : ἡδονὴν B c 1 ἔχειν B T : οὕτως ἔχειν G c 3 αὐτὸν αὑτόν T : αὑτόν B : αὐτόν Hermann d 5 ἃ Ven. 189 : om. B T d 6 δεῖν B : δεῖ T ἀμφισβητήσεως B : ἀμφισβητήσεων T d 7 παιδιᾶς T : παιδείας pr. B

普洛塔尔科斯：这可不是一个微不足道的问题，菲勒玻斯啊，我不
知道，苏格拉底为何[141]总以这样那样的方式领着我们绕圈子[142]而把我
们扔入其中。那么，请你考虑一下，我们两人中谁将回答现在被问的那 19a5
些事情。然而，或许下面这点是可笑的，那就是：虽然我已经完全接替
〈你来进行〉讨论[143]，但由于没有能力回答现在被问的，又只好重新命
令你〈来做〉这件事。然而，我认为，更为可笑得多的是下面这点，即 19b1
我们两人中谁都不能〈作答〉。因此，请你考虑一下我们究竟将怎么做。
其实在我看来，苏格拉底现在是在问我们快乐的各种形式，它们是着，
还是不是着，以及是多少和是怎样；关于明智，也以同样的方式涉及同
样这些事情。

苏格拉底：你说得非常正确，卡利阿斯的孩子啊。因为，如果我们 19b5
不能够在每一种一、相似、同一以及在〈其〉反面等方面做这件事，正
如前面的讨论所揭示的那样，那么，我们中没有任何人会在任何时候在
任何事情上变得过有任何的价值。

普洛塔尔科斯：差不多看起来就是这个样子，苏格拉底啊。然而， 19c1
虽然认识一切对于清醒的人来说[144]是件美好的事情，但第二次航行[145]
似乎是：他不会遗忘他自己。究竟为何我现在要说这点呢[146]？我将对
你进行说明[147]。你不仅把这次聚会，苏格拉底啊，慷慨地给了我们所有 19c5
人，而且也把你自己〈慷慨地交给了我们所有人〉，为的是剖判在人的
所有物中什么是至善。因为，当菲勒玻斯说它是快乐、愉悦、高兴，以
及所有诸如此类的东西之后，你对之进行了反驳，说它不是这些，而是 19d1
我们经常自愿提醒我们自己的那些；〈而你俩也〉做得正确[148]，以便它
们各自通过被摆在记忆中而能够得到检测。而且你说，如看起来的那
样，那将被正确地称作无论如何都比快乐更善的一种善，是理智、知
识、睿智[149]、记忆，以及所有其他与这些同家族的东西，应当拥有它 19d5
们[150]，而不是拥有〈前面〉那些东西。于是，当这两方的争执各自被说
出来之后，我们就闹着玩地[151]威胁你〈说〉，我们将不会放你回家，在 19e1

πέρας ἱκανὸν γένηταί τι διορισθέντων, σὺ δὲ συνεχώρησας καὶ ἔδωκας εἰς ταῦθ' ἡμῖν σαυτόν, ἡμεῖς δὲ δὴ λέγομεν, καθάπερ οἱ παῖδες, ὅτι τῶν ὀρθῶς δοθέντων ἀφαίρεσις οὐκ ἔστι· παῦσαι δὴ τὸν τρόπον ἡμῖν ἀπαντῶν τοῦτον ἐπὶ τὰ νῦν λεγόμενα.

ΣΩ. Τίνα λέγεις;

20 ΠΡΩ. Εἰς ἀπορίαν ἐμβάλλων καὶ ἀνερωτῶν ὧν μὴ δυναίμεθ' ἂν ἱκανὴν ἀπόκρισιν ἐν τῷ παρόντι διδόναι σοι. μὴ γὰρ οἰώμεθα τέλος ἡμῖν εἶναι τῶν νῦν τὴν πάντων ἡμῶν ἀπορίαν, ἀλλ' εἰ δρᾶν τοῦθ' ἡμεῖς ἀδυνατοῦμεν, σοὶ δραστέον· ὑπέσχου γάρ. βουλεύου δὴ πρὸς ταῦτα αὐτὸς πότερον ἡδονῆς εἴδη σοι καὶ ἐπιστήμης διαιρετέον ἢ καὶ ἐατέον, εἴ πῃ καθ' ἕτερόν τινα τρόπον οἷός τ' εἶ καὶ βούλει δηλῶσαί πως ἄλλως τὰ νῦν ἀμφισβητούμενα παρ' ἡμῖν.

b ΣΩ. Δεινὸν μὲν τοίνυν ἔτι προσδοκᾶν οὐδὲν δεῖ τὸν ἐμέ, ἐπειδὴ τοῦθ' οὕτως εἶπες· τὸ γὰρ εἰ βούλει ῥηθὲν λύει πάντα φόβον ἑκάστων πέρι. πρὸς δὲ αὖ τοῖς μνήμην τινὰ δοκεῖ τίς μοι δεδωκέναι θεῶν ἡμῖν.

ΠΡΩ. Πῶς δὴ καὶ τίνων;

ΣΩ. Λόγων ποτέ τινων πάλαι ἀκούσας ὄναρ ἢ καὶ ἐγρηγορὼς νῦν ἐννοῶ περί τε ἡδονῆς καὶ φρονήσεως, ὡς οὐδέτερον αὐτοῖν ἐστι τἀγαθόν, ἀλλὰ ἄλλο τι τρίτον, ἕτερον μὲν τούτων, ἄμεινον δὲ ἀμφοῖν. καίτοι τοῦτό γε ἂν ἐναρ- c γῶς ἡμῖν φανῇ νῦν, ἀπήλλακται μὲν ἡδονὴ τοῦ νικᾶν· τὸ γὰρ ἀγαθὸν οὐκ ἂν ἔτι ταὐτὸν αὐτῇ γίγνοιτο. ἢ πῶς;

ΠΡΩ. Οὕτως.

ΣΩ. Τῶν δέ γε εἰς τὴν διαίρεσιν εἰδῶν ἡδονῆς οὐδὲν ἔτι προσδεησόμεθα κατ' ἐμὴν δόξαν. προϊὸν δ' ἔτι σαφέστερον δείξει.

e 2 δὲ T: δὴ B e 5 ἀπαντῶν τοῦτον B: ἀπάντων τούτων pr. T G a 4 ἀλλ' εἰ T: ἀλλὴ B b 1 δεῖ τὸν] δεῖτον B T b 3 αὖ τοῖς B: αὐτοῖς T (αὖ τούτοις t) b 8 ἐστὶ τἀγαθόν B: ἐστὶν ἀγαθόν T τι B t: om. pr. T b 9 καίτοι τοῦτό γε ἄν Badham: καὶ τοιοῦτό γε ἄν B: καί τοι οὕτω γε ἄν in marg. B²: καίτοι τοῦτο ἐὰν T c 2 γίγνοιτο B: γίγνεται T G: γίγνηται vulg. c 5 προϊὸν B T: προϊὼν (et mox δείξει ὁ λόγος) vulg.: προϊόντι Badham

某个合适的限度因这些说法被界定而出现了之前；而既然你已经应允了
〈这点〉，并为了这些而把你自己交给了我们，那我们就要说——就像
孩子们那样——，把那些已经被正确给出的东西没收回去，这是不可能
的。因此，就现在所说的那些东西，请你停止用这种方式来面对我们！ 19e5

苏格拉底：你在说哪种方式？

普洛塔尔科斯：通过〈把我们〉扔进困惑中，并询问我们在目前 20a1
尚没有能力对你给出一个合适的回答的那些问题。因为，让我们不要认
为，我们所有人现在的困惑，对我们来说就是一种目的[152]，相反，如果
我们没有能力做这件事，那你就必须做它，因为你许诺过。因此，请你 20a5
自己对此做出决定，你必须划分出快乐的各种形式以及知识的各种形式
呢，还是应该放弃〈这件事〉——假如你无论如何都能够[153]以另外某
种方式，以及愿意用其他办法[154]来澄清在我们面前现在所争执的那些
事情的话——。

苏格拉底：那么，一方面，我这种人[155]就不再需要预期〈还将面 20b1
对〉任何可怕的事情，既然你都如此这样说了；因为，当如果你愿意
〈这个表达〉被说出来之后，它就消除了关于每件事的每一种恐惧。另
一方面，除了这些，在我看来诸神中的某位已经赐予我们了某种记忆。

普洛塔尔科斯：究竟是何种，以及关乎哪些事情？ 20b5

苏格拉底：我很久以前曾经听到过一些说法，或者在梦里[156]，甚
或在我醒着的时候，我现在想起来它们是关乎快乐和明智的；〈它们说〉
这两者中没有一个是善，而是另外某个第三者，它一方面异于这两者，
另一方面又比这两者更善。然而，如果现在这真的清楚地对我们显明出
来，那么，快乐就已经被排除在得胜之外了；因为，善不再会变得与它 20c1
是同一的。或者怎样？

普洛塔尔科斯：就这样。

苏格拉底：那么，根据我的看法，我们无论如何都将不再另外需要
前去对快乐的各种形式进行一种划分；而随着〈讨论〉往前走，它将更 20c5
加清楚地将之展示出来。

ΠΡΩ. Κάλλιστ' εἰπὼν οὕτω καὶ διαπέραινε.

ΣΩ. Μίκρ' ἄττα τοίνυν ἔμπροσθεν ἔτι διομολογησώμεθα.

ΠΡΩ. Τὰ ποῖα;

ΣΩ. Τὴν τἀγαθοῦ μοῖραν πότερον ἀνάγκη τέλεον ἢ μὴ d
τέλεον εἶναι;

ΠΡΩ. Πάντων δήπου τελεώτατον, ὦ Σώκρατες.

ΣΩ. Τί δέ; ἱκανὸν τἀγαθόν;

ΠΡΩ. Πῶς γὰρ οὔ; καὶ πάντων γε εἰς τοῦτο διαφέρειν τῶν ὄντων.

ΣΩ. Τόδε γε μήν, ὡς οἶμαι, περὶ αὐτοῦ ἀναγκαιότατον εἶναι λέγειν, ὡς πᾶν τὸ γιγνῶσκον αὐτὸ θηρεύει καὶ ἐφίεται βουλόμενον ἑλεῖν καὶ περὶ αὑτὸ κτήσασθαι, καὶ τῶν ἄλλων οὐδὲν φροντίζει πλὴν τῶν ἀποτελουμένων ἅμα ἀγαθοῖς.

ΠΡΩ. Οὐκ ἔστι τούτοις ἀντειπεῖν.

ΣΩ. Σκοπῶμεν δὴ καὶ κρίνωμεν τόν τε ἡδονῆς καὶ τὸν e
φρονήσεως βίον ἰδόντες χωρίς.

ΠΡΩ. Πῶς εἶπες;

ΣΩ. Μήτε ἐν τῷ τῆς ἡδονῆς ἐνέστω φρόνησις μήτ' ἐν τῷ τῆς φρονήσεως ἡδονή. δεῖ γάρ, εἴπερ πότερον αὐτῶν ἔστ' ἀγαθόν, μηδὲν μηδενὸς ἔτι προσδεῖσθαι· δεόμενον δ'
ἂν φανῇ πότερον, οὐκ ἔστι που τοῦτ' ἔτι τὸ ὄντως ἡμῖν 21
ἀγαθόν.

ΠΡΩ. Πῶς γὰρ ἄν;

ΣΩ. Οὐκοῦν ἐν σοὶ πειρώμεθα βασανίζοντες ταῦτα;

ΠΡΩ. Πάνυ μὲν οὖν.

ΣΩ. Ἀποκρίνου δή.

ΠΡΩ. Λέγε.

ΣΩ. Δέξαι' ἄν, Πρώταρχε, σὺ ζῆν τὸν βίον ἅπαντα ἡδόμενος ἡδονὰς τὰς μεγίστας;

d 5 διαφέρειν B T: διαφέρει vulg. d 9 αὑτὸ] αὐτὸ B T e 5 πότερον B: πρότερον T e 6 ἔστ' ἀγαθόν T: ἐστὶ ταγαθόν B μηδὲν μηδενὸς B T: μηδενὸς μηδὲν vulg. ἔτι T: τι B a 1 πότερον B T: ὁπότερον vulg. a 8 δέξαι B T: δέξαιο vulg. πρώταρχε σὺ B: σοι πρώταρχε T G

普洛塔尔科斯：说得非常好，也请你以这种方式抵达终点[157]！

苏格拉底：那么，让我们事先还要就某些小的事情达成一致。

普洛塔尔科斯：哪些事情？

苏格拉底：善，就其应得的份额来说，必然是完满的呢，还是不完满的[158]？

普洛塔尔科斯：无疑是一切中最完满的，苏格拉底啊。

苏格拉底：然后呢？善是充足的吗？

普洛塔尔科斯：为何不？而且恰恰在这点上它无论如何都胜过[159]所有〈其他〉是着的东西。

苏格拉底：而且如我所认为的那样，对之说出下面这点乃是最必然的，那就是：所有认识它的，都追求和渴望[160]它，想把它弄到手，以及为了它自身而拥有它，并且不操心其他任何东西，除了那些伴随着诸善而被完成的东西之外。

普洛塔尔科斯：不可能反驳这些。

苏格拉底：那么，让我们考虑和判断一下快乐这种生活以及明智这种生活，通过分别看看它们。

普洛塔尔科斯：你如何说？

苏格拉底：既不让明智是在快乐中，也不让快乐是在明智中[161]！因为，假如这两者中的任何一个是善，那么，任何一个都不再另外需要任何东西。而无论哪个显得需要，那么对我们来说，它无论如何都不再是以是的方式是着的善[162]。

普洛塔尔科斯：那怎么可能？

苏格拉底：那么，我们可以尝试在你身上检测这些吗？

普洛塔尔科斯：完全可以。

苏格拉底：那就请你作答！

普洛塔尔科斯：你说吧！

苏格拉底：你会接受下面这点吗，普洛塔尔科斯啊，即通过享受各种最大的快乐而活过整个一生？

ΠΡΩ. Τί δ' οὔ;

ΣΩ. Ἆρ' οὖν ἔτι τινὸς ἂν σοι προσδεῖν ἡγοῖο, εἰ τοῦτ' ἔχεις παντελῶς;

ΠΡΩ. Οὐδαμῶς.

ΣΩ. Ὅρα δή, τοῦ φρονεῖν καὶ τοῦ νοεῖν καὶ λογίζεσθαι
b τὰ δέοντα καὶ ὅσα τούτων ἀδελφά, μῶν μὴ δέοι' ἄν τι;

ΠΡΩ. Καὶ τί; πάντα γὰρ ἔχοιμ' ἄν που τὸ χαίρειν ἔχων.

ΣΩ. Οὐκοῦν οὕτω ζῶν ἀεὶ μὲν διὰ βίου ταῖς μεγίσταις ἡδοναῖς χαίροις ἄν;

ΠΡΩ. Τί δ' οὔ;

ΣΩ. Νοῦν δέ γε καὶ μνήμην καὶ ἐπιστήμην καὶ δόξαν μὴ κεκτημένος ἀληθῆ, πρῶτον μὲν τοῦτο αὐτό, εἰ χαίρεις ἢ μὴ χαίρεις, ἀνάγκη δήπου σε ἀγνοεῖν, κενόν γε ὄντα πάσης φρονήσεως;

ΠΡΩ. Ἀνάγκη.

c ΣΩ. Καὶ μὴν ὡσαύτως μνήμην μὴ κεκτημένον ἀνάγκη δήπου μηδ' ὅτι ποτὲ ἔχαιρες μεμνῆσθαι, τῆς τ' ἐν τῷ παραχρῆμα ἡδονῆς προσπιπτούσης μηδ' ἥντινοῦν μνήμην ὑπομένειν· δόξαν δ' αὖ μὴ κεκτημένον ἀληθῆ μὴ δοξάζειν χαίρειν χαίροντα, λογισμοῦ δὲ στερόμενον μηδ' εἰς τὸν ἔπειτα χρόνον ὡς χαιρήσεις δυνατὸν εἶναι λογίζεσθαι, ζῆν δὲ οὐκ ἀνθρώπου βίον, ἀλλά τινος πλεύμονος ἢ τῶν ὅσα θαλάττια μετ' ὀστρεΐνων ἔμψυχά ἐστι σωμάτων. ἔστι ταῦτα, ἢ παρὰ
d ταῦτα ἔχομεν ἄλλα διανοηθῆναι;

ΠΡΩ. Καὶ πῶς;

ΣΩ. Ἆρ' οὖν αἱρετὸς ἡμῖν βίος ὁ τοιοῦτος;

ΠΡΩ. Εἰς ἀφασίαν παντάπασί με, ὦ Σώκρατες, οὗτος ὁ λόγος ἐμβέβληκε τὰ νῦν.

a 12 ἔχεις B T : ἔχοις al. a 14 τοῦ νοεῖν B : νοεῖν T b 1 μὴ δέοι' ἂν Klitsch : μηδὲ ὁρᾶν B T b 7 εἰ T : εἴη B : om. G c 2 μηδ'] μήθ' Stallbaum c 3 μηδ' ἥντιν' οὖν μνήμην B : μνήμην μηδ' ἥντιν οὖν T c 4 χαίρειν] μὴ δὲ suprascr. b : μηδὲ χαίρειν al. c 8 ὀστρεΐνων B T : ὀστρείων vulg. d 1 ἔχομεν ἄλλα scripsi : ἐχόμενα ἄλλως B : ἔχομεν ἄλλως πως T

普洛塔尔科斯：为何不呢？ 21a10

苏格拉底：那你会认为你还另外需要〈其他〉某种东西吗，如果你完全拥有这点的话？

普洛塔尔科斯：绝不。

苏格拉底：那么请你看看，具有明智、进行理解和计算那些所需要
的东西[163]，以及这些的所有姊妹们，在这些方面难道你也会一无所需？ 21b1

普洛塔尔科斯：为何〈需要〉呢？因为，我肯定会拥有一切，如果我拥有享乐的话。

苏格拉底：那么，如果这样活着，那你终生总是都会享乐那些最大的快乐吗？

普洛塔尔科斯：为何不？ 21b5

苏格拉底：但是，如果你未曾拥有理智[164]、记忆、知识以及真判断[165]，那么，首先恰恰就下面这点，即你是感到高兴呢，还是感到不高兴，你必然无疑不知道，假如你真的对整个明智是空空如也的话。

普洛塔尔科斯：必然。 21b10

苏格拉底：而且[166]同样地，如果〈你〉不拥有记忆，那么，下面 21c1
这点就无疑是必然的，那就是：你既不记得你曾经在某个时候感到高兴
过，对当下所降临的快乐的任何记忆[167]也不会〈在你那里〉存留下来。
再次，如果〈你〉不拥有真判断，那么，你就不可能判断你在感到高
兴——当你感到高兴时——；而如果你缺乏计算能力[168]，那你就不可 21c5
能计算到在以后的某个时间你将感到高兴。而〈这样一来〉，你就没有
在过人的生活，而是在过某种水母的生活，或者海洋中所有那些带着有
壳的身体的活物的生活。就是这样呢，还是除了这些之外我们能够设想 21d1
其他的情形？

普洛塔尔科斯：怎么会呢[169]？

苏格拉底：那么，对我们而言，这样一种生活是值得选择的吗[170]？

普洛塔尔科斯：苏格拉底啊，这种说法现在已经把我完全扔进了无 21d5
言以对中[171]。

ΣΩ. Μήπω τοίνυν μαλθακιζώμεθα, τὸν δὲ τοῦ νοῦ μεταλαβόντες αὖ βίον ἴδωμεν.

ΠΡΩ. Τὸν ποῖον δὴ λέγεις;

ΣΩ. Εἴ τις δέξαιτ' ἂν αὖ ζῆν ἡμῶν φρόνησιν μὲν καὶ νοῦν καὶ ἐπιστήμην καὶ μνήμην πᾶσαν πάντων κεκτημένος,
ἡδονῆς δὲ μετέχων μήτε μέγα μήτε σμικρόν, μηδ' αὖ λύπης, e
ἀλλὰ τὸ παράπαν ἀπαθὴς πάντων τῶν τοιούτων.

ΠΡΩ. Οὐδέτερος ὁ βίος, ὦ Σώκρατες, ἔμοιγε τούτων αἱρετός, οὐδ' ἄλλῳ μή ποτε, ὡς ἐγᾦμαι, φανῇ.

ΣΩ. Τί δ' ὁ συναμφότερος, ὦ Πρώταρχε, ἐξ ἀμφοῖν 22
συμμειχθεὶς κοινὸς γενόμενος;

ΠΡΩ. Ἡδονῆς λέγεις καὶ νοῦ καὶ φρονήσεως;

ΣΩ. Οὕτω καὶ τῶν τοιούτων [λέγω] ἔγωγε.

ΠΡΩ. Πᾶς δήπου τοῦτόν γε αἱρήσεται πρότερον ἢ 'κείνων ὁποτερονοῦν, καὶ πρὸς τούτοις [γε] οὐχ ὁ μέν, ὁ δ' οὔ.

ΣΩ. Μανθάνομεν οὖν ὅτι νῦν ἡμῖν ἐστι τὸ συμβαῖνον ἐν τοῖς παροῦσι λόγοις;

ΠΡΩ. Πάνυ μὲν οὖν, ὅτι γε τρεῖς μὲν βίοι προυτέθησαν,
τοῖν δυοῖν δ' οὐδέτερος ἱκανὸς οὐδὲ αἱρετὸς οὔτε ἀνθρώπων b
οὔτε ζῴων οὐδενί.

ΣΩ. Μῶν οὖν οὐκ ἤδη τούτων γε πέρι δῆλον ὡς οὐδέτερος αὐτοῖν εἶχε τἀγαθόν; ἦν γὰρ ἂν ἱκανὸς καὶ τέλεος καὶ πᾶσι φυτοῖς καὶ ζῴοις αἱρετός, οἷσπερ δυνατὸν ἦν οὕτως ἀεὶ διὰ βίου ζῆν· εἰ δέ τις ἄλλα ᾑρεῖθ' ἡμῶν, παρὰ φύσιν ἂν τὴν τοῦ ἀληθῶς αἱρετοῦ ἐλάμβανεν ἄκων ἐξ ἀγνοίας ἤ τινος ἀνάγκης οὐκ εὐδαίμονος.

ΠΡΩ. Ἔοικε γοῦν ταῦθ' οὕτως ἔχειν.

ΣΩ. Ὡς μὲν τοίνυν τήν γε Φιλήβου θεὸν οὐ δεῖ δια- c
νοεῖσθαι ταὐτὸν καὶ τἀγαθόν, ἱκανῶς εἰρῆσθαί μοι δοκεῖ.

d 6 νοῦ T : νῦν B d 8 τὸν T : om. B e 2 πάντων ⟨ὧν⟩ Badham a 1 τί δ' T : τόδ' B a 4 τῶν τοιούτων B : τὸν τοιοῦτον T λέγω seclusi : ἔγωγε om. BT : add. in marg. T a 5 πρότερον T b : πότερον B κείνων T : ἐκείνων B a 6 τούτοις γε B : τούτοις T a 7 ὅτι T : ἔτι B a 9 γε T : om. B b 1 οὐδέτερος T : οὐδέτεροι B b 4 αὐτοῖν T : αὐτῶν B b 7 ἀληθῶς B : ἀληθοῦς T

苏格拉底：那我们也不应就到了服软的地步，而是通过复又拾起理智之生活，让我们来看看它。

普洛塔尔科斯：你究竟在说何种生活？

苏格拉底：这种：我们中是否有人复又会选择过这样一种生活，一
方面，他拥有明智、理智、知识，以及对每一事物的完整记忆，另一方 21d10
面，他既不分有快乐，无论大还是小，也不分有痛苦，而是完全[172]不 21e1
受所有这样一些东西的影响。

普洛塔尔科斯：这两者中没有一种生活，苏格拉底啊，至少对我显得是值得选择的，如我所认为的，对其他任何人也从不会。

苏格拉底：但两者合在一起的生活又如何呢，普洛塔尔科斯啊，即 22a1
通过双方的混合而产生出来的一种结合的[173]生活？

普洛塔尔科斯：你在说快乐同理智或明智[174]的〈混合〉？

苏格拉底：是这样，我也的确就在说这样一种东西[175]。

普洛塔尔科斯：每个人无疑都肯定将优先选择这种生活，而非那两 22a5
种生活中的任何一种；此外，绝不会一个人将〈这样选择〉[176]，而另一
个人不将〈这样选择〉。

苏格拉底：那么，我们弄明白了，目前这些讨论中的结论现在对我们来说是什么吗？

普洛塔尔科斯：当然，那就是：一方面，确实有三种生活已经被提
供出来了，另一方面，其中两种，没有一个是充足的，或值得选择的， 22b1
无论是对任何人来说，还是对任何活物来说。

苏格拉底：那么，关于这两者下面这点岂不肯定已经是一清二楚
的，那就是，它们中没有一个拥有善？因为，〈如果是那样的话〉，那它 22b5
对所有那些已经有能力终身都以这种方式活着的植物和动物来说，就已
经是充足的、完满的和值得选择的。而如果我们中有人选择了一些其他
的东西，那他就是背离了那真正值得选择的东西之本性而不情愿地获得
了它们，要么出于无知，要么出于某种不幸福的必然。

普洛塔尔科斯：无论如何看起来就是这样。

苏格拉底：因此，至少不应该把菲勒玻斯的女神和善考虑为是同一 22c1
的，在我看来这已经说得够充分了。

ΦΙ. Οὐδὲ γὰρ ὁ σὸς νοῦς, ὦ Σώκρατες, ἔστι τἀγαθόν, ἀλλ' ἕξει που ταὐτὰ ἐγκλήματα.

ΣΩ. Τάχ' ἄν, ὦ Φίληβε, ὅ γ' ἐμός· οὐ μέντοι τόν γε
ἀληθινὸν ἅμα καὶ θεῖον οἶμαι νοῦν, ἀλλ' ἄλλως πως ἔχειν.
τῶν μὲν οὖν νικητηρίων πρὸς τὸν κοινὸν βίον οὐκ ἀμφισβητῶ
πω ὑπὲρ νοῦ, τῶν δὲ δὴ δευτερείων ὁρᾶν καὶ σκοπεῖν χρὴ πέρι
d τί δράσομεν· τάχα γὰρ ἂν τοῦ κοινοῦ τούτου βίου αἰτιῴμεθ'
ἂν ἑκάτερος ὁ μὲν τὸν νοῦν αἴτιον, ὁ δ' ἡδονὴν εἶναι, καὶ
οὕτω τὸ μὲν ἀγαθὸν τούτων ἀμφοτέρων οὐδέτερον ἂν εἴη, τάχα
δ' ἂν αἴτιόν τις ὑπολάβοι πότερον αὐτῶν εἶναι. τούτου δὴ
πέρι καὶ μᾶλλον ἔτι πρὸς Φίληβον διαμαχοίμην ἂν ὡς ἐν
τῷ μεικτῷ τούτῳ βίῳ, ὅτι ποτ' ἔστι τοῦτο ὃ λαβὼν ὁ βίος
οὗτος γέγονεν αἱρετὸς ἅμα καὶ ἀγαθός, οὐχ ἡδονὴ ἀλλὰ νοῦς
τούτῳ συγγενέστερον καὶ ὁμοιότερόν ἐστι, καὶ κατὰ τοῦτον
e τὸν λόγον οὔτ' ἂν τῶν πρωτείων οὐδ' αὖ τῶν δευτερείων
ἡδονῇ μετὸν ἀληθῶς ἄν ποτε λέγοιτο· πορρωτέρω δ' ἐστὶ
τῶν τριτείων, εἴ τι τῷ ἐμῷ νῷ δεῖ πιστεύειν ἡμᾶς τὰ νῦν.

ΠΡΩ. Ἀλλὰ μήν, ὦ Σώκρατες, ἔμοιγε δοκεῖ νῦν μὲν
ἡδονή σοι πεπτωκέναι καθαπερεὶ πληγεῖσα ὑπὸ τῶν νυνδὴ
λόγων· τῶν γὰρ νικητηρίων πέρι μαχομένη κεῖται. τὸν δὲ
23 νοῦν, ὡς ἔοικε, λεκτέον ὡς ἐμφρόνως οὐκ ἀντεποιεῖτο τῶν
νικητηρίων· τὰ γὰρ αὔτ' ἔπαθεν ἄν. τῶν δὲ δὴ δευτερείων
στερηθεῖσα ἡδονὴ παντάπασιν ἄν τινα καὶ ἀτιμίαν σχοίη
πρὸς τῶν αὑτῆς ἐραστῶν· οὐδὲ γὰρ ἐκείνοις ἔτ' ἂν ὁμοίως
φαίνοιτο καλή.

ΣΩ. Τί οὖν; οὐκ ἄμεινον αὐτὴν ἐᾶν ἤδη καὶ μὴ τὴν ἀκριβεστάτην αὐτῇ προσφέροντα βάσανον καὶ ἐξελέγχοντα λυπεῖν;

ΠΡΩ. Οὐδὲν λέγεις, ὦ Σώκρατες.

b ΣΩ. Ἆρ' ὅτι τὸ ἀδύνατον εἶπον, λυπεῖν ἡδονήν;

c 4 ταυτὰ B: ταῦτα τὰ T d 3 οὐδέτερον T: οὐδετέρων B d 4 πότερον B T: ὁπότερον vulg. e 1 οὔτ' ἂν B: οὔτ' αὖ T οὐδ' αὖ T: οὐδ' ἄν B e 4 μὲν T: om. B e 6 μαχομένη B t: μαχουμένη T G

菲勒玻斯：其实你〈所说〉的理智，苏格拉底啊，也不是善；相
反，它无论如何都将面临同样的指控。

苏格拉底：有可能，菲勒玻斯啊，我〈所说〉的理智确实〈不是 22c5
善〉。然而，那既真实同时又神圣的理智，我认为它肯定不〈接受该指
控〉，而无论如何都处于另外某种状态。因此，面对结合的生活，一方
面，我还未代表理智要求〈头等〉奖[177]，但关于二等奖，则必须看看和
考虑一下，我们将为之做些什么。因为，有可能我们两人各自都在为这 22d1
种结合的生活寻找原因[178]，一个〈认为〉理智是原因，而另一个则〈认
为〉快乐是原因；而这样一来，虽然这两者中没有哪个会是善，但或许
有人会认为两者中的某一个是原因。因此，正是在这点上，我还会更加 22d5
〈坚决地〉同菲勒玻斯战斗到底，那就是：在这种混合的生活中，无论
那种东西——这种生活通过抓住它而成为既是值得选择的，同时又是善
的——究竟是什么，它都不是快乐，而是那与之更为同家族和更为相似
的理智，并且按照这种说法，从不会真正说快乐分享头等奖，进而连二 22e1
等奖也不会[179]；甚至离三等奖也还远得很，假如现在我们必须在某种
程度上相信我〈所说〉的理智的话。

普洛塔尔科斯：真的[180]，苏格拉底啊，的确目前在我看来，一方 22e5
面，由于你，快乐仿佛因被现在的那些说法打击而已经垮掉；因为在为
了〈头等〉奖而进行战斗后，它躺下了。另一方面，理智，如看起来的 23a1
那样，必须得说，它已经明智地不去竞争〈头等〉奖[181]；因为〈那样
的话〉它就会遭受同样的〈命运〉。而快乐，如果它连二等奖都被剥夺
了，那么，它就会在它的那些爱慕者面前彻彻底底地蒙受某种耻辱；因
为〈那样一来〉，甚至对于那些人，它都不再会同样地显得〈如过往那 23a5
般〉美丽。

苏格拉底：那么，然后呢？这样岂不更好，那就是，从现在起[182]
把它扔到一边，并且不因把最严格的试金石用到它身上[183]并进行拷问
而使之感到痛苦？

普洛塔尔科斯：你在瞎说[184]，苏格拉底啊。

苏格拉底：因为我说了不可能的事情：使快乐感到痛苦？ 23b1

ΠΡΩ. Οὐ μόνον γε ἀλλ' ὅτι καὶ ἀγνοεῖς ὡς οὐδείς πώ σε ἡμῶν μεθήσει πρὶν ἂν εἰς τέλος ἐπεξέλθῃς τούτων τῷ λόγῳ.

ΣΩ. Βαβαὶ ἄρα, ὦ Πρώταρχε, συχνοῦ μὲν λόγου τοῦ λοιποῦ, σχεδὸν δὲ οὐδὲ ῥᾳδίου πάνυ τι νῦν. καὶ γὰρ δὴ φαίνεται δεῖν ἄλλης μηχανῆς, ἐπὶ τὰ δευτερεῖα ὑπὲρ νοῦ πορευόμενον οἷον βέλη ἔχειν ἕτερα τῶν ἔμπροσθεν λόγων· ἔστι δὲ ἴσως ἔνια καὶ ταὐτά. οὐκοῦν χρή;

ΠΡΩ. Πῶς γὰρ οὔ;

ΣΩ. Τὴν δέ γε ἀρχὴν αὐτοῦ διευλαβεῖσθαι πειρώμεθα c τιθέμενοι.

ΠΡΩ. Ποίαν δὴ λέγεις;

ΣΩ. Πάντα τὰ νῦν ὄντα ἐν τῷ παντὶ διχῇ διαλάβωμεν, μᾶλλον δ', εἰ βούλει, τριχῇ.

ΠΡΩ. Καθ' ὅτι, φράζοις ἄν;

ΣΩ. Λάβωμεν ἄττα τῶν νυνδὴ λόγων.

ΠΡΩ. Ποῖα;

ΣΩ. Τὸν θεὸν ἐλέγομέν που τὸ μὲν ἄπειρον δεῖξαι τῶν ὄντων, τὸ δὲ πέρας;

ΠΡΩ. Πάνυ μὲν οὖν.

ΣΩ. Τούτω δὴ τῶν εἰδῶν τὰ δύο τιθώμεθα, τὸ δὲ τρίτον ἐξ ἀμφοῖν τούτοιν ἕν τι συμμισγόμενον. εἰμὶ δ', ὡς ἔοικεν, d ἐγὼ γελοῖός τις ἄνθρωπος κατ' εἴδη διιστὰς καὶ συναριθμούμενος.

ΠΡΩ. Τί φῄς, ὠγαθέ;

ΣΩ. Τετάρτου μοι γένους αὖ προσδεῖν φαίνεται.

ΠΡΩ. Λέγε τίνος.

ΣΩ. Τῆς συμμείξεως τούτων πρὸς ἄλληλα τὴν αἰτίαν ὅρα, καὶ τίθει μοι πρὸς τρισὶν ἐκείνοις τέταρτον τοῦτο.

b 6 ῥᾳδίου e ῥᾴδιον fecit pr. T : ῥᾴδιον B b 9 ἔστι] ἔσται Jackson ταῦτα B T c 1 διευλαβεῖσθαι B T : εὐλαβεῖσθαι G c 5 μᾶλλον . . . c 7 λάβωμεν om. B : add. in marg. B[3] c 12 τούτω Stallbaum : τούτων B T d 2 τις ἄνθρωπος Badham : τις ἱκανὸς B : τις ἱκανῶς T : τις καὶ ἄνους Apelt κατ' T : τά τ' B d 5 φαίνεται T : om. B

普洛塔尔科斯：肯定不仅如此，而且因为你不知道，我们中无人将在你做到下面这点之前就放你走，那就是，你通过讨论抵达了这些事情的终点。

苏格拉底：我的天，普洛塔尔科斯啊，一方面，余下的讨论何其长[185]！另一方面，差不多在现在它也根本就是一件不容易的事！事实上[186]，它显得需要另外的办法，好像为了代表理智向着二等奖进军而有着异于前面那些讨论的各种武器[187]似的；不过，或许一些也是相同的。难道不应该这样吗？

普洛塔尔科斯：为何不呢。

苏格拉底：那就让我们试着务必好生留意，当我们确定它的起点时。

普洛塔尔科斯：你究竟在说何种起点？

苏格拉底：让我们把现在于世界中[188]是着的所有东西一分为二，甚至是[189]，如果你愿意，一分为三。

普洛塔尔科斯：按照什么，你能够说明一下吗？

苏格拉底：让我们拾起刚才讨论中的某些东西。

普洛塔尔科斯：哪些？

苏格拉底：我们肯定曾说过[190]，关于诸是者，神一方面揭示出了其无限，另一方面也揭示出了其限度[191]。

普洛塔尔科斯：完全如此。

苏格拉底：那就让我们把这两者设定为两个种类[192]，而第三个，则是由这两者所混合而成的某种一。不过，如看起来的那样，我是一个可笑的人[193]，由于我按照〈是者的〉种类来分开和列举[194]〈是者〉。

普洛塔尔科斯：你在说什么呢，好人啊？

苏格拉底：在我看来，此外还需要第四个种类[195]。

普洛塔尔科斯：那就请你说说〈还需要〉哪个。

苏格拉底：请你看看这两者彼此混合在一起的原因，并且请你为我把这设定为在那三个〈种类〉之外的第四个[196]。

ΠΡΩ. Μῶν οὖν σοι καὶ πέμπτου προσδεήσει διάκρισίν τινος δυναμένου;

ΣΩ. Τάχ' ἄν· οὐ μὴν οἶμαί γε ἐν τῷ νῦν· ἂν δέ τι δέῃ,
e συγγνώσῃ πού μοι σὺ μεταδιώκοντι πέμπτον [βίον].

ΠΡΩ. Τί μήν;

ΣΩ. Πρῶτον μὲν δὴ τῶν τεττάρων τὰ τρία διελόμενοι, τὰ δύο τούτων πειρώμεθα, πολλὰ ἑκάτερον ἐσχισμένον καὶ διεσπασμένον ἰδόντες, εἰς ἓν πάλιν ἑκάτερον συναγαγόντες, νοῆσαι πῇ ποτε ἦν αὐτῶν ἓν καὶ πολλὰ ἑκάτερον.

ΠΡΩ. Εἴ μοι σαφέστερον ἔτι περὶ αὐτῶν εἴποις, τάχ' ἂν ἑποίμην.

24 ΣΩ. Λέγω τοίνυν τὰ δύο ἃ προτίθεμαι ταὔτ' εἶναι ἅπερ νυνδή, τὸ μὲν ἄπειρον, τὸ δὲ πέρας ἔχον· ὅτι δὲ τρόπον τινὰ τὸ ἄπειρον πόλλ' ἐστί, πειράσομαι φράζειν. τὸ δὲ πέρας ἔχον ἡμᾶς περιμενέτω.

ΠΡΩ. Μένει.

ΣΩ. Σκέψαι δή. χαλεπὸν μὲν γὰρ καὶ ἀμφισβητήσιμον ὃ κελεύω σε σκοπεῖν, ὅμως δὲ σκόπει. θερμοτέρου καὶ ψυχροτέρου πέρι πρῶτον ὅρα πέρας εἴ ποτέ τι νοήσαις ἄν, ἢ τὸ μᾶλλόν τε καὶ ἧττον ἐν αὐτοῖς οἰκοῦν⟨τε⟩ τοῖς γένεσιν,
b ἕωσπερ ἂν ἐνοικῆτον, τέλος οὐκ ἂν ἐπιτρεψαίτην γίγνεσθαι· γενομένης γὰρ τελευτῆς καὶ αὐτὼ τετελευτήκατον.

ΠΡΩ. Ἀληθέστατα λέγεις.

ΣΩ. Ἀεὶ δέ γε, φαμέν, ἔν τε τῷ θερμοτέρῳ καὶ ψυχροτέρῳ τὸ μᾶλλόν τε καὶ ἧττον ἔνι.

ΠΡΩ. Καὶ μάλα.

ΣΩ. Ἀεὶ τοίνυν ὁ λόγος ἡμῖν σημαίνει τούτω μὴ τέλος ἔχειν· ἀτελῆ δ' ὄντε δήπου παντάπασιν ἀπείρω γίγνεσθον.

ΠΡΩ. Καὶ σφόδρα γε, ὦ Σώκρατες.

e 1 σὺ μεταδιώκοντι T: συμμεταδιώκοντι B βίον secl. Schütz: βίᾳ Apelt e 5 συναγαγόντες T (γ supra lineam) a 1 ταὔτ' scripsi: ταῦτ' B T a 9 οἰκοῦντε rec. Coisl.: οἰκοῦν B T b 1 ἐνοικῆτον B T: ἐνοικεῖτον vulg. οὐκ ἂν T: om. B (add. in marg. b) b 4 ψυχροτέρῳ B: τῷ ψυχροτέρῳ T b 7 ἡμῖν σημαίνει T: σημαίνει B: σημαίνει ἡμῖν vulg. b 8 ἀτελῆ δ' ὄντε T: ἄτε δῆλόν τε B

普洛塔尔科斯：那你岂不也将还需要某一第五个〈种类〉，它能够 23d10
〈导致它们〉分离[197]？

苏格拉底：或许吧。但我至少认为在目前还不需要；然而，如果真的需要，那你无论如何都要原谅我，当我追踪某一第五个〈种类〉时[198]。 23e1

普洛塔尔科斯：那还用说？

苏格拉底：那么，首先，我们从那四个〈种类〉中分出〈前〉三个，就其中的两个[199]，当我们看到两者中的每个都由于被分裂和被撕碎
而成为了多之后，我们复又把它们每个都聚集为一，让我们尝试理解， 23e5
究竟在何种方式上它俩中的每个向来既是一，又是多。

普洛塔尔科斯：关于它们，如果你对我说得再更为清楚些，我或许会跟上。

苏格拉底：那好，我说，我现在提出的这两个，同〈我〉刚才曾 24a1
〈说过〉的是同一的[200]，那就是，一个为无限，另一个为有限度。而在某种方式上，无限是多，我将试着对之进行解释；至于有限度，就让它等我们一会儿吧。

普洛塔尔科斯：它正等着。 24a5

苏格拉底：那就请你考虑一下吧。虽然我要求你观察的那种东西既是困难的，又是有争议的，但仍然请你观察一下。关于更热和更冷，首先请你看看，你是会在某个时候洞察到某个限度呢，还是说，居住[201]
在〈是者之〉诸种类本身中的那种更多和更少，只要它俩还寓居其中， 24b1
那它俩根本就不曾容许过某个终点出现；因为一旦某个终点出现了，那它俩自己也就已经走向了终点。

普洛塔尔科斯：你说得非常对。

苏格拉底：而我们肯定会说，在更热和更冷中，永远还寓居着更多 24b5
和更少。

普洛塔尔科斯：完全如此[202]。

苏格拉底：那么，道理就向我们显明，这两者永远没有终点。然而，既然它俩是无终点的，那它俩就全然变成了无限的。

普洛塔尔科斯：强烈同意[203]，苏格拉底啊。

ΣΩ. Ἀλλ' εὖ γε, ὦ φίλε Πρώταρχε, ὑπέλαβες καὶ
ἀνέμνησας ὅτι καὶ τὸ σφόδρα τοῦτο, ὃ σὺ νῦν ἐφθέγξω, c
καὶ τό γε ἠρέμα τὴν αὐτὴν δύναμιν ἔχετον τῷ μᾶλλόν τε καὶ
ἧττον· ὅπου γὰρ ἂν ἐνῆτον, οὐκ ἐᾶτον εἶναι ποσὸν ἕκαστον,
ἀλλ' ἀεὶ σφοδρότερον ἡσυχαιτέρου καὶ τοὐναντίον ἑκάσταις
πράξεσιν ἐμποιοῦντε τὸ πλέον καὶ τὸ ἔλαττον ἀπεργάζεσθον,
τὸ δὲ ποσὸν ἀφανίζετον. ὃ γὰρ ἐλέχθη νυνδή, μὴ ἀφανί-
σαντε τὸ ποσόν, ἀλλ' ἐάσαντε αὐτό τε καὶ τὸ μέτριον ἐν τῇ
τοῦ μᾶλλον καὶ ἧττον καὶ σφόδρα καὶ ἠρέμα ἕδρᾳ ἐγγενέσθαι, d
αὐτὰ ἔρρει ταῦτα ἐκ τῆς αὑτῶν χώρας ἐν ᾗ ἐνῆν. οὐ γὰρ
ἔτι θερμότερον οὐδὲ ψυχρότερον εἴτην ἂν λαβόντε τὸ ποσόν·
προχωρεῖ γὰρ καὶ οὐ μένει τό τε θερμότερον ἀεὶ καὶ τὸ
ψυχρότερον ὡσαύτως, τὸ δὲ ποσὸν ἔστη καὶ προϊὸν ἐπαύσατο.
κατὰ δὴ τοῦτον τὸν λόγον ἄπειρον γίγνοιτ' ἂν τὸ θερμότερον
καὶ τοὐναντίον ἅμα.

ΠΡΩ. Φαίνεται γοῦν, ὦ Σώκρατες· ἔστι δ', ὅπερ εἶπες,
οὐ ῥᾴδια ταῦτα συνέπεσθαι. τὸ δὲ εἰς αὖθίς τε καὶ αὖθις
ἴσως λεχθέντα τόν τε ἐρωτῶντα καὶ τὸν ἐρωτώμενον ἱκανῶς e
ἂν συμφωνοῦντας ἀποφήναιεν.

ΣΩ. Ἀλλ' εὖ μὲν λέγεις καὶ πειρατέον οὕτω ποιεῖν.
νῦν μέντοι ἄθρει τῆς τοῦ ἀπείρου φύσεως εἰ τοῦτο δεξόμεθα
σημεῖον, ἵνα μὴ πάντ' ἐπεξιόντες μηκύνωμεν.

ΠΡΩ. Τὸ ποῖον δὴ λέγεις;

ΣΩ. Ὁπόσ' ἂν ἡμῖν φαίνηται μᾶλλόν τε καὶ ἧττον γιγνό-
μενα καὶ τὸ σφόδρα καὶ ἠρέμα δεχόμενα καὶ τὸ λίαν καὶ ὅσα
τοιαῦτα πάντα, εἰς τὸ τοῦ ἀπείρου γένος ὡς εἰς ἓν δεῖ πάντα 25
ταῦτα τιθέναι, κατὰ τὸν ἔμπροσθεν λόγον ὃν ἔφαμεν ὅσα
διέσπασται καὶ διέσχισται συναγαγόντας χρῆναι κατὰ δύναμιν
μίαν ἐπισημαίνεσθαί τινα φύσιν, εἰ μέμνησαι.

ΠΡΩ. Μέμνημαι.

ΣΩ. Οὐκοῦν τὰ μὴ δεχόμενα ταῦτα, τούτων δὲ τὰ ἐναντία

c 2 μᾶλλόν τε B T : τε μᾶλλον vulg. c 3 ἂν B T : om. vulg.
d 3 εἴτην T : ἔστην B (η suprascr. rec b) : ἤτην vulg. : ἤστην Vat.
e 2 ἀποφήναιεν B T : ἀποφήνειεν vulg. a 1 γένος T : γένους B

苏格拉底：而你也确实很好地进行了把握，亲爱的普罗塔尔科斯啊， 24b10
并且提醒〈我注意〉到了下面这点，那就是：你刚才表达出来的这种强 24c1
烈，其实还有略微，它俩都具有同更多和更少一样的能力。因为，无论
它俩身居何处，它俩都不容许各自是某一定量[204]，相反，它俩总是通过
给每一行为都塞进相较于柔和些的强烈些——以及反过来〈加上相较于 24c5
强烈些的柔和些〉——，而引起更甚和更差[205]，并且使定量消失不见。
因为正如刚才所说，如果它俩不让定量消失不见，而是容许它以及量
值[206]出现在更多和更少、强烈和略微所在的处所，那么，后面这些就 24d1
将从它们曾处于其中的那个它们自己的位置上滚蛋[207]。因为，一旦更热
或更冷取得了定量，那它俩就不再是更热和更冷了。因为更热总是往前
走、不停留，并且更冷也同样如此；而定量则站立不动，停止往前。因 24d5
此，根据这个道理，更热连同它的反面都会成为无限。

普洛塔尔科斯：确实显得如此，苏格拉底啊；然而，也正如你所
说，这些事情是不容易跟上的。不过，如果它们一而再再而三地被说
了，那么，或许那进行问的人和那被问的人〈最终〉会显得〈就它们〉 24e1
充分地达成了一致。

苏格拉底：你说得很好，并且也必须尝试这样做。然而，现在请你
看看，我们是否把〈下面〉这点接受为无限这种本性的一种标记，以免 24e5
我们由于在方方面面都进行详述而拖长〈谈话〉。

普洛塔尔科斯：你究竟在说何种标记？

苏格拉底：这种：任何能够对我们显得成为更多和更少的东西，以
及〈能够〉接受强烈、略微、非常以及所有诸如此类〈的情形〉的东
西，〈我们〉应当把所有这些都置入无限这一种类中——就像置入一中 25a1
似的——，根据前面我们曾说过的那种道理，即必须通过力所能及地把
所有那些已经被撕碎和被分开了的东西领到一起而〈为之〉标记某种单
一的本性，如果你还记得的话。

普洛塔尔科斯：我记得。 25a5

苏格拉底：因此，那些不接受这些〈情形〉，而是接受这些〈情

πάντα δεχόμενα, πρῶτον μὲν τὸ ἴσον καὶ ἰσότητα, μετὰ δε τὸ ἴσον τὸ διπλάσιον καὶ πᾶν ὅτιπερ ἂν πρὸς ἀριθμὸν ἀριθμὸς
b ἢ μέτρον ᾖ πρὸς μέτρον, ταῦτα σύμπαντα εἰς τὸ πέρας ἀπολογιζόμενοι καλῶς ἂν δοκοῖμεν δρᾶν τοῦτο. ἢ πῶς σὺ φῄς;

ΠΡΩ. Κάλλιστά γε, ὦ Σώκρατες.

ΣΩ. Εἶεν· τὸ δὲ τρίτον τὸ μεικτὸν ἐκ τούτοιν ἀμφοῖν τίνα ἰδέαν φήσομεν ἔχειν;

ΠΡΩ. Σὺ καὶ ἐμοὶ φράσεις, ὡς οἶμαι.

ΣΩ. Θεὸς μὲν οὖν, ἄνπερ γε ἐμαῖς εὐχαῖς ἐπήκοος γίγνηταί τις θεῶν.

ΠΡΩ. Εὔχου δὴ καὶ σκόπει.

ΣΩ. Σκοπῶ· καί μοι δοκεῖ τις, ὦ Πρώταρχε, αὐτῶν φίλος ἡμῖν νυνδὴ γεγονέναι.

c ΠΡΩ. Πῶς λέγεις τοῦτο καὶ τίνι τεκμηρίῳ χρῇ;

ΣΩ. Φράσω δῆλον ὅτι· σὺ δέ μοι συνακολούθησον τῷ λόγῳ.

ΠΡΩ. Λέγε μόνον.

ΣΩ. Θερμότερον ἐφθεγγόμεθα νυνδή πού τι καὶ ψυχρότερον. ἦ γάρ;

ΠΡΩ. Ναί.

ΣΩ. Πρόσθες δὴ ξηρότερον καὶ ὑγρότερον αὐτοῖς καὶ πλέον καὶ ἔλαττον καὶ θᾶττον καὶ βραδύτερον καὶ μεῖζον καὶ σμικρότερον καὶ ὁπόσα ἐν τῷ πρόσθεν τῆς τὸ μᾶλλόν τε καὶ ἧττον δεχομένης ἐτίθεμεν εἰς ἓν φύσεως.

d ΠΡΩ. Τῆς τοῦ ἀπείρου λέγεις;

ΣΩ. Ναί. συμμείγνυ δέ γε εἰς αὐτὴν τὸ μετὰ ταῦτα τὴν αὖ τοῦ πέρατος γένναν.

ΠΡΩ. Ποίαν;

ΣΩ. Ἣν καὶ νυνδή, δέον ἡμᾶς καθάπερ τὴν τοῦ ἀπείρου συνηγάγομεν εἰς ἕν, οὕτω καὶ τὴν τοῦ περατοειδοῦς συνα-

b 8 θεὸς T: ὁ θεὸς B c 1 πῶς B T: πῶς δὴ G d 2 συμμίγνυ B: συμμίγνυε T d 3 αὖ τοῦ Coisl.: αὐτοῦ B T

形〉的所有反面的东西，首先是相等和相等性，在相等之后是两倍，以
及所有任何〈表现一种关系的〉，如某个数之于另一个数，或者某个量 25b1
值之于另一个量值；如果我们把所有这些都算入限度中，那我们岂不看
起来好好地做了这点。或者，你怎么说？

普洛塔尔科斯：确实〈做得〉很好，苏格拉底啊。

苏格拉底：好吧！至于从这两个〈种类〉混合而成的第三个〈种 25b5
类〉，我们会说它拥有何种形相[208]呢？

普洛塔尔科斯：你也会向我说明的，我认为。

苏格拉底：〈不是我〉而是一位神〈会向你说明〉，假如在诸神中真的出现了一位听取我的祈祷的[209]神的话。

普洛塔尔科斯：那就请你祈祷吧，并留意〈他是否会那么做〉。 25b10

苏格拉底：我在留意；并且在我看来，普洛塔尔科斯啊，他们中有位刚刚变得对我们友好起来。

普洛塔尔科斯：你为何这么说呢，并且你使用了什么证据？ 25c1

苏格拉底：我将进行说明，这是显而易见的；不过请你一定要跟随我的讨论。

普洛塔尔科斯：你只管说！

苏格拉底：我们刚才肯定谈到了诸如更热和更冷这样的东西。难道 25c5
没有吗？

普洛塔尔科斯：有。

苏格拉底：那么，在它们之外，请你再加上更干和更湿、更长和
更短、更快和更慢、更大和更小，以及所有那些我们在前面将之置入一 25c10
〈个种类〉——〈而这一种类是这样一种〉本性，这种本性接受更多和
更少——中的东西。

普洛塔尔科斯：你是在说无限这种本性？ 25d1

苏格拉底：是的。但在此之后，请你再次把限度的〈整个〉家庭[210]混合到它里面去。

普洛塔尔科斯：什么样的家庭？

苏格拉底：也就是刚才〈我们应该对之做却没有做的那个〉家庭： 25d5
正如我们曾把无限的〈整个〉家庭聚集成一〈个种类〉，同样地，我们

γαγεῖν, οὐ συνηγάγομεν. ἀλλ᾽ ἴσως καὶ νῦν ταὐτὸν δράσει, ⟨εἰ⟩ τούτων ἀμφοτέρων συναγομένων καταφανὴς κἀκείνη γενήσεται.

ΠΡΩ. Ποίαν καὶ πῶς λέγεις;

ΣΩ. Τὴν τοῦ ἴσου καὶ διπλασίου, καὶ ὁπόση παύει πρὸς
ἄλληλα τἀναντία διαφόρως ἔχοντα, σύμμετρα δὲ καὶ σύμφωνα e
ἐνθεῖσα ἀριθμὸν ἀπεργάζεται.

ΠΡΩ. Μανθάνω· φαίνῃ γάρ μοι λέγειν μειγνὺς ταῦτα γενέσεις τινὰς ἐφ᾽ ἑκάστων αὐτῶν συμβαίνειν.

ΣΩ. Ὀρθῶς γὰρ φαίνομαι.

ΠΡΩ. Λέγε τοίνυν.

ΣΩ. Ἆρα οὐκ ἐν μὲν νόσοις ἡ τούτων ὀρθὴ κοινωνία τὴν ὑγιείας φύσιν ἐγέννησεν;

ΠΡΩ. Παντάπασι μὲν οὖν. 26

ΣΩ. Ἐν δὲ ὀξεῖ καὶ βαρεῖ καὶ ταχεῖ καὶ βραδεῖ, ἀπείροις οὖσιν, ἆρ᾽ οὐ ταὐτὰ [ἐγγιγνόμενα] ταῦτα· ἅμα πέρας τε ἀπηργάσατο καὶ μουσικὴν σύμπασαν τελεώτατα συνεστήσατο;

ΠΡΩ. Κάλλιστά γε.

ΣΩ. Καὶ μὴν ἔν γε χειμῶσιν καὶ πνίγεσιν ἐγγενομένη τὸ μὲν πολὺ λίαν καὶ ἄπειρον ἀφείλετο, τὸ δὲ ἔμμετρον καὶ ἅμα σύμμετρον ἀπηργάσατο.

ΠΡΩ. Τί μήν;

ΣΩ. Οὐκοῦν ἐκ τούτων ὧραί τε καὶ ὅσα καλὰ πάντα b
ἡμῖν γέγονε, τῶν τε ἀπείρων καὶ τῶν πέρας ἐχόντων συμμειχθέντων;

ΠΡΩ. Πῶς δ᾽ οὔ;

ΣΩ. Καὶ ἄλλα γε δὴ μυρία ἐπιλείπω λέγων, οἷον μεθ᾽ ὑγιείας κάλλος καὶ ἰσχύν, καὶ ἐν ψυχαῖς αὖ πάμπολλα ἕτερα

d 7 ἀλλ᾽ . . . d 9 γενήσεται post e 2 ἀπεργάζεται transp. Jackson d 7 δράσει ⟨εἰ⟩ Vahlen : δράσει B T : δρᾷς εἰ Apelt d 8 συναγομένων] συμμισγομένων Jackson κἀκείνη T : κἀκείνης B d 10 ποίαν B T : ποῖ vulg. e 3 μιγνὺς B T : μιγνῦσι Klitsch e 4 ἐφ᾽ T : ἀφ᾽ B αὐτῶν T : om. B a 3 ταὐτὰ (τοῦτο fuit) . . . ταῦτα B : ταῦτα . . . τὰ αὐτὰ T ἐγγιγνόμενα seclusi a 5 κάλλιστά B T G : μάλιστά vulg. a 6 ἐγγενομένη T G : ἐγγενόμενα B a 7 λίαν T : λεῖον B b 5 γε T : om. B

也应当把有限的〈整个〉家庭[211]聚集〈成一个种类〉，但我们却没有将之聚集〈成一个种类〉。不过，或许现在你将做同样的事情，如果这两者〈各自〉都被聚集〈成一个种类〉了，那么，那〈第三〉个家庭[212]也就将变得一清二楚[213]。

普洛塔尔科斯：〈第二个家庭究竟〉是个什么样的家庭[214]，并且你 25d10
为何这么说？

苏格拉底：相等和两倍所属于的那个家庭，以及任何这样的家庭：
它终结那些彼此相反的东西处于不同的状态，通过引入某个数而使得它 25e1
们成为了可以用同一标准衡量的和发出同样声音的[215]。

普洛塔尔科斯：我懂了。因为对我而言，你显然在说，一旦你把这〈两者〉混合起来[216]，那么，一些确定的生成就在它俩的每一个那儿出现。

苏格拉底：因为我显然〈说得〉正确。 25e5

普洛塔尔科斯：那就请你〈继续〉说！

苏格拉底：在各种疾病中，〈无限和限度〉这两者的正确结合岂不就产生出了健康之本性？

普洛塔尔科斯：完全如此。 26a1

苏格拉底：而在高和低，以及快与慢那儿——它们是无限的——，下面这些岂不同样地出现在了它们那里，那就是：形成了某一限度，从而同时最完满地组成了整个音乐[217]？

普洛塔尔科斯：确实非常漂亮地〈组成了整个音乐〉。 26a5

苏格拉底：而且当〈无限和限度〉这两者的正确结合出现在严寒与闷热中时[218]，一方面，太过分和无限被取走，另一方面，合尺度以及同时可以用同一标准进行衡量被形成。

普洛塔尔科斯：为什么不呢。

苏格拉底：那么，岂不从这两者中出现了四季以及所有那些已经对 26b1
我们产生出来了的美好的东西，当那些无限的东西和那些有某种限度的东西混合在一起时？

普洛塔尔科斯：那还用说？

苏格拉底：当然，还有其他成千上万我留下没有说的，诸如同健康 26b5
相伴随的美丽和力量，此外还有在灵魂中的大量其他极好的〈品质〉。

καὶ πάγκαλα. ὕβριν γάρ που καὶ σύμπασαν πάντων πονηρίαν αὕτη κατιδοῦσα ἡ θεός, ὦ καλὲ Φίληβε, πέρας οὔτε ἡδονῶν οὐδὲν οὔτε πλησμονῶν ἐνὸν ἐν αὐτοῖς, νόμον καὶ τάξιν πέρας ἔχοντ' ἔθετο· καὶ σὺ μὲν ἀποκναῖσαι φῂς
c αὐτήν, ἐγὼ δὲ τοὐναντίον ἀποσῶσαι λέγω. σοὶ δέ, ὦ Πρώταρχε, πῶς φαίνεται;

ΠΡΩ. Καὶ μάλα, ὦ Σώκρατες, ἔμοιγε κατὰ νοῦν.

ΣΩ. Οὐκοῦν τὰ μὲν δὴ τρία ταῦτα εἴρηκα, εἰ συννοεῖς.

ΠΡΩ. Ἀλλ' οἶμαι κατανοεῖν· ἓν μὲν γάρ μοι δοκεῖς τὸ ἄπειρον λέγειν, ἓν δὲ καὶ δεύτερον τὸ πέρας ἐν τοῖς οὖσι· τρίτον δὲ οὐ σφόδρα κατέχω τί βούλει φράζειν.

ΣΩ. Τὸ γὰρ πλῆθός σε, ὦ θαυμάσιε, ἐξέπληξε τῆς τοῦ τρίτου γενέσεως· καίτοι πολλά γε καὶ τὸ ἄπειρον παρέ-
d σχετο γένη, ὅμως δ' ἐπισφραγισθέντα τῷ τοῦ μᾶλλον καὶ ἐναντίου γένει ἓν ἐφάνη.

ΠΡΩ. Ἀληθῆ.

ΣΩ. Καὶ μὴν τό γε πέρας οὔτε πολλὰ εἶχεν, οὔτ' ἐδυσκολαίνομεν ὡς οὐκ ἦν ἓν φύσει.

ΠΡΩ. Πῶς γὰρ ἄν;

ΣΩ. Οὐδαμῶς. ἀλλὰ τρίτον φάθι με λέγειν, ἓν τοῦτο τιθέντα τὸ τούτων ἔκγονον ἅπαν, γένεσιν εἰς οὐσίαν ἐκ τῶν μετὰ τοῦ πέρατος ἀπειργασμένων μέτρων.

ΠΡΩ. Ἔμαθον.

e ΣΩ. Ἀλλὰ δὴ πρὸς τρισὶ τέταρτόν τι τότε ἔφαμεν εἶναι γένος σκεπτέον· κοινὴ δ' ἡ σκέψις. ὅρα γὰρ εἴ σοι δοκεῖ ἀναγκαῖον εἶναι πάντα τὰ γιγνόμενα διά τινα αἰτίαν γίγνεσθαι.

b 8 οὔτε ἡδονῶν οὐδὲν B : οὐδὲν οὔτε ἡδονῶν T   b 10 ἔχοντ' T : ἐχόντων B   ἀποκναῖσαι φῂς vir doctus in Kidd. Misc. Porson
αῖσαι
p. 265 : ἀποκνᾶς ἔφης Par. 1811 : ἀποκνᾷς ἔφης B T : ἀποκν . . . ἔφης G : ἀποκνᾶν ἔφης corr. E vulg.   c 4 δὴ B : om. T   c 6 λέγειν T : λέγων B   d 4 οὔτε B T : ὅτε Apelt : οὔτε ⟨ὡς⟩ Schütz : οὔτε ⟨ὅτι⟩ Bury   οὔτε B T : οὐκ Apelt   d 5 ἓν T : ἐν B   d 7 ἓν τοῦτο T : ἕν τι τούτων B   d 8 ἔκγονον T : ἔγγονον B   e 1 ⟨τοῖς⟩ τρισὶ Badham   τότε T G : τόγε B : ποτε t vulg.

因为，诚然所有事情中的放纵和全部邪恶，俊美的菲勒玻斯啊，当这位
女神[219]洞察到，无论是各种快乐之限度，还是各种满足之限度，都没
有在它们中时，她就确立了法则和秩序——因为这两者都具有某种限 26b10
度[220]——。虽然你声称她在进行折磨[221]，但相反，我却说她在实施拯 26c1
救。而对你，普洛塔尔科斯啊，她又显得如何呢？

普洛塔尔科斯：相当地，苏格拉底啊，也确实合我心意。

苏格拉底：因此，我已经说出了这样三个种类，如果你理解了的话。

普洛塔尔科斯：我当然认为我理解了。因为在我看来，〈其中〉一 26c5
个种类，你将之称作*无限*；而另一个种类，即第二个种类，你将之称作
在诸是者中的限度。但第三个种类，我完全没有把握到你想指示什么。

苏格拉底：因为，第三个种类中的众多生成[222]，令人钦佩的人啊，
已经使你惊慌失措了；然而，虽然*无限*也确实提供了许多的种类，但 26d1
是，当它们被用更多及其反面这一种类打上封印之后[223]，它们就作为一
显现出来了。

普洛塔尔科斯：〈你说得〉对。

苏格拉底：当然，至于*限度*，我们肯定不曾对之感到过烦恼，无论
是就〈前面所表明的〉它具有多[224]，还是就它在本性上不是一[225]。 26d5

普洛塔尔科斯：那怎么会呢？

苏格拉底：决不会。然而，关于第三个种类，你可以认为我在
说[226]——当我把这两者的所有孩子确定为这种一时——一种生成，即
基于伴随着限度而被实现出来了的那些尺度向着*所是*的一种生成[227]。

普洛塔尔科斯：我明白了。 26d10

苏格拉底：但除了这三个种类之外[228]，我们还曾说[229]有着某一 26e1
第四个种类，必须得对之进行考察。而该考察〈对我们来说〉是共同
的[230]。那就请你看看，是否在你看来，所有被生成的东西都必然是通过
某个原因而生成出来的[231]？

ΠΡΩ. Ἔμοιγε· πῶς γὰρ ἂν χωρὶς τούτου γίγνοιτο;

ΣΩ. Οὐκοῦν ἡ τοῦ ποιοῦντος φύσις οὐδὲν πλὴν ὀνόματι τῆς αἰτίας διαφέρει, τὸ δὲ ποιοῦν καὶ τὸ αἴτιον ὀρθῶς ἂν εἴη λεγόμενον ἕν;

ΠΡΩ. Ὀρθῶς.

ΣΩ. Καὶ μὴν τό γε ποιούμενον αὖ καὶ τὸ γιγνόμενον 27
οὐδὲν πλὴν ὀνόματι, καθάπερ τὸ νυνδή, διαφέρον εὑρήσομεν.
ἢ πῶς;

ΠΡΩ. Οὕτως.

ΣΩ. Ἆρ' οὖν ἡγεῖται μὲν τὸ ποιοῦν ἀεὶ κατὰ φύσιν, τὸ δὲ ποιούμενον ἐπακολουθεῖ γιγνόμενον ἐκείνῳ;

ΠΡΩ. Πάνυ γε.

ΣΩ. Ἄλλο ἄρα καὶ οὐ ταὐτὸν αἰτία τ' ἐστὶ καὶ τὸ δουλεῦον εἰς γένεσιν αἰτίᾳ.

ΠΡΩ. Τί μήν;

ΣΩ. Οὐκοῦν τὰ μὲν γιγνόμενα καὶ ἐξ ὧν γίγνεται πάντα τὰ τρία παρέσχετο ἡμῖν γένη;

ΠΡΩ. Καὶ μάλα.

ΣΩ. Τὸ δὲ δὴ πάντα ταῦτα δημιουργοῦν λέγομεν τέταρτον, b
τὴν αἰτίαν, ὡς ἱκανῶς ἕτερον ἐκείνων δεδηλωμένον;

ΠΡΩ. Ἕτερον γὰρ οὖν.

ΣΩ. Ὀρθῶς μὴν ἔχει, διωρισμένων τῶν τεττάρων, ἑνὸς ἑκάστου μνήμης ἕνεκα ἐφεξῆς αὐτὰ καταριθμήσασθαι.

ΠΡΩ. Τί μήν;

ΣΩ. Πρῶτον μὲν τοίνυν ἄπειρον λέγω, δεύτερον δὲ
πέρας, ἔπειτ' ἐκ τούτων τρίτον μεικτὴν καὶ γεγενημένην
οὐσίαν· τὴν δὲ τῆς μείξεως αἰτίαν καὶ γενέσεως τετάρτην
λέγων ἆρα μὴ πλημμελοίην ἄν τι; c

ΠΡΩ. Καὶ πῶς;

e 5 τούτου B : τούτων T : τούτων τι Paley   a 6 ἐπακολουθεῖ T : ἀκολουθεῖ B   a 11 ἐξ ὧν T : ἔξω B   b 1 λέγομεν B : λέγωμεν T   b 2 δεδηλωμένον T : δεδηλωμένων B   b 3 ἕτερον B : λέγωμεν T : λέγομεν G   b 7 δὲ B : om. pr. T   c 1 λέγων BTG : λέγω vulg.   ἆρα μὴ T : ἄρα B

普洛塔尔科斯：在我看来确实如此。因为，离开了这点它们如何能 26e5
够生成出来呢？

苏格拉底：那么，创制者的本性——除了在名称上不同之外——，岂不与原因的本性并无任何的不同，而创制者和原因，也会正确地被称作一？

普洛塔尔科斯：正确地〈被称作一〉。

苏格拉底：而且进而就被创制者和生成出来的东西而言，除了在名 27a1
称上不同之外，正如刚才〈在创制者和原因那儿〉一样，我们也将发现
它们并无任何的不同。或者怎样？

普洛塔尔科斯：就是这样。

苏格拉底：那么，岂不一方面，创制者在本性上就总是进行领导， 27a5
另一方面，被创制者作为生成出来的东西则跟随其后？

普洛塔尔科斯：完全如此。

苏格拉底：那么，原因和为了生成而服务于原因的东西[232]就是相异的，它们并不是同一的。

普洛塔尔科斯：那还用说？ 27a10

苏格拉底：于是，一方面，生成出来的东西以及由之一切才得以生成出来的〈那两种东西〉，岂不提供给我们了那三个种类？

普洛塔尔科斯：确实。

苏格拉底：另一方面，我们肯定把那创造所有这些〈生成出来的东 27b1
西〉的称作第四个种类，即原因，因为已经充分显明它异于那〈三个〉。

普洛塔尔科斯：确实异于。

苏格拉底：下面这样无疑是正确的，那就是：当这四个种类被分开
后，为了记住每一个，依次把它们列举一遍。 27b5

普洛塔尔科斯：为何不呢？

苏格拉底：因此，我说第一个是无限，第二个是限度，然后第三个
是从这两者混合并生成出来的所是；而另一方面，当我说第四个是混合
和生成之原因时，我不至于弹错了某种调吧？ 27c1

普洛塔尔科斯：那怎么会？

ΣΩ. Φέρε δή, τὸ μετὰ τοῦθ' ἡμῖν τίς ὁ λόγος, καὶ τί ποτε βουληθέντες εἰς ταῦτα ἀφικόμεθα; ἆρ' οὐ τόδε ἦν; δευτερεῖα ἐζητοῦμεν πότερον ἡδονῆς γίγνοιτ' ἂν ἢ φρονήσεως. οὐχ οὕτως ἦν;

ΠΡΩ. Οὕτω μὲν οὖν.

ΣΩ. Ἆρ' οὖν ἴσως νῦν, ἐπειδὴ ταῦτα οὕτω διειλόμεθα, κάλλιον ἂν καὶ τὴν κρίσιν ἐπιτελεσαίμεθα πρώτου πέρι καὶ δευτέρου, περὶ ὧν δὴ τὸ πρῶτον ἠμφεσβητήσαμεν;

ΠΡΩ. Ἴσως.

d ΣΩ. Ἴθι δή· νικῶντα μὲν ἔθεμέν που τὸν μεικτὸν βίον ἡδονῆς τε καὶ φρονήσεως. ἦν οὕτως;

ΠΡΩ. Ἦν.

ΣΩ. Οὐκοῦν τοῦτον μὲν τὸν βίον ὁρῶμέν που τίς τέ ἐστι καὶ ὁποίου γένους;

ΠΡΩ. Πῶς γὰρ οὔ;

ΣΩ. Καὶ μέρος γ' αὐτὸν φήσομεν εἶναι τοῦ τρίτου οἶμαι γένους· οὐ γὰρ [ὁ] δυοῖν τινοῖν ἐστι [μικτὸς ἐκεῖνος] ἀλλὰ συμπάντων τῶν ἀπείρων ὑπὸ τοῦ πέρατος δεδεμένων, ὥστε ὀρθῶς ὁ νικηφόρος οὗτος βίος μέρος ἐκείνου γίγνοιτ' ἄν.

ΠΡΩ. Ὀρθότατα μὲν οὖν.

e ΣΩ. Εἶεν· τί δὲ ὁ σός, ὦ Φίληβε, ἡδὺς καὶ ἄμεικτος ὤν; ἐν τίνι γένει τῶν εἰρημένων λεγόμενος ὀρθῶς ἄν ποτε λέγοιτο; ὧδε δ' ἀπόκριναί μοι πρὶν ἀποφήνασθαι.

ΦΙ. Λέγε μόνον.

ΣΩ. Ἡδονὴ καὶ λύπη πέρας ἔχετον, ἢ τῶν τὸ μᾶλλόν τε καὶ ἧττον δεχομένων ἐστόν;

ΦΙ. Ναί, τῶν τὸ μᾶλλον, ὦ Σώκρατες· οὐ γὰρ ἂν ἡδονὴ

c 8 ἴσως ci. Stallbaum : ὡς B T c 9 κάλλιον ἂν B : καλλίονα ἂν T : καλλίονα ἂν ἴσως vulg. d 1 μὲν B : om. T d 4 τέ B : om. T d 7 γ' αὐτὸν φήσομεν T : ταυτὸν ἐφήσαμεν B d 8 ὁ T : om. B : ὁ . . . μικτὸς ἐκεῖνος seclusi auctore Jackson μικτὸν ἐκεῖνο Schütz τινοῖν T : τινυν B ἀλλὰ B : ἀλλ' ὁ T d 9 τῶν B : om. T d 10 ὀρθῶς T : ὀρθὸς B e 1 καὶ ἄμικτος T : καὶ μικτὸς B e 3 ἀπόκριναί μοι T : ἀποκρίνομαί μοι B e 6 ἐστόν B : ἐστίν T e 7 ναί· τῶν τὸ T : ναί· τὸν τὸ B

苏格拉底：那就来吧[233]！在此之后，我们的讨论将是什么呢，并且我们究竟在意愿什么而抵达了这些？岂不就是下面这点？那就是，我们曾探究二等奖到底会成为谁的，是快乐呢，还是明智。难道曾不是这样吗[234]？

普洛塔尔科斯：确实就是这样。

苏格拉底：那么，也许现在——当我们已经这样分开了这些东西之后——，我们就能更漂亮地就第一和第二〈等奖〉做出决定，正是关于它们我们首先发生了争论。

普洛塔尔科斯：也许。

苏格拉底：好吧！我们肯定已经把快乐与明智的混合生活确定为了胜利者。是这样吗？

普洛塔尔科斯：是的。

苏格拉底：那我们岂不也肯定看到了，这种生活是什么，以及属于哪个种类？

普洛塔尔科斯：怎么不呢。

苏格拉底：我认为，我们还要说它是第三个种类的一个部分；因为那个种类不是来自任意两个东西的一种混合[235]，而是出于已经被限度所捆绑的所有无限的东西；因此，这种得胜的生活就会正确地成为了那个种类的一个部分。

普洛塔尔科斯：确实非常正确。

苏格拉底：好吧！而你的，菲勒玻斯啊，那种快乐的且不混合的〈生活〉又是这样的呢？当它在前面已经讲到的那些种类中的哪个种类中被说时，才会被说得正确？不过在回答之前请你先回答我下面这点。

菲勒玻斯：你只管说。

苏格拉底：快乐和痛苦这两者有着一种限度呢，还是说，它俩是在那些接受更多和更少的东西中？

菲勒玻斯：是的，〈它俩是〉在那些〈接受〉更多的东西中，苏格

πᾶν ἀγαθὸν ἦν, εἰ μὴ ἄπειρον ἐτύγχανε πεφυκὸς καὶ πλήθει καὶ τῷ μᾶλλον.

ΣΩ. *Οὐδέ γ' ἄν, ὦ Φίληβε, λύπη πᾶν κακόν· ὥστ' ἄλλο* 28
τι νῷν σκεπτέον ἢ τὴν τοῦ ἀπείρου φύσιν ὡς παρέχεταί τι μέρος ταῖς ἡδοναῖς ἀγαθοῦ. τούτω δή σοι τῶν ἀπεράντων γε γένους ἔστων· φρόνησιν δὲ καὶ ἐπιστήμην καὶ νοῦν εἰς τί ποτε τῶν προειρημένων, ὦ *Πρώταρχέ τε καὶ Φίληβε, νῦν θέντες οὐκ ἂν ἀσεβοῖμεν; οὐ γάρ μοι δοκεῖ σμικρὸς ἡμῖν εἶναι ὁ κίνδυνος κατορθώσασι καὶ μὴ περὶ τὸ νῦν ἐρωτώμενον.*

ΦΙ. *Σεμνύνεις γάρ, ὦ Σώκρατες, τὸν σεαυτοῦ θεόν.* b

ΣΩ. *Καὶ γὰρ σύ, ὦ ἑταῖρε, τὴν σαυτοῦ· τὸ δ' ἐρωτώμενον ὅμως ἡμῖν λεκτέον.*

ΠΡΩ. *Ὀρθῶς τοι λέγει Σωκράτης, ὦ Φίληβε, καὶ αὐτῷ πειστέον.*

ΦΙ. *Οὐκοῦν ὑπὲρ ἐμοῦ σύ, Πρώταρχε, προῄρησαι λέγειν;*

ΠΡΩ. *Πάνυ γε· νῦν μέντοι σχεδὸν ἀπορῶ, καὶ δέομαί γε, ὦ Σώκρατες, αὐτόν σε ἡμῖν γενέσθαι προφήτην, ἵνα μηδὲν ἡμεῖς σοι περὶ τὸν ἀγωνιστὴν ἐξαμαρτάνοντες παρὰ μέλος φθεγξώμεθά τι.*

ΣΩ. *Πειστέον, ὦ Πρώταρχε· οὐδὲ γὰρ χαλεπὸν οὐδὲν* c
ἐπιτάττεις. ἀλλ' ὄντως σε ἐγώ, καθάπερ εἶπε Φίληβος, σεμνύνων ἐν τῷ παίζειν ἐθορύβησα, νοῦν καὶ ἐπιστήμην ἐρόμενος ὁποίου γένους εἶεν;

ΠΡΩ. *Παντάπασί γε, ὦ Σώκρατες.*

ΣΩ. *Ἀλλὰ μὴν ῥᾴδιον· πάντες γὰρ συμφωνοῦσιν οἱ σοφοί, ἑαυτοὺς ὄντως σεμνύνοντες, ὡς νοῦς ἐστι βασιλεὺς ἡμῖν οὐρανοῦ τε καὶ γῆς. καὶ ἴσως εὖ λέγουσι. διὰ μακροτέρων δ', εἰ βούλει, τὴν σκέψιν αὐτοῦ τοῦ γένους ποιησώμεθα.*

e 8 *πανάγαθον* et mox a 1 *πάγκακον* ci. Bekker e 9 *τῷ* T : *τὸ* B a 1 *οὐδέ γ'* T : *οὐδὲ* B a 2 *ὡς*] *ὅ* corr. Par. 1814 : *ᾧ* Paley a 3 *τούτω* scripsi : *τούτων* B T : *τοῦτο* corr. Ven. 189 a 4 *γε γένους* scripsi : *γεγονὸς* B T *ἔστων* scripsi : *ἔστω* B T a 7 *εἶναι ὁ κίνδυνος κατορθώσασι* B : *ὁ κίνδυνος εἶναι καὶ κατορθώσασι* T b 4 *ὦ Φίληβε* T : om. B b 7 *νῦν μέντοι* T : *μὲν τοίνυν* B b 8 *σε* T : *γε* B c 7 *ὄντως* B T G : *οὕτω* vulg. c 8 *τε* B : om. T

拉底啊；因为，快乐向来就不会是一种完全的善，除非它生来就恰好在众多和更多方面是无限的。

苏格拉底：那样的话，菲勒玻斯啊，痛苦也肯定不会是一种完全的 28a1
恶。因此，我俩必须考察某种异于无限这种本性的东西，它[236]为各种快乐提供了善的某个部分。那么，就让〈我们〉暂且同意你[237]，〈快乐和痛苦〉这两者属于那些走不到尽头的东西吧[238]！但就明智、知识和
理智，普洛塔尔科斯和菲勒玻斯啊，我们现在把它们置于前面曾说的那 28a5
些种类的哪个中，而不至于在亵渎神呢？因为在我看来，危险对我们来说可不小，即我们是否成功对现在被问的事情〈进行了回答〉[239]。

菲勒玻斯：那是因为你在抬高，苏格拉底啊，你自己的神[240]。 28b1

苏格拉底：因为你也在抬高，朋友啊[241]，你自己的女神；但是，我们仍然必须得说说那被问的事情。

普洛塔尔科斯：苏格拉底的确[242]说得正确，菲勒玻斯啊，我们也 28b5
应该听从他。

菲勒玻斯：普洛塔尔科斯，你不是已经选择代表我说话吗？

普洛塔尔科斯：完全如此。然而，我现在差不多有些走投无路了，并且我也请求，苏格拉底啊，你本人成为我们的代言人[243]，以免我们由
于对你〈所提出〉的竞争者犯下错误[244]，从而不着调地[245]说出某种东 28b10
西来。

苏格拉底：我必须服从，普洛塔尔科斯啊。因为你并没有在命令一 28c1
件困难的事情。但是，我真的把你，如菲勒玻斯所说的那样，在开玩笑中抬高〈我的神〉而把你扔进困惑中了吗，当我询问理智和知识是属于哪个种类时？

普洛塔尔科斯：完全如此，苏格拉底啊。 28c5

苏格拉底：无疑是容易〈回答〉的；因为所有智慧的人都异口同声地说——其实他们是在抬高他们自己——，对于我们而言，理智是天地之王[246]。或许他们也说得好。而如果你愿意，就让我们用更长的时间[247]来对〈它所属于的这个〉种类本身进行一番考察吧。

d ΠΡΩ. Λέγ' ὅπως βούλει, μηδὲν μῆκος ἡμῖν ὑπολογιζόμενος, ὦ Σώκρατες, ὡς οὐκ ἀπεχθησόμενος.

ΣΩ. Καλῶς εἶπες. ἀρξώμεθα δέ πως ὧδε ἐπανερωτῶντες.

ΠΡΩ. Πῶς;

ΣΩ. Πότερον, ὦ Πρώταρχε, τὰ σύμπαντα καὶ τόδε τὸ καλούμενον ὅλον ἐπιτροπεύειν φῶμεν τὴν τοῦ ἀλόγου καὶ εἰκῇ δύναμιν καὶ τὸ ὅπῃ ἔτυχεν, ἢ τἀναντία, καθάπερ οἱ πρόσθεν ἡμῶν ἔλεγον, νοῦν καὶ φρόνησίν τινα θαυμαστὴν συντάττουσαν διακυβερνᾶν;

e ΠΡΩ. Οὐδὲν τῶν αὐτῶν, ὦ θαυμάσιε Σώκρατες· ὃ μὲν γὰρ σὺ νῦν λέγεις, οὐδὲ ὅσιον εἶναί μοι φαίνεται. τὸ δὲ νοῦν πάντα διακοσμεῖν αὐτὰ φάναι καὶ τῆς ὄψεως τοῦ κόσμου καὶ ἡλίου καὶ σελήνης καὶ ἀστέρων καὶ πάσης τῆς περιφορᾶς ἄξιον, καὶ οὐκ ἄλλως ἔγωγ' ἄν ποτε περὶ αὐτῶν εἴποιμι οὐδ' ἂν δοξάσαιμι.

ΣΩ. Βούλει δῆτά τι καὶ ἡμεῖς τοῖς ἔμπροσθεν ὁμολογού-
29 μενον συμφήσωμεν ὡς ταῦθ' οὕτως ἔχει, καὶ μὴ μόνον οἰώμεθα δεῖν τἀλλότρια ἄνευ κινδύνου λέγειν, ἀλλὰ καὶ συγκινδυνεύωμεν καὶ μετέχωμεν τοῦ ψόγου, ὅταν ἀνὴρ δεινὸς φῇ ταῦτα μὴ οὕτως ἀλλ' ἀτάκτως ἔχειν;

ΠΡΩ. Πῶς γὰρ οὐκ ἂν βουλοίμην;

ΣΩ. Ἴθι δή, τὸν ἐπιόντα περὶ τούτων νῦν ἡμῖν λόγον ἄθρει.

ΠΡΩ. Λέγε μόνον.

ΣΩ. Τὰ περὶ τὴν τῶν σωμάτων φύσιν ἁπάντων τῶν ζῴων, πῦρ καὶ ὕδωρ καὶ πνεῦμα καθορῶμέν που καὶ γῆν καθάπερ οἱ χειμαζόμενοι, φασίν, ἐνόντα ἐν τῇ συστάσει.

b ΠΡΩ. Καὶ μάλα· χειμαζόμεθα γὰρ ὄντως ὑπ' ἀπορίας ἐν τοῖς νῦν λόγοις.

d 5 πότερον T : πρότερον B τὸ B : om. T Eus. d 7 τὸ B T : om. G : τὰ vulg. e 1 οὐδὲν τῶν αὐτῶν B T Eus. : οὐ δεῖ τῶν ἐναντίων Apelt e 2 νῦν λέγεις T G : νῦν δὴ λέγεις B : λέγεις νῦν vulg. e 4 ἀστέρων B : ἄστρων T e 7 δῆτά τι B : δῆτα T ὁμολογούμενον B T : ὁμολογουμένοις vulg. : ὡμολογημένοις Theodoretus a 1 ταῦθ' B T : τοῦθ' G

普洛塔尔科斯：请你说吧，无论你愿意以何种方式；至于长度，你 28d1
根本无需为我们考虑，苏格拉底啊，因为你不会招致我们的恨意。

苏格拉底：你说得很好。那就让我们这样开始吧，通过重新问下面这点。

普洛塔尔科斯：怎样？

苏格拉底：这样：普洛塔尔科斯啊，监管万有和这个所谓的整全[248] 28d5
的，我们说，是一种无理性的和随意的力量，并且无论怎样都仅仅是碰巧呢，还是反过来，就像我们的前人们曾说过的那样，理智和某种令人惊异的明智通过进行安排而自始至终地掌着舵[249]？

普洛塔尔科斯：根本就不可以两相比较[250]，令人称奇的苏格拉底 28e1
啊。因为你现在所说到的〈前〉一个，它对我显得根本就是不虔敬的。而〈后〉一个，即说理智使它们全部都处于秩序中，这配得上宇宙、太
阳、月亮、星辰和〈天宇的〉整个旋转之景象；并且关于它们，我既从 28e5
不会说任何其他的，也从不会持有任何其他的意见。

苏格拉底：那么，你也真的愿意〈我们是下面这样吗〉：我们应当
完全赞同那被前人们所同意的，〈说〉这些就是这样，并且我们不仅应 29a1
当认为必须毫无风险地说出其他人的〈观点〉，而且应当〈同他人〉一起冒风险以及应当分担指责，每当一个非常强大的人[251]说这些不是这样，而是处于无秩序的状态中时？

普洛塔尔科斯：我怎么会不愿意呢？ 29a5

苏格拉底：好吧！那就请你留意一下现在降临在我们头上的关于这些事情的那种说法。

普洛塔尔科斯：你只管说！

苏格拉底：同所有活物的身体之本性相关的那些东西，即火、水和 29a10
风[252]，以及地[253]——就像一些人，当他们〈在风暴中〉遭大难时喊出的——，我们无论如何都应该看到它们都位于〈其〉构造中。

普洛塔尔科斯：确实如此。因为在现在的这些讨论中，我们就因走 29b1
投无路而正真正地〈在风暴中〉遭大难。

ΣΩ. Φέρε δή, περὶ ἑκάστου τῶν παρ' ἡμῖν λαβὲ τὸ τοιόνδε.

ΠΡΩ. Ποῖον;

ΣΩ. Ὅτι μικρόν τε τούτων ἕκαστον παρ' ἡμῖν ἔνεστι καὶ φαῦλον καὶ οὐδαμῇ οὐδαμῶς εἰλικρινὲς ὂν καὶ τὴν δύναμιν οὐκ ἀξίαν τῆς φύσεως ἔχον. ἐν ἑνὶ δὲ λαβὼν περὶ πάντων νόει ταὐτόν. οἷον πῦρ ἔστι μέν που παρ' ἡμῖν, ἔστι δ' ἐν τῷ παντί.

ΠΡΩ. Τί μήν;

ΣΩ. Οὐκοῦν σμικρὸν μέν τι τὸ παρ' ἡμῖν καὶ ἀσθενὲς c
καὶ φαῦλον, τὸ δ' ἐν τῷ παντὶ πλήθει τε θαυμαστὸν καὶ κάλλει καὶ πάσῃ δυνάμει τῇ περὶ τὸ πῦρ οὔσῃ.

ΠΡΩ. Καὶ μάλ' ἀληθὲς ὃ λέγεις.

ΣΩ. Τί δέ; τρέφεται καὶ γίγνεται ἐκ τούτου καὶ αὔξεται τὸ τοῦ παντὸς πῦρ ὑπὸ τοῦ παρ' ἡμῖν πυρός, ἢ τοὐναντίον ὑπ' ἐκείνου τό τ' ἐμὸν καὶ τὸ σὸν καὶ τὸ τῶν ἄλλων ζῴων ἅπαντ' ἴσχει ταῦτα;

ΠΡΩ. Τοῦτο μὲν οὐδ' ἀποκρίσεως ἄξιον ἐρωτᾷς.

ΣΩ. Ὀρθῶς· ταὐτὰ γὰρ ἐρεῖς οἶμαι περί τε τῆς ἐν τοῖς d
ζῴοις γῆς τῆς ἐνθάδε καὶ τῆς ἐν τῷ παντί, καὶ τῶν ἄλλων δὴ πάντων ὅσων ἠρώτησα ὀλίγον ἔμπροσθεν. οὕτως ἀποκρινῇ;

ΠΡΩ. Τίς γὰρ ἀποκρινόμενος ἄλλως ὑγιαίνων ἄν ποτε φανείη;

ΣΩ. Σχεδὸν οὐδ' ὁστισοῦν· ἀλλὰ τὸ μετὰ τοῦτο ἑξῆς ἕπου. πάντα γὰρ ἡμεῖς ταῦτα τὰ νυνδὴ λεχθέντα ἆρ' οὐκ εἰς ἓν συγκείμενα ἰδόντες ἐπωνομάσαμεν σῶμα;

ΠΡΩ. Τί μήν;

ΣΩ. Ταὐτὸν δὴ λαβὲ καὶ περὶ τοῦδε ὃν κόσμον λέγομεν· e
[διὰ] τὸν αὐτὸν γὰρ τρόπον ἂν εἴη που σῶμα, σύνθετον ὂν ἐκ τῶν αὐτῶν.

b 6 παρ' secl. Klitsch ἔνεστι] fort. μέν ἐστι b 9 ἔστι μέν T Eus.: μέν ἐστι B c 5 αὔξεται Jackson: ἄρχεται BT d 1 γὰρ B Eusebius: γ' ἂν T: γ' αὖ Ast e Ficino (*quoque*) d 3 πάντων B: om. T Eus. e 2 διὰ secl. Badham

苏格拉底：那就来吧！关于在我们身上这些东西中的每一个，请你接受下面这点。

普洛塔尔科斯：哪点？

苏格拉底：这点：那在我们身上的这些东西中的每一个，都是既少量又微不足道的，并且在任何地方都完全不是纯粹的，也不具有配得上〈其〉本性的能力。你拾起〈其中〉一个，根据它[254]请你对所有的做同样的理解，例如，火，它一方面肯定是在我们身上，另一方面，它也是在宇宙中。

普洛塔尔科斯：为何不呢。

苏格拉底：那么，一方面，在我们里面的火是某种少量的、弱小的和微不足道的东西，另一方面，在宇宙中的火则在大量、美丽和所有属于火的力量方面都是令人惊异的。

普洛塔尔科斯：你所说的是非常真的。

苏格拉底：然后呢？是宇宙之火被我们身上的火所养育，并从这种火那里产生出来和变得壮大起来的[255]呢，还是相反，我的火、你的火以及其他〈所有〉活物的火，都从那种火那里取得了所有这些[256]？

普洛塔尔科斯：你所问的这个问题，根本就不值得回答。

苏格拉底：〈说得〉正确。因为，我认为你将说同样的〈话〉，关于在〈我们〉这里于各种活物里面的土和在宇宙里面的土，以及关于我不久前问过的其他所有那些东西。你将这样回答吗？

普洛塔尔科斯：任何人，如果他做出别的回答，他竟然会显得〈头脑〉健康？

苏格拉底：几乎没有任何人。但请你依次随我前往此后的事情。我们刚才曾说过的所有那些，当我们看到它们被组合成一时，我们岂不就将之命名为身体？

普洛塔尔科斯：为何不呢？

苏格拉底：那么，关于我们将之称作宇宙的那个东西请你持同样的〈看法〉；因为[257]，在同样的方式上它无论如何都会是一个身体，既然它是由同样那些东西组合而成的。

ΠΡΩ. Ὀρθότατα λέγεις.

ΣΩ. Πότερον οὖν ἐκ τούτου τοῦ σώματος ὅλως τὸ παρ' ἡμῖν σῶμα ἢ ἐκ τοῦ παρ' ἡμῖν τοῦτο τρέφεταί τε καὶ ὅσα νυνδὴ περὶ αὐτῶν εἴπομεν εἴληφέν τε καὶ ἔχει;

ΠΡΩ. Καὶ τοῦθ' ἕτερον, ὦ Σώκρατες, οὐκ ἄξιον ἐρωτήσεως.

30 ΣΩ. Τί δέ; τόδε ἆρα ἄξιον; ἢ πῶς ἐρεῖς;

ΠΡΩ. Λέγε τὸ ποῖον.

ΣΩ. Τὸ παρ' ἡμῖν σῶμα ἆρ' οὐ ψυχὴν φήσομεν ἔχειν;

ΠΡΩ. Δῆλον ὅτι φήσομεν.

ΣΩ. Πόθεν, ὦ φίλε Πρώταρχε, λαβόν, εἴπερ μὴ τό γε τοῦ παντὸς σῶμα ἔμψυχον ὂν ἐτύγχανε, ταὐτά γε ἔχον τούτῳ καὶ ἔτι πάντῃ καλλίονα;

ΠΡΩ. Δῆλον ὡς οὐδαμόθεν ἄλλοθεν, ὦ Σώκρατες.

ΣΩ. Οὐ γάρ που δοκοῦμέν γε, ὦ Πρώταρχε, τὰ τέτταρα ἐκεῖνα, πέρας καὶ ἄπειρον καὶ κοινὸν καὶ τὸ τῆς αἰτίας γένος
b ἐν ἅπασι τέταρτον ἐνόν, τοῦτο ἐν μὲν τοῖς παρ' ἡμῖν ψυχήν τε παρέχον καὶ σωμασκίαν ἐμποιοῦν καὶ πταίσαντος σώματος ἰατρικὴν καὶ ἐν ἄλλοις ἄλλα συντιθὲν καὶ ἀκούμενον πᾶσαν καὶ παντοίαν σοφίαν ἐπικαλεῖσθαι, τῶν δ' αὐτῶν τούτων ὄντων ἐν ὅλῳ τε οὐρανῷ καὶ κατὰ μεγάλα μέρη, καὶ προσέτι καλῶν καὶ εἰλικρινῶν, ἐν τούτοις δ' οὐκ ἄρα μεμηχανῆσθαι τὴν τῶν καλλίστων καὶ τιμιωτάτων φύσιν.

c ΠΡΩ. Ἀλλ' οὐδαμῶς τοῦτό γ' ἂν λόγον ἔχοι.

ΣΩ. Οὐκοῦν εἰ μὴ τοῦτο, μετ' ἐκείνου τοῦ λόγου ἂν ἑπόμενοι βέλτιον λέγοιμεν ὡς ἔστιν, ἃ πολλάκις εἰρήκαμεν, ἄπειρόν τε ἐν τῷ παντὶ πολύ, καὶ πέρας ἱκανόν, καί τις ἐπ' αὐτοῖς αἰτία οὐ φαύλη, κοσμοῦσά τε καὶ συντάττουσα ἐνιαυτούς τε καὶ ὥρας καὶ μῆνας, σοφία καὶ νοῦς λεγομένη δικαιότατ' ἄν.

e 7 ἔχει T Eus. : ἴσχει B a 1 ἆρα T : ἄρα B a 6 ὂν T Eus. : ἐὰν B a 7 πάντῃ B T : om. vulg. a 10 πέρας T : om. B b 2 παρέχον] παρέχειν Beare σωμασκίαν Eus. : σῶμα σκιὰν B T b 3 συντιθὲν B : συντεθὲν T G b 7 τὴν T Eus. : διὰ B

普洛塔尔科斯：你说得非常正确。

苏格拉底：那么，在我们这儿的身体，是整体地从〈宇宙〉这个身 29e5
体那儿得到养育呢，还是说，〈宇宙〉这个身体从我们这儿的身体那里得到养育，并取得和拥有了对之我们刚才说过的〈其他〉所有那些[258]？

普洛塔尔科斯：这也是另一个，苏格拉底啊，不值得〈问〉的问题。

苏格拉底：然后呢？下面这个值得〈问〉吗？或者你将怎么说？ 30a1

普洛塔尔科斯：请你说，何种问题？

苏格拉底：就在我们这儿的身体而言，难道我们不会说它拥有灵魂吗？

普洛塔尔科斯：显然我们会说。

苏格拉底：它从何处，亲爱的普洛塔尔科斯啊，取得它的呢，除非 30a5
宇宙的身体恰好是有灵魂的，因为它与〈我们的〉这个身体有着同样的各种东西，并且在各方面都还要更美？

普洛塔尔科斯：显然不是从其他任何地方，苏格拉底啊。

苏格拉底：因为我们无论如何都不会认为〈是下面这样〉，普洛塔
尔科斯啊，那就是：就那四个种类，即限度、无限、〈两者的〉结合， 30a10
以及原因这一种类——它作为第四个种类内在于一切中——，〈其中原 30b1
因〉这个种类，一方面，由于它于在我们这儿的那些东西[259]中提供出灵魂、引起身体锻炼，并且当身体受到损害时[260]为之提供医术，以及在其他情形下安排其他的东西和进行治疗，于是它被冠以一种完整而多
端的智慧；另一方面，虽然同样这些东西[261]是在整个的天宇中，并且 30b5
是大规模地，此外它们还是美丽和纯粹的，但〈该原因〉在这些东西中却没有设计出那些最美的和最尊贵的东西之本性。

普洛塔尔科斯：然而这绝对是没有任何道理的。 30c1

苏格拉底：因此，如果并非这样，那么，假如我们追随〈下面〉那
种说法，我们就会更好地说——其实我们已经多次说过——，在宇宙中
的无限是许多的，限度也是充足的，除了它们之外[262]还有〈这样一种〉 30c5
原因：它不是微不足道的，它安排和组织着年岁、季节和月份，它会被最正当地称为智慧和理智。

ΠΡΩ. Δικαιότατα δῆτα.

ΣΩ. Σοφία μὴν καὶ νοῦς ἄνευ ψυχῆς οὐκ ἄν ποτε γενοίσθην.

ΠΡΩ. Οὐ γὰρ οὖν.

ΣΩ. Οὐκοῦν ἐν μὲν τῇ τοῦ Διὸς ἐρεῖς φύσει βασιλικὴν d
μὲν ψυχήν, βασιλικὸν δὲ νοῦν ἐγγίγνεσθαι διὰ τὴν τῆς
αἰτίας δύναμιν, ἐν δ' ἄλλοις ἄλλα καλά, καθ' ὅτι φίλον
ἑκάστοις λέγεσθαι.

ΠΡΩ. Μάλα γε.

ΣΩ. Τοῦτον δὴ τὸν λόγον ἡμᾶς μή τι μάτην δόξῃς, ὦ Πρώταρχε, εἰρηκέναι, ἀλλ' ἔστι τοῖς μὲν πάλαι ἀποφηναμένοις ὡς ἀεὶ τοῦ παντὸς νοῦς ἄρχει σύμμαχος ἐκείνοις.

ΠΡΩ. Ἔστι γὰρ οὖν.

ΣΩ. Τῇ δέ γε ἐμῇ ζητήσει πεπορικὼς ἀπόκρισιν, ὅτι νοῦς
ἐστὶ γένους τῆς τοῦ πάντων αἰτίου λεχθέντος [τῶν τετ- e
τάρων, [ὧν] ἦν ἡμῖν ἓν τοῦτο]. ἔχεις γὰρ δήπου νῦν ἡμῶν
ἤδη τὴν ἀπόκρισιν.

ΠΡΩ. Ἔχω καὶ μάλα ἱκανῶς· καίτοι με ἀποκρινάμενος ἔλαθες.

ΣΩ. Ἀνάπαυλα γάρ, ὦ Πρώταρχε, τῆς σπουδῆς γίγνεται ἐνίοτε ἡ παιδιά.

ΠΡΩ. Καλῶς εἶπες.

ΣΩ. Νῦν δήπου, ὦ ἑταῖρε, οὗ μὲν γένους ἐστὶ καὶ τίνα 31
ποτὲ δύναμιν κέκτηται, σχεδὸν ἐπιεικῶς ἡμῖν τὰ νῦν
δεδήλωται.

ΠΡΩ. Πάνυ μὲν οὖν.

ΣΩ. Καὶ μὴν ἡδονῆς γε ὡσαύτως πάλαι τὸ γένος ἐφάνη.

ΠΡΩ. Καὶ μάλα.

d 3 καθότι T Eus. : καθὸ B e 1 γένους τῆς B : γενούστης T Porphyrius Proclus Olympiodorus Hesychius Suidas schol. τῆς secl. Bekker τῶν τεττάρων . . . τοῦτο secl. Badham e 2 ὧν om. B T : add. in marg. T ἦν om. G : ⟨δ'⟩ ἦν Stallbaum e 6 τῆς σπουδῆς, ὦ Πρώταρχε vulg. e 8 καλῶς T : καὶ καλῶς B : ναί, καλῶς Hermann a 1 νῦν δή που T : νῦν δὴ νοῦς B : νοῦς δήπου Bekker οὗ T : οὐ B

普洛塔尔科斯：的确最正当。

苏格拉底：而智慧和理智，假如没有灵魂，它们无疑决不会产生 30c10
出来[263]。

普洛塔尔科斯：确实不会。

苏格拉底：那么，在宙斯的本性中，你岂不是在说，一方面生 30d1
发出一种王者的灵魂，另一方面生发出王者的理智——由于原因之力量——，而在其他〈诸神〉的本性上则生发出其他的美好，按照令他们各自喜欢的来进行称呼[264]。

普洛塔尔科斯：完全如此！ 30d5

苏格拉底：因此，就这种说法，你不要以为我们在无谓地说某种空话，普罗塔尔科斯啊，相反，它和从前那些宣称理智总是统治着万物的人是结了盟的。

普洛塔尔科斯：的确是这样。

苏格拉底：而它其实已经给我的探究提供了一个回答，那就是，理 30d10
智属于被称作万物之原因的那个种类[265]——而这个种类是我们〈所提 30e1
出〉的那四个种类中的一个[266]。因此，你现在无疑已经得到了我们的回答。

普洛塔尔科斯：我得到了，并且是非常充分地〈得到了〉；虽然我 30e5
没有注意到你已经给出了回答。

苏格拉底：因为，普洛塔尔科斯啊，玩笑有时候会成为严肃气氛的一种缓和。

普洛塔尔科斯：你说得漂亮。

苏格拉底：理智[267]，朋友啊，它属于哪个种类，以及它究竟已经 31a1
获得了何种能力，也许现在对我们来说，都差不多已经恰当地被揭示出来了。

普洛塔尔科斯：完全如此。

苏格拉底：当然，快乐所属的种类，其实同样早就已经显明了。 31a5

普洛塔尔科斯：确实。

ΣΩ. Μεμνώμεθα δὴ καὶ ταῦτα περὶ ἀμφοῖν, ὅτι νοῦς μὲν αἰτίας ἦν συγγενὴς καὶ τούτου σχεδὸν τοῦ γένους, ἡδονὴ δὲ ἄπειρός τε αὐτὴ καὶ τοῦ μήτε ἀρχὴν μήτε μέσα μήτε τέλος ἐν αὑτῷ ἀφ' ἑαυτοῦ ἔχοντος μηδὲ ἕξοντός ποτε γένους.

b ΠΡΩ. Μεμνησόμεθα· πῶς γὰρ οὔ;

ΣΩ. Δεῖ δὴ τὸ μετὰ τοῦτο, ἐν ᾧ τέ ἐστιν ἑκάτερον αὐτοῖν καὶ διὰ τί πάθος γίγνεσθον ὁπόταν γίγνησθον ἰδεῖν ἡμᾶς. πρῶτον τὴν ἡδονήν· ὥσπερ τὸ γένος αὐτῆς πρότερον ἐβασανίσαμεν, οὕτω καὶ ταῦτα πρότερα. λύπης δὲ αὖ χωρὶς τὴν ἡδονὴν οὐκ ἄν ποτε δυναίμεθα ἱκανῶς βασανίσαι.

ΠΡΩ. Ἀλλ' εἰ ταύτῃ χρὴ πορεύεσθαι, ταύτῃ πορευώμεθα.

ΣΩ. Ἆρ' οὖν σοὶ καθάπερ ἐμοὶ φαίνεται τῆς γενέσεως αὐτῶν πέρι;

c ΠΡΩ. Τὸ ποῖον;

ΣΩ. Ἐν τῷ κοινῷ μοι γένει ἅμα φαίνεσθον λύπη τε καὶ ἡδονὴ γίγνεσθαι κατὰ φύσιν.

ΠΡΩ. Κοινὸν δέ γε, ὦ φίλε Σώκρατες, ὑπομίμνῃσκε ἡμᾶς τί ποτε τῶν προειρημένων βούλει δηλοῦν.

ΣΩ. Ἔσται ταῦτ' εἰς δύναμιν, ὦ θαυμάσιε.

ΠΡΩ. Καλῶς εἶπες.

ΣΩ. Κοινὸν τοίνυν ὑπακούωμεν ὃ δὴ τῶν τεττάρων τρίτον ἐλέγομεν.

ΠΡΩ. Ὃ μετὰ τὸ ἄπειρον καὶ πέρας ἔλεγες, ἐν ᾧ καὶ ὑγίειαν, οἶμαι δὲ καὶ ἁρμονίαν, ἐτίθεσο;

d ΣΩ. Κάλλιστ' εἶπες. τὸν νοῦν δὲ ὅτι μάλιστ' ἤδη πρόσεχε.

ΠΡΩ. Λέγε μόνον.

ΣΩ. Λέγω τοίνυν τῆς ἁρμονίας μὲν λυομένης ἡμῖν ἐν τοῖς ζῴοις ἅμα λύσιν τῆς φύσεως καὶ γένεσιν ἀλγηδόνων ἐν τῷ τότε γίγνεσθαι χρόνῳ.

a 9 αὐτὴ T : αὕτη B a 10 ἐν αὑτῷ ἀφ' ἑαυτοῦ B T : ἀφ' ἑαυτοῦ ἐν ἑαυτῷ vulg. b 3 πάθος T : πλῆθος B γίγνησθον B : γίγνεσθον (η supra ε) T c 11 ἐτίθεσο : κάλλιστ' T : ἐτίθεις ὃ κάλλιστ' B

苏格拉底：那么，关于这两者也让我们记住下面这些，那就是：一
方面，理智向来就是与原因同家族的，并且差不多也就属于这个种类；
另一方面，快乐自身是无限的，并且属于那个在其自身地于自身那儿就
没有，也将不会有起点、中间和终点的种类。 31a10

普洛塔尔科斯：我们会记住的。怎么会不呢？ 31b1

苏格拉底：那么，在这之后，我们就必须看看，这两者中的每一个
是在什么东西里面，以及由于何种遭受而发生出来——每当它们发生出
来时。首先〈看看〉快乐；正如我们曾先检测了它所属的种类，现在也 31b5
同样先检测〈它的〉这些事情[268]。而另一方面，离开了痛苦，我们从不
会充分地检测快乐。

普洛塔尔科斯：如果真的必须这样往前走，那就让我们这样往前走。

苏格拉底：那么，关于它们两者的生成，它对你显得恰如对我显得
的那样吗？

普洛塔尔科斯：哪样？ 31c1

苏格拉底：痛苦与快乐这两者，在本性上就一起对我显得在那个结
合起来的种类中[269]生起。

普洛塔尔科斯：但结合起来的种类，亲爱的苏格拉底啊，请你提醒
我们，你想把它揭示为前面所说的那些〈种类〉中的哪个。 31c5

苏格拉底：好的，〈我〉尽力[270]，令人钦佩的人啊。

普洛塔尔科斯：你说得好。

苏格拉底：那么，结合起来的种类，让我们把它理解[271]为我们说
过的那四个种类中的第三个。

普洛塔尔科斯：即在无限与限度之后你说到过的那个种类吗，而我 31c10
认为，你把健康以及和谐设立于其中了？

苏格拉底：你说得非常恰当。不过，从现在起[272]请你要尽可能 31d1
地[273]集中注意力[274]。

普洛塔尔科斯：你只管说！

苏格拉底：那么，我说，一方面，当和谐在我们这些活物中被解开
了[275]，〈其〉本性的解散和各种痛苦的生成也就同时在那个时候产生了 31d5
出来。

ΠΡΩ. Πάνυ λέγεις εἰκός.

ΣΩ. Πάλιν δὲ ἁρμοττομένης τε καὶ εἰς τὴν αὑτῆς φύσιν ἀπιούσης ἡδονὴν γίγνεσθαι λεκτέον, εἰ δεῖ δι' ὀλίγων περὶ μεγίστων ὅτι τάχιστα ῥηθῆναι.

ΠΡΩ. Οἶμαι μέν σε ὀρθῶς λέγειν, ὦ Σώκρατες, ἐμφανέ- e
στερον δὲ ἔτι ταὐτὰ ταῦτα πειρώμεθα λέγειν.

ΣΩ. Οὐκοῦν τὰ δημόσιά που καὶ περιφανῆ ῥᾷστον συννοεῖν;

ΠΡΩ. Ποῖα;

ΣΩ. Πείνη μέν που λύσις καὶ λύπη;

ΠΡΩ. Ναί.

ΣΩ. Ἐδωδὴ δέ, πλήρωσις γιγνομένη πάλιν, ἡδονή;

ΠΡΩ. Ναί.

ΣΩ. Δίψος δ' αὖ φθορὰ καὶ λύπη [καὶ λύσις], ἡ δὲ τοῦ
ὑγροῦ πάλιν τὸ ξηρανθὲν πληροῦσα δύναμις ἡδονή· διά- 32
κρισις δέ γ' αὖ καὶ διάλυσις ἡ παρὰ φύσιν, τοῦ πνίγους πάθη, λύπη, κατὰ φύσιν δὲ πάλιν ἀπόδοσίς τε καὶ ψῦξις ἡδονή.

ΠΡΩ. Πάνυ μὲν οὖν.

ΣΩ. Καὶ ῥίγους ἡ μὲν παρὰ φύσιν τοῦ ζῴου τῆς ὑγρότητος πῆξις λύπη· πάλιν δ' εἰς ταὐτὸν ἀπιόντων καὶ διακρινομένων ἡ κατὰ φύσιν ὁδὸς ἡδονή. καὶ ἑνὶ λόγῳ σκόπει εἴ σοι μέτριος ὁ λόγος ὃς ἂν φῇ τὸ ἐκ τῆς ἀπείρου καὶ
πέρατος κατὰ φύσιν ἔμψυχον γεγονὸς εἶδος, ὅπερ ἔλεγον ἐν b
τῷ πρόσθεν, ὅταν μὲν τοῦτο φθείρηται, τὴν μὲν φθορὰν λύπην εἶναι, τὴν δ' εἰς τὴν αὑτῶν οὐσίαν ὁδόν, ταύτην δὲ αὖ πάλιν τὴν ἀναχώρησιν πάντων ἡδονήν.

d 8 αὑτῆς B T : αὐτὴν Stobaeus d 10 ὅτι τάχιστα περὶ μεγίστων Stobaeus e 2 ταυτὰ B : τὰ αὐτὰ T : om. Stobaeus e 6 πείνη B Stobaeus : πείνῃ T e 8 ἐδωδὴ B Stobaeus : ἐδωδῇ T e 10 καὶ λύσις T Stobaeus : secl. Schleiermacher : καὶ λῦσις B : καὶ αὖσις ci. Bury a 2 γ' B T : τε G : τ' Stobaeus ἡ om. Stobaeus a 3 δὲ Stobaeus : δὴ B T : δ' ἡ Heusde a 9 τῆς B T Stobaeus : τοῦ Stallbaum b 1 ἐν τῷ πρόσθεν ἔλεγον Stobaeus b 2 μὲν om. Stobaeus b 3 αὑτῶν T : αὐτῶν B Stobaeus

普洛塔尔科斯：你说得非常合理。

苏格拉底：另一方面，当它重新被绷紧并且返回到了它的本性中
时，就必须得说快乐产生出来了，如果面对那些最重大的事情，〈恰恰〉 31d10
应当三言两语[276]尽可能快地〈将之〉说出来的话。

普洛塔尔科斯：我虽然认为你说得正确，苏格拉底啊，但让我们试 31e1
着把同样这些事情说得还要更加清楚些。

苏格拉底：那么，那些稀松平常的东西[277]以及显而易见的东西，岂不最容易进行理解？

普洛塔尔科斯：哪些？ 31e5

苏格拉底：饥饿，无论如何都是一种解散和痛苦吗？

普洛塔尔科斯：是的。

苏格拉底：而进餐[278]，作为重新变得饱足，岂不就是一种快乐？

普洛塔尔科斯：是的。

苏格拉底：此外，干渴是一种败坏和痛苦[279]，但湿润的东西之能 31e10
力——因为它〈能够〉重新充满那已经被干透了的东西——，则是一 32a1
种快乐；再次，那违反自然的[280]分离和分解，〈比如〉对令人窒息的闷
热的遭受，是一种痛苦，而合乎自然的一种重新恢复和变冷，则是一
种快乐。

普洛塔尔科斯：完全如此。 32a5

苏格拉底：并且活物〈身上〉的液体因寒冷而违反自然的那种冻
结，是一种痛苦；而当它们重新返回〈先前〉同样的状态并被分开时，
这条合乎自然的道路则是一种快乐。简而言之[281]，也请你考虑一下这
个说法是否对你而言是恰当的，它宣称：那个已经从无限这种本性和限 32b1
度这种本性中合乎自然地产生出来的有灵魂的种类[282]，正如在前面被
说过的那样，一方面，每当它被败坏了，这种败坏就是一种痛苦；另
一方面，那朝向它们自己的所是的道路——而这种道路是一种重新返
回——，在所有东西那儿都是一种快乐。

ΠΡΩ. Ἔστω· δοκεῖ γάρ μοι τύπον γέ τινα ἔχειν.

ΣΩ. Τοῦτο μὲν τοίνυν ἓν εἶδος τιθώμεθα λύπης τε καὶ ἡδονῆς ἐν τούτοις τοῖς πάθεσιν ἑκατέροις;

ΠΡΩ. Κείσθω.

ΣΩ. Τίθει τοίνυν αὐτῆς τῆς ψυχῆς κατὰ τὸ τούτων τῶν
c παθημάτων προσδόκημα τὸ μὲν πρὸ τῶν ἡδέων ἐλπιζόμενον ἡδὺ
καὶ θαρραλέον, τὸ δὲ πρὸ τῶν λυπηρῶν φοβερὸν καὶ ἀλγεινόν.

ΠΡΩ. Ἔστι γὰρ οὖν τοῦθ' ἡδονῆς καὶ λύπης ἕτερον εἶδος, τὸ χωρὶς τοῦ σώματος αὐτῆς τῆς ψυχῆς διὰ προσδοκίας γιγνόμενον.

ΣΩ. Ὀρθῶς ὑπέλαβες. ἐν γὰρ τούτοις οἶμαι, κατά γε
τὴν ἐμὴν δόξαν, εἰλικρινέσιν τε ἑκατέροις γιγνομένοις, ὡς
δοκεῖ, καὶ ἀμείκτοις λύπης τε καὶ ἡδονῆς, ἐμφανὲς ἔσεσθαι
d τὸ περὶ τὴν ἡδονήν, πότερον ὅλον ἐστὶ τὸ γένος ἀσπαστόν,
ἢ τοῦτο μὲν ἑτέρῳ τινὶ τῶν προειρημένων δοτέον ἡμῖν γενῶν,
ἡδονῇ δὲ καὶ λύπῃ, καθάπερ θερμῷ καὶ ψυχρῷ καὶ πᾶσι τοῖς
τοιούτοις, τοτὲ μὲν ἀσπαστέον αὐτά, τοτὲ δὲ οὐκ ἀσπαστέον,
ὡς ἀγαθὰ μὲν οὐκ ὄντα, ἐνίοτε δὲ καὶ ἔνια δεχόμενα τὴν
τῶν ἀγαθῶν ἔστιν ὅτε φύσιν.

ΠΡΩ. Ὀρθότατα λέγεις, ὅτι ταύτῃ πῃ δεῖ διαπορηθῆναι τὸ νῦν μεταδιωκόμενον.

ΣΩ. Πρῶτον μὲν τοίνυν τόδε συνίδωμεν· [ὡς] εἴπερ
e ὄντως ἔστι τὸ λεγόμενον, διαφθειρομένων μὲν αὐτῶν ἀλγη-
δών, ἀνασῳζομένων δὲ ἡδονή, τῶν μήτε διαφθειρομένων
μήτε ἀνασῳζομένων ἐννοήσωμεν πέρι, τίνα ποτὲ ἕξιν δεῖ
τότε ἐν ἑκάστοις εἶναι τοῖς ζῴοις, ὅταν οὕτως ἴσχῃ. σφόδρα
δὲ προσέχων τὸν νοῦν εἰπέ· ἆρα οὐ πᾶσα ἀνάγκη πᾶν ἐν
τῷ τότε χρόνῳ ζῷον μήτε τι λυπεῖσθαι μήτε ἥδεσθαι μήτε
μέγα μήτε σμικρόν;

c 2 λυπηρῶν T : λυπῶν B Stobaeus c 4 προσδοκίας B T Stobaeus : προσδοκίαν vulg. d 2 τινὶ T : om. B d 3 δὲ B : τε T d 4 τότε δὲ T : τὸ τί δε B d 6 ὅτε] ὅπῃ Badham d 7 διαπορηθῆναι Solomon : διαπορευθῆναι B T : διαθηρευθῆναι Stephanus d 9 ὡς secl. Badham e 1 ἀλγηδών· ἀνασωζομένων T : ἀλγηδὼν ἄν· διασωζομένων B

普洛塔尔科斯：就让它是这样！因为它至少对我显得具有某种一般 32b5
性格[283]。

苏格拉底：那么，我们应该把这设定为痛苦和快乐的一个种类吗，它位于这两种遭受中的每一个中[284]？

普洛塔尔科斯：就让它这样被确定下来吧！

苏格拉底：那么，就请你根据灵魂自身对这些遭受的预期来这样进
行设定：一方面，那在各种令人快乐的东西之前的预期，被希望为令人 32c1
快乐的和有信心的；另一方面，那在各种令人痛苦的东西之前的预期则
是令人害怕的和痛苦的。

普洛塔尔科斯：因此，这肯定是快乐和痛苦的另一个种类，它同身
体相分离，在灵魂自身那里由于一种期待而产生出来。 32c5

苏格拉底：你把握得正确。因为，我认为在快乐和痛苦的这〈两
个〉种类中[285]，至少根据我的意见，当它俩各自都成为纯粹的，如看起
来的那样，彼此也没有混合起来[286]，那同快乐相关的事情就将是显而易
见的，即〈它的〉整个种类是受欢迎的呢，还是说，这必须被赋予我们 32d1
在前面说到的那些种类中的另外某个；但是，〈必须被赋予〉快乐和痛
苦的，就像〈必须被赋予〉热和冷以及〈其他〉诸如此类的所有东西的
那样[287]，它们有时是必须被欢迎的，有时则不是必须被欢迎的，因为， 32d5
它们〈自身〉虽然不是善，但有时其中一些又在某种方式上[288]接纳各
种善之本性。

普洛塔尔科斯：你说得非常正确，即现在正被追踪的，它无论如何都必须以这种方式成为疑难[289]。

苏格拉底：那么，首先让我们一起来看看下面这点，那就是[290]：
假如所说的确实是如此，即一方面，当活物被败坏时就生起痛苦，另 32e1
一方面，当它们被恢复时就生起快乐，那么，让我们就既未被败坏也
未被恢复的它们来做一下思考，它们每一个在那时究竟应该处于何种状
态[291]，每当它是这个样子的时候。不过，请你把注意力完全集中到下面
这点上来说说：这岂不是一种完全的必然，即每一个活物在那个时候都 32e5
既不感到任何痛苦，也不感到任何快乐，无论大还是小？

ΠΡΩ. Ἀνάγκη μὲν οὖν.

ΣΩ. Οὐκοῦν ἔστι τις τρίτη ἡμῶν ἡ τοιαύτη διάθεσις παρά τε τὴν τοῦ χαίροντος καὶ παρὰ τὴν τοῦ λυπουμένου; 33

ΠΡΩ. Τί μήν;

ΣΩ. Ἄγε δὴ τοίνυν, ταύτης προθυμοῦ μεμνῆσθαι. πρὸς γὰρ τὴν τῆς ἡδονῆς κρίσιν οὐ σμικρὸν μεμνῆσθαι ταύτην ἔσθ' ἡμῖν ἢ μή. βραχὺ δέ τι περὶ αὐτῆς, εἰ βούλει, διαπεράνωμεν.

ΠΡΩ. Λέγε ποῖον.

ΣΩ. [Τῷ] τὸν τοῦ φρονεῖν [ἑλομένῳ] βίον οἶσθ' ὡς τοῦτον τὸν τρόπον οὐδὲν ἀποκωλύει ζῆν.

ΠΡΩ. Τὸν τοῦ μὴ χαίρειν μηδὲ λυπεῖσθαι λέγεις; b

ΣΩ. Ἐρρήθη γάρ που τότε ἐν τῇ παραβολῇ τῶν βίων μηδὲν δεῖν μήτε μέγα μήτε σμικρὸν χαίρειν τῷ τὸν τοῦ νοεῖν καὶ φρονεῖν βίον ἑλομένῳ.

ΠΡΩ. Καὶ μάλα οὕτως ἐρρήθη.

ΣΩ. Οὐκοῦν οὕτως ἂν ἐκείνῳ γε ὑπάρχοι· καὶ ἴσως οὐδὲν ἄτοπον εἰ πάντων τῶν βίων ἐστὶ θειότατος.

ΠΡΩ. Οὔκουν εἰκός γε οὔτε χαίρειν θεοὺς οὔτε τὸ ἐναντίον.

ΣΩ. Πάνυ μὲν οὖν οὐκ εἰκός· ἄσχημον γοῦν αὐτῶν ἑκάτερον γιγνόμενόν ἐστιν. ἀλλὰ δὴ τοῦτο μὲν ἔτι καὶ εἰς
αὖθις ἐπισκεψόμεθα, ἐὰν πρὸς λόγον τι ᾖ, καὶ τῷ νῷ πρὸς c
τὰ δευτερεῖα, ἐὰν μὴ πρὸς τὰ πρωτεῖα δυνώμεθα προσθεῖναι, προσθήσομεν.

ΠΡΩ. Ὀρθότατα λέγεις.

ΣΩ. Καὶ μὴν τό γε ἕτερον εἶδος τῶν ἡδονῶν, ὃ τῆς ψυχῆς αὐτῆς ἔφαμεν εἶναι, διὰ μνήμης πᾶν ἐστι γεγονός.

ΠΡΩ. Πῶς;

ΣΩ. Μνήμην, ὡς ἔοικεν, ὅτι ποτ' ἔστιν πρότερον ανα-

e 9 ἡμῶν B T : ἡμῖν al. a 4 ταύτην B T : ταύτης recc. Bekker a 8 τῷ et mox ἑλομένῳ secl. Badham b 3 μέγα B : μέγαν T G b 5 ἐρρέθη T b 6 οὕτως B T : οὗτος al. b 8 θεοὺς T : τοὺς θεοὺς B c 1 ἐπισκεψόμεθα Bekker : ἐπισκεψώμεθα B T

普洛塔尔科斯：确实是一种必然。

苏格拉底：那么，这样一种状况岂不是我们的某一第三种状况，在 33a1
感到高兴这种状况之外和在感到痛苦这种状态之外。

普洛塔尔科斯：为何不呢？

苏格拉底：那就来吧！请你一定要尽力记住这〈第三种状况〉。因
为，就对快乐进行剖判来说，记得住它，还是记不住它，这对我们可不 33a5
是件小事。不过关于它还有不多的几句话要说，如果你愿意的话，让我
们说完。

普洛塔尔科斯：请你说说是什么。

苏格拉底：对于那已经选择〈过〉具有明智这种生活的人[292]，你知道，没有任何东西能阻拦〈他〉以这种方式生活。

普洛塔尔科斯：你在说〈他〉既不感到高兴也不感到痛苦？ 33b1

苏格拉底：因为，〈我们〉肯定曾在各种生活的对比中说过[293]，那个已经选择了〈过〉进行思考和具有明智这种生活的人，他不应感受到快乐，无论大还是小。

普洛塔尔科斯：确实这样说过。 33b5

苏格拉底：于是，它肯定就会以这种方式属于那个人[294]；或许这也不是荒谬的，如果它是所有生活中最神圣的。

普洛塔尔科斯：因此，这无论如何都不可能，即诸神会感到快乐，或者相反。

苏格拉底：当然不可能；当这两种情形中的任何一种发生〈在他 33b10
们身上〉了，无论如何都会是不得体的。然而，让我们以后[295]再来考
察这点，如果它毕竟同〈我们的〉讨论有所关联的话；并且我们将为 33c1
了二等奖而把它交给理智，假如我们不可能为了头等奖而把它交给理智
的话。

普洛塔尔科斯：你说得极其正确。

苏格拉底：而且快乐的另一种类型——我们曾说它属于灵魂自 33c5
身——，肯定完全是通过记忆而产生出来的。

普洛塔尔科斯：为何？

苏格拉底：记忆，如看起来的那样，它究竟是什么，必须先把这点

ληπτέον, καὶ κινδυνεύει πάλιν ἔτι πρότερον αἴσθησιν μνήμης, εἰ μέλλει τὰ περὶ ταῦθ' ἡμῖν κατὰ τρόπον φανερά πῃ γενήσεσθαι.

d ΠΡΩ. Πῶς φῄς;

ΣΩ. Θὲς τῶν περὶ τὸ σῶμα ἡμῶν ἑκάστοτε παθημάτων τὰ μὲν ἐν τῷ σώματι κατασβεννύμενα πρὶν ἐπὶ τὴν ψυχὴν διεξελθεῖν ἀπαθῆ ἐκείνην ἐάσαντα, τὰ δὲ δι' ἀμφοῖν ἰόντα καί τινα ὥσπερ σεισμὸν ἐντιθέντα ἴδιόν τε καὶ κοινὸν ἑκατέρῳ.

ΠΡΩ. Κείσθω.

ΣΩ. Τὰ μὲν δὴ μὴ δι' ἀμφοῖν ἰόντα ἐὰν τὴν ψυχὴν ἡμῶν φῶμεν λανθάνειν, τὰ δὲ δι' ἀμφοῖν μὴ λανθάνειν, ἆρ' ὀρθότατα ἐροῦμεν;

e ΠΡΩ. Πῶς γὰρ οὔ;

ΣΩ. Τὸ τοίνυν λεληθέναι μηδαμῶς ὑπολάβῃς ὡς λέγω λήθης ἐνταῦθά που γένεσιν· ἔστι γὰρ λήθη μνήμης ἔξοδος, ἡ δ' ἐν τῷ λεγομένῳ νῦν οὔπω γέγονε. τοῦ δὴ μήτε ὄντος μήτε γεγονότος πω γίγνεσθαι φάναι τινὰ ἀποβολὴν ἄτοπον. ἦ γάρ;

ΠΡΩ. Τί μήν;

ΣΩ. Τὰ τοίνυν ὀνόματα μετάβαλε μόνον.

ΠΡΩ. Πῶς;

ΣΩ. Ἀντὶ μὲν τοῦ λεληθέναι τὴν ψυχήν, ὅταν ἀπαθὴς αὕτη γίγνηται τῶν σεισμῶν τῶν τοῦ σώματος, ἣν νῦν λήθην
34 καλεῖς ἀναισθησίαν ἐπονόμασον.

ΠΡΩ. Ἔμαθον.

ΣΩ. Τὸ δ' ἐν ἑνὶ πάθει τὴν ψυχὴν καὶ τὸ σῶμα κοινῇ γιγνόμενον κοινῇ καὶ κινεῖσθαι, ταύτην δ' αὖ τὴν κίνησιν ὀνομάζων αἴσθησιν οὐκ ἀπὸ τρόπου φθέγγοι' ἄν.

---

c 10 τὰ περὶ B : περὶ T : om Stobaeus   d 2 τῶν T Stobaeus : τὸν B   d 4 δι' T Stobaeus : om. B   d 8 δὴ B T : om. Stobaeus   μὴ om. G   e 4 τοῦ δὴ B : τοῦ* T : τοῦ δου D : οὐδ' οὐ Stobaeus   e 5 πω Stobaeus : πῶς B : πως T   e 10 μὲν om. Stobaeus   a 3 τὸ B T G Stobaeus : τῷ vulg.   a 4 δ' αὖ B T : δὴ Stobaeus   a 5 ἀπὸ T Stobaeus : ἄπο B

〈重新〉拾起来；并且有可能还得再次必须在记忆的前面把感觉〈重新〉拾起来，如果我们打算恰当地[296]让关于这些东西的事情在某种方式上将对我们变得清楚的话。

普洛塔尔科斯：你为何这么说呢？

苏格拉底：请你假设：在每次围绕我们的身体所生起的各种各样的遭受中，一些在穿过〈身体〉到达灵魂之前就在身体里面熄灭了，从而让灵魂根本未受到任何影响；而另一些则穿过了它们两者，并且既对它们两者中的每一个各自，也对它们两者共同置入了某种像震动一样的东西[297]。

普洛塔尔科斯：就让它这样被确定下来吧！

苏格拉底：那么，如果我们说，一方面，那些没有穿过它们两者的遭受逃避了我们的灵魂的注意，另一方面，那些穿过了它们两者的遭受则没有逃避了它的注意，那我们将说得非常正确吗？

普洛塔尔科斯：为何不呢。

苏格拉底：那好，已经逃避了注意，你无论如何都不要认为我在这样说它，即在那种情形下它略莫就是遗忘的产生[298]；因为遗忘是记忆的退场[299]，而记忆在现在被说的东西中还尚未产生出来。而就那既不是着也尚未生成出来的东西，宣称发生了它的某种丧失，这是荒谬的。难道不是这样吗？

普洛塔尔科斯：为什么不是呢？

苏格拉底：那么，请你仅仅把〈它们的〉名称改变一下。

普洛塔尔科斯：如何〈改〉？

苏格拉底：一方面，代替〈说〉灵魂没有注意到[300]，每当它仍然处在未受到身体的各种震动所影响的状态中时，请你把你现在称作遗忘的那种东西，命名为缺乏感觉。

普洛塔尔科斯：我明白了。

苏格拉底：另一方面，当灵魂与身体共同处在某一遭受中，并且一起在运动时，如果你复又把这种运动命名为感觉，那么，你也并非在不恰当地进行表达。

ΠΡΩ. Ἀληθέστατα λέγεις.

ΣΩ. Οὐκοῦν ἤδη μανθάνομεν ὃ βουλόμεθα καλεῖν τὴν αἴσθησιν;

ΠΡΩ. Τί μήν;

ΣΩ. Σωτηρίαν τοίνυν αἰσθήσεως τὴν μνήμην λέγων ὀρθῶς ἄν τις λέγοι κατά γε τὴν ἐμὴν δόξαν.

ΠΡΩ. Ὀρθῶς γὰρ οὖν. b

ΣΩ. Μνήμης δὲ ἀνάμνησιν ἆρ' οὐ διαφέρουσαν λέγομεν;

ΠΡΩ. Ἴσως.

ΣΩ. Ἆρ' οὖν οὐ τόδε;

ΠΡΩ. Τὸ ποῖον;

ΣΩ. Ὅταν ἃ μετὰ τοῦ σώματος ἔπασχέν ποθ' ἡ ψυχή, ταῦτ' ἄνευ τοῦ σώματος αὐτὴ ἐν ἑαυτῇ ὅτι μάλιστα ἀναλαμβάνῃ, τότε ἀναμιμνῄσκεσθαί που λέγομεν. ἦ γάρ;

ΠΡΩ. Πάνυ μὲν οὖν.

ΣΩ. Καὶ μὴν καὶ ὅταν ἀπολέσασα μνήμην εἴτ' αἰσθήσεως εἴτ' αὖ μαθήματος αὖθις ταύτην ἀναπολήσῃ πάλιν αὐτὴ ἐν ἑαυτῇ, καὶ ταῦτα σύμπαντα ἀναμνήσεις [καὶ μνήμας] c που λέγομεν.

ΠΡΩ. Ὀρθῶς λέγεις.

ΣΩ. Οὗ δὴ χάριν ἅπαντ' εἴρηται ταῦτ', ἔστι τόδε.

ΠΡΩ. Τὸ ποῖον;

ΣΩ. Ἵνα πῃ τὴν ψυχῆς ἡδονὴν χωρὶς σώματος ὅτι μάλιστα καὶ ἐναργέστατα λάβοιμεν, καὶ ἅμα ἐπιθυμίαν· διὰ γὰρ τούτων πως ταῦτα ἀμφότερα ἔοικεν δηλοῦσθαι.

ΠΡΩ. Λέγωμεν τοίνυν, ὦ Σώκρατες, ἤδη τὸ μετὰ ταῦτα.

ΣΩ. Πολλά γε περὶ γένεσιν ἡδονῆς καὶ πᾶσαν [τὴν] μορφὴν αὐτῆς ἀναγκαῖον, ὡς ἔοικε, λέγοντας σκοπεῖν. καὶ d γὰρ νῦν πρότερον ἔτι φαίνεται ληπτέον ἐπιθυμίαν εἶναι τί ποτ' ἔστι καὶ ποῦ γίγνεται.

b 2 λέγομεν T : λέγωμεν B b 6 πόθ' ἡ T : πάθη B : πάθη ἡ Turr. c 1 καὶ μνήμας secl. Gloël c 6 πῃ Schütz : δὴ Grouius : ἤδη Hermann : μὴ B T ψυχῆς T : τῆς ψυχῆς B c 8 πως T : πῶς B c 10 τὴν secl. Badham d 1 αὐτῆς T : αὐτὴν B

普洛塔尔科斯：你说得非常对。

苏格拉底：那么，我们岂不已经弄明白了我们打算将之称作感觉的那种东西？

普洛塔尔科斯：为什么不呢。

苏格拉底：因此，如果有人把记忆说成是感觉的保存，那他会说得 34a10
正确，至少根据我的意见。

普洛塔尔科斯：当然〈说得〉正确。 34b1

苏格拉底：而我们岂不也说那不同于记忆的回忆？

普洛塔尔科斯：也许。

苏格拉底：它们岂不就是在下面这点上不同？

普洛塔尔科斯：哪点？ 34b5

苏格拉底：灵魂曾经同身体一道所遭受的那些东西，每当它在没有身体的情况下独自在其自身地尽可能重新拾起它们时，我们无论如何都说那时它在进行回忆。难道不是这样吗？

普洛塔尔科斯：完全如此。

苏格拉底：而且，它在失去了某种记忆——无论是对某种感觉的， 34b10
还是对某种学问的——之后，每当它复又独自在其自身地重新把那种记
忆恢复起来时，我们也无论如何都把所有这些称作回忆，而非记忆[301]。 34c1

普洛塔尔科斯：你说得正确。

苏格拉底：为何说了所有这些，是由于下面这点。

普洛塔尔科斯：哪点？ 34c5

苏格拉底：为了我们能够以某种方式尽可能地和最清楚地把握那离开身体的灵魂的快乐，此外[302]还有欲望；因为，通过这些东西[303]，〈离开身体的灵魂的快乐和欲望〉这两者似乎在某种程度上被揭示出来了。

普洛塔尔科斯：那么让我们此后说说，苏格拉底啊，这些之后的东西吧。

苏格拉底：关于快乐的产生和它的每一种形象[304]的许多事情，如看 34c10
起来的那样，肯定必须通过讨论而加以考察。不过现在还进一步显得， 34d1
首先必须拾起欲望，〈考察〉它究竟是什么，以及它在哪里产生出来[305]。

ΠΡΩ. Σκοπῶμεν τοίνυν· οὐδὲν γὰρ ἀπολοῦμεν.

ΣΩ. Ἀπολοῦμεν μὲν οὖν [καὶ] ταῦτά γε, ὦ Πρώταρχε· εὑρόντες ὃ νῦν ζητοῦμεν, ἀπολοῦμεν τὴν περὶ αὐτὰ ταῦτα ἀπορίαν.

ΠΡΩ. Ὀρθῶς ἠμύνω· τὸ δ' ἐφεξῆς τούτοις πειρώμεθα λέγειν.

ΣΩ. Οὐκοῦν νυνδὴ πείνην τε καὶ δίψος καὶ πολλὰ ἕτερα
e τοιαῦτα ἔφαμεν εἶναί τινας ἐπιθυμίας;

ΠΡΩ. Σφόδρα γε.

ΣΩ. Πρὸς τί ποτε ἄρα ταὐτὸν βλέψαντες οὕτω πολὺ διαφέροντα ταῦθ' ἑνὶ προσαγορεύομεν ὀνόματι;

ΠΡΩ. Μὰ Δί' οὐ ῥᾴδιον ἴσως εἰπεῖν, ὦ Σώκρατες, ἀλλ' ὅμως λεκτέον.

ΣΩ. Ἐκεῖθεν δὴ ἐκ τῶν αὐτῶν πάλιν ἀναλάβωμεν.

ΠΡΩ. Πόθεν δή;

ΣΩ. Διψῇ γέ που λέγομεν ἑκάστοτέ τι;

ΠΡΩ. Πῶς δ' οὔ;

ΣΩ. Τοῦτο δέ γ' ἐστὶ κενοῦται;

ΠΡΩ. Τί μήν;

ΣΩ. Ἆρ' οὖν τὸ δίψος ἐστὶν ἐπιθυμία;

ΠΡΩ. Ναί, πώματός γε.

35 ΣΩ. Πώματος, ἢ πληρώσεως πώματος;

ΠΡΩ. Οἶμαι μὲν πληρώσεως.

ΣΩ. Ὁ κενούμενος ἡμῶν ἄρα, ὡς ἔοικεν, ἐπιθυμεῖ τῶν ἐναντίων ἢ πάσχει· κενούμενος γὰρ ἐρᾷ πληροῦσθαι.

ΠΡΩ. Σαφέστατά γε.

ΣΩ. Τί οὖν; ὁ τὸ πρῶτον κενούμενος ἔστιν ὁπόθεν εἴτ' αἰσθήσει πληρώσεως ἐφάπτοιτ' ἂν εἴτε μνήμῃ, τούτου ὃ μήτ' ἐν τῷ νῦν χρόνῳ πάσχει μήτ' ἐν τῷ πρόσθεν πώποτε ἔπαθεν;

d 5 μὲν B : om. T καὶ secl. Badham d 6 ἀπολοῦμεν B : om. T e 7 ἐκ τῶν αὐτῶν πάλιν B : πάλιν ἐκ τῶν αὐτῶν T e 9 διψῇ T : δίψῃ B : διψῆν vulg. γέ που B : που T ἑκάστοτέ τι T : ἑκάστου ἔτι B : ἑκάστοτέ τις al. e 14 πώματος B T : πόματος vulg

普洛塔尔科斯：那就让我们进行考察吧；因为我们将无所丧失。

苏格拉底：我们其实有所丧失，至少〈丧失〉了下面这点[306]，普洛 34d5
塔尔科斯啊，那就是：当我们发现了我们现在所寻找的[307]，我们也就丧失了关于这些东西的困惑。

普洛塔尔科斯：你反击得巧妙[308]；不过，让我们现在尝试讨论一下紧接着这些的东西[309]。

苏格拉底：我们刚才岂不说过，饥饿、干渴以及许多其他诸如此类 34d10
的，都是一些欲望[310]？ 34e1

普洛塔尔科斯：确实。

苏格拉底：那我们究竟看到了什么样的同一者，由此用单一的名称来称呼这些有着如此多的不同的东西？

普洛塔尔科斯：宙斯在上，也许不容易说出来，苏格拉底啊；但 34e5
是，仍然必须得说。

苏格拉底：那就让我们从那里，即从那些相同的东西那里再次拾起〈讨论〉。

普洛塔尔科斯：究竟从哪里？

苏格拉底：他正感到口渴，我们肯定经常[311]会说某种这样的事情吗？

普洛塔尔科斯：为何不呢。 34e10

苏格拉底：而这其实是〈在说〉，他正变得空乏吗？

普洛塔尔科斯：那还用说？

苏格拉底：因此，口渴岂不就是一种欲望？

普洛塔尔科斯：是的，而且是对饮料的欲望。

苏格拉底：是对饮料的欲望呢，还是对饮料之充满的欲望？ 35a1

普洛塔尔科斯：我认为是对充满的欲望。

苏格拉底：那么，当我们中有人变得空乏时，如看起来的那样，他就欲求那些同他所遭受的〈东西〉相反的东西[312]；因为当他变得空乏时，他就渴望被充满。

普洛塔尔科斯：确实非常明显。 35a5

苏格拉底：然后呢？当一个人初次变得空乏时，他能够从何处——无论是从感觉那儿，还是从记忆那儿——获得〈对某种东西的〉充满[313]呢，而这种东西，他既未在现在这个时候遭受到，也从未在先前的某个时候遭受过？

ΠΡΩ. Καὶ πῶς;

ΣΩ. Ἀλλὰ μὴν ὅ γε ἐπιθυμῶν τινὸς ἐπιθυμεῖ, φαμέν. b

ΠΡΩ. Πῶς γὰρ οὔ;

ΣΩ. Οὐκ ἄρα ὅ γε πάσχει, τούτου ἐπιθυμεῖ. διψῇ γάρ, τοῦτο δὲ κένωσις· ὁ δ' ἐπιθυμεῖ πληρώσεως.

ΠΡΩ. Ναί.

ΣΩ. Πληρώσεώς γ' ἄρα πῄ τι τῶν τοῦ διψῶντος ἂν ἐφάπτοιτο.

ΠΡΩ. Ἀναγκαῖον.

ΣΩ. Τὸ μὲν δὴ σῶμα ἀδύνατον· κενοῦται γάρ που.

ΠΡΩ. Ναί.

ΣΩ. Τὴν ψυχὴν ἄρα τῆς πληρώσεως ἐφάπτεσθαι λοιπόν, τῇ μνήμῃ δῆλον ὅτι· τῷ γὰρ ἂν ἔτ' ἄλλῳ ἐφάψαιτο; c

ΠΡΩ. Σχεδὸν οὐδενί.

ΣΩ. Μανθάνομεν οὖν ὃ συμβέβηχ' ἡμῖν ἐκ τούτων τῶν λόγων;

ΠΡΩ. Τὸ ποῖον;

ΣΩ. Σώματος ἐπιθυμίαν οὔ φησιν ἡμῖν οὗτος ὁ λόγος γίγνεσθαι.

ΠΡΩ. Πῶς;

ΣΩ. Ὅτι τοῖς ἐκείνου παθήμασιν ἐναντίαν ἀεὶ παντὸς ζῴου μηνύει τὴν ἐπιχείρησιν.

ΠΡΩ. Καὶ μάλα.

ΣΩ. Ἡ δ' ὁρμή γε ἐπὶ τοὐναντίον ἄγουσα ἢ τὰ παθήματα δηλοῖ που μνήμην οὖσαν τῶν τοῖς παθήμασιν ἐναντίων.

ΠΡΩ. Πάνυ γε.

ΣΩ. Τὴν ἄρα ἐπάγουσαν ἐπὶ τὰ ἐπιθυμούμενα ἀποδείξας d μνήμην ὁ λόγος ψυχῆς σύμπασαν τήν τε ὁρμὴν καὶ ἐπιθυμίαν καὶ τὴν ἀρχὴν τοῦ ζῴου παντὸς ἀπέφηνεν.

ΠΡΩ. Ὀρθότατα.

b 6 γ' ἄρα B : ἄρα T c 1 τῷ B T (τίνι in marg. t) : τῷ τίνι vulg. ἔτ' B : om. T c 3 οὖν B : γοῦν T

普洛塔尔科斯：那怎么会？ 35a10

苏格拉底：而我们无疑会说，欲求者肯定在欲求某种东西。 35b1

普洛塔尔科斯：为何不呢？

苏格拉底：因此，他肯定不会欲求他正在遭受的那种东西。因为，他正感到口渴，这是一种空乏；而他欲求一种充满。

普洛塔尔科斯：是的。 35b5

苏格拉底：因此，属于口渴者的那些东西中的某个，肯定在某种方式上会获得一种充满。

普洛塔尔科斯：必然。

苏格拉底：而这肯定不可能是身体，因为它无论如何都正感到空乏。

普洛塔尔科斯：是的。 35b10

苏格拉底：于是，剩下的就只能是灵魂正在获得充满，并且显然是
借助于记忆；因为，难道它还会通过其他什么而获得充满吗？ 35c1

普洛塔尔科斯：几乎不可能通过任何别的。

苏格拉底：那么，我们就弄明白了，从这些说法中已经对我们产生出来的那种结论。

普洛塔尔科斯：哪种？ 35c5

苏格拉底：这个讨论对我们宣称，欲望不从身体那儿产生出来[314]。

普洛塔尔科斯：为何？

苏格拉底：因为它揭示出了每一种活物的企图，即总是企图〈获 35c10
得〉同它的各种遭受相反的东西。

普洛塔尔科斯：完全如此。

苏格拉底：而一种冲动，当它向着与一些遭受相反的那些东西进行引领时，它肯定揭示出了下面这点，即无论如何都有着对同那些遭受相反的东西的一种记忆。

普洛塔尔科斯：的确。 35c15

苏格拉底：因此，通过证明是记忆在向着那些被欲求的东西进行引 35d1
领，该说法显明，所有活物的整个冲动、欲望以及统治权，都属于灵魂。

普洛塔尔科斯：非常正确。

ΣΩ. Διψῆν ἄρα ἡμῶν τὸ σῶμα ἢ πεινῆν ἤ τι τῶν τοιούτων πάσχειν οὐδαμῇ ὁ λόγος αἱρεῖ.

ΠΡΩ. Ἀληθέστατα.

ΣΩ. Ἔτι δὴ καὶ τόδε περὶ ταὐτὰ ταῦτα κατανοήσωμεν. βίου γὰρ εἶδός τί μοι φαίνεται βούλεσθαι δηλοῦν ὁ λόγος ἡμῖν ἐν τούτοις αὐτοῖς.

e ΠΡΩ. Ἐν τίσι καὶ ποίου πέρι βίου φράζεις;

ΣΩ. Ἐν τῷ πληροῦσθαι καὶ κενοῦσθαι καὶ πᾶσιν ὅσα περὶ σωτηρίαν τέ ἐστι τῶν ζῴων καὶ τὴν φθοράν, καὶ εἴ τις τούτων ἐν ἑκατέρῳ γιγνόμενος ἡμῶν ἀλγεῖ, τοτὲ δὲ χαίρει κατὰ τὰς μεταβολάς.

ΠΡΩ. Ἔστι ταῦτα.

ΣΩ. Τί δ' ὅταν ἐν μέσῳ τούτων γίγνηται;

ΠΡΩ. Πῶς ἐν μέσῳ;

ΣΩ. Διὰ μὲν τὸ πάθος ἀλγῇ, μεμνῆται δὲ τῶν ἡδέων ⟨ὧν⟩ γενομένων παύοιτ' ἂν τῆς ἀλγηδόνος, πληρῶται δὲ μήπω· τί
36 τότε; φῶμεν ἢ μὴ φῶμεν αὐτὸν ἐν μέσῳ τῶν παθημάτων εἶναι;

ΠΡΩ. Φῶμεν μὲν οὖν.

ΣΩ. Πότερον ἀλγοῦνθ' ὅλως ἢ χαίροντα;

ΠΡΩ. Μὰ Δί', ἀλλὰ διπλῇ τινὶ λύπῃ λυπούμενον, κατὰ μὲν τὸ σῶμα ἐν τῷ παθήματι, κατὰ δὲ τὴν ψυχὴν προσδοκίας τινὶ πόθῳ.

ΣΩ. Πῶς, ὦ Πρώταρχε, τὸ διπλοῦν τῆς λύπης εἶπες; ἆρ' οὐκ ἔστι μὲν ὅτε τις ἡμῶν κενούμενος ἐν ἐλπίδι φανερᾷ τοῦ
b πληρωθήσεσθαι καθέστηκε, τοτὲ δὲ τοὐναντίον ἀνελπίστως ἔχει;

ΠΡΩ. Καὶ μάλα γε.

ΣΩ. Μῶν οὖν οὐχὶ ἐλπίζων μὲν πληρωθήσεσθαι τῷ μεμνῆσθαι δοκεῖ σοι χαίρειν, ἅμα δὲ κενούμενος ἐν τούτοις [τοῖς χρόνοις] ἀλγεῖν;

d 5 διψῆν . . . πεινῆν T: δίψην . . . πείνην B ἡμῶν τὸ σῶμα B: τὸ σῶμα ἡμῶν T e 1 πέρι βίου B: βίου πέρι T e 4 τοτὲ Stallbaum: τότε B T e 9 ἀλγῇ B: ἀλγεῖ$^{\eta}$ T ὧν add. corr. Ven. 189: om. B T e 10 πληρῶται B: πεπλήρωται T b 6 τοῖς χρόνοις secl. Badham

苏格拉底：那么，该说法也就证明了[315]，我们的身体在任何地方都 35d5
不会遭受干渴、饥饿，或者诸如此类的任何事情。

普洛塔尔科斯：〈你说得〉对极了。

苏格拉底：那就进而让我们就同样这些事情来看清楚下面这点。因
为，该说法对我显得想向我们揭示，即恰恰在这些事情中有着生活的某 35d10
种类型。

普洛塔尔科斯：在哪些事情中，以及你在说哪种生活？ 35e1

苏格拉底：在被充满和变得空乏，以及在〈其他〉所有那些关乎
各种活物的保存和败坏的事情中；并且，如果我们中的某个人，当他出
现在这〈两者〉的每一个中时，他就〈有时〉感到痛苦，有时则感到快
乐——根据〈相应的〉变化。 35e5

普洛塔尔科斯：是这样。

苏格拉底：然后呢，每当他出现在这〈两者〉的中间时？

普洛塔尔科斯：如何在中间？

苏格拉底：虽然由于〈眼前的〉遭受他感到痛苦，但他记得曾经出
现过的一些快乐的事情[316]——当它们出现时，他就能够终止痛苦——， 35e10
然而他尚未被它们所充满。那时会如何？我们会说，还是不会说，他是 36a1
在那〈两种〉遭受的中间？

普洛塔尔科斯：我们当然会说。

苏格拉底：那他是整体地感到痛苦呢，还是感到快乐？

普洛塔尔科斯：宙斯在上〈他不感到快乐〉。相反，他由于某种双
重的痛苦而感到痛苦；一方面，就身体而言他处在〈眼前的〉遭受中， 36a5
另一方面，在灵魂上则处在对某一预期的某种渴望中。

苏格拉底：你为何说道，普洛塔尔科斯啊，双重的痛苦呢？岂不是
这样：有时候，我们中的某个人，当他变得空乏时，他就已经置身于对将
被充满的一种明显的希望中，有时候则相反，他处于一种无希望的状态？ 36b1

普洛塔尔科斯：确实如此。

苏格拉底：那么，难道在你看来不是这样：一方面，当他希望将被
充满时，他因记忆而感到快乐，另一方面，由于他在这些时候[317]正处 36b5
于空乏中，他同时感到痛苦？

ΠΡΩ. Ἀνάγκη.

ΣΩ. Τότε ἄρ' ἄνθρωπος καὶ τἆλλα ζῷα λυπεῖταί τε ἅμα καὶ χαίρει.

ΠΡΩ. Κινδυνεύει.

ΣΩ. Τί δ' ὅταν ἀνελπίστως ἔχῃ κενούμενος τεύξεσθαι πληρώσεως; ἆρ' οὐ τότε τὸ διπλοῦν γίγνοιτ' ἂν περὶ τὰς λύπας πάθος, ὃ σὺ νυνδὴ κατιδὼν ᾠήθης ἁπλῶς εἶναι διπλοῦν; c

ΠΡΩ. Ἀληθέστατα, ὦ Σώκρατες.

ΣΩ. Ταύτῃ δὴ τῇ σκέψει τούτων τῶν παθημάτων τόδε χρησώμεθα.

ΠΡΩ. Τὸ ποῖον;

ΣΩ. Πότερον ἀληθεῖς ταύτας τὰς λύπας τε καὶ ἡδονὰς ἢ ψευδεῖς εἶναι λέξομεν; ἢ τὰς μέν τινας ἀληθεῖς, τὰς δ' οὔ;

ΠΡΩ. Πῶς δ', ὦ Σώκρατες, ἂν εἶεν ψευδεῖς ἡδοναὶ ἢ λῦπαι;

ΣΩ. Πῶς δέ, ὦ Πρώταρχε, φόβοι ἂν ἀληθεῖς ἢ ψευδεῖς, ἢ προσδοκίαι ἀληθεῖς ἢ μή, ἢ δόξαι ἀληθεῖς ἢ ψευδεῖς;

ΠΡΩ. Δόξας μὲν ἔγωγ' ἄν που συγχωροίην, τὰ δ' ἕτερα d
ταῦτ' οὐκ ἄν.

ΣΩ. Πῶς φῄς; λόγον μέντοι τινὰ κινδυνεύομεν οὐ πάνυ σμικρὸν ἐπεγείρειν.

ΠΡΩ. Ἀληθῆ λέγεις.

ΣΩ. Ἀλλ' εἰ πρὸς τὰ παρεληλυθότα, ὦ παῖ 'κείνου τἀνδρός, προσήκοντα, τοῦτο σκεπτέον.

ΠΡΩ. Ἴσως τοῦτό γε.

ΣΩ. Χαίρειν τοίνυν δεῖ λέγειν τοῖς ἄλλοις μήκεσιν ἢ καὶ ὁτῳοῦν τῶν παρὰ τὸ προσῆκον λεγομένων.

ΠΡΩ. Ὀρθῶς.

ΣΩ. Λέγε δή μοι· θαῦμα γάρ μέ γε ἔχει διὰ τέλους ἀεὶ e

b 13 νῦν δὴ B T : νῦν vulg. c 6 τὰς T b : om. B c 8 δ' T : om. B ἢ T : αἱ B d 6 κείνου τἀνδρός B : κείνου τοῦ ἀνδρός T e 1 γάρ μέ γε B : γὰρ ἐμέ γ' T

普洛塔尔科斯：必然〈是这样〉。

苏格拉底：因此，在那个时候一个人以及其他〈所有的〉活物，都同时既感到痛苦，又感到快乐。

普洛塔尔科斯：有可能。 36b10

苏格拉底：然后又如何呢，每当他虽然处于空乏中，却对将取得一种充满[318]不抱有任何希望[319]时？在那个时候，岂不就会产生出关于一些痛苦的双重遭受——你刚才因看清了这种遭受而认为它径直就是双 36c1
重的[320]？

普洛塔尔科斯：〈你说得〉对极了，苏格拉底啊。

苏格拉底：那么，关于这些遭受的这种考察，让我们把它进行这样一种使用。

普洛塔尔科斯：哪种？ 36c5

苏格拉底：我们将说，这些痛苦和快乐都是真的或假的呢，还是将说，某些是真的，某些则不？

普洛塔尔科斯：但是，苏格拉底啊，各种快乐或各种痛苦如何能够是假的呢[321]？

苏格拉底：然而，普洛塔尔科斯啊，那恐惧又如何能够是真的或假 36c10
的，或者预期能够是真的或不真的，或者判断能够是真的或假的呢[322]？

普洛塔尔科斯：至于判断，我确实会同意〈它能够是真的或假 36d1
的〉，但其他那些，则不会。

苏格拉底：你为何这么说呢？当然，我们有可能唤起了某个绝非微不足道的讨论[323]。

普洛塔尔科斯：你说得对。 36d5

苏格拉底：不过，面对已经过去的那些东西，那人的孩子啊[324]，它是否是恰当的[325]，这必须得加以考察。

普洛塔尔科斯：或许这就得〈必须加以考察〉。

苏格拉底：那么，就必须把下面这些放到一边[326]，不管是其他那些长〈的讨论〉，还是任何不恰当地[327]被说出来的东西。 36d10

普洛塔尔科斯：正确。

苏格拉底：那就请你对我说说。因为，恰恰关于那些我们刚才将之 36e1

περὶ τὰ αὐτὰ ἃ νυνδὴ προυθέμεθα ἀπορήματα. πῶς δὴ φῄς; ψευδεῖς, αἱ δ' ἀληθεῖς οὐκ εἰσὶν ἡδοναί;

ΠΡΩ. Πῶς γὰρ ἄν;

ΣΩ. Οὔτε δὴ ὄναρ οὔθ' ὕπαρ, ὡς φῄς, [ἔστιν] οὔτ' ἐν μανίαις οὔτ' ἐν παραφροσύναις οὐδεὶς ἔσθ' ὅστις ποτὲ δοκεῖ μὲν χαίρειν, χαίρει δὲ οὐδαμῶς, οὐδ' αὖ δοκεῖ μὲν λυπεῖσθαι, λυπεῖται δ' οὔ.

ΠΡΩ. Πάνθ' οὕτω ταῦτα, ὦ Σώκρατες, ἔχειν πάντες ὑπειλήφαμεν.

ΣΩ. Ἆρ' οὖν ὀρθῶς; ἢ σκεπτέον εἴτ' ὀρθῶς εἴτε μὴ ταῦτα λέγεται;

ΠΡΩ. Σκεπτέον, ὥς γ' ἐγὼ φαίην ἄν.

37 ΣΩ. Διορισώμεθα δὴ σαφέστερον ἔτι τὸ νυνδὴ λεγόμενον ἡδονῆς τε πέρι καὶ δόξης. ἔστιν γάρ πού τι δοξάζειν ἡμῖν;

ΠΡΩ. Ναί.

ΣΩ. Καὶ ἥδεσθαι;

ΠΡΩ. Ναί.

ΣΩ. Καὶ μὴν καὶ τὸ δοξαζόμενόν ἐστί τι;

ΠΡΩ. Πῶς δ' οὔ;

ΣΩ. Καὶ τό γε ᾧ τὸ ἡδόμενον ἥδεται;

ΠΡΩ. Καὶ πάνυ γε.

ΣΩ. Οὐκοῦν τὸ δοξάζον, ἄντε ὀρθῶς ἄντε μὴ ὀρθῶς δοξάζῃ, τό γε δοξάζειν ὄντως οὐδέποτε ἀπόλλυσιν.

b ΠΡΩ. Πῶς γὰρ ἄν;

ΣΩ. Οὐκοῦν καὶ τὸ ἡδόμενον, ἄντε ὀρθῶς ἄντε μὴ ὀρθῶς ἥδηται, τό γε ὄντως ἥδεσθαι δῆλον ὡς οὐδέποτ' ἀπολεῖ.

ΠΡΩ. Ναί, καὶ τοῦθ' οὕτως ἔχει.

ΣΩ. Ὅτῳ ποτὲ οὖν δὴ τρόπῳ δόξα ψευδής τε καὶ ἀληθὴς

e 2 τὰ αὐτὰ] ταῦτα Badham πῶς δὴ φῄς; alteri dant B T : Socrati continuavit Badham e 5 ἔστιν secl. Stallbaum e 6 παραφροσύναις e πάσαις ἀφροσύναις fecit B : πάσαις ἀφροσύναις T e 13 ὥς γ' T : ὡς B a 2 τι T : om. B a 7 τι T : periit in B a 9 ᾧ T : ὡς B τὸ T : periit in B a 12 δοξάζῃ T : δοξάσῃ B b 4 τοῦθ' B : ταῦθ' T b 5 ὅτῳ B T : τῷ t vulg. δὴ B T : om. vulg.

作为一些疑问摆在面前的事情，我确实始终彻头彻尾地[328]感到惊异[329]。你到底会怎么说呢？一些快乐不是假的，一些则不是真的？

普洛塔尔科斯：那怎么会？

苏格拉底：那么，无论是在梦里还是在醒时，如你说的那样，也无 36e5
论是在疯狂中还是在精神错乱中[330]，都没有任何人以为他在感到快乐，而其实他根本没有感到快乐，也不会认为他在感到痛苦，而其实他没有感到痛苦[331]。

普洛塔尔科斯：所有这些就是这样，苏格拉底啊，所有人都会接受。 36e10

苏格拉底：那么〈说得〉正确吗？或者必须得考察这些被说得正确呢，还是不正确？

普洛塔尔科斯：必须得考察，至少我会这么说。

苏格拉底：好吧，那就让我们还要更加清楚地界定一下刚才关于快 37a1
乐和判断所说的。因为，对我们来说，无论如何都有着进行判断[332]这么一回事吧？

普洛塔尔科斯：是的。

苏格拉底：也有感到快乐这么一回事？ 37a5

普洛塔尔科斯：是的。

苏格拉底：进而那被判断的，它也是某种东西？

普洛塔尔科斯：为何不呢？

苏格拉底：肯定还有那感到快乐的对之感到快乐[333]的那种东西？

普洛塔尔科斯：也完全如此。 37a10

苏格拉底：那么，那进行判断的，无论他判断得正确还是不正确，至少他都从不会失去这点，即〈他〉事实上在进行判断[334]。

普洛塔尔科斯：怎么会〈失去呢〉？ 37b1

苏格拉底：因此，那感到快乐的，也无论他是在正确地还是不正确地感到快乐，显然他至少也将从不会失去这点，即〈他〉事实上在感到快乐。

普洛塔尔科斯：是的，这也是如此。

苏格拉底：那么，究竟在何种方式上，判断既对我们经常成为[335] 37b5

ἡμῖν φιλεῖ γίγνεσθαι, τὸ δὲ τῆς ἡδονῆς μόνον ἀληθές, δοξάζειν δ' ὄντως καὶ χαίρειν ἀμφότερα ὁμοίως εἴληχεν ⟨σκεπτέον⟩.

ΠΡΩ. Σκεπτέον.

ΣΩ. Ἆρ' ὅτι δόξῃ μὲν ἐπιγίγνεσθον ψεῦδός τε καὶ ἀληθές, καὶ ἐγένετο οὐ μόνον δόξα διὰ ταῦτα ἀλλὰ καὶ ποιά c
τις ἑκατέρα, σκεπτέον φῂς τοῦτ' εἶναι;

ΠΡΩ. Ναί.

ΣΩ. Πρὸς δέ γε τούτοις, εἰ καὶ τὸ παράπαν ἡμῖν τὰ μέν ἐστι ποί' ἄττα, ἡδονὴ δὲ καὶ λύπη μόνον ἅπερ ἐστί, ποιώ τινε δὲ οὐ γίγνεσθον, καὶ ταῦθ' ἡμῖν διομολογητέον.

ΠΡΩ. Δῆλον.

ΣΩ. Ἀλλ' οὐδὲν τοῦτό γε χαλεπὸν ἰδεῖν, ὅτι καὶ ποιώ τινε· πάλαι γὰρ εἴπομεν ὅτι μεγάλαι τε καὶ σμικραὶ καὶ σφόδρα ἑκάτεραι γίγνονται, λῦπαί τε καὶ ἡδοναί.

ΠΡΩ. Παντάπασι μὲν οὖν. d

ΣΩ. Ἂν δέ γε πονηρία τούτων, ὦ Πρώταρχε, προσγίγνηταί τινι, πονηρὰν μὲν φήσομεν οὕτω γίγνεσθαι δόξαν, πονηρὰν δὲ καὶ ἡδονήν;

ΠΡΩ. Ἀλλὰ τί μήν, ὦ Σώκρατες;

ΣΩ. Τί δ', ἂν ὀρθότης ἢ τοὐναντίον ὀρθότητι τινὶ τούτων προσγίγνηται; μῶν οὐκ ὀρθὴν μὲν δόξαν ἐροῦμεν, ἂν ὀρθότητα ἴσχῃ, ταὐτὸν δὲ ἡδονήν;

ΠΡΩ. Ἀναγκαῖον.

ΣΩ. Ἂν δέ γε ἁμαρτανόμενον τὸ δοξαζόμενον ᾖ, τὴν δόξαν e
τότε ἁμαρτάνουσάν γε οὐκ ὀρθὴν ὁμολογητέον οὐδ' ὀρθῶς δοξάζουσαν;

ΠΡΩ. Πῶς γὰρ ἄν;

ΣΩ. Τί δ', ἂν αὖ λύπην ἤ τινα ἡδονὴν περὶ τὸ ἐφ' ᾧ

b 7 εἴληχε Stallbaum : εἴληφεν B T b 8 σκεπτέον add. Baiter b 10 ἆρ' ὅτι T : ἆρά τι B c 1 ποια B : ὁποία T c 5 δὲ B : τε T ποιω τίνε t : ποιῶν τινε pr. T : ποιων· τινε B c 8 ποιώ τινέ B T c 10 σφόδρα] σφοδραὶ καὶ ἡσυχαίτεραι Cornarius e Ficino e 5 ᾧ T : ὅ B

假的，也经常成为真的，而就快乐来说却只能成为真的，尽管事实上在进行判断和事实上在感到快乐这两者已经同等地分得了份额[336]；必须得考察这点[337]。

普洛塔尔科斯：必须得考察。

苏格拉底：由于假和真这两者都随着判断而发生[338]，并且通过它 37b10
们，不仅产生出了某一判断，而且该判断还具有了这两种性质中的某一 37c1
种[339]，因此你才说必须得考察这点吗？

普洛塔尔科斯：是的。

苏格拉底：而且除了这些之外，是否对我们来说完全是这样，即一
些东西是具有一些性质的，而快乐和痛苦仅仅是其所是，这两者都不会 37c5
成为某些性质的；我们也必须就这点达成一致。

普洛塔尔科斯：显然。

苏格拉底：然而，看出下面这点其实根本不困难，那就是：这两者
也都具有一些性质；因为，我们早就说过[340]，它们各自都能够变得大和
小，以及变得强烈[341]，无论是各种快乐还是各种痛苦。 37c10

普洛塔尔科斯：完全如此。 37d1

苏格拉底：但是，普洛塔尔科斯啊，如果邪恶被加到这些中的某一个身上，那么，一则我们将说一个判断由此就变成了邪恶的，一则某一快乐也变成了邪恶的吗？

普洛塔尔科斯：难道还能是别的什么，苏格拉底啊？ 37d5

苏格拉底：然后呢，如果正确〈性〉或正确〈性〉的反面被加到了这些中的某一个身上？难道我们不会说，一个判断是正确的，假如它具有正确〈性〉的话，而快乐同样如此？

普洛塔尔科斯：必然的。

苏格拉底：而如果那被判断的东西被弄错了，那么，由于判断在那 37e1
时犯了错，岂不必须得承认，它肯定既是不正确的，也没有正确地进行
判断？

普洛塔尔科斯：那还能怎样？

苏格拉底：然后呢，如果我们观察到某种痛苦或快乐在一个人对之 37e5

λυπεῖται ἢ τοὐναντίον ἁμαρτάνουσαν ἐφορῶμεν, ὀρθὴν ἢ χρηστὴν ἤ τι τῶν καλῶν ὀνομάτων αὐτῇ προσθήσομεν;

ΠΡΩ. Ἀλλ' οὐχ οἷόν τε, εἴπερ ἁμαρτήσεταί γε ἡδονή.

ΣΩ. Καὶ μὴν ἔοικέν γε ἡδονὴ πολλάκις οὐ μετὰ δόξης ὀρθῆς ἀλλὰ μετὰ ψεύδους ἡμῖν γίγνεσθαι.

ΠΡΩ. Πῶς γὰρ οὔ; καὶ τὴν μὲν δόξαν γε, ὦ Σώκρατες,
38 ἐν τῷ τοιούτῳ καὶ τότε λέγομεν ψευδῆ, τὴν δ' ἡδονὴν αὐτὴν οὐδεὶς ἄν ποτε προσείποι ψευδῆ.

ΣΩ. Ἀλλὰ προθύμως ἀμύνεις τῷ τῆς ἡδονῆς, ὦ Πρώταρχε, λόγῳ τὰ νῦν.

ΠΡΩ. Οὐδέν γε, ἀλλ' ἅπερ ἀκούω λέγω.

ΣΩ. Διαφέρει δ' ἡμῖν οὐδέν, ὦ ἑταῖρε, ἡ μετὰ δόξης τε ὀρθῆς καὶ μετ' ἐπιστήμης ἡδονὴ τῆς μετὰ τοῦ ψεύδους καὶ ἀγνοίας πολλάκις ἑκάστοις ἡμῶν ἐγγιγνομένης;

b ΠΡΩ. Εἰκὸς γοῦν μὴ σμικρὸν διαφέρειν.

ΣΩ. Τῆς δὴ διαφορᾶς αὐτοῖν ἐπὶ θεωρίαν ἔλθωμεν.

ΠΡΩ. Ἄγ' ὅπῃ σοι φαίνεται.

ΣΩ. Τῇδε δὴ ἄγω.

ΠΡΩ. Πῇ;

ΣΩ. Δόξα, φαμέν, ἡμῖν ἔστι μὲν ψευδής, ἔστι δὲ καὶ ἀληθής;

ΠΡΩ. Ἔστιν.

ΣΩ. Ἕπεται μὴν ταύταις, ὃ νυνδὴ ἐλέγομεν, ἡδονὴ καὶ λύπη πολλάκις, ἀληθεῖ καὶ ψευδεῖ δόξῃ λέγω.

ΠΡΩ. Πάνυ γε.

ΣΩ. Οὐκοῦν ἐκ μνήμης τε καὶ αἰσθήσεως δόξα ἡμῖν καὶ τὸ διαδοξάζειν ἐγχειρεῖν γίγνεθ' ἑκάστοτε;

c ΠΡΩ. Καὶ μάλα.

e 6 ἢ T: μὴ B   ἐφορῶμεν] φωρῶμεν Badham   e 7 ἤ τι] ἤ τί Stallbaum   a 1 λέγομεν Stallbaum: ἐλέγομεν B T   ἡδονὴν T: ἡδομένην B   a 3 τῷ T: τὸ B   a 8 ἀγνοίας Cornarius: ἀνοίας B T   b 4 τῇδε T: τηδε B: πῇ δὲ vulg.   b 9 ἡδονὴ . . . λύπη T: ἡδονῇ . . . λύπῃ B   b 13 ἐγχειρεῖν B T: ἐγχωρεῖν corr. Ven. 184 vulg. (τὸ δι' ὃ δοξάζειν ἐγχωρεῖ Apelt)   γίγνεθ' Vat.: γίγνεσθ' B: γίγνεται T

感到痛苦——或者反过来——的那种东西那里出错了，那么我们将把那些美好的字眼，如正确的、有益的或者其他任何一个添加给它吗？

普洛塔尔科斯：但无论如何那都是不可能的，假如快乐确实已经被弄错了的话。

苏格拉底：而且似乎快乐经常并非与一个正确的判断一道，而是同一个错误〈的判断〉一道对我们产生出来。

普洛塔尔科斯：怎么会不是呢？并且就判断，苏格拉底啊，在这样一种情形下[342]以及在那个时候我们诚然说它是假的，但就快乐自身，无人曾把它称作假的。

苏格拉底：你现在无疑正在热切地捍卫，普洛塔尔科斯啊，关于快乐的说法[343]。

普洛塔尔科斯：根本没有，我只不过在说我所听到的。

苏格拉底：那么对我们来说〈下面这两者〉没有任何区别吗，朋友啊，一则是那伴随着正确的判断以及伴随着知识而来的快乐，一则是那伴随着错误和无知而经常出现在我们每个人那里的快乐？

普洛塔尔科斯：似乎无论如何都有着不小的区别。

苏格拉底：那就让我们前去看看这两者的区别。

普洛塔尔科斯：请你以对你显得〈合适〉的方式来进行带领[344]。

苏格拉底：那我以这种方式来带领。

普洛塔尔科斯：何种方式？

苏格拉底：我们说，对我们而言，既有着一种假的判断，但也有着一种真的判断。

普洛塔尔科斯：有。

苏格拉底：而且如我们刚才所说，快乐和痛苦经常伴随着这〈两者〉，我说的是真的判断和假的判断。

普洛塔尔科斯：确实。

苏格拉底：那么，岂不每回都正是从记忆和感觉中，判断和尝试形成一个确定的判断[345]，才对我们产生出来？

普洛塔尔科斯：的确。

ΣΩ. Ἆρ' οὖν ἡμᾶς ὧδε περὶ ταῦτα ἀναγκαῖον ἡγούμεθ' ἴσχειν;

ΠΡΩ. Πῶς;

ΣΩ. Πολλάκις ἰδόντι τινὶ πόρρωθεν μὴ πάνυ σαφῶς τὰ καθορώμενα συμβαίνειν βούλεσθαι κρίνειν φαίης ἂν ταῦθ' ἅπερ ὁρᾷ;

ΠΡΩ. Φαίην ἄν.

ΣΩ. Οὐκοῦν τὸ μετὰ τοῦτο αὐτὸς αὑτὸν οὗτος ἀνέροιτ' ἂν ὧδε;

ΠΡΩ. Πῶς;

ΣΩ. Τί ποτ' ἄρ' ἔστι τὸ παρὰ τὴν πέτραν τοῦθ' ἑστάναι φανταζόμενον ὑπό τινι δένδρῳ; ταῦτ' εἰπεῖν ἄν τις πρὸς d
ἑαυτὸν δοκεῖ σοι, τοιαῦτ' ἄττα κατιδὼν φαντασθέντα αὑτῷ ποτε;

ΠΡΩ. Τί μήν;

ΣΩ. Ἆρ' οὖν μετὰ ταῦτα ὁ τοιοῦτος ὡς ἀποκρινόμενος ἂν πρὸς αὑτὸν εἴποι τοῦτο, ὡς ἔστιν ἄνθρωπος, ἐπιτυχῶς εἰπών;

ΠΡΩ. Καὶ πάνυ γε.

ΣΩ. Καὶ παρενεχθείς γ' αὖ τάχ' ἂν ὡς ἔστι τινῶν ποιμένων ἔργον τὸ καθορώμενον ἄγαλμα προσείποι.

ΠΡΩ. Μάλα γε.

ΣΩ. Κἂν μέν τίς γ' αὐτῷ παρῇ, τά τε πρὸς αὑτὸν ῥηθέντα e
ἐντείνας εἰς φωνὴν πρὸς τὸν παρόντα αὐτὰ ταῦτ' ἂν πάλιν φθέγξαιτο, καὶ λόγος δὴ γέγονεν οὕτως ὃ τότε δόξαν ἐκαλοῦμεν;

ΠΡΩ. Τί μήν;

ΣΩ. Ἂν δ' ἄρα μόνος ᾖ τοῦτο ταὐτὸν πρὸς αὑτὸν διανοούμενος, ἐνίοτε καὶ πλείω χρόνον ἔχων ἐν αὑτῷ πορεύεται.

c 9 αὐτὸς αὑτὸν T : αὐτὸ σαυτὸν B   οὗτος ἀνέροιτ' ἂν T : οὕτως ἂν ἔροιτ' ἂν B   d 2 δοκεῖ σοι Coisl. : δοκῇ σοι T : δοκήσοι B   d 6 τοῦτο T : om. B   ἐπιτυχῶς T : ἐπιτυχ' ὡς B   e 1 μέν T : om. B   e 2 πάλιν T : πάλαι ἅ B   e 3 οὕτως B t : οὗτος pr. T   e 6 ἂν δ' T : ἀλλ' B   αὑτὸν] αὐτὸν T : αὐτὸ B

苏格拉底：那么，关于这些[346]，我们岂不认为我们必然处于下面这种状态中？

普洛塔尔科斯：怎样的〈状态〉？

苏格拉底：一个人，当他从远处观看那些未被非常清楚地辨认出来的东西时，你会说下面这点经常发生在他身上吗，即他想剖判他所观看的那些东西？

普洛塔尔科斯：我会说。

苏格拉底：那么，在这之后，这人自己会如下面这样来问他自己吗？

普洛塔尔科斯：怎样？

苏格拉底：于岩石旁边站在一棵树下所显露出来的那个东西，究竟是什么？在你看来，一个人会对他自己说这种话吗，一旦他看到诸如此类的某些对他自己显露出来的东西时？

普洛塔尔科斯：为何不呢？

苏格拉底：那么，在此之后，这样一个人会通过仿佛在进行回答而对他自己这样说吗，即他是一个人，〈并且〉他恰好成功地说出了〈答案〉？

普洛塔尔科斯：完全是这样。

苏格拉底：但另一方面，他也有可能由于被引向歧路而〈以为〉被看到的东西是一些牧人的作品，从而将之称作一座雕像。

普洛塔尔科斯：确实。

苏格拉底：如果有人在他的旁边，那么，就那些被〈他自己〉说给他自己的东西，他就会通过将之达乎声音而再次把同样那些东西传达给那个在旁边的人；并且那时我们曾称之为一种判断的那种东西，就以这种方式成为了一种言说[347]。

普洛塔尔科斯：为何不呢？

苏格拉底：但如果他是独自一个人——当他对他自己思考这同样的东西时——，有时他就有更多的时间来在他自己那里前行。

ΠΡΩ. Πάνυ μὲν οὖν.

ΣΩ. Τί οὖν; ἆρα σοὶ φαίνεται τὸ περὶ τούτων ὅπερ ἐμοί;

ΠΡΩ. Τὸ ποῖον;

ΣΩ. Δοκεῖ μοι τότε ἡμῶν ἡ ψυχὴ βιβλίῳ τινὶ προσεοικέναι.

ΠΡΩ. Πῶς;

39 ΣΩ. Ἡ μνήμη ταῖς αἰσθήσεσι συμπίπτουσα εἰς ταὐτὸν κἀκεῖνα ἃ περὶ ταῦτ' ἐστὶ τὰ παθήματα φαίνονταί μοι σχεδὸν οἷον γράφειν ἡμῶν ἐν ταῖς ψυχαῖς τότε λόγους· καὶ ὅταν μὲν ἀληθῆ γράφῃ [τοῦτο τὸ πάθημα], δόξα τε ἀληθὴς καὶ λόγοι ἀπ' αὐτοῦ συμβαίνουσιν ἀληθεῖς ἐν ἡμῖν γιγνόμενοι· ψευδῆ δ' ὅταν ὁ τοιοῦτος παρ' ἡμῖν γραμματεὺς γράψῃ, τἀναντία τοῖς ἀληθέσιν ἀπέβη.

b ΠΡΩ. Πάνυ μὲν οὖν δοκεῖ μοι, καὶ ἀποδέχομαι τὰ ῥηθέντα οὕτως.

ΣΩ. Ἀποδέχου δὴ καὶ ἕτερον δημιουργὸν ἡμῶν ἐν ταῖς ψυχαῖς ἐν τῷ τότε χρόνῳ γιγνόμενον.

ΠΡΩ. Τίνα;

ΣΩ. Ζωγράφον, ὃς μετὰ τὸν γραμματιστὴν τῶν λεγομένων εἰκόνας ἐν τῇ ψυχῇ τούτων γράφει.

ΠΡΩ. Πῶς δὴ τοῦτον αὖ καὶ πότε λέγομεν;

ΣΩ. Ὅταν ἀπ' ὄψεως ἤ τινος ἄλλης αἰσθήσεως τὰ τότε δοξαζόμενα καὶ λεγόμενα ἀπαγαγών τις τὰς τῶν δοξασθέντων
c καὶ λεχθέντων εἰκόνας ἐν αὑτῷ ὁρᾷ πως. ἢ τοῦτο οὐκ ἔστι γιγνόμενον παρ' ἡμῖν;

ΠΡΩ. Σφόδρα μὲν οὖν.

ΣΩ. Οὐκοῦν αἱ μὲν τῶν ἀληθῶν δοξῶν καὶ λόγων εἰκόνες ἀληθεῖς, αἱ δὲ τῶν ψευδῶν ψευδεῖς;

ΠΡΩ. Παντάπασιν.

e 9 περὶ τούτων T: περὶ τούτων γιγνόμενον B: περὶ τοῦτον γιγνόμενον Apelt e 12 μοι T: om. B a 4 τοῦτο τὸ πάθημα secl. Badham a 7 γράφῃ T: γράψῃ B: γραφῇ Apelt b 8 λέγομεν B: λέγωμεν T

普洛塔尔科斯：完全如此。

苏格拉底：那然后呢？就这些事情，它对你显得恰如对我显得的那样吗？

普洛塔尔科斯：哪样？

苏格拉底：在我看来，那时我们的灵魂就像是一本书。

普洛塔尔科斯：为何？

苏格拉底：记忆——当它同诸感觉相一致时[348]——，以及那些同〈记忆和感觉〉这〈两者〉相关的遭受，它们那时就差不多对我显得就好像在我们的灵魂中写一些字似的。并且，一方面，每当这种遭受[349]在写一些真正的东西时，一个真的判断以及在我们这里产生出来的一些真的说法就从它那里发生出来；另一方面，每当在我们这里的这样一位抄写员在写一些假的东西时，结果就是一些同那些真的东西相反的东西。

普洛塔尔科斯：在我看来完全就是这样，并且我也接受以这种方式所说的。

苏格拉底：那么也请你接受在我们的灵魂中于那个时候出现的另一位工匠。

普洛塔尔科斯：哪个？

苏格拉底：一位画家，在那位抄写员——他抄写那些被说出来的东西——之后，他在我们的灵魂中画出它们的影像。

普洛塔尔科斯：那我们说这人复又如何以及在何时〈那么做呢〉？

苏格拉底：每当一个人——他通过从视觉或者某种其他的感觉那里把那时被判断出来的东西和被说出的东西引出来——，以某种方式在他自身里面看到那些被判断者的和被说出者的影像时；这岂不〈经常〉发生在我们身上？

普洛塔尔科斯：的确是这样。

苏格拉底：那么，诸真的判断和诸真的言说中的那些影像岂不就是真的，而诸假的〈判断和言说中的影像〉就是假的？

普洛塔尔科斯：完全如此。

ΣΩ. Εἰ δὴ ταῦτ' ὀρθῶς εἰρήκαμεν, ἔτι καὶ τόδε ἐπὶ τούτοις σκεψώμεθα.

ΠΡΩ. Τὸ ποῖον;

ΣΩ. Εἰ περὶ μὲν τῶν ὄντων καὶ τῶν γεγονότων ταῦτα ἡμῖν οὕτω πάσχειν ἀναγκαῖον, περὶ δὲ τῶν μελλόντων οὔ;

ΠΡΩ. Περὶ ἁπάντων μὲν οὖν τῶν χρόνων ὡσαύτως.

ΣΩ. Οὐκοῦν αἵ γε διὰ τῆς ψυχῆς αὐτῆς ἡδοναὶ καὶ λῦπαι d
ἐλέχθησαν ἐν τοῖς πρόσθεν ὡς πρὸ τῶν διὰ τοῦ σώματος ἡδονῶν καὶ λυπῶν προγίγνοιντ' ἄν, ὥσθ' ἡμῖν συμβαίνει τὸ προχαίρειν τε καὶ προλυπεῖσθαι περὶ τὸν μέλλοντα χρόνον εἶναι γιγνόμενον;

ΠΡΩ. Ἀληθέστατα.

ΣΩ. Πότερον οὖν τὰ γράμματά τε καὶ ζωγραφήματα, ἃ σμικρῷ πρότερον ἐτίθεμεν ἐν ἡμῖν γίγνεσθαι, περὶ μὲν τὸν
γεγονότα καὶ τὸν παρόντα χρόνον ἐστίν, περὶ δὲ τὸν μέλλοντα e
οὐκ ἔστιν;

ΠΡΩ. Σφόδρα γε.

ΣΩ. Ἆρα σφόδρα λέγεις, ὅτι πάντ' ἐστὶ ταῦτα ἐλπίδες εἰς τὸν ἔπειτα χρόνον οὖσαι, ἡμεῖς δ' αὖ διὰ παντὸς τοῦ βίου ἀεὶ γέμομεν ἐλπίδων;

ΠΡΩ. Παντάπασι μὲν οὖν.

ΣΩ. Ἄγε δή, πρὸς τοῖς νῦν εἰρημένοις καὶ τόδε ἀπόκριναι.

ΠΡΩ. Τὸ ποῖον;

ΣΩ. Δίκαιος ἀνὴρ καὶ εὐσεβὴς καὶ ἀγαθὸς πάντως ἆρ' οὐ θεοφιλής ἐστιν;

ΠΡΩ. Τί μήν;

ΣΩ. Τί δέ; ἄδικός τε καὶ παντάπασι κακὸς ἆρ' οὐ
τοὐναντίον ἐκείνῳ; 40

ΠΡΩ. Πῶς δ' οὔ;

ΣΩ. Πολλῶν μὴν ἐλπίδων, ὡς ἐλέγομεν ἄρτι, πᾶς ἄνθρωπος γέμει;

d 1 αὐτῆς B T : om. vulg. d 2 πρόσθεν T : πρόσθεν ἢ πρόσθεν B : ἔμπροσθεν Coisl. d 3 προγίγνοιντ' recc. : προγίγνοιτ' B T d 4 προλυπεῖσθαι T : τὸ προλυπεῖσθαι B a 4 γέμει T : γέ μο. B

苏格拉底：那好，如果我们已经正确地说了这些，那么，除了这些之外，让我们也进一步考察下面这点。

普洛塔尔科斯：哪点？

苏格拉底：是否关于各种正是着的东西和已经生成出来的东西我们 39c10
必然以这种方式遭受这些，而关于那些将来的东西则不？

普洛塔尔科斯：就整个的时间来说都肯定同样地〈遭受这些〉。

苏格拉底：那些通过灵魂自身而来的快乐和痛苦，我们在前面岂不 39d1
曾说过[350]，它们能够在那些通过身体而来的快乐和痛苦之前就预先发生，由此对我们而言就会得出，有着同将来的时间相关的预先感到高兴和预先感到快乐，它们关乎那〈在将来的时间里〉将产生出来的东西？ 39d5

普洛塔尔科斯：对极了。

苏格拉底：那么，我们在不久前曾把它们确定为在我们里面产生出来的那些书写与图画，它们〈仅仅〉关乎已经过去的时间和现在的时间 39e1
吗，而不关乎将来的时间？

普洛塔尔科斯：肯定极其〈相关〉。

苏格拉底：你说极其，那是因为所有这些都是朝向以后的时间的希望吗，而我们复又终其一生都总是充满着各种希望？ 39e5

普洛塔尔科斯：完全如此。

苏格拉底：那就来吧！除了现在已经说过的这些之外，请你也回答这点。

普洛塔尔科斯：哪点？

苏格拉底：一个公正、虔敬并且在各方面都良善的人，岂不就是为 39e10
神所喜爱的人吗？

普洛塔尔科斯：为何不呢？

苏格拉底：然后呢？一个不公正并且在方方面面都邪恶的人，他岂不和那人相反？ 40a1

普洛塔尔科斯：那还用说？

苏格拉底：如我们刚才所说的，每个人无疑都〈总是〉充满了许多的希望吗？

ΠΡΩ. Τί δ' οὔ;

ΣΩ. Λόγοι μὴν εἰσιν ἐν ἑκάστοις ἡμῶν, ἃς ἐλπίδας ὀνομάζομεν;

ΠΡΩ. Ναί.

ΣΩ. Καὶ δὴ καὶ τὰ φαντάσματα ἐζωγραφημένα· καί τις ὁρᾷ πολλάκις ἑαυτῷ χρυσὸν γιγνόμενον ἄφθονον καὶ ἐπ' αὐτῷ πολλὰς ἡδονάς· καὶ δὴ καὶ ἐνεζωγραφημένον αὐτὸν ἐφ' αὐτῷ χαίροντα σφόδρα καθορᾷ.

b ΠΡΩ. Τί δ' οὔ;

ΣΩ. Τούτων οὖν πότερα φῶμεν τοῖς μὲν ἀγαθοῖς ὡς τὸ πολὺ τὰ γεγραμμένα παρατίθεσθαι ἀληθῆ διὰ τὸ θεοφιλεῖς εἶναι, τοῖς δὲ κακοῖς ὡς αὖ ⟨τὸ⟩ πολὺ τοὐναντίον, ἢ μὴ φῶμεν;

ΠΡΩ. Καὶ μάλα φατέον.

ΣΩ. Οὐκοῦν καὶ τοῖς κακοῖς ἡδοναί γε οὐδὲν ἧττον πάρεισιν ἐζωγραφημέναι, ψευδεῖς δὲ αὗταί που.

ΠΡΩ. Τί μήν;

c ΣΩ. Ψευδέσιν ἄρα ἡδοναῖς τὰ πολλὰ οἱ πονηροὶ χαίρουσιν, οἱ δ' ἀγαθοὶ τῶν ἀνθρώπων ἀληθέσιν.

ΠΡΩ. Ἀναγκαιότατα λέγεις.

ΣΩ. Εἰσὶν δὴ κατὰ τοὺς νῦν λόγους ψευδεῖς ἐν ταῖς τῶν ἀνθρώπων ψυχαῖς ἡδοναί, μεμιμημέναι μέντοι τὰς ἀληθεῖς ἐπὶ τὰ γελοιότερα, καὶ λῦπαι δὲ ὡσαύτως.

ΠΡΩ. Εἰσίν.

ΣΩ. Οὐκοῦν ἦν δοξάζειν μὲν ὄντως ἀεὶ τῷ τὸ παράπαν δοξάζοντι, μὴ ἐπ' οὖσι δὲ μηδ' ἐπὶ γεγονόσι μηδὲ ἐπ' ἐσομένοις ἐνίοτε.

ΠΡΩ. Πάνυ γε.

d ΣΩ. Καὶ ταῦτά γε ἦν οἶμαι τὰ ἀπεργαζόμενα δόξαν ψευδῆ τότε καὶ τὸ ψευδῶς δοξάζειν. ἦ γάρ;

a 9 φαντάσματα ⟨τὰ⟩ Bury a 10 ἑαυτῷ T : ἑαυτῇ B a 11 ἐνεζωγραφημένον B : ἐζωγραφημένον T a 12 χαίροντα T : χαίροντας B b 2 τὸ T : οὐ B b 4 αὖ B T : αὖ ⟨τὸ⟩ Stallbaum c 8 ὄντως B : οὕτως T c 9 ἐποῦσι pr. B T et mox ἐπιγεγονόσι, ἐπεσομένοις

普洛塔尔科斯：为什么不呢？

苏格拉底：在我们每个人里面，无疑也有着我们将之命名为希望的那些言说吗？

普洛塔尔科斯：是的。

苏格拉底：而且还有〈将之命名为希望的〉那些已经被画出来了的形象。并且一个人经常看到对他自己出现了大量的金子[351]以及随之而来的许多快乐；当然，他也看到那被画在了里面的、对自己分外感到高兴的他自己。

普洛塔尔科斯：为何不呢？

苏格拉底：那么就这些〈图画〉，我们会说那些被画出来的东西在大多数情况下[352]作为真的而被摆在了那些良善的人面前，因为〈他们〉是为神所喜爱的，而对于那些邪恶的人在大多数情况下[353]复又相反，或者我们不会这样说？

普洛塔尔科斯：确实必须这么说。

苏格拉底：因此，各种快乐也肯定通过被画出来而丝毫不少地在场于那些邪恶的人那里[354]，只不过它们无论如何都是假的。

普洛塔尔科斯：为什么不呢？

苏格拉底：所以，邪恶的人多半[355]为那些假的快乐而感到高兴，而众人中那些良善的则为那些真的〈快乐而感到高兴〉。

普洛塔尔科斯：你说得极其必然。

苏格拉底：于是，根据现在的这些说法，在众人的灵魂里有着各种假的快乐，只不过它们向着一些更为可笑的东西来模仿了那些真的快乐；并且各种痛苦也同样如此。

普洛塔尔科斯：有。

苏格拉底：那么，那个一般地[356]在进行判断的人虽然向来能够[357]总是事实上[358]在进行判断，但有时候却既不针对那些正是着的东西，也不针对那些已经产生出来的东西，也不针对那些将是着的东西〈进行判断〉。

普洛塔尔科斯：完全如此。

苏格拉底：我认为，也肯定向来就是这些在那时导致了一种假的判断，以及虚假地进行判断。难道不是这样吗？

ΠΡΩ. Ναί.

ΣΩ. Τί οὖν; οὐκ ἀνταποδοτέον ταῖς λύπαις τε καὶ ἡδοναῖς τὴν τούτων ἀντίστροφον ἕξιν ἐν ἐκείνοις;

ΠΡΩ. Πῶς;

ΣΩ. Ὡς ἦν μὲν χαίρειν ὄντως ἀεὶ τῷ τὸ παράπαν ὁπωσοῦν καὶ εἰκῇ χαίροντι, μὴ μέντοι ἐπὶ τοῖς οὖσι μηδ' ἐπὶ τοῖς γεγονόσιν ἐνίοτε, πολλάκις δὲ καὶ ἴσως πλειστάκις ἐπὶ τοῖς μηδὲ μέλλουσί ποτε γενήσεσθαι.

ΠΡΩ. Καὶ ταῦθ' οὕτως ἀναγκαῖον, ὦ Σώκρατες, ἔχειν. e

ΣΩ. Οὐκοῦν ὁ αὐτὸς λόγος ἂν εἴη περὶ φόβων τε καὶ θυμῶν καὶ πάντων τῶν τοιούτων, ὡς ἔστι καὶ ψευδῆ πάντα τὰ τοιαῦτα ἐνίοτε;

ΠΡΩ. Πάνυ μὲν οὖν.

ΣΩ. Τί δέ; πονηρὰς δόξας καὶ χρηστὰς ἄλλως ἢ ψευδεῖς γιγνομένας ἔχομεν εἰπεῖν;

ΠΡΩ. Οὐκ ἄλλως.

ΣΩ. Οὐδ' ἡδονάς γ' οἶμαι κατανοοῦμεν ὡς ἄλλον τινὰ τρόπον εἰσὶν πονηραὶ πλὴν τῷ ψευδεῖς εἶναι.

ΠΡΩ. Πάνυ μὲν οὖν τοὐναντίον, ὦ Σώκρατες, εἴρηκας. 41
σχεδὸν γὰρ τῷ ψεύδει μὲν οὐ πάνυ πονηρὰς ἄν τις λύπας τε καὶ ἡδονὰς θείη, μεγάλῃ δὲ ἄλλῃ καὶ πολλῇ συμπιπτούσας πονηρίᾳ.

ΣΩ. Τὰς μὲν τοίνυν πονηρὰς ἡδονὰς καὶ διὰ πονηρίαν οὔσας τοιαύτας ὀλίγον ὕστερον ἐροῦμεν, ἂν ἔτι δοκῇ νῷν· τὰς δὲ ψευδεῖς κατ' ἄλλον τρόπον ἐν ἡμῖν πολλὰς καὶ πολλάκις ἐνούσας τε καὶ ἐγγιγνομένας λεκτέον. τούτῳ γὰρ b
ἴσως χρησόμεθα πρὸς τὰς κρίσεις.

ΠΡΩ. Πῶς γὰρ οὔκ; εἴπερ γε εἰσίν.

ΣΩ. Ἀλλ', ὦ Πρώταρχε, εἰσὶν κατά γε τὴν ἐμήν.

e 1 ἀναγκαῖον ὦ Σώκρατες B T : ὦ Σώκρατες ἀναγκαῖον vulg. e 6 καὶ χρηστὰς olim secl. Stallbaum : κἀχρήστους Apelt e 9 γ' B : δ' T e 10 εἶναι B : γ' εἶναι T a 1 πάνυ] πᾶν Badham ⟨ἢ⟩ εἴρηκας Paley a 2 ψεύδει B T : ψευδεῖ Badham a 3 τε T : om. B δὲ T : δὲ καὶ B a 6 ὕστερον ἐροῦμεν T : ὑστεροῦμεν B ἔτι B T : om. al. b 3 γε T : om. B

普洛塔尔科斯：是。

苏格拉底：然后呢？岂不必须把这些东西中的相应的状况[359]归还 40d5
给在那些情形中[360]的各种痛苦和快乐？

普洛塔尔科斯：如何〈归还〉？

苏格拉底：这样：那个一般地以任何方式以及漫无目的地在感到快
乐的人虽然向来能够总是事实上在感到快乐，但有时候却既不就那些正
是着的东西，也不就那些已经产生出来的东西〈感到快乐〉，而是经常，
或许多半就那些将从不产生出来的东西〈感到快乐〉。 40d10

普洛塔尔科斯：这也必然是如此，苏格拉底啊。 40e1

苏格拉底：那么，这同样的说法岂不也会适用于各种恐惧、各种愤怒以及所有〈其他〉诸如此类的东西，那就是，所有诸如此类的东西有时候是假的？

普洛塔尔科斯：完全是这样。 40e5

苏格拉底：然后呢？我们能够以其他方式来说一些邪恶的判断和无
益的判断吗[361]，除了它们成为假的之外？

普洛塔尔科斯：不能以其他任何方式。

苏格拉底：就各种快乐，我认为我们也肯定不能理解它们在其他任
何方式上是邪恶的，除了它们是假的之外。 40e10

普洛塔尔科斯：完全相反，苏格拉底啊，同你已经说的[362]。因为， 41a1
几乎肯定不是由于〈它们的〉虚假，一个人就会把一些痛苦和快乐确定
为邪恶的，而是因为它们同另外某个严重而巨大的邪恶相一致〈他才那
么做〉。

苏格拉底：好吧，一方面，就那些邪恶的快乐以及由于邪恶而是如 41a5
此这般的那些东西，我们将稍晚一些再来说，如果我们仍然那么认为的
话；另一方面，就那些以另外的方式经常内在于我们里面和在我们身上
出现的许多假的快乐，〈现在〉就必须得说说。因为我们或许将为了一 41b1
些剖判而利用这[363]。

普洛塔尔科斯：为何不呢？如果确实有〈这样一些快乐〉的话。

苏格拉底：不过，普洛塔尔科斯啊，至少根据我的看法肯定有〈这

τοῦτο δὲ τὸ δόγμα ἕως ἂν κέηται παρ' ἡμῖν, ἀδύνατον ἀνέλεγκτον δήπου γίγνεσθαι.

ΠΡΩ. Καλῶς.

ΣΩ. Περιιστώμεθα δὴ καθάπερ ἀθληταὶ πρὸς τοῦτον αὖ τὸν λόγον.

ΠΡΩ. Ἴωμεν.

ΣΩ. Ἀλλὰ μὴν εἴπομεν, εἴπερ μεμνήμεθα, ὀλίγον ἐν
c τοῖς πρόσθεν, ὡς ὅταν αἱ λεγόμεναι ἐπιθυμίαι ἐν ἡμῖν ὦσι, δίχα ἄρα τότε τὸ σῶμα καὶ χωρὶς τῆς ψυχῆς τοῖς παθήμασι διείληπται.

ΠΡΩ. Μεμνήμεθα καὶ προερρήθη ταῦτα.

ΣΩ. Οὐκοῦν τὸ μὲν ἐπιθυμοῦν ἦν ἡ ψυχὴ τῶν τοῦ σώματος ἐναντίων ἕξεων, τὸ δὲ τὴν ἀλγηδόνα ἤ τινα διὰ πάθος ἡδονὴν τὸ σῶμα ἦν τὸ παρεχόμενον;

ΠΡΩ. Ἦν γὰρ οὖν.

ΣΩ. Συλλογίζου δὴ τὸ γιγνόμενον ἐν τούτοις.

ΠΡΩ. Λέγε.

d ΣΩ. Γίγνεται τοίνυν, ὁπόταν ᾖ ταῦτα, ἅμα παρακεῖσθαι λύπας τε καὶ ἡδονάς, καὶ τούτων αἰσθήσεις ἅμα παρ' ἀλλήλας ἐναντίων οὐσῶν γίγνεσθαι, ὃ καὶ νυνδὴ ἐφάνη.

ΠΡΩ. Φαίνεται γοῦν.

ΣΩ. Οὐκοῦν καὶ τόδε εἴρηται καὶ συνωμολογημένον ἡμῖν ἔμπροσθε κεῖται;

ΠΡΩ. Τὸ ποῖον;

ΣΩ. Ὡς τὸ μᾶλλόν τε καὶ ἧττον ἄμφω τούτω δέχεσθον, λύπη τε καὶ ἡδονή, καὶ ὅτι τῶν ἀπείρων εἴτην.

ΠΡΩ. Εἴρηται. τί μήν;

ΣΩ. Τίς οὖν μηχανὴ ταῦτ' ὀρθῶς κρίνεσθαι;

e ΠΡΩ. Πῇ δὴ καὶ πῶς;

b 8 περιιστώμεθα B : προσιστώμεθα T c 1 πρόσθεν B : ἔμπροσθεν T ὡς ὅταν B : ἕως ὅταν T : ἕως vulg. c 5 τῶν Tb : τὴν B c 6 τὸ δὲ Tb : τοὺς B c 7 πάθος Tb : πλῆθος B παρεχόμενον B : παραδεχόμενον T d 5 οὐκοῦν T : om. B d 9 εἴτην BT : ἤτην vulg. d 11 τίς] τὶς Stallbaum e 1 πῇ] ποία Heindorf

样一些快乐〉。而只要这种看法还躺在我们这儿〈未被检查〉，那它就 41b5
肯定不可能成为不被检查的。

普洛塔尔科斯：〈说得〉漂亮！

苏格拉底：那么，就让我们像运动员一样，重新围成一圈〈前去〉面对这种说法[364]。

普洛塔尔科斯：让我们去！ 41b10

苏格拉底：无疑我们曾说过下面这点，如果我们还记得的话，就在
前面不久[365]，那就是：每当那些被说的欲望是在我们里面时，那么，那 41c1
时身体就会因〈它的〉各种遭受而同灵魂分开，并离开灵魂[366]。

普洛塔尔科斯：我们记得，并且这也在前面被说过。

苏格拉底：那么，一方面，岂不向来是灵魂在欲求那些同身体的情 41c5
状相反的情状；另一方面，向来是身体在提供由一种遭受而来的某种痛苦或某种快乐？

普洛塔尔科斯：的确向来就是。

苏格拉底：那么，就请你推断一下在这些中所生起的。

普洛塔尔科斯：请你说说。 41c10

苏格拉底：好吧！那就会生起：每当向来是这样的话，一些痛苦 41d1
和一些快乐就同时并排摆在面前，并且关于这些[367]——它们是相反的——的一些〈相反的〉感觉也同时并排[368]生起，正如刚才已经显得的那样。

普洛塔尔科斯：的确显得就是这样。

苏格拉底：而这点岂不也已经被说过，并且因被我们所同意而在前 41d5
面就已经确定了下来[369]？

普洛塔尔科斯：哪点？

苏格拉底：那就是，快乐和痛苦这两者都接纳*更多*和*更少*，并且这两者都属于那些*无限的*东西。

普洛塔尔科斯：说过了；怎么回事？ 41d10

苏格拉底：那么，何种办法能够正确地剖判这些事情呢？

普洛塔尔科斯：究竟在哪儿以及如何〈进行剖判〉？ 41e1

ΣΩ. Εἰ τὸ βούλημα ἡμῖν τῆς κρίσεως τούτων ἐν τοιούτοις τισὶ διαγνῶναι βούλεται ἑκάστοτε τίς τούτων πρὸς ἀλλήλας μείζων καὶ τίς ἐλάττων καὶ τίς μᾶλλον καὶ τίς σφοδροτέρα, λύπη τε πρὸς ἡδονὴν καὶ λύπη πρὸς λύπην καὶ ἡδονὴ πρὸς ἡδονήν.

ΠΡΩ. Ἀλλ' ἔστι ταῦτά τε τοιαῦτα καὶ ἡ βούλησις τῆς κρίσεως αὕτη.

ΣΩ. Τί οὖν; ἐν μὲν ὄψει τὸ πόρρωθεν καὶ ἐγγύθεν ὁρᾶν
τὰ μεγέθη τὴν ἀλήθειαν ἀφανίζει καὶ ψευδῆ ποιεῖ δοξάζειν, 42
ἐν λύπαις δ' ἄρα καὶ ἡδοναῖς οὐκ ἔστι ταὐτὸν τοῦτο
γιγνόμενον;

ΠΡΩ. Πολὺ μὲν οὖν μᾶλλον, ὦ Σώκρατες.

ΣΩ. Ἐναντίον δὴ τὸ νῦν τῷ σμικρὸν ἔμπροσθε γέγονεν.

ΠΡΩ. Τὸ ποῖον λέγεις;

ΣΩ. Τότε μὲν αἱ δόξαι ψευδεῖς τε καὶ ἀληθεῖς αὗται γιγνόμεναι τὰς λύπας τε καὶ ἡδονὰς ἅμα τοῦ παρ' αὐταῖς παθήματος ἀνεπίμπλασαν.

ΠΡΩ. Ἀληθέστατα. b

ΣΩ. Νῦν δέ γε αὐταὶ διὰ τὸ πόρρωθέν τε καὶ ἐγγύθεν ἑκάστοτε μεταβαλλόμεναι θεωρεῖσθαι, καὶ ἅμα τιθέμεναι παρ' ἀλλήλας, αἱ μὲν ἡδοναὶ παρὰ τὸ λυπηρὸν μείζους φαίνονται καὶ σφοδρότεραι, λῦπαι δ' αὖ διὰ τὸ παρ' ἡδονὰς τοὐναντίον ἐκείναις.

ΠΡΩ. Ἀνάγκη γίγνεσθαι τὰ τοιαῦτα διὰ ταῦτα.

ΣΩ. Οὐκοῦν ὅσῳ μείζους τῶν οὐσῶν ἑκάτεραι καὶ ἐλάτ-
τους φαίνονται, τοῦτο ἀποτεμόμενος ἑκατέρων τὸ φαινόμενον
ἀλλ' οὐκ ὄν, οὔτε αὐτὸ ὀρθῶς φαινόμενον ἐρεῖς, οὐδ' αὖ c
ποτε τὸ ἐπὶ τούτῳ μέρος τῆς ἡδονῆς καὶ λύπης γιγνόμενον
ὀρθόν τε καὶ ἀληθὲς τολμήσεις λέγειν.

e 2 εἰ] ἔστι Apelt (post τισί distinguens) e 9 ἐν μὲν T : ἐσμὲν B a 1 ποιεῖ T : ποιεῖν B a 5 τῷ B t : τὸ T G a 7 αὗται B : αὖτε T : αὐταὶ al. a 8 καὶ ἡδονὰς ἅμα B : ἅμα καὶ ἡδονὰς T αὐταῖς B T : αὐτοὺς Coisl. b 2 αὐταὶ] αὗται B T b 9 ἑκατέρων Schleiermacher : ἑκάτερον B T c 2 τούτῳ B T : τοῦτο vulg. c 3 τολμήσεις T : τολμήσειε B

苏格拉底：〈略莫是这样〉：如果我们在这样一些情形下对这些事情的剖判之意图，在于每次都打算辨别出这些事情中的哪个——在互相进
行比较时——是更大的，哪个是更小的，哪个是更多的，以及哪个是更 41e5
为强烈的，〈也即是说〉，快乐之于痛苦，痛苦之于痛苦，以及快乐之于快乐。

普洛塔尔科斯：无论如何这些事情就是这样，并且剖判之意图也就是〈打算进行〉这种〈剖判〉。

苏格拉底：那然后呢？一方面，在视觉那里，从远处看和从近处看
各种大小，这使得真消失不见，并且导致对一些假的东西做出判断[370]； 42a1
另一方面，在各种痛苦和各种快乐那儿，难道这同样的情形不会产生出来吗？

普洛塔尔科斯：当然会〈产生出来〉，而且更甚，苏格拉底啊。

苏格拉底：那么，现在这就变成了同不久前所发生的相反了。 42a5

普洛塔尔科斯：你在说何种东西？

苏格拉底：在那时，一些判断，当它们成为假的或真的时，它们同时就用在它们自己那儿〈出现的对真或假的〉遭受感染了[371]各种痛苦和各种快乐。

普洛塔尔科斯：对极了。 42b1

苏格拉底：而现在，〈快乐和痛苦这两者〉自身，由于每次都变换着〈时而〉从远处被看，〈时而〉从近处被看，以及同时被并排摆在一起，于是，一方面，各种快乐，当被摆在令人痛苦的东西旁边时，就
会显得更大和更强烈，而另一方面，各种痛苦，由于被摆在一些快乐旁 42b5
边，〈作为〉与那些〈快乐〉相反的〈显得同样如此〉。

普洛塔尔科斯：诸如此类的情况必然由此而发生。

苏格拉底：那么，就由之〈快乐和痛苦这两者〉各自显得比它们所是的要更大或更小的那个多少而言，即使你把它们两者中的这个——它
显得〈那样〉，而非是〈那样〉——切掉，那么，就它自身而言，你也 42c1
将不会说它显得正确，而就快乐和痛苦的那个于这之上所产生的部分而言，你也将从不敢说它产生得正确和真实。

ΠΡΩ. Οὐ γὰρ οὖν.

ΣΩ. Τούτων τοίνυν ἑξῆς ὀψόμεθα ἐὰν τῇδε ἀπαντῶμεν ἡδονὰς καὶ λύπας ψευδεῖς ἔτι μᾶλλον ἢ ταύτας φαινομένας τε καὶ οὔσας ἐν τοῖς ζῴοις.

ΠΡΩ. Ποίας δὴ καὶ πῶς λέγεις;

ΣΩ. Εἴρηταί που πολλάκις ὅτι τῆς φύσεως ἑκάστων διαφθειρομένης μὲν συγκρίσεσι καὶ διακρίσεσι καὶ πλη-
d ρώσεσι καὶ κενώσεσι καί τισιν αὔξαις καὶ φθίσεσι λῦπαί τε καὶ ἀλγηδόνες καὶ ὀδύναι καὶ πάνθ' ὁπόσα τοιαῦτ' ὀνόματα ἔχει συμβαίνει γιγνόμενα.

ΠΡΩ. Ναί, ταῦτα εἴρηται πολλάκις.

ΣΩ. Εἰς δέ γε τὴν αὑτῶν φύσιν ὅταν καθιστῆται, ταύτην αὖ τὴν κατάστασιν ἡδονὴν ἀπεδεξάμεθα παρ' ἡμῶν αὐτῶν.

ΠΡΩ. Ὀρθῶς.

ΣΩ. Τί δ' ὅταν περὶ τὸ σῶμα μηδὲν τούτων γιγνόμενον ἡμῶν ᾖ;

ΠΡΩ. Πότε δὲ τοῦτ' ἂν γένοιτο, ὦ Σώκρατες;

e ΣΩ. Οὐδὲν πρὸς λόγον ἐστίν, ὦ Πρώταρχε, ὃ σὺ νῦν ἤρου τὸ ἐρώτημα.

ΠΡΩ. Τί δή;

ΣΩ. Διότι τὴν ἐμὴν ἐρώτησιν οὐ κωλύεις με διερέσθαι σε πάλιν.

ΠΡΩ. Ποίαν;

ΣΩ. Εἰ δ' οὖν μὴ γίγνοιτο, ὦ Πρώταρχε, φήσω, τὸ τοιοῦτον, τί ποτε ἀναγκαῖον ἐξ αὐτοῦ συμβαίνειν ἡμῖν;

ΠΡΩ. Μὴ κινουμένου τοῦ σώματος ἐφ' ἑκάτερα φῄς;

ΣΩ. Οὕτως.

ΠΡΩ. Δῆλον δὴ τοῦτό γε, ὦ Σώκρατες, ὡς οὔτε ἡδονὴ γίγνοιτ' ἂν ἐν τῷ τοιούτῳ ποτὲ οὔτ' ἄν τις λύπη.

43 ΣΩ. Κάλλιστ' εἶπες. ἀλλὰ γὰρ οἶμαι τόδε λέγεις, ὡς

c 5 ἑξῆς T : ἐξ ἧς B   ὀψόμεθα B T : ὀψώμεθα vulg.   c 10 καὶ διακρίσεσι T : om. B   e 1 ἐστίν B T : om. vulg.   e 4 κωλύεις με scripsi : κωλύει ἐμὲ B : κωλύσεις με T

普洛塔尔科斯：肯定不。

苏格拉底：因此，在这些之后[372]让我们看看，是否我们会以这种 42c5
方式遇见一些快乐和痛苦，而它们在各种活物那里显得并且是比这些还
要更为虚假的。

普洛塔尔科斯：你究竟在说哪些〈快乐和痛苦〉，并且以何种方式？

苏格拉底：肯定曾多次说过下面这点[373]，那就是：一方面，当每一
个〈活物〉的本性被一些聚集和分离、一些充满和空乏、某些增加和衰 42c10
减所败坏时，结果就生起了各种痛苦、各种悲伤、各种苦恼，以及所有 42d1
具有诸如此类的名字的东西。

普洛塔尔科斯：是的，这已经被多次说过。

苏格拉底：而另一方面，每当它们被带回到它们自己的本性中时， 42d5
我们就从我们自己那里把这种状况接受为一种快乐。

普洛塔尔科斯：正确。

苏格拉底：然后呢，每当这〈两种〉情形没有一个在我们的身体那 42d10
里出现时？

普洛塔尔科斯：但何时会出现这种情况呢，苏格拉底啊？

苏格拉底：你现在所问的这个问题，普洛塔尔科斯啊，根本就是不 42e1
切题的[374]。

普洛塔尔科斯：究竟为什么？

苏格拉底：因为，就我的提问，它并未阻止住[375]我再一次对你进 42e5
行盘问。

普洛塔尔科斯：何种提问？

苏格拉底：不管这样一种情形是否会出现，普洛塔尔科斯啊，我都将说，究竟何种东西必然从它那里对我们发生出来？

普洛塔尔科斯：你在说，如果身体在那两种情形那儿都未运动的话？

苏格拉底：是这样。 42e10

普洛塔尔科斯：那显然肯定是这样，苏格拉底啊，那就是：在这样一种情形下，既从不会生起任何快乐，也从不会生起任何痛苦。

苏格拉底：你说得非常漂亮。但我认为你其实在说这点，也即是 43a1

ἀεί τι τούτων ἀναγκαῖον ἡμῖν συμβαίνειν, ὡς οἱ σοφοί φασιν· ἀεὶ γὰρ ἅπαντα ἄνω τε καὶ κάτω ῥεῖ.

ΠΡΩ. Λέγουσι γὰρ οὖν, καὶ δοκοῦσί γε οὐ φαύλως λέγειν.

ΣΩ. Πῶς γὰρ ἄν, μὴ φαῦλοί γε ὄντες; ἀλλὰ γὰρ ὑπεκστῆναι τὸν λόγον ἐπιφερόμενον τοῦτον βούλομαι. τῇδ' οὖν διανοοῦμαι φεύγειν, καὶ σύ μοι σύμφευγε.

ΠΡΩ. Λέγε ὅπῃ.

ΣΩ. Ταῦτα μὲν τοίνυν οὕτως ἔστω, φῶμεν πρὸς τούτους·
σὺ δ' ἀπόκριναι πότερον ἀεὶ πάντα, ὁπόσα πάσχει τι τῶν b
ἐμψύχων, ταῦτ' αἰσθάνεται τὸ πάσχον, καὶ οὔτ' αὐξανόμενοι λανθάνομεν ἡμᾶς αὐτοὺς οὔτε τι τῶν τοιούτων οὐδὲν πάσχοντες, ἢ πᾶν τοὐναντίον.

ΠΡΩ. Ἅπαν δήπου τοὐναντίον· ὀλίγου γὰρ τά γε τοιαῦτα λέληθε πάνθ' ἡμᾶς.

ΣΩ. Οὐ τοίνυν καλῶς ἡμῖν εἴρηται τὸ νυνδὴ ῥηθέν, ὡς αἱ μεταβολαὶ κάτω τε καὶ ἄνω γιγνόμεναι λύπας τε καὶ ἡδονὰς ἀπεργάζονται.

ΠΡΩ. Τί μήν;

ΣΩ. Ὧδ' ἔσται κάλλιον καὶ ἀνεπιληπτότερον τὸ λεγό- c
μενον.

ΠΡΩ. Πῶς;

ΣΩ. Ὡς αἱ μὲν μεγάλαι μεταβολαὶ λύπας τε καὶ ἡδονὰς ποιοῦσιν ἡμῖν, αἱ δ' αὖ μέτριαί τε καὶ σμικραὶ τὸ παράπαν οὐδέτερα τούτων.

ΠΡΩ. Ὀρθότερον οὕτως ἢ 'κείνως, ὦ Σώκρατες.

ΣΩ. Οὐκοῦν εἰ ταῦτα οὕτω, πάλιν ὁ νυνδὴ ῥηθεὶς βίος ἂν ἥκοι.

ΠΡΩ. Ποῖος;

ΣΩ. Ὃν ἄλυπόν τε καὶ ἄνευ χαρμονῶν ἔφαμεν εἶναι.

a 3 ῥεῖ] ῥεῖν ci. Paley a 10 τούτους T : τούτοις B b 1 ὁπόσα B T : ὅσα vulg. b 5 ἅπαν δή που τοὐναντίον add. in marg. T : om. B T : post b 6 ἡμᾶς add. vulg. c 4 ὡς B : om. T c 9 ἂν ἥκοι T : ἀνήκοι B

说，这两种情形中的某个总是必然对我们发生出来，就像一些智慧的人所说的那样；因为一切都总是在上上下下地流动[376]。

普洛塔尔科斯：他们确实在这样说，并且他们似乎也说得并不肤浅。 43a5

苏格拉底：怎么会〈说得肤浅〉呢，既然他们无论如何都不是一些肤浅的人？而我其实想躲开这个威胁性的说法[377]。因此，我打算以这种方式来逃走，也请你同我一起逃走吧！

普洛塔尔科斯：请你说说以何种方式。

苏格拉底：那么，让我们对这些〈智慧的〉人说，就让这些〈如你 43a10
们说的〉这样吧！但请你回答〈下面这点〉：那些有灵魂的东西中的任 43b1
何一个所遭受的每一件事情，它总是觉察到它在遭受这点呢——并且我
们既不会没有注意到我们自己在长大，也不会没有注意到我们自己在遭
受其他任何诸如此类的事情——，还是完全相反？

普洛塔尔科斯：无疑完全相反；因为我们几乎未曾注意到过所有这 43b5
样一些事情。

苏格拉底：那么，刚才所说的，它就并没有被我们漂亮地说出来，那就是，各种变化，当它们上上下下地发生时，它们就导致了各种痛苦和快乐。

普洛塔尔科斯：难道还有别的？ 43b10

苏格拉底：以这种方式来说，将是更为漂亮的，并且也较少受到 43c1
攻击。

普洛塔尔科斯：何种方式？

苏格拉底：这种：一方面，那些重大的变化给我们造成一些痛苦和
快乐，另一方面，那些适度的和微小的变化则不会给我们造成这两者中 43c5
的任何一个。

普洛塔尔科斯：这种方式比那种方式更为正确，苏格拉底啊。

苏格拉底：那么，如果这些事情是这样的话，刚才所说的那种生活就会重新来临。

普洛塔尔科斯：哪种生活？ 43c10

苏格拉底：我们曾说过的那种既是无痛苦的，又是没有各种快乐的生活。

ΠΡΩ. Ἀληθέστατα λέγεις.

ΣΩ. Ἐκ δὴ τούτων τιθῶμεν τριττοὺς ἡμῖν βίους, ἕνα
d μὲν ἡδύν, τὸν δ' αὖ λυπηρόν, τὸν δ' ἕνα μηδέτερα. ἢ πῶς ἂν φαίης σὺ περὶ τούτων;

ΠΡΩ. Οὐκ ἄλλως ἔγωγε ἢ ταύτῃ, τρεῖς εἶναι τοὺς βίους.

ΣΩ. Οὐκοῦν οὐκ ἂν εἴη τὸ μὴ λυπεῖσθαί ποτε ταὐτὸν τῷ χαίρειν;

ΠΡΩ. Πῶς γὰρ ἄν;

ΣΩ. Ὁπόταν οὖν ἀκούσῃς ὡς ἥδιστον πάντων ἐστὶν ἀλύπως διατελεῖν τὸν βίον ἅπαντα, τί τόθ' ὑπολαμβάνεις λέγειν τὸν τοιοῦτον;

ΠΡΩ. Ἡδὺ λέγειν φαίνεταί μοιγε οὗτος τὸ μὴ λυπεῖσθαι.

e ΣΩ. Τριῶν ὄντων οὖν ἡμῖν, ὧντινων βούλει, τίθει, καλλίοσιν ἵνα ὀνόμασι χρώμεθα, τὸ μὲν χρυσόν, τὸ δ' ἄργυρον, τρίτον δὲ τὸ μηδέτερα τούτων.

ΠΡΩ. Κεῖται.

ΣΩ. Τὸ δὴ μηδέτερα τούτων ἔσθ' ἡμῖν ὅπως θάτερα γένοιτο ἄν, χρυσὸς ἢ ἄργυρος;

ΠΡΩ. Καὶ πῶς ἄν;

ΣΩ. Οὐδ' ἄρα ὁ μέσος βίος ἡδὺς ἢ λυπηρὸς λεγόμενος ὀρθῶς ἄν ποτε οὔτ' εἰ δοξάζοι τις, δοξάζοιτο, οὔτ' εἰ λέγοι, λεχθείη, κατά γε τὸν ὀρθὸν λόγον.

ΠΡΩ. Πῶς γὰρ ἄν;

44 ΣΩ. Ἀλλὰ μήν, ὦ ἑταῖρε, λεγόντων γε ταῦτα καὶ δοξαζόντων αἰσθανόμεθα.

ΠΡΩ. Καὶ μάλα.

ΣΩ. Πότερον οὖν καὶ χαίρειν οἴονται τότε ὅταν μὴ λυπῶνται;

ΠΡΩ. Φασὶ γοῦν.

d 3 οὐκ ἄλλως T : οὐ καλῶς B ἢ T : om. B d 4 λυπεῖσθαι T : λυπῆσαι B d 7 ἀκούσῃς ὡς T : ἀκούσῃ ἴσως B d 8 ἀλύπως διατελεῖν B : διατελεῖν ἀλύπως T e 1 ὄντων οὖν B T : οὖν ὄντων al. e 3 τὸ μηδέτερα T : μηδέτερα B e 5 δὴ B T : δὲ vulg. e 9 δοξάζοι B T : δοξάζει vulg. a 4 καὶ B T (sed punctis notavit t)

普洛塔尔科斯：你说得对极了。

苏格拉底：那就让我们基于这些而为我们自己确定三种生活：一种 43d1
生活是快乐的，而一种生活复又是痛苦的，还有一种生活则是两者皆不的。或者，关于这些你会怎么说？

普洛塔尔科斯：我确实没有其他的〈要说〉，除这之外，即有三种生活。

苏格拉底：因此，不感到痛苦，岂不将从不可能会同感到快乐是同 43d5
一回事？

普洛塔尔科斯：怎么可能会呢？

苏格拉底：那么，每当你听到〈一个人说〉，一切中最快乐的，就是无痛苦地过完整个生活，你认为这样一个人究竟在说什么呢？

普洛塔尔科斯：至少这人对我显得在说，不感到痛苦就是令人快乐的。43d10

苏格拉底：那么，就你愿意〈提出〉的任意三种是者，请你——为 43e1
了我们能够使用一些更美的名字——，为我们把其中一个确定为黄金，把另一个确定为白银，而把第三个确定为非这两者的东西[378]。

普洛塔尔科斯：确定了。

苏格拉底：那么，这个非这两者的东西对我们来说究竟如何能够成 43e5
为那两者中的一个呢，即成为黄金或白银？

普洛塔尔科斯：那怎么可能？

苏格拉底：因此，那种中间的生活，当它被说成[379]是快乐的或痛苦的时，它就从不会被正确地判断了，如果有人要这样判断的话；如果有人要这样说，那它也从不会被正确地说了，至少根据正确的说法来看。 43e10

普洛塔尔科斯：那怎么会？

苏格拉底：真的，朋友啊，我们觉察到肯定在这样说和这样进行判 44a1
断的一些人[380]。

普洛塔尔科斯：的确。

苏格拉底：那么，他们认为，他们那时也就感到快乐，每当他们不 44a5
感到痛苦时？

普洛塔尔科斯：他们无论如何都在这样说。

ΣΩ. Οὐκοῦν οἴονται τότε χαίρειν· οὐ γὰρ ἂν ἔλεγόν που. 44a

ΠΡΩ. Κινδυνεύει.

ΣΩ. Ψευδῆ γε μὴν δοξάζουσι περὶ τοῦ χαίρειν, εἴπερ χωρὶς τοῦ μὴ λυπεῖσθαι καὶ τοῦ χαίρειν ἡ φύσις ἑκατέρου.

ΠΡΩ. Καὶ μὴν χωρίς γε ἦν.

ΣΩ. Πότερον οὖν αἱρώμεθα παρ' ἡμῖν ταῦτ' εἶναι, καθάπερ
ἄρτι, τρία, ἢ δύο μόνα, λύπην μὲν κακὸν τοῖς ἀνθρώποις, b
τὴν δ' ἀπαλλαγὴν τῶν λυπῶν, αὐτὸ τοῦτο ἀγαθὸν ὄν, ἡδὺ προσαγορεύεσθαι;

ΠΡΩ. Πῶς δὴ νῦν τοῦτο, ὦ Σώκρατες, ἐρωτώμεθα ὑφ' ἡμῶν αὐτῶν; οὐ γὰρ μανθάνω.

ΣΩ. Ὄντως γὰρ τοὺς πολεμίους Φιλήβου τοῦδε, ὦ Πρώταρχε, οὐ μανθάνεις;

ΠΡΩ. Λέγεις δὲ αὐτοὺς τίνας;

ΣΩ. Καὶ μάλα δεινοὺς λεγομένους τὰ περὶ φύσιν, οἳ τὸ παράπαν ἡδονὰς οὔ φασιν εἶναι.

ΠΡΩ. Τί μήν;

ΣΩ. Λυπῶν ταύτας εἶναι πάσας ἀποφυγάς, ἃς νῦν οἱ περὶ c
Φίληβον ἡδονὰς ἐπονομάζουσιν.

ΠΡΩ. Τούτοις οὖν ἡμᾶς πότερα πείθεσθαι συμβουλεύεις, ἢ πῶς, ὦ Σώκρατες;

ΣΩ. Οὔκ, ἀλλ' ὥσπερ μάντεσι προσχρῆσθαί τισι, μαντευομένοις οὐ τέχνῃ ἀλλά τινι δυσχερείᾳ φύσεως οὐκ ἀγεννοῦς λίαν μεμισηκότων τὴν τῆς ἡδονῆς δύναμιν καὶ νενομικότων οὐδὲν ὑγιές, ὥστε καὶ αὐτὸ τοῦτο αὐτῆς τὸ ἐπαγωγὸν γοήτευμα,
οὐχ ἡδονήν, εἶναι. τούτοις μὲν οὖν ταῦτα ἂν προσχρήσαιο, d
σκεψάμενος ἔτι καὶ τὰ ἄλλα αὐτῶν δυσχεράσματα· μετὰ δὲ ταῦτα αἵ γέ μοι δοκοῦσιν ἡδοναὶ ἀληθεῖς εἶναι πεύσῃ, ἵνα ἐξ ἀμφοῖν τοῖν λόγοιν σκεψάμενοι τὴν δύναμιν αὐτῆς παραθώμεθα πρὸς τὴν κρίσιν.

ΠΡΩ. Ὀρθῶς λέγεις.

a 9 γε μὴν B : μὲν T (μὴν t) b 9 οἳ τὸ παράπαν T : ὄναρ ἅπαν B (γρ. οἱ τὸ παράπα* B^3) d 1 οὐχ T : ἀλλ' οὐχ B ἡδονήν recc. : ἡδονὴ B T d 3 αἵ . . . δοκοῦσιν B T : ἂν . . . δοκῶσιν vulg.

苏格拉底：那他们岂不认为他们那时感到快乐，否则他们肯定就不会这样说。

普洛塔尔科斯：有可能。

苏格拉底：那么，他们就对感到快乐肯定在判断一些假的东西，假如不感到痛苦和感到快乐这两者各自的本性是分离的话[381]。

普洛塔尔科斯：确实向来就是分离的。

苏格拉底：那么，在我们这儿我们该作何选择呢，是如〈我们〉刚才〈所说〉的那样，它们是三个呢，还是仅仅两个，即一个是对于众人来说作为一种恶的痛苦，另一个则是对诸痛苦的摆脱——因为这自身就是善的，故被称作快乐的——？

普洛塔尔科斯：究竟为何现在我们问我们自己这个问题，苏格拉底啊？我真的没有弄明白。

苏格拉底：那是因为，普洛塔尔科斯啊，你其实没有弄明白这儿的这位菲勒玻斯的那些敌人。

普洛塔尔科斯：你说他们是谁？

苏格拉底：据说都是一些在关于自然的事情上非常强有力的人，他们说完全就没有快乐。

普洛塔尔科斯：〈他们还说了别的〉什么吗？

苏格拉底：〈他们还说〉在菲勒玻斯周围的人称之为快乐的所有那些东西，全都是对诸痛苦的一些逃避。

普洛塔尔科斯：那么，你是建议我们相信这些人呢，还是如何，苏格拉底啊？

苏格拉底：不要〈相信这些人〉，而是仿佛把他们作为某些预言者来另外进行利用，他们不是凭借一种技艺，而是靠〈其〉本性——它并非是不高贵的——中的某种严厉[382]来进行预示；因为他们极其仇恨快乐之力量，并认为〈于其中〉没有任何健康的东西，以至于甚至恰恰就它的这种吸引力来看，也不过是一种魔力[383]，而不是一种〈真的〉快乐。因此，一方面，你能够就这一点来另外利用这些人，当你进一步观察到他们的其他那些严厉的判断时[384]；另一方面，在此之后，你将了解到哪些快乐至少在我看来是真的，从而当我们基于这两种说法来考察其力量之后，我们就可以为了剖判而进行一种比较。

普洛塔尔科斯：你说得正确。

ΣΩ. Μεταδιώκωμεν δὴ τούτους, ὥσπερ συμμάχους, κατὰ τὸ τῆς δυσχερείας αὐτῶν ἴχνος. οἶμαι γὰρ τοιόνδε τι λέγειν αὐτούς, ἀρχομένους ποθὲν ἄνωθεν, ὡς εἰ βουληθεῖμεν ὁτουοῦν
e εἴδους τὴν φύσιν ἰδεῖν, οἷον τὴν τοῦ σκληροῦ, πότερον εἰς τὰ σκληρότατα ἀποβλέποντες οὕτως ἂν μᾶλλον συννοήσαιμεν ἢ πρὸς τὰ πολλοστὰ σκληρότητι; δεῖ δή σε, ὦ Πρώταρχε, καθάπερ ἐμοί, καὶ τούτοις τοῖς δυσχερέσιν ἀποκρίνεσθαι.

ΠΡΩ. Πάνυ μὲν οὖν, καὶ λέγω γε αὐτοῖς ὅτι πρὸς τὰ πρῶτα μεγέθει.

ΣΩ. Οὐκοῦν εἰ καὶ τὸ τῆς ἡδονῆς γένος ἰδεῖν ἥντινά ποτ' ἔχει φύσιν βουληθεῖμεν, οὐκ εἰς τὰς πολλοστὰς ἡδονὰς
45 ἀποβλεπτέον, ἀλλ' εἰς τὰς ἀκροτάτας καὶ σφοδροτάτας λεγομένας.

ΠΡΩ. Πᾶς ἄν σοι ταύτῃ συγχωροίη τὰ νῦν.

ΣΩ. Ἆρ' οὖν, αἱ πρόχειροί γε αἵπερ καὶ μέγισται τῶν ἡδονῶν, ὃ λέγομεν πολλάκις, αἱ περὶ τὸ σῶμά εἰσιν αὗται;

ΠΡΩ. Πῶς γὰρ οὔ;

ΣΩ. Πότερον οὖν καὶ μείζους εἰσὶ καὶ γίγνονται περὶ τοὺς κάμνοντας ἐν ταῖς νόσοις ἢ περὶ ὑγιαίνοντας; εὐλαβηθῶμεν δὲ μὴ προπετῶς ἀποκρινόμενοι πταίσωμέν πῃ. τάχα γὰρ
b ἴσως φαῖμεν ἂν περὶ ὑγιαίνοντας.

ΠΡΩ. Εἰκός γε.

ΣΩ. Τί δ'; οὐχ αὗται τῶν ἡδονῶν ὑπερβάλλουσιν, ὧν ἂν καὶ ἐπιθυμίαι μέγισται προγίγνωνται;

ΠΡΩ. Τοῦτο μὲν ἀληθές.

ΣΩ. 'Αλλ' οὐχ οἱ πυρέττοντες καὶ ἐν τοιούτοις νοσήμασιν ἐχόμενοι μᾶλλον διψῶσι καὶ ῥιγοῦσι καὶ πάντα ὁπόσα διὰ τοῦ σώματος εἰώθασι πάσχειν, μᾶλλόν τ' ἐνδείᾳ συγγίγνονται

e 4 δυσχερέσιν T : δυσχεραίνουσιν B e 5 ὅτι T : om. B e 6 μεγέθει B T : μεγέθη vulg. a 4 γε T : om. B αἵπερ] εἴπερ Madvig a 7 καὶ μείζους T : μείζους B a 8 ὑγιαίνοντας B : τοὺς ὑγιαίνοντας T a 9 πῃ B : πῇ; T (alteri tribuens) vulg. τάχα γὰρ T : τὰ γὰρ B b 4 προγίγνωνται Stephanus : προσγίγνονται B T b 6 ἀλλ' οὐχ B T : ἆρ' οὖν οὐχὶ vulg. οἱ B : compendium T : ὅτι apographa b 8 τ' B : δὲ T

苏格拉底：那就让我们追随这些人，就像追随那些共同战斗的人
一样，沿着他们的严厉之足迹〈往前走〉。因为我认为他们略莫这样在
说——当他们从上面某处开始时——，那就是：如果我们打算看清任何
种类〈的事物〉之本性，如坚硬的东西之本性，那么，我们是通过盯住 44e1
那些最坚硬的东西，由此更能进行理解呢，还是通过盯住那些在硬度上
最差的东西？因此，你必须，普洛塔尔科斯啊，像回答我一样，也回答
这些严厉的人。

普洛塔尔科斯：完全如此，我也肯定会对他们说，必须盯住那些在 44e5
量上最首要的东西。

苏格拉底：那么，如果我们也打算看清快乐之种类究竟具有何种本
性，那就必须不要盯住那些最小的快乐，而是要盯住那些所谓的最极端 45a1
的和最强烈的快乐。

普洛塔尔科斯：每个人现在都会在这点上同意你。

苏格拉底：那么，那些在手边的，其实也是各种快乐中最大的，正 45a5
如我们经常说的那样，它们是那些关乎身体的快乐吗？

普洛塔尔科斯：为何不是呢？

苏格拉底：那它们在那些于一些疾病中受折磨的人那里，还是在那些
健康的人那里，是以及变得较大？不过我们得警惕，我们不要因仓促地作
答而在某个地方跌倒。因为我们或许会立马就说，在那些健康的人那里。 45b1

普洛塔尔科斯：确实有可能。

苏格拉底：然后呢？在各种快乐中，一些最大的欲望也会在其之前
生起的那些快乐，岂不会胜出？

普洛塔尔科斯：这的确是真的。 45b5

苏格拉底：而那些发烧的人以及处在诸如此类的疾病状态中的人，
他们岂不更加感到口渴和发冷，并且更加〈遭受了〉他们惯常通过身体而
遭受的所有〈其他〉那些事情；他们岂不更为熟悉一种缺乏[385]，并且当他

καὶ ἀποπληρουμένων μείζους ἡδονὰς ἴσχουσιν; ἢ τοῦτο οὐ φήσομεν ἀληθὲς εἶναι;

ΠΡΩ. Πάνυ μὲν οὖν νῦν ῥηθὲν φαίνεται.

ΣΩ. Τί οὖν; ὀρθῶς ἂν φαινοίμεθα λέγοντες ὡς εἴ τις c τὰς μεγίστας ἡδονὰς ἰδεῖν βούλοιτο, οὐκ εἰς ὑγίειαν ἀλλ' εἰς νόσον ἰόντας δεῖ σκοπεῖν; ὅρα δὲ μή με ἡγῇ διανοούμενον ἐρωτᾶν σε εἰ πλείω χαίρουσιν οἱ σφόδρα νοσοῦντες τῶν ὑγιαινόντων, ἀλλ' οἷον μέγεθός με ζητεῖν ἡδονῆς, καὶ τὸ σφόδρα περὶ τοῦ τοιούτου ποῦ ποτε γίγνεται ἑκάστοτε. νοῆσαι γὰρ δεῖ φαμεν ἥντινα φύσιν ἔχει καὶ τίνα λέγουσιν οἱ φάσκοντες μηδ' εἶναι τὸ παράπαν αὐτήν.

ΠΡΩ. Ἀλλὰ σχεδὸν ἕπομαι τῷ λόγῳ σου. d

ΣΩ. Τάχα, ὦ Πρώταρχε, οὐχ ἧττον δείξεις. ἀπόκριναι γάρ· ἐν ὕβρει μείζους ἡδονάς—οὐ πλείους λέγω, τῷ σφόδρα δὲ καὶ τῷ μᾶλλον ὑπερεχούσας—ὁρᾷς ἢ ἐν τῷ σώφρονι βίῳ; λέγε δὲ προσέχων τὸν νοῦν.

ΠΡΩ. Ἀλλ' ἔμαθον ὃ λέγεις, καὶ πολὺ τὸ διαφέρον ὁρῶ. τοὺς μὲν γὰρ σώφρονάς που καὶ ὁ παροιμιαζόμενος ἐπίσχει λόγος ἑκάστοτε, ὁ τὸ "μηδὲν ἄγαν" παρακελευό- e μενος, ᾧ πείθονται· τὸ δὲ τῶν ἀφρόνων τε καὶ ὑβριστῶν μέχρι μανίας ἡ σφοδρὰ ἡδονὴ κατέχουσα περιβοήτους ἀπεργάζεται.

ΣΩ. Καλῶς· καὶ εἴ γε τοῦθ' οὕτως ἔχει, δῆλον ὡς ἔν τινι πονηρίᾳ ψυχῆς καὶ τοῦ σώματος, ἀλλ' οὐκ ἐν ἀρετῇ μέγισται μὲν ἡδοναί, μέγισται δὲ καὶ λῦπαι γίγνονται.

ΠΡΩ. Πάνυ μὲν οὖν.

ΣΩ. Οὐκοῦν τούτων τινὰς προελόμενον δεῖ σκοπεῖσθαι τίνα ποτὲ τρόπον ἐχούσας ἐλέγομεν αὐτὰς εἶναι μεγίστας.

b 11 οὖν νῦν B : οὖν T c 3 ἡγῇ] ἡγεῖ B T c 7 δεῖ T : δεῖν B d 2 δείξεις] δείξει Heindorf ἀπόκριναι Schleiermacher : ἀποκρινεῖ B T d 6 διαφέρον B : διάφορον T d 7 ὁ B T : om. vulg. e 2 πείθονται T : πείθοντε B e 3 ἡ T : εἰ B e 5 τοῦθ' T : ταῦθ' B ἐν B T : om. vulg. e 10 ἐλέγομεν B : λέγομεν T

们被满足后他们就有着一些更大的快乐？或者我们将说这不是真的？ 45b10

普洛塔尔科斯：现在所说的，完全显得〈是真的〉。

苏格拉底：那然后呢？当我们如下面这样说时，我们会显得正确 45c1
吗，那就是：如果一个人打算看到一些最大的快乐，那他就必须不是前往健康那里，而是前往疾病那里来进行考察？但请你要注意，你不要以为我想问你下面这点，即是否那些严重患病的人比那些处在健康状态的
人更多地感到了快乐，相反，你要认为我是在寻找快乐的大小，以及关 45c5
于这样一种东西的最强烈的程度每次都究竟出现在哪儿。因为我们说，我们必须看清它具有什么样的本性，以及那些声称完全没有快乐这回事的人在说什么。

普洛塔尔科斯：而我差不多跟上了你的谈话。 45d1

苏格拉底：很快，普洛塔尔科斯啊，你就会分毫不少地将之指出来的。因为我请你回答：你是在放纵中看到了一些更大的快乐——我没有说更多的〈快乐〉，而是说那些在激烈和强度上胜出的〈快乐〉——呢，
还是在节制的生活中看到了？请集中注意力来说说。 45d5

普洛塔尔科斯：我真的已经理解了你所说的，并且也看到了〈两者之间的〉巨大不同。因为，一方面就那些节制的人来说，那句被引用的
谚语无疑在任何时候都约束着他们，那就是"勿要过度"，它劝告他们 45e1
要听从它；而另一方面，就那些无头脑的人以及那些放纵的人而言，强烈的快乐控制着他们[386]，使得他们直到疯狂为止[387]，从而导致他们四处狂乱地叫喊[388]。

苏格拉底：〈说得〉漂亮。并且如果这就是这样的话，下面这点就 45e5
是显而易见的，那就是：无论是各种最大的快乐，还是各种最大的痛苦，都是在灵魂和身体的某种恶中，而非在其德性中产生。

普洛塔尔科斯：完全如此。

苏格拉底：那么，就必须把这些中的某些选择出来，考察它们究竟 45e10
具有何种性格[389]而〈使得〉我们说它们是最大的。

46 ΠΡΩ. Ἀνάγκη.

ΣΩ. Σκόπει δὴ τὰς τῶν τοιῶνδε νοσημάτων ἡδονάς, τίνα ποτὲ ἔχουσι τρόπον.

ΠΡΩ. Ποίων;

ΣΩ. Τὰς τῶν ἀσχημόνων, ἃς οὓς εἴπομεν δυσχερεῖς μισοῦσι παντελῶς.

ΠΡΩ. Ποίας;

ΣΩ. Οἷον τὰς τῆς ψώρας ἰάσεις τῷ τρίβειν καὶ ὅσα τοιαῦτα, οὐκ ἄλλης δεόμενα φαρμάξεως· τοῦτο γὰρ δὴ τὸ πάθος ἡμῖν, ὦ πρὸς θεῶν, τί ποτε φῶμεν ἐγγίγνεσθαι; πότερον ἡδονὴν ἢ λύπην;

ΠΡΩ. Σύμμεικτον τοῦτό γ' ἄρ', ὦ Σώκρατες, ἔοικε γίγνεσθαί τι κακόν.

b ΣΩ. Οὐ μὲν δὴ Φιλήβου γε ἕνεκα παρεθέμην τὸν λόγον· ἀλλ' ἄνευ τούτων, ὦ Πρώταρχε, τῶν ἡδονῶν καὶ τῶν ταύταις ἑπομένων, ἂν μὴ κατοφθῶσι, σχεδὸν οὐκ ἄν ποτε δυναίμεθα διακρίνασθαι τὸ νῦν ζητούμενον.

ΠΡΩ. Οὐκοῦν ἰτέον ἐπὶ τὰς τούτων συγγενεῖς.

ΣΩ. Τὰς ἐν τῇ μείξει κοινωνούσας λέγεις;

ΠΡΩ. Πάνυ μὲν οὖν.

ΣΩ. Εἰσὶ τοίνυν μείξεις αἱ μὲν κατὰ τὸ σῶμα ἐν αὐτοῖς
c τοῖς σώμασιν, αἱ δ' αὐτῆς τῆς ψυχῆς ἐν τῇ ψυχῇ· τὰς δ' αὖ τῆς ψυχῆς καὶ τοῦ σώματος ἀνευρήσομεν λύπας ἡδοναῖς μειχθείσας τοτὲ μὲν ἡδονὰς τὰ συναμφότερα, τοτὲ δὲ λύπας ἐπικαλουμένας.

ΠΡΩ. Πῶς;

ΣΩ. Ὁπόταν ἐν τῇ καταστάσει τις ἢ τῇ διαφθορᾷ τἀναντία ἅμα πάθη πάσχῃ, ποτὲ ῥιγῶν θέρηται καὶ θερμαινόμενος ἐνίοτε ψύχηται, ζητῶν οἶμαι τὸ μὲν ἔχειν, τοῦ δὲ ἀπαλλάττεσθαι, τὸ δὴ λεγόμενον πικρῷ γλυκὺ μεμειγμένον, μετὰ

a 5 οὓς T : om. B a 12 σύμμικτον B T : ἔμμικτον vulg. γ' ἄρ' B : γε T b 2 ταύταις T : ταύτης B c 1 αὐτῆς τῆς T : αὖ τῆς B αὖ τῆς B : αὐτῆς T c 7 ποτὲ ῥιγῶν T (sed add. signis transpositionis) : ποτὲ ῥιγῶν ποτὲ B

普洛塔尔科斯：必然。 46a1

苏格拉底：那就请你考察一下，于下面这类疾病那儿的一些快乐，它们究竟具有何种性格。

普洛塔尔科斯：在哪些疾病那儿？

苏格拉底：在那些不体面的疾病那里的快乐，我们说过的那些严厉 46a5
的人完全仇恨它们。

普洛塔尔科斯：哪些快乐？

苏格拉底：例如通过摩擦来对疥癣的各种治疗，以及所有诸如此
类的那些无需其他的药物来进行治疗的。因为，这种遭受，当它发生 46a10
在我们身上时，诸神在上，我们究竟将把它称作什么呢？是快乐，还是痛苦？

普洛塔尔科斯：这无论如何都看起来，苏格拉底啊，成为了某种混合的恶。

苏格拉底：然而，肯定不是为了菲勒玻斯的缘故我才提出这种讨 46b1
论；相反，没有这些快乐，普洛塔尔科斯啊，以及伴随着它们的那些东西，也即是说，如果它们没有被看清的话，那我们也几乎从不可能决定现在正被探寻的那种东西。

普洛塔尔科斯：那就必须前往那些与这些〈快乐〉同家族的〈快乐〉。 46b5

苏格拉底：你在说那些以混合的方式结合起来的〈快乐〉吗？

普洛塔尔科斯：完全如此。

苏格拉底：那好！就各种混合而言，一方面，一些与身体相一致而
〈仅仅〉是在身体中，另一方面，一些则属于灵魂本身而〈仅仅〉是在 46c1
灵魂中；此外，我们还将发现灵魂和身体中的一些痛苦同一些快乐的各种混合，当它们混合在一起时，合在一起的两者有时被称作快乐，有时则被称作痛苦。

普洛塔尔科斯：为何？ 46c5

苏格拉底：每当一个人在〈康复〉状态或在败坏中同时体验到〈两个〉相反的遭受时——〈例如〉有时当他感到冷时却变得热起来，有时当他感到热时却变得冷起来——，由于他在寻求——我认为——拥有一
个，而摆脱另一个，于是，所谓甜与苦的混合[390]，当它凭借一种难以去 46d1

δυσαπαλλακτίας παρόν, ἀγανάκτησιν καὶ ὕστερον σύντασιν d
ἀγρίαν ποιεῖ.

ΠΡΩ. Καὶ μάλα ἀληθὲς τὸ νῦν λεγόμενον.

ΣΩ. Οὐκοῦν αἱ τοιαῦται μείξεις αἱ μὲν ἐξ ἴσων εἰσὶ λυπῶν τε καὶ ἡδονῶν, αἱ δ' ἐκ τῶν ἑτέρων πλειόνων;

ΠΡΩ. Πῶς γὰρ οὔ;

ΣΩ. Λέγε δὴ τὰς μέν, ὅταν πλείους λῦπαι τῶν ἡδονῶν γίγνωνται—τὰς τῆς ψώρας λεγομένας νυνδὴ ταύτας εἶναι καὶ τὰς τῶν γαργαλισμῶν—ὁπόταν ⟨ἐν τοῖς⟩ ἐντὸς τὸ ζέον ᾖ καὶ τὸ φλεγμαῖνον, τῇ τρίψει δὲ καὶ τῇ κνήσει μὴ ἐφικνῆταί
τις, τὸ δ' ἐπιπολῆς μόνον διαχέῃ, τοτὲ φέροντες εἰς πῦρ αὐτὰ e
καὶ εἰς τοὐναντίον πυρίαις μεταβάλλοντες ἐνίοτε ἀμηχάνους ἡδονάς, τοτὲ δὲ τοὐναντίον τοῖς ἐντὸς πρὸς τὰ τῶν ἔξω, λύπας ἡδοναῖς συγκερασθείσας, εἰς ὁπότερ' ἂν ῥέψῃ, παρέσχοντο τῷ τὰ συγκεκριμένα βίᾳ διαχεῖν ἢ τὰ διακεκριμένα συγχεῖν
—[καὶ] ὁμοῦ λύπας ἡδοναῖς παρατιθέναι. 47

ΠΡΩ. Ἀληθέστατα.

ΣΩ. Οὐκοῦν ὁπόταν αὖ πλείων ἡδονὴ κατὰ ⟨τὰ⟩ τοιαῦτα πάντα συμμειχθῇ, τὸ μὲν ὑπομεμειγμένον τῆς λύπης γαργαλίζει τε καὶ ἠρέμα ἀγανακτεῖν ποιεῖ, τὸ δ' αὖ τῆς ἡδονῆς πολὺ πλέον ἐγκεχυμένον συντείνει τε καὶ ἐνίοτε πηδᾶν ποιεῖ, καὶ παντοῖα μὲν χρώματα, παντοῖα δὲ σχήματα, παντοῖα δὲ πνεύματα ἀπεργαζόμενον πᾶσαν ἔκπληξιν καὶ βοὰς μετὰ ἀφροσύνης ἐνεργάζεται;

ΠΡΩ. Μάλα γε. b

ΣΩ. Καὶ λέγειν τε, ὦ ἑταῖρε, αὐτόν τε περὶ ἑαυτοῦ ποιεῖ

---

d 1 ὕστερον T: om. B σύντασιν B t: ξύστασιν T d 3 νῦν B: νῦν δὴ T d 9 ἐν τοῖς addidi d 10 κνήσει Heusde: κινήσει B T ἐφικνῆται T: ἐφικνεῖται B e 1 τὸ δ' ἐπὶ πολῆς B T: τὰ δ' ἐπιπολῆς Schütz e 2 πυρίαις scripsi: ἀπορίαις B T e 3 πρὸς τὰ τῶν Wohlrab: προστάτ των B: πρὸς τὰς τῶν T a 1 καὶ seclusi a 3 τὰ add. Par. 1809: om. B T a 5 αὖ τῆς B T: αὐτῆς vulg. a 6 πλέον T: πλείων B ἐγκεχυμένον B T: ἐκκεχυμένον vulg. a 8 ἀπεργαζόμενον Buttmann: ἀπεργαζόμενα B T a 9 ἐνεργάζεται T: ἀπεργάζεται B b 2 λέγειν τε T: λέγειν γε B

除的性质而出现在那儿时[391]，它就导致了一种恼怒，以及接踵而至的一种狂野的紧张。

普洛塔尔科斯：现在所说的是非常真的。

苏格拉底：那么，就这样一些混合，岂不一些出于相等的痛苦和快
乐，而一些则出于其中一个比另一个更多？ 46d5

普洛塔尔科斯：为何不呢？

苏格拉底：那就请你来说说〈其中的〉一些〈混合〉，每当一些痛苦变得比一些快乐更多时——这些痛苦是刚才说过的疥癣中的那些痛苦，以及各种瘙痒中的那些痛苦——：每当脓肿[392]以及发炎是在里
面时[393]，一个人无论是通过摩擦还是通过搔挠都无法抵达它，而只能 46d10
〈设法〉使之在一些表面的区域[394]分散开来，于是，有时人们通过把它 46e1
们[395]带往火那里，以及由于各种走投无路而变换着将之带往其反面那里[396]，在有的时候〈他们就给自己带来了〉[397]一些不同寻常的快乐；而有时则反过来，用里面的一些〈快乐〉去针对外面的一些〈痛苦〉，即〈外面的〉一些痛苦同〈里面的〉一些快乐被混合在一起——无论
两者中的哪一方会占有优势[398]——，他们就通过暴力造成那些已经被 46e5
聚合在一起的东西分散开来，或者把那些已经分散开来的东西混合在一
起，并[399]〈由此〉使得把一些痛苦同一些快乐并排摆在一起。 47a1

普洛塔尔科斯：对极了。

苏格拉底：于是，另一方面，每当快乐在所有诸如此类的情形那儿[400]被混入得更多，〈微弱〉混入的痛苦虽然使人发痒并微微让人感到恼怒，
然而，多得多地[401]被注入的快乐则使人紧张不安[402]，而且在有的时候 47a5
甚至使人猛地跃起，并且它通过引起各种各样的面色、各种各样的体态，以及各种各样的呼吸〈节奏〉[403]，从而产生出整个的惊慌失措，甚至伴随着愚蠢的大喊大叫。

普洛塔尔科斯：确实如此。 47b1

苏格拉底：并且它也使得一个人自己这样说自己，朋友啊，也使得

καὶ ἄλλον ὡς ταύταις ταῖς ἡδοναῖς τερπόμενος οἷον ἀποθνῄσκει· καὶ ταύτας γε δὴ παντάπασιν ἀεὶ μεταδιώκει τοσούτῳ μᾶλλον ὅσῳ ἂν ἀκολαστότερός τε καὶ ἀφρονέστερος ὢν τυγχάνῃ, καὶ καλεῖ δὴ μεγίστας ταύτας, καὶ τὸν ἐν αὐταῖς ὅτι μάλιστ' ἀεὶ ζῶντα εὐδαιμονέστατον καταριθμεῖται.

ΠΡΩ. Πάντα, ὦ Σώκρατες, τὰ συμβαίνοντα πρὸς τῶν πολλῶν ἀνθρώπων εἰς δόξαν διεπέρανας.

c ΣΩ. Περί γε τῶν ἡδονῶν, ὦ Πρώταρχε, τῶν ἐν τοῖς κοινοῖς παθήμασιν αὐτοῦ τοῦ σώματος τῶν ἐπιπολῆς τε καὶ ἐντὸς κερασθέντων· περὶ δέ γ' ὧν ψυχὴ σώματι τἀναντία συμβάλλεται, λύπην τε ἅμα πρὸς ἡδονὴν καὶ ἡδονὴν πρὸς λύπην, ὥστ' εἰς μίαν ἀμφότερα κρᾶσιν ἰέναι, ταῦτα ἔμπροσθε μὲν διήλθομεν, ὡς, ὁπόταν [αὖ] κενῶται, πληρώσεως ἐπιθυμεῖ, καὶ ἐλπίζων μὲν χαίρει, κενούμενος δὲ ἀλγεῖ, ταῦτα δὲ τότε
d μὲν οὐκ ἐμαρτυράμεθα, νῦν δὲ λέγομεν ὡς ψυχῆς πρὸς σῶμα διαφερομένης ἐν πᾶσι τούτοις πλήθει ἀμηχάνοις οὖσι μεῖξις μία λύπης τε καὶ ἡδονῆς συμπίπτει γενομένη.

ΠΡΩ. Κινδυνεύεις ὀρθότατα λέγειν.

ΣΩ. Ἔτι τοίνυν ἡμῖν τῶν μείξεων λύπης τε καὶ ἡδονῆς λοιπὴ μία.

ΠΡΩ. Ποία, φῄς;

ΣΩ. Ἣν αὐτὴν τὴν ψυχὴν αὑτῇ πολλάκις λαμβάνειν σύγκρασιν ἔφαμεν.

ΠΡΩ. Πῶς οὖν δὴ τοῦτ' αὐτὸ λέγομεν;

e ΣΩ. Ὀργὴν καὶ φόβον καὶ πόθον καὶ θρῆνον καὶ ἔρωτα καὶ ζῆλον καὶ φθόνον καὶ ὅσα τοιαῦτα, ἆρ' οὐκ αὐτῆς τῆς ψυχῆς τίθεσαι ταύτας λύπας τινάς;

b 3 καὶ ἄλλον T : καὶ περὶ ἄλλου B γρ. t b 5 ἂν T : om. B b 6 αὐταῖς T : ταύταις B b 7 μάλιστ' αἰεὶ T : μάλιστα εἰ B b 9 εἰς δόξαν secluserim c 3 δέ γ' ὧν Badham : δὲ τῶν B T ψυχὴ scripsi : ἐν ψυχῇ B T c 6 αὖ secl. Wohlrab κενῶται B t : κεκένωται T c 7 ταῦτα δὲ T : ταῦτα δὴ B d 3 γιγνομένη Badham d 6 λοιπὴ T : λύπη pr. B (ut videtur) d 9 σύγκρασιν B T : σύγκρισιν vulg. ἔφαμεν] φαμέν Bury d 10 αὐτὸ] αὖ Ast

其他人这样说他，那就是，他由于享受这些快乐[404]而〈快乐得〉好像
要死了似的。而且他无疑完完全全总是在追逐这些快乐，事实上他越是 47b5
无节制的和越是无头脑的，他也就越是会那样做；然后他也肯定把这些
快乐称为最大的，而那尽可能总是生活在它们中的人，他把他算作是最
为幸福的。

普洛塔尔科斯：苏格拉底啊，你已经详细叙述了在大多数人面前就意见所达成的一切。

苏格拉底：至少就诸快乐，普洛塔尔科斯啊，即就单独位于身体的 47c1
一些共同遭受——它们在〈身体的〉表面和里面混合在了一起[405]——
中的那些快乐[406]来说〈是这样〉。但就灵魂所贡献的那些同身体相反
的〈遭受〉，即〈灵魂的〉痛苦同时面对〈身体的〉快乐，以及〈灵魂
的〉快乐同时面对〈身体的〉痛苦，以至于两者进入到单一的混合中， 47c5
〈则不是这样〉；尽管我们在前面曾详细述说过这些——那就是，每当一
个人变得空乏时[407]，他就渴望充满，一方面他由于满怀希望而感到快乐，
另一方面他由于变得空乏而感到痛苦——，但那时我们并未见证这些，而 47d1
现在我们说，虽然灵魂在所有这些情形中——在数量上它们是数不胜数
的——，都不同于身体，但仍然恰好产生出痛苦和快乐的单一的混合[408]。

普洛塔尔科斯：你有可能说得非常正确。

苏格拉底：好吧，那么在痛苦和快乐的各种混合中，还有一个留给 47d5
了我们。

普洛塔尔科斯：哪个，你在说？

苏格拉底：我们曾说过的那种混合，即灵魂自身经常为它自身所取得的混合。

普洛塔尔科斯：那我们究竟如何说这点呢？ 47d10

苏格拉底：愤怒、恐惧、渴望、哀号、爱欲、羡慕和嫉妒，以及 47e1
所有诸如此类的，难道你不把〈所有〉这些都确定为灵魂自身的某些痛
苦吗？

ΠΡΩ. Ἔγωγε.

ΣΩ. Οὐκοῦν αὐτὰς ἡδονῶν μεστὰς εὑρήσομεν ἀμηχάνων; ἢ δεόμεθα ὑπομιμνῄσκεσθαι [τὸ ⟨ἐν⟩ τοῖς θυμοῖς καὶ ταῖς ὀργαῖς,] τὸ

ὅς τ' ἐφέηκε πολύφρονά περ χαλεπῆναι
ὅς τε πολὺ γλυκίων μέλιτος καταλειβομένοιο,

καὶ τὰς ἐν τοῖς θρήνοις καὶ πόθοις ἡδονὰς ἐν λύπαις οὔσας 48
ἀναμεμειγμένας;

ΠΡΩ. Οὔκ, ἀλλ' οὕτω ταῦτά γε καὶ οὐκ ἄλλως ἂν συμβαίνοι γιγνόμενα.

ΣΩ. Καὶ μὴν καὶ τάς γε τραγικὰς θεωρήσεις, ὅταν ἅμα χαίροντες κλάωσι, μέμνησαι;

ΠΡΩ. Τί δ' οὔ;

ΣΩ. Τὴν δ' ἐν ταῖς κωμῳδίαις διάθεσιν ἡμῶν τῆς ψυχῆς, ἆρ' οἶσθ' ὡς ἔστι κἀν τούτοις μεῖξις λύπης τε καὶ ἡδονῆς;

ΠΡΩ. Οὐ πάνυ κατανοῶ. 6

ΣΩ. Παντάπασι γὰρ οὐ ῥᾴδιον, ὦ Πρώταρχε, ἐν τούτῳ b
συννοεῖν τὸ τοιοῦτον ἑκάστοτε πάθος.

ΠΡΩ. Οὔκουν ὥς γ' ἔοικεν ἐμοί.

ΣΩ. Λάβωμέν γε μὴν αὐτὸ τοσούτῳ μᾶλλον ὅσῳ σκοτεινότερόν ἐστιν, ἵνα καὶ ἐν ἄλλοις ῥᾷον καταμαθεῖν τις οἷός τ' ᾖ μεῖξιν λύπης τε καὶ ἡδονῆς.

ΠΡΩ. Λέγοις ἄν.

ΣΩ. Τό τοι νυνδὴ ῥηθὲν ὄνομα φθόνου πότερα λύπην τινὰ ψυχῆς θήσεις, ἢ πῶς;

ΠΡΩ. Οὕτως.

ΣΩ. Ἀλλὰ μὴν ὁ φθονῶν γε ἐπὶ κακοῖς τοῖς τῶν πέλας ἡδόμενος ἀναφανήσεται.

ΠΡΩ. Σφόδρα γε. c

e 6 τὸ ὥστ' ἐφέηκεν τοῖς θυμοῖς καὶ ταῖς ὀργαῖς τὸ πολύφρονά περ χαλεπῆναι B T : verba transposuit Stephanus : τοῖς . . . τὸ del. Fischer : ἐν addidi e 8, 9 ὅς τε Homerus (Il. xviii. 109) : ὥστε B T a 1 πόθοις Par. 1812 in marg. : πότοις B T b 5 ῥᾷον B : ῥᾴδιον T

普洛塔尔科斯：我肯定会。

苏格拉底：那么，我们岂不将发现它们都充满了各种难以言表的快 47e5
乐？或者我们需要被提醒〈荷马就愤怒所说的〉这点[409]：

它甚至听任极其精明的人动怒
它比滴下的蜂蜜还要甜蜜许多[410]

以及那些在各种哀号和渴望中的快乐——它们已经混合在了各种痛 48a1
苦里？

普洛塔尔科斯：不〈需要被提醒〉；而这些东西，当它们出现时，只会以这种方式，而不会以其他方式发生。

苏格拉底：而且就那些悲剧中的场景，每当〈观众们〉感到高兴 48a5
时，他们同时就会哭泣，你也记得吗？

普洛塔尔科斯：为何不呢？

苏格拉底：而你也知道在那些喜剧中我们灵魂的情形吗，即在它们中也有着痛苦和快乐的一种混合？

普洛塔尔科斯：我完全不理解。 48a10

苏格拉底：因为确实非常不容易理解，普洛塔尔科斯啊，在那种情 48b1
况下[411]每回都有着这样一种遭受。

普洛塔尔科斯：至少在我看来确实不〈容易理解〉。

苏格拉底：然而，它越是晦暗的，我们越是要前去把握住它，以便 48b5
在其他的一些情形中，一个人也能够比较容易地理解痛苦和快乐的混合。

普洛塔尔科斯：请你说[412]！

苏格拉底：刚才所说到的嫉妒这个名字，你将把它确定为灵魂的某种痛苦呢，还是怎样？

普洛塔尔科斯：就这样。 48b10

苏格拉底：无疑那怀有嫉妒之情的人，肯定显得对邻人[413]的各种不幸感到快乐。

普洛塔尔科斯：的确。 48c1

ΣΩ. Κακὸν μὴν ἄγνοια καὶ ἣν δὴ λέγομεν ἀβελτέραν ἕξιν.

ΠΡΩ. Τί μήν;

ΣΩ. Ἐκ δὴ τούτων ἰδὲ τὸ γελοῖον ἥντινα φύσιν ἔχει.

ΠΡΩ. Λέγε μόνον.

ΣΩ. Ἔστιν δὴ πονηρία μέν τις τὸ κεφάλαιον, ἕξεώς τινος ἐπίκλην λεγομένη· τῆς δ' αὖ πάσης πονηρίας ἐστὶ τοὐναντίον πάθος ἔχον ἢ τὸ λεγόμενον ὑπὸ τῶν ἐν Δελφοῖς γραμμάτων.

ΠΡΩ. Τὸ "γνῶθι σαυτὸν" λέγεις, ὦ Σώκρατες;

d ΣΩ. Ἔγωγε. τοὐναντίον μὴν ἐκείνῳ δῆλον ὅτι τὸ μηδαμῇ γιγνώσκειν αὑτὸν λεγόμενον ὑπὸ τοῦ γράμματος ἂν εἴη.

ΠΡΩ. Τί μήν;

ΣΩ. Ὦ Πρώταρχε, πειρῶ δὲ αὐτὸ τοῦτο τριχῇ τέμνειν.

ΠΡΩ. Πῇ φῄς; οὐ γὰρ μὴ δυνατὸς ὦ.

ΣΩ. Λέγεις δὴ δεῖν ἐμὲ τοῦτο διελέσθαι τὰ νῦν;

ΠΡΩ. Λέγω, καὶ δέομαί γε πρὸς τῷ λέγειν.

ΣΩ. Ἆρ' οὖν οὐ τῶν ἀγνοούντων αὑτοὺς κατὰ τρία ἀνάγκη τοῦτο τὸ πάθος πάσχειν ἕκαστον;

ΠΡΩ. Πῶς;

e ΣΩ. Πρῶτον μὲν κατὰ χρήματα, δοξάζειν εἶναι πλουσιώτερον ἢ κατὰ τὴν αὑτῶν οὐσίαν.

ΠΡΩ. Πολλοὶ γοῦν εἰσὶν τὸ τοιοῦτον πάθος ἔχοντες.

ΣΩ. Πλείους δέ γε οἳ μείζους καὶ καλλίους αὑτοὺς δοξάζουσι, καὶ πάντα ὅσα κατὰ τὸ σῶμα εἶναι διαφερόντως τῆς οὔσης αὐτοῖς ἀληθείας.

ΠΡΩ. Πάνυ γε.

ΣΩ. Πολὺ δὲ πλεῖστοί γε οἶμαι περὶ τὸ τρίτον εἶδος τὸ τῶν ἐν ταῖς ψυχαῖς διημαρτήκασιν, ἀρετῇ δοξάζοντες βελτίους ἑαυτούς, οὐκ ὄντες.

c 2 ἄγνοια Cornarius : ἄνοια B T ἀβελτέραν] ἀβελτερίαν Jackson c 4 δὴ T : δὲ B d 4 δὲ B Stobaeus : δὴ T d 7 λέγω B T Stobaeus : om. vulg. e 3 τὸ B T : om. Stobaeus e 6 αὐτοῖς B T Stobaeus : αὐτῆς vulg. e 8 τὸ τῶν ἐν ταῖς ψυχαῖς Badham : τούτων ἐν ταῖς ψυχαῖς B Stobaeus : ἐν ταῖς ψυχαῖς τούτων T e 9 ἀρετῇ Stobaeus : ἀρετῆς B T : ἀρετὴν al.

苏格拉底：无知无疑就是一种恶[414]，我们也将之称为一种愚蠢的状态。

普洛塔尔科斯：为什么不呢？

苏格拉底：那么基于这些，请你看看可笑的东西究竟具有何种本性。

普洛塔尔科斯：你只管说！

苏格拉底：那好！一方面，总的来讲[415]，它肯定是某种邪恶，出于某种特定的状态而获得其名字；另一方面，在所有的邪恶中，它又是这样一种情况，该情况具有同在德尔斐〈神庙〉那儿的碑文所说的东西相反的东西[416]。

普洛塔尔科斯：你是在说“认识你自己”吗[417]，苏格拉底啊？

苏格拉底：我确实是。如果真的与那相反，那么，照文字来说[418]，显然就会是：绝不要认识自己。

普洛塔尔科斯：那还用说？

苏格拉底：普洛塔尔科斯啊，请你试着把这个东西一分为三。

普洛塔尔科斯：你说什么呢？恐怕我没有能力〈做这事〉。

苏格拉底：那你是说我现在必须自己来划分它吗？

普洛塔尔科斯：我〈是在这么〉说，并且除了说之外，我还请求〈你这么做〉。

苏格拉底：那么，那些不自知的人[419]，其中每一位岂不都必然在三个方面遭遇到这种情况？

普洛塔尔科斯：怎样？

苏格拉底：首先在钱财方面，〈他们必然〉认为他们自己是比他们〈实际拥有〉的财产更富有的[420]。

普洛塔尔科斯：具有这样一种情况的人无论如何都是很多的。

苏格拉底：而更多的肯定是这样一些人，他们认为他们自己是更高大的和更漂亮的，以及在身体的所有方面都是出类拔萃的，同他们实际上所是的相比。

普洛塔尔科斯：完全如此。

苏格拉底：但最最多的是这种人，至少我认为，他们在第三个方面[421]——它属于灵魂中的那些事情——完全出了错[422]，因为他们认为他们自己在德性上是更好的，虽然他们并不是。

ΠΡΩ. Σφόδρα μὲν οὖν.

ΣΩ. Τῶν ἀρετῶν δ' ἆρ' οὐ σοφίας πέρι τὸ πλῆθος πάντως 49
ἀντεχόμενον μεστὸν ἐρίδων καὶ δοξοσοφίας ἐστὶ ψευδοῦς;

ΠΡΩ. Πῶς δ' οὔ;

ΣΩ. Κακὸν μὲν δὴ πᾶν ἄν τις τὸ τοιοῦτον εἰπὼν ὀρθῶς ἂν εἴποι πάθος.

ΠΡΩ. Σφόδρα γε.

ΣΩ. Τοῦτο τοίνυν ἔτι διαιρετέον, ὦ Πρώταρχε, δίχα, εἰ
μέλλομεν τὸν παιδικὸν ἰδόντες φθόνον ἄτοπον ἡδονῆς καὶ
λύπης ὄψεσθαι μεῖξιν. πῶς οὖν τέμνομεν δίχα, λέγεις;
πάντες ὁπόσοι ταύτην τὴν ψευδῆ δόξαν περὶ ἑαυτῶν ἀ- b
νοήτως δοξάζουσι, καθάπερ ἁπάντων ἀνθρώπων, καὶ τούτων
ἀναγκαιότατον ἕπεσθαι τοῖς μὲν ῥώμην αὐτῶν καὶ δύναμιν,
τοῖς δὲ οἶμαι τοὐναντίον.

ΠΡΩ. Ἀνάγκη.

ΣΩ. Ταύτῃ τοίνυν δίελε, καὶ ὅσοι μὲν αὐτῶν εἰσι μετ'
ἀσθενείας τοιοῦτοι καὶ ἀδύνατοι καταγελώμενοι τιμωρεῖσθαι,
γελοίους τούτους φάσκων εἶναι τἀληθῆ φθέγξῃ· τοὺς δὲ
δυνατοὺς τιμωρεῖσθαι καὶ ἰσχυροὺς φοβεροὺς καὶ ἐχθροὺς
προσαγορεύων ὀρθότατον τούτων σαυτῷ λόγον ἀποδώσεις. c
ἄγνοια γὰρ ἡ μὲν τῶν ἰσχυρῶν ἐχθρά τε καὶ αἰσχρά—
βλαβερὰ γὰρ καὶ τοῖς πέλας αὐτή τε καὶ ὅσαι εἰκόνες
αὐτῆς εἰσιν—ἡ δ' ἀσθενὴς ἡμῖν τὴν τῶν γελοίων εἴληχε
τάξιν τε καὶ φύσιν.

ΠΡΩ. Ὀρθότατα λέγεις. ἀλλὰ γὰρ ἡ τῶν ἡδονῶν καὶ λυπῶν μεῖξις ἐν τούτοις οὔπω μοι καταφανής.

a 1 πάντως B T: πᾶν Stobaeus a 2 ψεύδους (sic) B T: καὶ ψεύδους vulg. a 9 πῶς . . . λέγεις Socrati continuat T (post λέγεις add. ναί supra versum t): Protarcho dat B τέμνομεν B T: τέμνωμεν vulg. b 1 πάντες κ.τ.έ. eidem continuat Stallbaum: alteri dant B T b 2 τούτων T: τοῦτον B b 9 καὶ ἰσχυροὺς φοβεροὺς Vahlen: φοβεροὺς καὶ ἰσχυροὺς B T: φοβεροὺς καὶ αἰσχροὺς Schütz c 1 τούτων B: τοῦτον T: τοῦτο vulg. c 2 ἄγνοια Cornarius: ἄνοια B T c 3 αὐτή Heusde: αὕτη B T c 4 αὐτῆς B: ταύτης T c 5 τάξιν γε (sic) καὶ B: om. T c 7 οὔπω T: πῶ B

普洛塔尔科斯：的确是这样。

苏格拉底：而在诸德性中，尤其是关于智慧，多数人，尽管他们充 49a1
满了各种争吵和虚假的自以为的智慧，岂不都完全执着于[423]它？

普洛塔尔科斯：为何不是呢？

苏格拉底：因此，如果一个人说所有诸如此类的情况都是一种恶，
那他肯定会说得正确。 49a5

普洛塔尔科斯：完全如此。

苏格拉底：因此，还必须得进一步把这一分二，普洛塔尔科斯啊，
如果我们打算通过看看这孩子气的嫉妒而看清快乐和痛苦的一种奇特
的混合的话[424]。那么，我们如何将之一分为二呢，你说[425]？所有那些 49b1
对于他们自己毫无理智地持有这种虚假的意见的人，就像在整个人类那
里〈所出现的情况〉一样，下面这点对这些人来说也是最为必然的，那
就是：他们中的一些人追逐力量和能力；而另一些人，我认为，则与之
相反。

普洛塔尔科斯：必然。 49b5

苏格拉底：那好，就请你以这种方式来进行划分。并且他们中所
有那些同虚弱相伴而是这样一种人的人，以及当被嘲笑以后没有能力进
行报复的人，如果你声称这些人是可笑的，那你将道出了真相；而那些
有能力进行报复并且强有力的人，如果你把他们称为是可怕的和可恨
的，那你也将对你自己给出了关于这些人的最正确的说法。因为，一方 49c1
面，那些强有力的人的无知既是可恨的，也是丑陋的[426]——无论是它
自己，还是它〈在戏剧中〉的所有形象，对于邻人们来说其实也都是有
害的——；另一方面，虚弱〈者们〉的无知[427]，对于我们来说则注定 49c5
取得了可笑者的地位和本性。

普洛塔尔科斯：你说得非常正确。但是，在这些中的各种快乐和各种痛苦的混合对我来说仍然不是非常清楚的。

ΣΩ. Τὴν τοίνυν τοῦ φθόνου λαβὲ δύναμιν πρῶτον.

ΠΡΩ. Λέγε μόνον.

d ΣΩ. Λύπη τις ἄδικός ἐστί που καὶ ἡδονή;

ΠΡΩ. Τοῦτο μὲν ἀνάγκη.

ΣΩ. Οὐκοῦν ἐπὶ μὲν τοῖς τῶν ἐχθρῶν κακοῖς οὔτ' ἄδικον οὔτε φθονερόν ἐστι τὸ χαίρειν;

ΠΡΩ. Τί μήν;

ΣΩ. Τὰ δέ γε τῶν φίλων ὁρῶντας ἔστιν ὅτε κακὰ μὴ λυπεῖσθαι, χαίρειν δέ, ἆρα οὐκ ἄδικόν ἐστιν;

ΠΡΩ. Πῶς δ' οὔ;

ΣΩ. Οὐκοῦν τὴν ἄγνοιαν εἴπομεν ὅτι κακὸν πᾶσιν;

ΠΡΩ. Ὀρθῶς.

ΣΩ. Τὴν οὖν τῶν φίλων δοξοσοφίαν καὶ δοξοκαλίαν καὶ
e ὅσα νυνδὴ διήλθομεν, ἐν τρισὶν λέγοντες εἴδεσιν γίγνεσθαι, γελοῖα μὲν ὁπόσα ἀσθενῆ, μισητὰ δ' ὁπόσα ἐρρωμένα, ⟨φῶμεν⟩ ἢ μὴ φῶμεν ὅπερ εἶπον ἄρτι, τὴν τῶν φίλων ἕξιν ταύτην ὅταν ἔχῃ τις τὴν ἀβλαβῆ τοῖς ἄλλοις, γελοίαν εἶναι;

ΠΡΩ. Πάνυ γε.

ΣΩ. Κακὸν δ' οὐχ ὁμολογοῦμεν αὐτὴν ἄγνοιάν γε οὖσαν εἶναι;

ΠΡΩ. Σφόδρα γε.

ΣΩ. Χαίρομεν δὲ ἢ λυπούμεθα, ὅταν ἐπ' αὐτῇ γελῶμεν;

50 ΠΡΩ. Δῆλον ὅτι χαίρομεν.

ΣΩ. Ἡδονὴν δὲ ἐπὶ τοῖς τῶν φίλων κακοῖς, οὐ φθόνον ἔφαμεν εἶναι τὸν τοῦτ' ἀπεργαζόμενον;

ΠΡΩ. Ἀνάγκη.

ΣΩ. Γελῶντας ἄρα ἡμᾶς ἐπὶ τοῖς τῶν φίλων γελοίοις φησὶν ὁ λόγος, κεραννύντας ἡδονὴν αὖ φθόνῳ, λύπῃ τὴν

c 8 λαβὲ δύναμιν B T: δύναμιν λαβὲ vulg. d 1 που B: om. T d 6 δέ B T: om. vulg. d 9 ἄγνοιαν Cornarius: ἄνοιαν B T d 11 τὴν B T: τί vulg. e 1 νῦν δὴ B: νῦν T e 2 ὁπόσα B T: ὁπόσα μὴ vulg. φῶμεν add. corr. Ven. 189 e 6 ἄγνοιαν Cornarius: ἄνοιαν B T γε T: om. B e 7 εἶναι B et (compendio) T: om. vulg. a 3 ἔφαμεν B T: φαμὲν Stallbaum a 6 αὖ B: om. T

苏格拉底：那就请你首先来把握一下嫉妒之能力[428]。

普洛塔尔科斯：你只管说！

苏格拉底：它肯定是某种不正当的痛苦和快乐。 49d1

普洛塔尔科斯：这是一种必然。

苏格拉底：那么，一方面，对于仇敌们的各种不幸感到快乐，这岂不既不是不正当的，也不是嫉妒性的？

普洛塔尔科斯：那还用说？ 49d5

苏格拉底：但另一方面，当〈我们〉有时看到朋友们的各种不幸时，不是感到痛苦，而是感到快乐，这岂不是不正当的？

普洛塔尔科斯：为何不是呢？

苏格拉底：无知，我们岂不说过它对所有人来说都是一种恶？

普洛塔尔科斯：正确。 49d10

苏格拉底：那么，朋友们的自以为的智慧和自以为的漂亮，以及刚 49e1
才我们细说过的其他所有那些——我们说出现在三个方面——，一则它们是有多虚弱的，也就是有多可笑的，一则是有多强有力的，也就是有多可恨的，我们会说[429]还是不会说我们刚才所讲的，即每当朋友们中有谁具有这种状态，它虽然对他人是无害的，这种状态就是可笑的？

普洛塔尔科斯：完全如此。 49e5

苏格拉底：然而，我们不是已经同意，它就是一种恶，既然它的确是一种无知？

普洛塔尔科斯：确实如此。

苏格拉底：但我们是感到快乐呢，还是感到痛苦，每当我们嘲笑它时？

普洛塔尔科斯：显然我们感到快乐。 50a1

苏格拉底：而在朋友们的各种不幸面前的快乐，我们不是说过，正是嫉妒导致了这点吗？

普洛塔尔科斯：必然。

苏格拉底：因此，当我们嘲笑朋友们的各种可笑之处时，这个说 50a5
法就宣称，由于我们复又把快乐同嫉妒相混合，故快乐就与痛苦混合在

ἡδονὴν συγκεραννύναι· τὸν γὰρ φθόνον ὡμολογῆσθαι λύπην ψυχῆς ἡμῖν πάλαι, τὸ δὲ γελᾶν ἡδονήν, ἅμα γίγνεσθαι δὲ τούτω ἐν τούτοις τοῖς χρόνοις.

ΠΡΩ. Ἀληθῆ.

ΣΩ. Μηνύει δὴ νῦν ὁ λόγος ἡμῖν ἐν θρήνοις τε καὶ ἐν b
τραγῳδίαις ⟨καὶ κωμῳδίαις⟩, μὴ τοῖς δράμασι μόνον ἀλλὰ καὶ τῇ τοῦ βίου συμπάσῃ τραγῳδίᾳ καὶ κωμῳδίᾳ, λύπας ἡδοναῖς ἅμα κεράννυσθαι, καὶ ἐν ἄλλοις δὴ μυρίοις.

ΠΡΩ. Ἀδύνατον μὴ ὁμολογεῖν ταῦτα, ὦ Σώκρατες, εἰ καί τις φιλονικοῖ πάνυ πρὸς τἀναντία.

ΣΩ. Ὀργὴν μὴν καὶ πόθον καὶ θρῆνον καὶ φόβον καὶ
ἔρωτα καὶ ζῆλον καὶ φθόνον προυθέμεθα καὶ ὁπόσα τοιαῦτα, c
ἐν οἷς ἔφαμεν εὑρήσειν μειγνύμενα τὰ νῦν πολλάκις λεγόμενα. ἦ γάρ;

ΠΡΩ. Ναί.

ΣΩ. Μανθάνομεν οὖν ὅτι θρήνου πέρι καὶ φθόνου καὶ ὀργῆς πάντα ἐστὶ τὰ νυνδὴ διαπερανθέντα;

ΠΡΩ. Πῶς γὰρ οὐ μανθάνομεν;

ΣΩ. Οὐκοῦν πολλὰ ἔτι τὰ λοιπά;

ΠΡΩ. Καὶ πάνυ γε.

ΣΩ. Διὰ δὴ τί μάλισθ' ὑπολαμβάνεις με δεῖξαί σοι τὴν ἐν τῇ κωμῳδίᾳ μεῖξιν; ἆρ' οὐ πίστεως χάριν, ὅτι τήν γε ἐν
τοῖς φόβοις καὶ ἔρωσι καὶ τοῖς ἄλλοις ῥᾴδιον κρᾶσιν ἐπι- d
δεῖξαι· λαβόντα δὲ τοῦτο παρὰ σαυτῷ ἀφεῖναί με μηκέτι ἐπ' ἐκεῖνα ἰόντα δεῖν μηκύνειν τοὺς λόγους, ἀλλ' ἁπλῶς λαβεῖν τοῦτο, ὅτι καὶ σῶμα ἄνευ ψυχῆς καὶ ψυχὴ ἄνευ σώματος καὶ κοινῇ μετ' ἀλλήλων ἐν τοῖς παθήμασι μεστά ἐστι συγκεκραμένης ἡδονῆς λύπαις; νῦν οὖν λέγε πότερα ἀφίῃς με ἢ μέσας ποιήσεις νύκτας; εἰπὼν δὲ σμικρὰ οἶμαί

a 8 ψυχῆς T: τῆς ψυχῆς B γίγνεσθαι δὲ B: δὲ γίγνεσθαι T a 9 τούτω Badham: τοῦτο B T b 1 δὴ B T: δὲ vulg. b 2 καὶ κωμῳδίαις add. Hermann ἀλλὰ καὶ T: ἀλλα B b 4 ἡδοναῖς B: ἡδονὰς T b 6 πάνυ B T: πάντῃ vulg. c 2 ἔφαμεν T: φαμὲν B d 2 σαυτῷ T: ταυτῷ B d 6 συγκεκραμένης B t Stobaeus: συγκεκερασμένης T d 7 ἀφίῃς T: ἀφείῃς B

一起了；因为嫉妒早已被我们同意为是灵魂的一种痛苦，而嘲笑是〈它的〉一种快乐，而这两者在这些时候同时出现了。

普洛塔尔科斯:〈你说得〉对。 50a10

苏格拉底：因此，该说法现在就向我们揭示出，在各种挽歌中，以 50b1
及在各种悲剧和各种喜剧[430]中——不仅仅在舞台上[431]，而且在生活的整个悲剧和喜剧中——，一些痛苦同时都混合着一些快乐；并且在其他成千上万的情形中也〈同样如此〉。

普洛塔尔科斯：不可能不同意这些，苏格拉底啊，即使有人热爱争 50b5
胜，完全支持其反面。

苏格拉底：我们也肯定曾提出过愤怒、渴望、哀号、恐惧、爱欲、 50c1
羡慕和嫉妒，以及所有诸如此类的，于其中我们曾说我们发现了现在多次所说的那〈两种〉东西被混合在一起了。难道不是这样吗？

普洛塔尔科斯：是。

苏格拉底：那么，我们注意到了下面这点吗，即刚才被详细叙述的 50c5
所有那些，都是关乎哀号、嫉妒和愤怒的？

普洛塔尔科斯：我们为何没有注意到呢？

苏格拉底：岂不还剩下了许多？

普洛塔尔科斯：确实如此。

苏格拉底：那你认为我究竟为了什么而特别向你展示了在喜剧中的 50c10
混合？岂不就是为了一种相信，那就是：至少在各种恐惧、各种爱欲和 50d1
〈诸如此类的〉其他东西中，容易指出一种混合；而一旦你在你自己那儿把握到了这点，你就会允许我离开，从而无需再因前往还剩下的许多东西那儿[432]而拖延谈话，而是径直把握住下面这点，即无论是离开灵魂的身体，还是离开身体的灵魂，还是两者彼此结合在一起，它们在各 50d5
种遭受中都充满了快乐同一些痛苦的一种混合？因此，现在请你说说，你是允许我离开呢，还是要使我待到半夜[433]？但我认为，只要我略微

σου τεύξεσθαι μεθεῖναί με· τούτων γὰρ ἁπάντων αὔριον
e ἐθελήσω σοι λόγον δοῦναι, τὰ νῦν δὲ ἐπὶ τὰ λοιπὰ βούλομαι στέλλεσθαι πρὸς τὴν κρίσιν ἣν Φίληβος ἐπιτάττει.

ΠΡΩ. Καλῶς εἶπες, ὦ Σώκρατες· ἀλλ' ὅσα λοιπὰ ἡμῖν διέξελθε ὅπῃ σοι φίλον.

ΣΩ. Κατὰ φύσιν τοίνυν μετὰ τὰς μειχθείσας ἡδονὰς ὑπὸ δή τινος ἀνάγκης ἐπὶ τὰς ἀμείκτους πορευοίμεθ' ἂν ἐν τῷ μέρει.

51 ΠΡΩ. Κάλλιστ' εἶπες.

ΣΩ. Ἐγὼ δὴ πειράσομαι μεταβαλὼν σημαίνειν ἡμῖν αὐτάς. τοῖς γὰρ φάσκουσι λυπῶν εἶναι παῦλαν πάσας τὰς ἡδονὰς οὐ πάνυ πως πείθομαι, ἀλλ' ὅπερ εἶπον, μάρτυσι καταχρῶμαι πρὸς τὸ τινὰς ἡδονὰς εἶναι δοκούσας, οὔσας δ' οὐδαμῶς, καὶ μεγάλας ἑτέρας τινὰς ἅμα καὶ πολλὰς φαντασθείσας, εἶναι δ' αὐτὰς συμπεφυρμένας ὁμοῦ λύπαις τε καὶ ἀναπαύσεσιν ὀδυνῶν τῶν μεγίστων περί τε σώματος καὶ ψυχῆς ἀπορίας.

b ΠΡΩ. Ἀληθεῖς δ' αὖ τίνας, ὦ Σώκρατες, ὑπολαμβάνων ὀρθῶς τις διανοοῖτ' ἄν;

ΣΩ. Τὰς περί τε τὰ καλὰ λεγόμενα χρώματα καὶ περὶ τὰ σχήματα καὶ τῶν ὀσμῶν τὰς πλείστας καὶ τὰς τῶν φθόγγων καὶ ὅσα τὰς ἐνδείας ἀναισθήτους ἔχοντα καὶ ἀλύπους τὰς πληρώσεις αἰσθητὰς καὶ ἡδείας [καθαρὰς λυπῶν] παραδίδωσιν.

ΠΡΩ. Πῶς δὴ ταῦτα, ὦ Σώκρατες, αὖ λέγομεν οὕτω;

ΣΩ. Πάνυ μὲν οὖν οὐκ εὐθὺς δῆλά ἐστιν ἃ λέγω, πει-
c ρατέον μὴν δηλοῦν. σχημάτων τε γὰρ κάλλος οὐχ ὅπερ ἂν ὑπολάβοιεν οἱ πολλοὶ πειρῶμαι νῦν λέγειν, ἢ ζῴων ἤ τινων ζωγραφημάτων, ἀλλ' εὐθύ τι λέγω, φησὶν ὁ λόγος,

a 2 μεταβαλὼν BT: μεταλαβὼν t ἡμῖν BT: ὑμῖν vulg. a 5 πρὸς B: compendium T: ἐπὶ Coisl. τὸ T: τε B a 8 σώματος T: σῶμα B b 2 τις T: om. B b 6 καθαρὰς λυπῶν secl. Badham b 9 οὖν secl. Badham c 1 κάλλος (compend.) T: καλῶς B: κάλλους vulg. c 2 ἢ ζῴων B: οἷον ζῴων T

再说一下，我就将成功地让你放我走；因为就所有这些，我将情愿明天 50e1
再对你给出说明，而现在我打算为了菲勒玻斯所吩咐的那种剖判而着手〈讨论〉剩下的那些事情[434]。

普洛塔尔科斯：你说得漂亮，苏格拉底啊；那么，就请你以你所喜欢的方式来对我们详细叙述一下所有剩下的事情。

苏格拉底：那好！自然的[435]，在那些混合的快乐之后，按照某种必 50e5
然性，我们轮到[436]应前往那些非混合的快乐那儿。

普洛塔尔科斯：你说得非常漂亮。 51a1

苏格拉底：那我就试着通过变换一下来向我们表明它们。因为，就那些声称所有的快乐都只是各种痛苦的一种终止的人，我无论如何都完全不听从他们；相反，正如我曾说过的[437]，我只不过利用他们来为下面
这点作见证，那就是：某些快乐看起来是〈快乐〉，但绝不是〈快乐〉； 51a5
而另外一些〈快乐〉显得是又大又多，但它们其实是既同一些痛苦混合在一起的，也同与身体的和灵魂的诸困扰相关的那些最大的痛苦的各种间歇[438]混合在一起的。

普洛塔尔科斯：但复又哪些快乐，苏格拉底啊，当一个人认为它们 51b1
是真的时，他会正确地进行了理解？

苏格拉底：这些：它们关乎一些所谓美丽的颜色，关乎一些形状、
绝大多数的气味和绝大多数的声音，以及所有这样一些东西，那就是， 51b5
它们一方面带有一些感觉不到的，并〈由此是〉无痛苦的欠缺，另一方面又允许〈它们的〉各种满足是可感觉的和快乐的，〈并且是〉摆脱了各种痛苦的[439]。

普洛塔尔科斯：这样一来，苏格拉底啊，我们究竟复又如何说这些呢？

苏格拉底：诚然，我所说的并不立即就完全是显而易见的，无疑必
须试着加以显明。因为各种形状之美，我现在将尝试不把它说成大多数 51c1
人会以为的那种，例如各种活物之美，或者某些写生画之美；相反，我在说某种直的东西——如道理所讲的那样[440]——，和某种圆的东西，

καὶ περιφερὲς καὶ ἀπὸ τούτων δὴ τά τε τοῖς τόρνοις γιγνόμενα ἐπίπεδά τε καὶ στερεὰ καὶ τὰ τοῖς κανόσι καὶ γωνίαις, εἴ μου μανθάνεις. ταῦτα γὰρ οὐκ εἶναι πρός τι καλὰ λέγω, καθάπερ ἄλλα, ἀλλ' ἀεὶ καλὰ καθ' αὑτὰ πεφυκέναι καί τινας ἡδονὰς οἰκείας ἔχειν, οὐδὲν ταῖς τῶν κνήσεων προσφερεῖς· d
καὶ χρώματα δὴ τοῦτον τὸν τύπον ἔχοντα [καλὰ καὶ ἡδονάς] ἀλλ' ἆρα μανθάνομεν, ἢ πῶς;

ΠΡΩ. Πειρῶμαι μέν, ὦ Σώκρατες· πειράθητι δὲ καὶ σὺ σαφέστερον ἔτι λέγειν.

ΣΩ. Λέγω δὴ ἠχὰς τῶν φθόγγων τὰς λείας καὶ λαμπράς, τὰς ἕν τι καθαρὸν ἱείσας μέλος, οὐ πρὸς ἕτερον καλὰς ἀλλ' αὐτὰς καθ' αὑτὰς εἶναι, καὶ τούτων συμφύτους ἡδονὰς ἑπομένας.

ΠΡΩ. Ἔστι γὰρ οὖν καὶ τοῦτο.

ΣΩ. Τὸ δὲ περὶ τὰς ὀσμὰς ἧττον μὲν τούτων θεῖον γένος e
ἡδονῶν· τὸ δὲ μὴ συμμεμεῖχθαι ἐν αὐταῖς ἀναγκαίους λύπας, καὶ ὅπῃ τοῦτο καὶ ἐν ὅτῳ τυγχάνει γεγονὸς ἡμῖν, τοῦτ' ἐκείνοις τίθημι ἀντίστροφον ἅπαν. ἀλλ', εἰ κατανοεῖς, ταῦτα εἴδη δύο ⟨ὧν⟩ λέγομεν ἡδονῶν.

ΠΡΩ. Κατανοῶ.

ΣΩ. Ἔτι δὴ τοίνυν τούτοις προσθῶμεν τὰς περὶ τὰ μαθήματα ἡδονάς, εἰ ἄρα δοκοῦσιν ἡμῖν αὗται πείνας μὲν μὴ 52
ἔχειν τοῦ μανθάνειν μηδὲ διὰ μαθημάτων πείνην ἀλγηδόνας ἐξ ἀρχῆς γιγνομένας.

ΠΡΩ. Ἀλλ' οὕτω συνδοκεῖ.

ΣΩ. Τί δέ; μαθημάτων πληρωθεῖσιν ἐὰν ὕστερον ἀποβολαὶ διὰ τῆς λήθης γίγνωνται, καθορᾷς τινας ἐν αὐταῖς ἀλγηδόνας;

d 1 *κνήσεων* Heusde : *κινήσεων* B T d 2 *δὴ* B T : *δήπου* vulg. *καλὰ καὶ ἡδονάς* secl. Stallbaum d 6 *ἠχὰς* ci. Bury : *τὰς* B T *τὰς λείας* T : *ταλειας* B d 7 *ἱείσας* (sic) T : *ἰούσας* (sic) B *καλὰς* T : om. B e 1 *τούτων* B T : om. vulg. e 2 *ἀναγκαίους* B T : *ἀναγκαίας* vulg. e 4 *ἐκείνοις* B T : *ἐκείνης* vulg. e 5 *ὧν λέγομεν* Jackson : *λεγομένων* B T a 3 *γιγνομένας* T : *γενομένας* B a 5 *πληρωθεῖσιν* Schütz : *πληρωθεισῶν* B T

以及无疑从这些中通过各种造圆的工具[441]而形成的平面的〈圆〉和立体的〈球〉，还有那些通过直尺和直角尺所产生出来的各种〈形状〉，51c5
假如你理解我的意思的话。因为这些东西，我说，并非相较于某种东西而是美的——就像其他一些东西那样——，相反，它们总是生来在其自身就是美的，并且拥有某些自己独有的快乐，而这些快乐丝毫不相似于 51d1
各种搔痒中的那些快乐。至于各种颜色，它们也肯定以这种形式拥有美丽和快乐[442]。那么，我们确实理解了吗，还是怎样？

普洛塔尔科斯：我在试着〈理解〉，苏格拉底啊；但也请你试着再 51d5
说得更清楚些。

苏格拉底：那么我说，声音中那些圆润而嘹亮的鸣声，当它们发出某一纯净的曲调时，它们不是相较于另外的东西而是美的，而是独自在其自身就是美的，并且与生俱来的快乐伴随着它们。

普洛塔尔科斯：这也确实是如此。51d10

苏格拉底：而就同各种气味相关的〈快乐〉来说，尽管同〈前面〉51e1
这些快乐相比它是一种较少神圣的类型，但一些必然的痛苦依然没有被混合在它们里面；并且无论这〈个类型的快乐〉以何种方式以及在何处碰巧产生给我们，我都完全把它确定为〈前面〉那些〈快乐〉的副本。
因此，如果你理解了，那么这些就是我们所说的快乐的两个类型[443]。51e5

普洛塔尔科斯：我理解。

苏格拉底：那好，让我们在这些之上进一步增添关于诸学问的各种
快乐，假如我们确实认为，一方面，这些快乐并不含有对学习的一种饥 52a1
渴，另一方面，也没有一些痛苦由于对各种学问的饥渴而从一开始就产生了出来。

普洛塔尔科斯：无疑我也一同这样认为。

苏格拉底：然后呢？对于那些装满了各种学问的人，如果后来由于 52a5
遗忘而出现了某些丧失，那么，你会在〈他们的〉那些丧失中看到一些痛苦吗？

ΠΡΩ. Οὔ τι φύσει γε, ἀλλ' ἔν τισι λογισμοῖς τοῦ
b παθήματος, ὅταν τις στερηθεὶς λυπηθῇ διὰ τὴν χρείαν.

ΣΩ. Καὶ μήν, ὦ μακάριε, νῦν γε ἡμεῖς αὐτὰ τὰ τῆς φύσεως μόνον παθήματα χωρὶς τοῦ λογισμοῦ διαπεραίνομεν.

ΠΡΩ. Ἀληθῆ τοίνυν λέγεις ὅτι χωρὶς λύπης ἡμῖν λήθη γίγνεται ἑκάστοτε ἐν τοῖς μαθήμασιν.

ΣΩ. Ταύτας τοίνυν τὰς τῶν μαθημάτων ἡδονὰς ἀμείκτους τε εἶναι λύπαις ῥητέον καὶ οὐδαμῶς τῶν πολλῶν ἀνθρώπων ἀλλὰ τῶν σφόδρα ὀλίγων.

ΠΡΩ. Πῶς γὰρ οὐ ῥητέον;

c ΣΩ. Οὐκοῦν ὅτε μετρίως ἤδη διακεκρίμεθα χωρὶς τάς τε καθαρὰς ἡδονὰς καὶ τὰς σχεδὸν ἀκαθάρτους ὀρθῶς ἂν λεχθείσας, προσθῶμεν τῷ λόγῳ ταῖς μὲν σφοδραῖς ἡδοναῖς ἀμετρίαν, ταῖς δὲ μὴ τοὐναντίον ἐμμετρίαν· καὶ ⟨τὰς⟩ τὸ μέγα καὶ τὸ σφοδρὸν αὖ ⟨δεχομένας⟩, καὶ πολλάκις καὶ ὀλιγάκις γιγνομένας τοιαύτας, τῆς τοῦ ἀπείρου γε ἐκείνου καὶ ἧττον καὶ μᾶλλον διά τε σώματος καὶ ψυχῆς φερομένου
d [προσ]θῶμεν αὐτὰς εἶναι γένους, τὰς δὲ μὴ τῶν ἐμμέτρων.

ΠΡΩ. Ὀρθότατα λέγεις, ὦ Σώκρατες.

ΣΩ. Ἔτι τοίνυν πρὸς τούτοις μετὰ ταῦτα τόδε αὐτῶν διαθεατέον.

ΠΡΩ. Τὸ ποῖον;

ΣΩ. Τί ποτε χρὴ φάναι πρὸς ἀλήθειαν εἶναι; τὸ καθαρόν τε καὶ εἰλικρινὲς ἢ τὸ σφόδρα τε καὶ τὸ πολὺ καὶ τὸ μέγα καὶ τὸ ἱταμόν;

ΠΡΩ. Τί ποτ' ἄρα, ὦ Σώκρατες, ἐρωτᾷς βουλόμενος;

ΣΩ. Μηδέν, ὦ Πρώταρχε, ἐπιλείπειν ἐλέγχων ἡδονῆς

b 1 παθήματος G t : μαθήματος B T b 2 τὰ B T : καὶ τὰ vulg. b 4 λήθη T : ἀληθῆ B b 5 γίγνεται T : γίνεσθ' B b 7 λύπαις B T : λύπης G c 2 ἂν T : om. B c 4 τὰς add. Stallbaum c 5 δεχομένας add. Stallbaum e Ficino c 6 τῆς B T : secl. Stallbaum auctore Stephano γε B t : τε T : τέ γ' vulg. d 1 προσ secl. Stallbaum αὐτὰς corr. Ven. 189 : αὐταῖς B T τὰς T : ταῖς B μὴ T : om. B d 4 διαθεατέον corr. Ven. 189 : διαθετέον B T d 8 ἱταμόν scripsi : ἱκανόν B T : fort. μανικόν Apelt

普洛塔尔科斯：至少就〈其〉本性而言不会，但在对遭受的一些计算中则会，每当一个人失去了〈它们〉，他就会由于需要而感到痛苦。

苏格拉底：确实，有福的人啊！但至少目前我们是在不〈考虑〉计算的情况下而仅仅详细叙述从〈其〉本性而来的各种遭受自身。

普洛塔尔科斯：因此你说得正确，即对我们来说，在各种学问那里的一种遗忘，每回都是在没有痛苦的情况下出现的。

苏格拉底：那么，各种学问中的这些快乐，就必须得说它们是没有与各种痛苦相混合的，并且它们也绝不是属于大多数人的，而是〈仅仅〉属于极少数人。

普洛塔尔科斯：当然必须得这样说呢。

苏格拉底：那么，既然我们已经合尺度地[444]把那些纯粹的快乐和那些可正确地被称为近乎不纯粹的快乐分离开来，那岂不就让我们在说法上[445]把不合尺度添加到那些强烈的快乐身上；而反过来把合尺度添加到那些不〈强烈的快乐身上〉。并且接纳大和强烈的那些快乐[446]——无论它们是经常变得如此，还是很少几次变得如此——，也让我们把它们确定[447]为是属于那个无限之本性的[448]，即属于更多和更少这个种类——它既遍及身体，也遍及灵魂——；而那些不是这样的快乐，则属于合尺度的东西之种类。

普洛塔尔科斯：你说得非常正确，苏格拉底啊。

苏格拉底：那么，除了这些之外，接下来还必须进而仔细考察它们中的这点。

普洛塔尔科斯：哪点？

苏格拉底：究竟必须把什么说成是与真相关联的[449]？是纯粹和清晰[450]，以及充足呢，还是强烈、许多和巨大[451]？

普洛塔尔科斯：当你这样问时，苏格拉底啊，你究竟在想什么？

苏格拉底：普洛塔尔科斯啊，〈我仅仅想〉在对快乐和知识进行盘

τε καὶ ἐπιστήμης, εἰ τὸ μὲν ἄρ' αὐτῶν ἑκατέρου καθαρόν e
ἐστι, τὸ δ' οὐ καθαρόν, ἵνα καθαρὸν ἑκάτερον ἰὸν εἰς τὴν κρίσιν ἐμοὶ καὶ σοὶ καὶ συνάπασι τοῖσδε ῥᾴω παρέχῃ τὴν κρίσιν.

ΠΡΩ. Ὀρθότατα.

ΣΩ. Ἴθι δή, περὶ πάντων, ὅσα καθαρὰ γένη λέγομεν, οὑτωσὶ διανοηθῶμεν· προελόμενοι πρῶτον αὐτῶν ἕν τι σκοπῶμεν.

ΠΡΩ. Τί οὖν προελώμεθα; 53

ΣΩ. Τὸ λευκὸν ἐν τοῖς πρῶτον, εἰ βούλει, θεασώμεθα γένος.

ΠΡΩ. Πάνυ μὲν οὖν.

ΣΩ. Πῶς οὖν ἂν λευκοῦ καὶ τίς καθαρότης ἡμῖν εἴη; πότερα τὸ μέγιστόν τε καὶ πλεῖστον ἢ τὸ ἀκρατέστατον, ἐν ᾧ χρώματος μηδεμία μοῖρα ἄλλη μηδενὸς ἐνείη;

ΠΡΩ. Δῆλον ὅτι τὸ μάλιστ' εἰλικρινὲς ὄν.

ΣΩ. Ὀρθῶς. ἆρ' οὖν οὐ τοῦτο ἀληθέστατον, ὦ Πρώ-
ταρχε, καὶ ἅμα δὴ κάλλιστον τῶν λευκῶν πάντων θήσομεν, b
ἀλλ' οὐ τὸ πλεῖστον οὐδὲ τὸ μέγιστον;

ΠΡΩ. Ὀρθότατά γε.

ΣΩ. Σμικρὸν ἄρα καθαρὸν λευκὸν μεμειγμένου πολλοῦ λευκοῦ λευκότερον ἅμα καὶ κάλλιον καὶ ἀληθέστερον ἐὰν φῶμεν γίγνεσθαι, παντάπασιν ἐροῦμεν ὀρθῶς.

ΠΡΩ. Ὀρθότατα μὲν οὖν.

ΣΩ. Τί οὖν; οὐ δήπου πολλῶν δεησόμεθα παραδειγμάτων τοιούτων ἐπὶ τὸν τῆς ἡδονῆς πέρι λόγον, ἀλλ' ἀρκεῖ νοεῖν ἡμῖν αὐτόθεν ὡς ἄρα καὶ σύμπασα ἡδονὴ σμικρὰ
μεγάλης καὶ ὀλίγη πολλῆς, καθαρὰ λύπης, ἡδίων καὶ c
ἀληθεστέρα καὶ καλλίων γίγνοιτ' ἄν.

e 2 ἰὸν T : ἰὼν B e 3 ῥαίω B : ῥαίως T e 7 ἕν τι T : ἐν τίσι B e 8 σκοπῶμεν B T : διασκοπῶμεν vulg. a 2 πρῶτον B : πρώτοις T a 5 ἄν B : αὖ T a 6 ἀκρατέστατον B T : ἀκρότατον (sic) marg. t a 7 ἄλλη T : ἀλλὰ ἡ B : ἄλλου Badham ἐνείη B : ἂν εἴη T a 9 οὐ B : om. T b 5 λευκοῦ T : καθαροῦ B

问时不遗漏任何东西，即是否在它们两者的每一个那儿，一个部分是 52e1
纯粹的，一个部分则不是纯粹的，以便两者各自纯粹的那个部分通过走
向混合[452]而比较容易地为我、为你以及为在这儿的所有人提供出一种
剖判。

普洛塔尔科斯：非常正确。 52e5

苏格拉底：那就来吧！关于我们所说的所有那些纯粹的种类，让我们以下面这样的方式来进行思考，那就是：让我们首先通过选择其中的某一个来进行考察。

普洛塔尔科斯：那我们应首先选择什么呢？ 53a1

苏格拉底：在那些首先〈要被选择出来〉的东西中，如果你愿意，就让我们来看看白色这个种类。

普洛塔尔科斯：当然愿意。

苏格拉底：那么，白色的纯粹性对我们来说会是怎样的，以及会是 53a5
什么呢？它是最大和最多呢，还是最不混杂[453]——即任何其他颜色的
丝毫一点点都不会是在它里面？

普洛塔尔科斯：显然它是最不混杂。

苏格拉底：〈说得〉正确。那么，普洛塔尔科斯啊，我们岂不将把
这确定为所有白色中最真的，同时也肯定是最美的，而非〈在量上〉最 53b1
多或〈在范围上〉最大？

普洛塔尔科斯：确实〈说得〉非常正确。

苏格拉底：因此，如果我们宣称，一丁点纯粹的白色也变得比被混
入〈了杂质的〉许多的白色更白，同时也更美和更真，那么，我们完完 53b5
全全说得正确。

普洛塔尔科斯：的确〈说得〉非常正确。

苏格拉底：那么然后呢？我们无疑将不需要许多这样的例子来支持
〈我们〉关于快乐的说法；相反，我们从这里出发就立即[454]足以理解这 53b10
点，那就是：所有的快乐，即使它小且少，但只要它摆脱了痛苦而是纯 53c1
粹的，那它其实也会变得比那大且多的快乐是更快乐的、更真的和更
美的。

ΠΡΩ. Σφόδρα μὲν οὖν, καὶ τό γε παράδειγμα ἱκανόν.

ΣΩ. Τί δὲ τὸ τοιόνδε; ἆρα περὶ ἡδονῆς οὐκ ἀκηκόαμεν ὡς ἀεὶ γένεσίς ἐστιν, οὐσία δὲ οὐκ ἔστι τὸ παράπαν ἡδονῆς; κομψοὶ γὰρ δή τινες αὖ τοῦτον τὸν λόγον ἐπιχειροῦσι μηνύειν ἡμῖν, οἷς δεῖ χάριν ἔχειν.

ΠΡΩ. Τί δή;

ΣΩ. Διαπερανοῦμαί σοι τοῦτ' αὐτὸ ἐπανερωτῶν, ὦ
d Πρώταρχε φίλε.

ΠΡΩ. Λέγε καὶ ἐρώτα μόνον.

ΣΩ. Ἐστὸν δή τινε δύο, τὸ μὲν αὐτὸ καθ' αὑτό, τὸ δ' ἀεὶ ἐφιέμενον ἄλλου.

ΠΡΩ. Πῶς τούτω καὶ τίνε λέγεις;

ΣΩ. Τὸ μὲν σεμνότατον ἀεὶ πεφυκός, τὸ δ' ἐλλιπὲς ἐκείνου.

ΠΡΩ. Λέγ' ἔτι σαφέστερον.

ΣΩ. Παιδικά που καλὰ καὶ ἀγαθὰ τεθεωρήκαμεν ἅμα καὶ ἐραστὰς ἀνδρείους αὐτῶν.

ΠΡΩ. Σφόδρα γε.

ΣΩ. Τούτοις τοίνυν ἐοικότα δυοῖν οὖσι δύο ἄλλα ζήτει
e κατὰ πάνθ' ὅσα λέγομεν εἶναι.

ΠΡΩ. Τὸ τρίτον ἔτ' ἐρῶ; λέγε σαφέστερον, ὦ Σώκρατες, ὅτι λέγεις.

ΣΩ. Οὐδέν τι ποικίλον, ὦ Πρώταρχε· ἀλλ' ὁ λόγος ἐρεσχηλεῖ νῷν, λέγει δ' ὅτι τὸ μὲν ἕνεκά του τῶν ὄντων ἔστ' ἀεί, τὸ δ' οὗ χάριν ἑκάστοτε τὸ τινὸς ἕνεκα γιγνόμενον ἀεὶ γίγνεται.

ΠΡΩ. Μόγις ἔμαθον διὰ τὸ πολλάκις λεχθῆναι.

ΣΩ. Τάχα δ' ἴσως, ὦ παῖ, μᾶλλον μαθησόμεθα προ-
54 ελθόντος τοῦ λόγου.

ΠΡΩ. Τί γὰρ οὔ;

c 7 δεῖ B : δὴ T   c 9 τοῦτ' αὐτὸ T : τοῦτο B   d 5 τούτω ex τοῦτω (sic) T : τοῦτο B   d 8 λέγ' ἔτι B : λέγε τί T   e 2 τὸ τρίτον ἔτ' ἐρῶ Badham : τὸ τρίτον ἑτέρῳ B T Socrati continuantes   e 5 τοῦ τῶν T : τούτων B   e 6 οὗ T : οὐ B

普洛塔尔科斯：的确如此，并且例子也肯定足够了。

苏格拉底：但下面这点又如何呢？关于快乐，我们岂不已经听说
过下面这种说法，即就快乐而言，它总是一种生成，而完全不是一种所 53c5
是[455]？因为确实复又有一些精明的人，他们试图对我们揭示这种说法，对于他们必须加以感激。

普洛塔尔科斯：究竟为何？

苏格拉底：我将通过再次进行询问而对你详细叙述这点，亲爱的普 53d1
洛塔尔科斯啊。

普洛塔尔科斯：请你说，并且只管问！

苏格拉底：无疑有两种东西，一个自在自为[456]，而另一个则总是渴望[457]某一其他东西。

普洛塔尔科斯：你说这两个东西是怎样的，以及是什么？ 53d5

苏格拉底：一个生来就总是最为尊贵的，另一个同那个相比则是有欠缺的[458]。

普洛塔尔科斯：请你再说得更清楚些。

苏格拉底：我们肯定已经看到过一些既俊美又良善的少年[459]，同时 53d10
还有他们的一些充满男子气概的爱慕者。

普洛塔尔科斯：确实。

苏格拉底：那好，请你遍及[460]我们所说的所有是〈着〉的东西[461] 53e1
来寻找与这两种是着的东西相似的其他两种。

普洛塔尔科斯：我还要说第三次吗？请你把你所说的，说得更清楚些，苏格拉底啊。

苏格拉底：其实根本就不深奥难解[462]，普洛塔尔科斯啊；相反，道 53e5
理在取笑我俩，它说：在诸是者中，一种是者，它总是为了另外某个是者而是〈着〉；一种是者，则为了它的缘故，那每回为了某个是者而生成出来的东西才总是生成出来。

普洛塔尔科斯：我勉强弄明白了，因为已经讲过多次。

苏格拉底：但或许很快，孩子啊，我们就将随着讨论往前走而更加 54a1
明白这点。

普洛塔尔科斯：那还用说？

ΣΩ. Δύο δὴ τάδε ἕτερα λάβωμεν.

ΠΡΩ. Ποῖα;

ΣΩ. Ἓν μέν τι γένεσιν πάντων, τὴν δὲ οὐσίαν ἕτερον ἕν.

ΠΡΩ. Δύο ἀποδέχομαί σου ταῦτα, οὐσίαν καὶ γένεσιν.

ΣΩ. Ὀρθότατα. πότερον οὖν τούτων ἕνεκα ποτέρου, τὴν γένεσιν οὐσίας ἕνεκα φῶμεν ἢ τὴν οὐσίαν εἶναι γενέσεως ἕνεκα;

ΠΡΩ. Τοῦτο ὃ προσαγορεύεται οὐσία εἰ γενέσεως ἕνεκα τοῦτ' ἔστιν ὅπερ ἐστί, νῦν πυνθάνῃ;

ΣΩ. Φαίνομαι.

ΠΡΩ. Πρὸς θεῶν ἆρ' [ἂν] ἐπανερωτᾷς με τοιόνδε τι; b
λέγ', ὦ Πρώταρχε, μοί, πότερα πλοίων ναυπηγίαν ἕνεκα φῂς γίγνεσθαι μᾶλλον ἢ πλοῖα ἕνεκα ναυπηγίας, καὶ πάνθ' ὁπόσα τοιαῦτ' ἐστίν;

ΣΩ. Λέγω τοῦτ' αὐτό, ὦ Πρώταρχε.

ΠΡΩ. Τί οὖν οὐκ αὐτὸς ἀπεκρίνω σαυτῷ, ὦ Σώκρατες;

ΣΩ. Οὐδὲν ὅτι οὔ· σὺ μέντοι τοῦ λόγου συμμέτεχε.

ΠΡΩ. Πάνυ μὲν οὖν.

ΣΩ. Φημὶ δὴ γενέσεως μὲν ἕνεκα φάρμακά τε καὶ πάντα c
ὄργανα καὶ πᾶσαν ὕλην παρατίθεσθαι πᾶσιν, ἑκάστην δὲ γένεσιν ἄλλην ἄλλης οὐσίας τινὸς ἑκάστης ἕνεκα γίγνεσθαι, σύμπασαν δὲ γένεσιν οὐσίας ἕνεκα γίγνεσθαι συμπάσης.

ΠΡΩ. Σαφέστατα μὲν οὖν.

ΣΩ. Οὐκοῦν ἡδονή γε, εἴπερ γένεσίς ἐστιν, ἕνεκά τινος οὐσίας ἐξ ἀνάγκης γίγνοιτ' ἄν.

ΠΡΩ. Τί μήν;

ΣΩ. Τό γε μὴν οὗ ἕνεκα τὸ ἕνεκά του γιγνόμενον ἀεὶ γίγνοιτ' ἄν, ἐν τῇ τοῦ ἀγαθοῦ μοίρᾳ ἐκεῖνό ἐστι· τὸ δὲ τινὸς ἕνεκα γιγνόμενον εἰς ἄλλην, ὦ ἄριστε, μοῖραν θετέον.

b 1 ἂν B T : secl. Badham ἐπανερωτᾷς B : ἐπερωτᾷς T τοιόνδε . . . b 4 ἐστίν Protarcho dedit Badham, Socrati dant B T vulg. b 2 λέγ' ὦ Badham : λέγω ὦ B T μοί B T : σοι vulg. b 3 ἕνεκα ante ναυπηγίας B T : om. al. b 7 συμμέτεχε B : μέτεχε T b 9 μὲν T : ἐμ' B c 3 γίγνεσθαι . . . c 4 ἕνεκα T : om B c 4 ξυμπάσης T : ξυμπάσῃ B c 9 τὸ ἕνεκά B t : τῷ ἕνεκα T

苏格拉底：那就让我们接受另外这两个吧。

普洛塔尔科斯：哪两个？

苏格拉底：一个乃万物的生成，另一个则为其所是。

普洛塔尔科斯：我接受你〈说的〉这两者，即所是和生成。

苏格拉底：〈说得〉非常正确。那么，这两者中究竟哪个为了哪个，也即是说，我们会说，究竟是生成为了所是而是着呢，还是所是为了生成而是着？

普洛塔尔科斯：被称为所是的这种东西，它是否为了生成才是它所是的，你现在在问这吗？

苏格拉底：我显然〈在问这〉。

普洛塔尔科斯：诸神在上，你其实是要一再询问我诸如下面这样的事情吗[463]？那就是：请你告诉我，普洛塔尔科斯啊，你说造船是为了各种船而产生呢，还是宁可说，各种船是为了造船〈而产生〉，以及所有是如此这般的事情？

苏格拉底：我就是在说这点，普洛塔尔科斯啊。

普洛塔尔科斯：那你为何不自己回答你自己，苏格拉底啊？

苏格拉底：不为什么[464]；然而，请你参与到讨论中来！

普洛塔尔科斯：完全可以。

苏格拉底：那么我说，一方面，正是为了某种生成，各种药物、所有的工具以及全部的材料[465]，才被提供给每一东西；另一方面，每一不同的个别生成都为了每一不同的个别所是而生成，而整个的生成则为了整个的所是而生成[466]。

普洛塔尔科斯：确实非常清楚。

苏格拉底：那么，快乐，假如它是一种生成，那它就必定会为了某种所是才生成出来。

普洛塔尔科斯：为何不呢？

苏格拉底：无疑这种东西，即为了它那为了某种东西而生成出来的东西才总是会生成出来，它是在善的等级中[467]；但那为了某个东西才生成出来的东西，最善的人啊，则必须被放入其他的等级中。

ΠΡΩ. Ἀναγκαιότατον.

d ΣΩ. Ἆρ᾽ οὖν ἡδονή γε εἴπερ γένεσίς ἐστιν, εἰς ἄλλην ἤ τὴν τοῦ ἀγαθοῦ μοῖραν αὐτὴν τιθέντες ὀρθῶς θήσομεν;

ΠΡΩ. Ὀρθότατα μὲν οὖν.

ΣΩ. Οὐκοῦν ὅπερ ἀρχόμενος εἶπον τούτου τοῦ λόγου, τῷ μηνύσαντι τῆς ἡδονῆς πέρι τὸ γένεσιν μέν, οὐσίαν δὲ μηδ᾽ ἡντινοῦν αὐτῆς εἶναι, χάριν ἔχειν δεῖ· δῆλον γὰρ ὅτι οὗτος τῶν φασκόντων ἡδονὴν ἀγαθὸν εἶναι καταγελᾷ.

ΠΡΩ. Σφόδρα γε.

e ΣΩ. Καὶ μὴν αὐτὸς οὗτος ἑκάστοτε καὶ τῶν ἐν ταῖς γενέσεσιν ἀποτελουμένων καταγελάσεται.

ΠΡΩ. Πῶς δὴ καὶ ποίων λέγεις;

ΣΩ. Τῶν ὅσοι ἐξιώμενοι ἢ πείνην ἢ δίψαν ἤ τι τῶν τοιούτων, ὅσα γένεσις ἐξιᾶται, χαίρουσι διὰ τὴν γένεσιν ἅτε ἡδονῆς οὔσης αὐτῆς, καί φασι ζῆν οὐκ ἂν δέξασθαι μὴ διψῶντές τε καὶ πεινῶντες καὶ τἆλλα ἅ τις ἂν εἴποι πάντα τὰ ἑπόμενα τοῖς τοιούτοις παθήμασι μὴ πάσχοντες.

55 ΠΡΩ. Ἐοίκασι γοῦν.

ΣΩ. Οὐκοῦν τῷ γίγνεσθαί γε τοὐναντίον ἅπαντες τὸ φθείρεσθαι φαῖμεν ἄν.

ΠΡΩ. Ἀναγκαῖον.

ΣΩ. Τὴν δὴ φθορὰν καὶ γένεσιν αἱροῖτ᾽ ἄν τις τοῦθ᾽ αἱρούμενος, ἀλλ᾽ οὐ τὸν τρίτον ἐκεῖνον βίον, τὸν ἐν ᾧ μήτε χαίρειν μήτε λυπεῖσθαι, φρονεῖν δ᾽ ἦν [δυνατὸν] ὡς οἷόν τε καθαρώτατα.

ΠΡΩ. Πολλή τις, ὡς ἔοικεν, ὦ Σώκρατες, ἀλογία συμβαίνει γίγνεσθαι, ἐάν τις τὴν ἡδονὴν ὡς ἀγαθὸν ἡμῖν τιθῆται.

ΣΩ. Πολλή, ἐπεὶ καὶ τῇδε ἔτι λέγωμεν.

ΠΡΩ. Πῇ;

d 6 ἔχειν δεῖ T : ἔχειν δεῖν B : δεῖ ἔχειν vulg. d 7 καταγελᾷ B T : γρ. καταγελάσεται t e 1 αὐτὸς scripsi : αὑτὸς B T : ὁ αὐτὸς Bekker e 4 ἢ πείνην T : πείνην B a 2 τῷ T : τὸ B γε T : om. B a 5 τις B : ὁ T a 7 δυνατὸν secl. Bekker

普洛塔尔科斯：极其必然。

苏格拉底：那么，快乐，假如它是一种生成，那么，当我们把它放 54d1
入不同于善的等级的其他等级中时，我们岂不放得正确？

普洛塔尔科斯：肯定非常正确。

苏格拉底：那么，正如在开始这个讨论时所说的那样[468]，对于那 54d5
关于快乐揭示出这点的人，即它是一种生成，而没有任何所是是属于它的，必须加以感激；因为下面这点是显而易见的，那就是这个人在嘲笑那些声称快乐是善的人。

普洛塔尔科斯：的确。

苏格拉底：无疑这同一个人，他在任何时候也都将嘲笑那些在诸生 54e1
成中达成完满的人。

普洛塔尔科斯：你究竟为何这么说呢，以及在说哪些人？

苏格拉底：所有这些人：一旦他们消除了饥饿[469]，或者干渴，或者 54e5
诸如此类的任何事情——它们全都被一种生成所消除——，他们就由于该生成而感到快乐，仿佛它自身就是一种快乐似的；并且宣称，他们不会选择活着，如果他们不处于干渴和饥饿中，以及没有经历到某个人会说伴随着这样一些遭受的所有其他的事情。

普洛塔尔科斯：无论如何他们都好像是这样。 55a1

苏格拉底：那么，我们所有人都肯定会说，与生成相反的〈状态〉，一定是败坏。

普洛塔尔科斯：必然。

苏格拉底：因此，任何做此选择的人都将会选择败坏和生成，而非 55a5
那第三种生活——于其中既不感到快乐，也不感到痛苦，而是尽可能最为纯粹地进行思想[470]。

普洛塔尔科斯：一种巨大的荒谬，如看起来的那样，苏格拉底啊，
就不可避免地会出现[471]，如果一个人对我们把快乐确定为一种善的话。 55a10

苏格拉底：〈确实〉巨大，尤其当我们还以这种方式来说〈它〉时。

普洛塔尔科斯：何种方式？

ΣΩ. Πῶς οὐκ ἄλογόν ἐστι μηδὲν ἀγαθὸν εἶναι μηδὲ b
καλὸν μήτε ἐν σώμασι μήτ' ἐν πολλοῖς ἄλλοις πλὴν ἐν ψυχῇ, καὶ ἐνταῦθα ἡδονὴν μόνον, ἀνδρείαν δὲ ἢ σωφροσύνην ἢ νοῦν ἤ τι τῶν ἄλλων ὅσα ἀγαθὰ εἴληχε ψυχή, μηδὲν τοιοῦτον εἶναι; πρὸς τούτοις δὲ ἔτι τὸν μὴ χαίροντα, ἀλγοῦντα δέ, ἀναγκάζεσθαι φάναι κακὸν εἶναι τότε ὅταν ἀλγῇ, κἂν ᾖ ἄριστος πάντων, καὶ τὸν χαίροντα αὖ, ὅσῳ μᾶλλον χαίρει, τότε ὅταν χαίρῃ, τοσούτῳ διαφέρειν πρὸς ἀρετήν. c

ΠΡΩ. Πάντ' ἐστὶ ταῦτα, ὦ Σώκρατες, ὡς δυνατὸν ἀλογώτατα.

ΣΩ. Μὴ τοίνυν ἡδονῆς μὲν πάντως ἐξέτασιν πᾶσαν ἐπιχειρῶμεν ποιήσασθαι, νοῦ δὲ καὶ ἐπιστήμης οἷον φειδόμενοι σφόδρα φανῶμεν· γενναίως δέ, εἴ πῄ τι σαθρὸν ἔχει, πᾶν περικρούωμεν, ὡς ὅτι καθαρώτατόν ἐστ' αὐτῶν φύσει, τοῦτο κατιδόντες εἰς τὴν κρίσιν χρώμεθα τὴν κοινὴν τοῖς τε τούτων καὶ τοῖς τῆς ἡδονῆς μέρεσιν ἀληθεστάτοις.

ΠΡΩ. Ὀρθῶς.

ΣΩ. Οὐκοῦν ἡμῖν τὸ μὲν οἶμαι δημιουργικόν ἐστι τῆς d
περὶ τὰ μαθήματα ἐπιστήμης, τὸ δὲ περὶ παιδείαν καὶ τροφήν. ἢ πῶς;

ΠΡΩ. Οὕτως.

ΣΩ. Ἐν δὴ ταῖς χειροτεχνικαῖς διανοηθῶμεν πρῶτα εἰ τὸ μὲν ἐπιστήμης αὐτῶν μᾶλλον ἐχόμενον, τὸ δ' ἧττον ἔνι, καὶ δεῖ τὰ μὲν ὡς καθαρώτατα νομίζειν, τὰ δ' ὡς ἀκαθαρτότερα.

ΠΡΩ. Οὐκοῦν χρή.

ΣΩ. Τὰς τοίνυν ἡγεμονικὰς διαληπτέον ἑκάστων αὐτῶν χωρίς;

c 1 τοσούτῳ B T : τοσοῦτον vulg. c 4 μὲν πάντως B : μέντοι T c 6 ἔχει] ἠχεῖ Wyttenbach c 7 ὡς Apelt : ἕως B T c 8 κρίσιν] κρᾶσιν Schleiermacher τοῖς τε t : τῆς τε B T (sed mox καὶ τοῖς B T) d 2 καὶ B : ἢ T d 6 τὸ . . . ἔνι B T : τὸ . . . ἐστί Schleiermacher : τῷ . . . ἔνι Baiter d 7 δεῖ T : δὴ B ἀκαθαρτότερα B T : ἀκαθαρτότατα vulg.

苏格拉底：它如何不是荒谬的呢，那就是：无论是任何的善，还 55b1
是任何的美，都既不是在身体中，也不是在许多其他的事物中，除了是
在灵魂中之外，甚至在那里也仅仅快乐〈是善的〉，而勇敢、节制、理
智，或者其他任何作为善而被灵魂注定拥有的〈品质〉都不是这样的东
西？而除了这些之外还有，那不感到快乐而感到痛苦的人，那时他被迫 55b5
说他是恶的，每当他感到痛苦时，即使他向来是所有人中最善的；而另
一方面，那感到快乐的人，他那时有多感到快乐——每当他感到快乐 55c1
时——，他也就在德性上有多出类拔萃。

普洛塔尔科斯：所有这些，苏格拉底啊，都是荒谬透顶的[472]。

苏格拉底：那好，让我们不要尝试，一方面，用所有的方式对快乐
进行了一种彻底的检查，另一方面，我们又显得好像完全放过了理智和 55c5
知识似的；相反，我们应当高贵地四周敲打〈这两者〉，〈看看〉它们
是否在某个地方有着某种破损，以便当我们看清这两者中最纯粹的〈部
分〉是什么之后，我们就可以为了〈它们互相〉共同的混合[473]而使用
这两者中以及快乐中那些最真的部分。

普洛塔尔科斯：〈说得〉正确。 55c10

苏格拉底：那么，对我们来说，我认为在关于诸学问的知识中，一 55d1
部分是工匠性的[474]，另一部分则是关乎教育和生活方式[475]的。或者
怎样？

普洛塔尔科斯：就这样。

苏格拉底：那么，在各种手艺性的〈技艺〉中，让我们首先思考一 55d5
下：是否它们的一个部分更多地同知识相联系[476]，另一个部分则是较少
地〈同知识相联系〉[477]；以及是否必须把前者视为最纯粹的，而把后者
视为比较不纯粹的。

普洛塔尔科斯：肯定必须。

苏格拉底：那么，必须把它们各自的那些适合进行引领的〈技艺〉 55d10
分离出来吗？

ΠΡΩ. Ποίας καὶ πῶς;

e ΣΩ. Οἷον πασῶν που τεχνῶν ἄν τις ἀριθμητικὴν χωρίζῃ καὶ μετρητικὴν καὶ στατικήν, ὡς ἔπος εἰπεῖν φαῦλον τὸ καταλειπόμενον ἑκάστης ἂν γίγνοιτο.

ΠΡΩ. Φαῦλον μὲν δή.

ΣΩ. Τὸ γοῦν μετὰ ταῦτ' εἰκάζειν λείποιτ' ἂν καὶ τὰς αἰσθήσεις καταμελετᾶν ἐμπειρίᾳ καί τινι τριβῇ, ταῖς τῆς στοχαστικῆς προσχρωμένους δυνάμεσιν ἃς πολλοὶ τέχνας
56 ἐπονομάζουσι, μελέτῃ καὶ πόνῳ τὴν ῥώμην ἀπειργασμένας.

ΠΡΩ. Ἀναγκαιότατα λέγεις.

ΣΩ. Οὐκοῦν μεστὴ μέν που μουσικὴ πρῶτον, τὸ σύμφωνον ἁρμόττουσα οὐ μέτρῳ ἀλλὰ μελέτης στοχασμῷ, καὶ σύμπασα αὐτῆς αὐλητική, τὸ μέτρον ἑκάστης χορδῆς τῷ στοχάζεσθαι φερομένης θηρεύουσα, ὥστε πολὺ μεμειγμένον ἔχειν τὸ μὴ σαφές, σμικρὸν δὲ τὸ βέβαιον.

ΠΡΩ. Ἀληθέστατα.

b ΣΩ. Καὶ μὴν ἰατρικήν τε καὶ γεωργίαν καὶ κυβερνητικὴν καὶ στρατηγικὴν ὡσαύτως εὑρήσομεν ἐχούσας.

ΠΡΩ. Καὶ πάνυ γε.

ΣΩ. Τεκτονικὴν δέ γε οἶμαι πλείστοις μέτροις τε καὶ ὀργάνοις χρωμένην τὰ πολλὴν ἀκρίβειαν αὐτῇ πορίζοντα τεχνικωτέραν τῶν πολλῶν ἐπιστημῶν παρέχεται.

ΠΡΩ. Πῇ;

ΣΩ. Κατά τε ναυπηγίαν καὶ κατ' οἰκοδομίαν καὶ ἐν πολλοῖς ἄλλοις τῆς ξυλουργικῆς. κανόνι γὰρ οἶμαι καὶ
c τόρνῳ χρῆται καὶ διαβήτῃ καὶ στάθμῃ καί τινι προσαγωγίῳ κεκομψευμένῳ.

ΠΡΩ. Καὶ πάνυ γε, ὦ Σώκρατες, ὀρθῶς λέγεις.

ΣΩ. Θῶμεν τοίνυν διχῇ τὰς λεγομένας τέχνας, τὰς μὲν

e 4 μὲν δή B T : μέντοι vulg. a 1 ἀπειργασμένας B T : ἀπειργασμένους vulg. a 5 αὐτῆς post a 3 που transponendum ci. Bury καὶ κιθαριστική post αὐλητική add. corr Ven. 189 (*eius pulsandi facultas* Ficinus : αὖ πληκτική Heusde) c 1 προσαγωγίῳ rec. t Hesychius Suidas : προσαγωγείῳ B : προαγωγίῳ T

普洛塔尔科斯：哪些〈进行引领的技艺〉，以及如何分离？

苏格拉底：例如，如果一个人把算术、测量术以及称重术从所有的 55e1
技艺中分离出去，那么，几乎就可以说，在每门技艺中所剩下的就肯定
会变得微不足道了。

普洛塔尔科斯：确实微不足道。

苏格拉底：在这之后，无论如何都只会剩下猜想以及通过经验和某 55e5
种磨砺而来的对诸感觉的训练，当一些人进一步使用[478]那善于猜中的
技艺[479]之各种能力时——许多人将这些能力称作技艺，但它们其实是 56a1
通过练习和苦工才实现〈其〉力量的。

普洛塔尔科斯：你说得极其必然。

苏格拉底：那么，首先音乐无疑充满了它[480]，因为它不是凭借尺度
而是凭借揣度来调整乐器[481]，整个吹笛术也如此[482]，它通过揣度来捕 56a5
捉每根琴弦的尺度——当琴弦震动时——，以至于它具有许多被混入的
不清楚的东西，而只有少量稳固的东西。

普洛塔尔科斯：〈说得〉非常正确。

苏格拉底：而且我们发现医术、耕作、航海术以及统兵术也都处于 56b1
同样的情形。

普洛塔尔科斯：完全如此。

苏格拉底：但就木匠的技艺来说[483]，我的确认为，它使用了大量的
尺度和工具，它们为它提供了更多的精确性，从而使得它比许多的知识 56b5
都是更具技艺性的。

普洛塔尔科斯：在哪方面？

苏格拉底：遍及造船和建房，以及在木工术的许多其他〈分支〉那
儿。因为我认为，它在使用直尺、旋床、两脚规、墨线，以及被制造得 56c1
精巧的木工尺[484]。

普洛塔尔科斯：完全如此，苏格拉底啊，你说得正确。

苏格拉底：那好！就让我们把那些所谓的技艺一分为二：一些因追 56c5

μουσικῇ συνεπομένας ἐν τοῖς ἔργοις ἐλάττονος ἀκριβείας μετισχούσας, τὰς δὲ τεκτονικῇ πλείονος.

ΠΡΩ. Κείσθω.

ΣΩ. Τούτων δὲ ταύτας ἀκριβεστάτας εἶναι τέχνας, ἃς νυνδὴ πρώτας εἴπομεν.

ΠΡΩ. Ἀριθμητικὴν φαίνῃ μοι λέγειν καὶ ὅσας μετὰ ταύτης τέχνας ἐφθέγξω νυνδή.

ΣΩ. Πάνυ μὲν οὖν. ἀλλ', ὦ Πρώταρχε, ἆρ' οὐ διττὰς d
αὖ καὶ ταύτας λεκτέον; ἢ πῶς;

ΠΡΩ. Ποίας δὴ λέγεις;

ΣΩ. Ἀριθμητικὴν πρῶτον ἆρ' οὐκ ἄλλην μέν τινα τὴν τῶν πολλῶν φατέον, ἄλλην δ' αὖ τὴν τῶν φιλοσοφούντων;

ΠΡΩ. Πῇ ποτε διορισάμενος οὖν ἄλλην, τὴν δὲ ἄλλην θείη τις ἂν ἀριθμητικήν;

ΣΩ. Οὐ σμικρὸς ὅρος, ὦ Πρώταρχε. οἱ μὲν γάρ που
μονάδας ἀνίσους καταριθμοῦνται τῶν περὶ ἀριθμόν, οἷον
στρατόπεδα δύο καὶ βοῦς δύο καὶ δύο τὰ σμικρότατα ἢ καὶ
τὰ πάντων μέγιστα· οἱ δ' οὐκ ἄν ποτε αὐτοῖς συνακολουθή- e
σειαν, εἰ μὴ μονάδα μονάδος ἑκάστης τῶν μυρίων μηδεμίαν
ἄλλην ἄλλης διαφέρουσάν τις θήσει.

ΠΡΩ. Καὶ μάλα εὖ λέγεις οὐ σμικρὰν διαφορὰν τῶν περὶ ἀριθμὸν τευταζόντων, ὥστε λόγον ἔχειν δύ' αὐτὰς εἶναι.

ΣΩ. Τί δέ; λογιστικὴ καὶ μετρητικὴ ⟨ἡ⟩ κατὰ τεκτονικὴν
καὶ κατ' ἐμπορικὴν τῆς κατὰ φιλοσοφίαν γεωμετρίας τε καὶ
λογισμῶν καταμελετωμένων—πότερον ὡς μία ἑκατέρα λεκτέον 57
ἢ δύο τιθῶμεν;

ΠΡΩ. Τῇ πρόσθεν ἑπόμενος ἔγωγ' ἂν δύο κατὰ τὴν ἐμὴν ψῆφον τιθείην ἑκατέραν τούτων.

c 6 τὰς T : τὰ B c 8 ἃς T : om. B c 9 νῦν δὴ B : δὴ νῦν T εἴπομεν T : εἴποιμεν B e 2 μυρίων B : μορίων T e 3 τις T : τι B e 4 εὖ B T : γ' εὖ Vat. e 7 ἡ add. corr. Ven. 189 : om. B T a 3 τῇ B T : τῆς Coisl. : τοῖς Bekker

随音乐而在它们的各种作品中分有较少的精确性，另一些则因追随木匠的技艺而分有较多的精确性。

普洛塔尔科斯：就让它们这样被确定。

苏格拉底：而在这些技艺中，我们刚才将之称作首要的那些技艺[485]，是最精确的技艺。

普洛塔尔科斯：你对我显得在说算术，以及所有那些你刚才提到与 56c10
之相伴随的技艺[486]。

苏格拉底：完全如此。但是，普洛塔尔科斯啊，岂不必须得说，这 56d1
些技艺也复又是双重的吗？或者怎样？

普洛塔尔科斯：你究竟在说何种双重？

苏格拉底：首先关于算术，岂不必须得宣称：一方面，那属于大众
的任何算术是一回事，另一方面，那些从事哲学的人的算术[487]则复又 56d5
是另一回事？

普洛塔尔科斯：那么，一个人究竟通过以何种方式来进行区分，从而能把算术确定为一种，以及另一种？

苏格拉底：界限可不小哦，普洛塔尔科斯啊。因为在那些同数打
交道的人中，一方面，一些人无疑在计算那些〈在事情上〉不等同的单 56d10
位[488]，如两座军营[489]和两头牛，以及所有事物中两个最小的，甚或两
个最大的；另一方面，一些人则从不会跟随他们，除非一个人〈这样 56e1
来〉设定单位，那就是：在成千上万的〈单位〉中，每个单位同另外一
个单位彼此之间没有任何不同。

普洛塔尔科斯：你确实非常好地说出了这点，即在那些整天都同数 56e5
打交道的人之间[490]有着不小的区别，因此，有着两种〈算术〉[491]，这
是有道理的。

苏格拉底：然后呢？计算的技艺和测量的技艺——〈它们分别〉同
贸易术[492]和木工术相应[493]——，之于根据哲学的方式而来的几何学以
及被练习的各种计算，必须得把两者说成一呢，还是我们应当将之确定 57a1
为二？

普洛塔尔科斯：如果追随前面〈所说的〉[494]，那么，按照我的投票，我肯定会把这两者确定为二[495]。

ΣΩ. Ὀρθῶς. οὗ δ' ἕνεκα ταῦτα προηνεγκάμεθα εἰς τὸ μέσον, ἆρα ἐννοεῖς;

ΠΡΩ. Ἴσως, ἀλλὰ σὲ βουλοίμην ἂν ἀποφήνασθαι τὸ νῦν ἐρωτώμενον.

ΣΩ. Δοκεῖ τοίνυν ἔμοιγε οὗτος ὁ λόγος, οὐχ ἧττον ἢ ὅτε λέγειν αὐτὸν ἠρχόμεθα, ταῖς ἡδοναῖς ζητῶν ἀντίστροφον ἐνταῦθα προβεβληκέναι σκοπῶν ἆρά ἐστί τις ἑτέρας
b ἄλλη καθαρωτέρα ἐπιστήμης ἐπιστήμη, καθάπερ ἡδονῆς ἡδονή.

ΠΡΩ. Καὶ μάλα σαφὲς τοῦτό γε, ὅτι ταῦθ' ἕνεκα τούτων ἐπικεχείρηκεν.

ΣΩ. Τί οὖν; ἆρ' οὐκ ἐν μὲν τοῖς ἔμπροσθεν ἐπ' ἄλλοις ἄλλην τέχνην οὖσαν ἀνηυρήκειν σαφεστέραν καὶ ἀσαφεστέραν ἄλλην ἄλλης;

ΠΡΩ. Πάνυ μὲν οὖν.

ΣΩ. Ἐν τούτοις δὲ ἆρ' οὔ τινα τέχνην ὡς ὁμώνυμον φθεγξάμενος, εἰς δόξαν καταστήσας ὡς μιᾶς, πάλιν ὡς
c δυοῖν ἐπανερωτᾷ τούτοιν αὐτοῖν τὸ σαφὲς καὶ τὸ καθαρὸν περὶ ταῦτα πότερον ἡ τῶν φιλοσοφούντων ἢ μὴ φιλοσοφούντων ἀκριβέστερον ἔχει;

ΠΡΩ. Καὶ μάλα δοκεῖ μοι τοῦτο διερωτᾶν.

ΣΩ. Τίν' οὖν, ὦ Πρώταρχε, αὐτῷ δίδομεν ἀπόκρισιν;

ΠΡΩ. Ὦ Σώκρατες, εἰς θαυμαστὸν διαφορᾶς μέγεθος εἰς σαφήνειαν προεληλύθαμεν ἐπιστημῶν.

ΣΩ. Οὐκοῦν ἀποκρινούμεθα ῥᾷον;

ΠΡΩ. Τί μήν; καὶ εἰρήσθω γε ὅτι πολὺ μὲν αὗται τῶν ἄλλων τεχνῶν διαφέρουσι, τούτων δ' αὐτῶν αἱ περὶ τὴν

a 5 προηνεγκάμεθα T : προσηνεγκάμεθα B   a 7 τὸ T : τὸν B   a 11 προβεβληκέναι] προβεβηκέναι Schleiermacher   σκοπῶν] σκοπεῖν corr. Ven. 189 : σκοπὸν Apelt   b 5 ἄλλοις B T : ἄλλης vulg.   b 6 ἀνηυρήκειν scripsi (ἀνηυρήκει corr. Ven. 189) : ἀνευρίσκειν B T : ἀνευρίσκει Schütz   καὶ B T : οὖσαν καὶ vulg.   b 10 μιᾶς] μιᾶς ⟨οὔσης⟩ Stallbaum : μίαν Badham   c 1 δυοῖν ⟨ὄντοιν⟩ Badham   αὐτοῖν] fort. ὄντοιν Stallbaum   c 2 περὶ B T : τὸ περὶ Ven. 189 : τε περὶ vulg.   ἡ T : ἢ B   c 5 δίδομεν B : διδῶμεν T   c 8 ἀποκρινούμεθα T : ἀποκρίνου καθὰ B

苏格拉底：〈说得〉正确。但我们究竟为何要公布这些呢[496]，你看 57a5
清了吗？

普洛塔尔科斯：也许吧；然而，我还是愿意你来显明现在被问的这个问题。

苏格拉底：那好！至少在我看来，〈现在所进行的〉这一讨论，同 57a10
那时当我们开始说它时相比〈在下面这点上〉丝毫不少[497]，那就是寻找
同诸快乐相应的某种东西，当时在那里[498]就已经抛出了下面这点，即 57b1
考察是否某一另外的知识是比其他的知识更纯粹的，就像某种快乐比其
他的快乐更纯粹一样。

普洛塔尔科斯：这无论如何都是非常清楚的：即正是为了这些才已经着手〈讨论〉那些。

苏格拉底：那然后呢？在前面的那些讨论中岂不已经发现，不同的 57b5
技艺关乎不同的东西，并且一种技艺比另一种技艺是更明晰的，或者是
更不明晰的[499]？

普洛塔尔科斯：完全如此。

苏格拉底：但在这些东西那儿岂不又是这样，那就是：当把某一技
艺〈同另外的技艺〉称作同名的[500]，并将之作为一而带入意见中之后， 57b10
又再次将之作为二来重新询问这两者的明晰和纯粹，即关于它们，是 57c1
那些从事哲学的人的技艺，还是那些非从事哲学的人的技艺，是更为精
确的？

普洛塔尔科斯：在我看来就是要非常〈彻底地〉盘问这点。

苏格拉底：那么，普洛塔尔科斯啊，我们给它什么回答呢？ 57c5

普洛塔尔科斯：苏格拉底啊，就诸知识的明晰来说，我们已经抵达了一个令人惊异的重大区别那里。

苏格拉底：那我们将更容易回答吗？

普洛塔尔科斯：为何不呢？至少让它这样被说，那就是：一方面，
这些〈首要的〉技艺远远胜过其他的那些技艺；另一方面，在这些〈首 57c10

τῶν ὄντως φιλοσοφούντων ὁρμὴν ἀμήχανον ἀκριβείᾳ καὶ d
ἀληθείᾳ περὶ μέτρα τε καὶ ἀριθμοὺς διαφέρουσιν.

ΣΩ. Ἔστω ταῦτα κατὰ σέ, καὶ σοὶ δὴ πιστεύοντες θαρροῦντες ἀποκρινόμεθα τοῖς δεινοῖς περὶ λόγων ὁλκήν—

ΠΡΩ. Τὸ ποῖον;

ΣΩ. Ὡς εἰσὶ δύο ἀριθμητικαὶ καὶ δύο μετρητικαὶ καὶ ταύταις ἄλλαι τοιαῦται συνεπόμεναι συχναί, τὴν διδυμότητα ἔχουσαι ταύτην, ὀνόματος δὲ ἑνὸς κεκοινωμέναι.

ΠΡΩ. Διδῶμεν τύχῃ ἀγαθῇ τούτοις οὓς φῇς δεινοὺς e
εἶναι ταύτην τὴν ἀπόκρισιν, ὦ Σώκρατες.

ΣΩ. Ταύτας οὖν λέγομεν ἐπιστήμας ἀκριβεῖς μάλιστ' εἶναι;

ΠΡΩ. Πάνυ μὲν οὖν.

ΣΩ. Ἀλλ' ἡμᾶς, ὦ Πρώταρχε, ἀναίνοιτ' ἂν ἡ τοῦ διαλέγεσθαι δύναμις, εἴ τινα πρὸ αὑτῆς ἄλλην κρίναιμεν.

ΠΡΩ. Τίνα δὲ ταύτην αὖ δεῖ λέγειν;

ΣΩ. Δῆλον ὁτιὴ πᾶς ἂν τήν γε νῦν λεγομένην γνοίη· 58
τὴν γὰρ περὶ τὸ ὂν καὶ τὸ ὄντως καὶ τὸ κατὰ ταὐτὸν ἀεὶ πεφυκὸς πάντως ἔγωγε οἶμαι ἡγεῖσθαι σύμπαντας ὅσοις νοῦ καὶ σμικρὸν προσήρτηται μακρῷ ἀληθεστάτην εἶναι γνῶσιν. σὺ δὲ τί; πῶς τοῦτο, ὦ Πρώταρχε, διακρίνοις ἄν;

ΠΡΩ. Ἤκουον μὲν ἔγωγε, ὦ Σώκρατες, ἑκάστοτε Γοργίου πολλάκις ὡς ἡ τοῦ πείθειν πολὺ διαφέροι πασῶν τεχνῶν
—πάντα γὰρ ὑφ' αὑτῇ δοῦλα δι' ἑκόντων ἀλλ' οὐ διὰ βίας b
ποιοῖτο, καὶ μακρῷ ἀρίστη πασῶν εἴη τῶν τεχνῶν—νῦν δ' οὔτε σοὶ οὔτε δὴ ἐκείνῳ βουλοίμην ἂν ἐναντία τίθεσθαι.

d 1 ὄντως secludendum ci. Stallbaum καὶ T : τε καὶ B d 2 μέτρα B : τὰ μέτρα T d 4 ἀποκρινόμεθα B T : ἀποκρινώμεθα Stephanus ὁλκήν B T : γρ. ἀκοήν t d 6 καὶ δύο μετρητικαὶ ταύταις B : καὶ ταύταις T d 7 ἄλλαι B T : ἄλλαι δύο vulg. d 8 δὲ B : om. T κεκοινωμέναι B T : κεκοινωνημέναι vulg. a 1 ὁτιὴ Thompson : ὅτιὴ B : ὅτι ἥ T πᾶς ἂν Madvig : πᾶσαν B T a 4 προσήρτηται T Stobaeus : προσήρηται B a 5 post τί distinxit Hermann τοῦτο B T : om. vulg. a 8 διαφέροι B : διαφέρει T b 2 ἀρίστη πασῶν B : πασῶν ἀρίστη T

要的〉技艺自身中，一些围绕那些真正从事哲学的人的冲动〈而生起〉 57d1
的技艺，在关于各种尺度和数目的精确和真方面，又不同寻常地胜出。

苏格拉底：就让它按照你〈所说的〉这样吧；并且既然我们相信你，那我们就有勇气这样来回答那些擅长在言说方面进行胡扯的人[501]——

普洛塔尔科斯：怎样？ 57d5

苏格拉底：这样：有两种算术和两种测量术，以及许多其他诸如此类的伴随着这些技艺的技艺，它们都具有这种双重性，但又共享了一个名称[502]。

普洛塔尔科斯：就让我们把这个回答送给这些人——你说他们是擅 57e1
长〈在言说方面进行胡扯的〉[503]，也但愿我们有好运[504]，苏格拉底啊。

苏格拉底：那么，我们会说这些就是特别精确的知识吗？

普洛塔尔科斯：完全如此。 57e5

苏格拉底：然而，普罗塔尔科斯啊，对话的力量将拒绝我们，如果我们判定其他某种知识优先于它的话。

普洛塔尔科斯：但复又必须把这种〈知识〉说成什么呢？

苏格拉底：显然每个人都肯定能够认出现在所说的这种〈知识〉。 58a1
因为它关乎是者和以是的方式是着的东西，以及那生来就总是绝对同一的东西，至少我认为，每个人——哪怕他只是粘有丁点的理智——，都
会相信它是迄今为止[505]最真的认识。而你呢？你会如何决定这点，普 58a5
洛塔尔科斯啊？

普洛塔尔科斯：一方面，苏格拉底啊，我确实曾经多次，甚至每次
都从高尔吉亚那儿听说，劝说之技艺远胜于所有〈其他〉的技艺——因 58b1
它会通过心甘情愿，而不是通过暴力使得一切都臣服于它，并且它是迄今为止所有技艺中最好的——；另一方面，我现在既不愿意对你，也肯定不愿意对那人，拿出一些相反的东西。

ΣΩ. “Τὰ ὅπλα” μοι δοκεῖς βουληθεὶς εἰπεῖν αἰσχυνθεὶς ἀπολιπεῖν.

ΠΡΩ. Ἔστω νῦν ταῦτα ταύτῃ ὅπῃ σοι δοκεῖ.

ΣΩ. Ἆρ' οὖν αἴτιος ἐγὼ τοῦ μὴ καλῶς ὑπολαβεῖν σε;

ΠΡΩ. Τὸ ποῖον;

ΣΩ. Οὐκ, ὦ φίλε Πρώταρχε, τοῦτο ἔγωγε ἐζήτουν πω,
c τίς τέχνη ἢ τίς ἐπιστήμη πασῶν διαφέρει τῷ μεγίστη καὶ
ἀρίστη καὶ πλεῖστα ὠφελοῦσα ἡμᾶς, ἀλλὰ τίς ποτε τὸ
σαφὲς καὶ τἀκριβὲς καὶ τὸ ἀληθέστατον ἐπισκοπεῖ, κἂν εἰ
σμικρὰ καὶ σμικρὰ ὀνινᾶσα, τοῦτ' ἔστιν ὃ νῦν δὴ ζητοῦμεν.
ἀλλ' ὅρα—οὐδὲ γὰρ ἀπεχθήσῃ Γοργίᾳ, τῇ μὲν ἐκείνου
ὑπάρχειν τέχνῃ διδοὺς πρὸς χρείαν τοῖς ἀνθρώποις κρατεῖν,
ᾗ δ' εἶπον ἐγὼ νῦν πραγματείᾳ, καθάπερ τοῦ λευκοῦ πέρι
τότε ἔλεγον, κἂν εἰ σμικρόν, καθαρὸν δ' εἴη, τοῦ πολλοῦ
d καὶ μὴ τοιούτου διαφέρειν, τούτῳ γ' αὐτῷ τῷ ἀληθεστάτῳ,
καὶ νῦν δὴ σφόδρα διανοηθέντες καὶ ἱκανῶς διαλογισάμενοι,
μήτ' εἰς τινας ὠφελίας ἐπιστημῶν βλέψαντες μήτε τινὰς
εὐδοκιμίας, ἀλλ' εἴ τις πέφυκε τῆς ψυχῆς ἡμῶν δύναμις
ἐρᾶν τε τοῦ ἀληθοῦς καὶ πάντα ἕνεκα τούτου πράττειν,
ταύτην εἴπωμεν διεξερευνησάμενοι—τὸ καθαρὸν νοῦ τε καὶ
φρονήσεως εἰ ταύτην μάλιστα ἐκ τῶν εἰκότων ἐκτῆσθαι
φαῖμεν ἂν ἤ τινα ἑτέραν ταύτης κυριωτέραν ἡμῖν ζητητέον.

e ΠΡΩ. Ἀλλὰ σκοπῶ, καὶ χαλεπὸν οἶμαι συγχωρῆσαί
τινα ἄλλην ἐπιστήμην ἢ τέχνην τῆς ἀληθείας ἀντέχεσθαι
μᾶλλον ἢ ταύτην.

ΣΩ. Ἆρ' οὖν ἐννοήσας τὸ τοιόνδε εἴρηκας ὃ λέγεις νῦν,
ὡς αἱ πολλαὶ τέχναι, καὶ ὅσοι περὶ ταῦτα πεπόνηνται,

c 1 ἢ T : om. B   c 2 ἀρίστη ⟨εἶναι⟩ corr. Ven. 189   c 3 εἰ BT : ᾗ Cornarius   c 4 ὀνινᾶσα Bekker : ὀνήνασα B : ὀνίνασα T : ὀνήσασα t   c 6 ὑπάρχειν] ὑπερέχειν Badham (post ἀνθρώποις distinguens)   κρατεῖν. ᾗ δ' BT : κρατεῖν δ' ᾗ Badham   c 7 ἐγὼ νῦν B : νῦν ἐγὼ T   d 2 νῦν δὴ B : δὴ νῦν T (sed add. signis transpositionis)   d 4 ἀλλ' εἴ τις T : ἄλλη τις B t   d 6 διεξερευνησάμενοι T : διερευνησάμενοι B   d 7 ἐκτῆσθαι B : κεκτῆσθαι T   e 5 ὅσοι Ast : ὅσαι BT   ταῦτα] τὰ ἐνταῦθα Schleiermacher : ταύτας Badham

苏格拉底：在我看来，你愿意说“〈拿出〉武器”[506]，但由于感到
羞愧，于是就放弃了。 58b5

普洛塔尔科斯：在你看来是怎样，现在就让它是怎样吧。

苏格拉底：难道我要对你没有正确地[507]进行把握负责？

普洛塔尔科斯：〈把握〉何种东西？

苏格拉底：亲爱的普罗塔尔科斯啊，我根本还不曾寻求过这点，即 58c1
何种技艺，或者何种知识，因〈是〉最大的和最好的[508]以及因对我们
最为有用而优于所有〈其他〉的；相反，究竟什么样的〈技艺或知识〉
在考察明晰的东西、精确的东西和最真的东西——即使它是微不足道
的，并且〈使我们〉也得不到多少好处——，这才是我们现在所寻求 58c5
的。但请你看看：一方面，你其实根本不会招致高尔吉亚的敌意，只要
你认可就需要来说在人们中做主宰[509]是属于那人的技艺的[510]；另一方
面，就我刚才所说的那个事业而言，就像关于白色那时我曾说过的那样
[511]，即使它〈在量上〉虽少，却是纯粹的，那它也胜过了那〈在量上〉 58d1
虽多却不是如此这般的〈白色〉，就因为这点，即它是最真的。而现在
通过彻底地思考和充分地考虑，我们既不着眼于诸知识的某些用处，也
不着眼于其某些好名声，而是〈看〉我们灵魂中是否有某种能力生来就
热爱真的东西，并只为了它而做一切；在彻底检查了这种能力之后，让 58d5
我们说：我们会宣称这种能力最为可能拥有理智之纯粹以及明智之纯粹
呢，还是我们必须得寻找比这种能力更具决定性的某种其他的能力。

普洛塔尔科斯：我的确在考虑这点，并且我也认为，难以同意某种 58e1
其他的知识或技艺会比这种能力更执着于真[512]。

苏格拉底：那么，在你说出你现在所说的这话时，难道你就没考虑
过下面这点吗，那就是：许多的技艺以及所有那些已经在这些领域辛勤 58e5

πρῶτον μὲν δόξαις χρῶνται καὶ τὰ περὶ δόξαν ζητοῦσι 59
συντεταμένως; εἴ τε καὶ περὶ φύσεως ἡγεῖταί τις ζητεῖν,
οἶσθ᾽ ὅτι τὰ περὶ τὸν κόσμον τόνδε, ὅπῃ τε γέγονεν καὶ
ὅπῃ πάσχει τι καὶ ὅπῃ ποιεῖ, ταῦτα ζητεῖ διὰ βίου; φαῖμεν
ἂν ταῦτα, ἢ πῶς;

ΠΡΩ. Οὕτως.

ΣΩ. Οὐκοῦν οὐ περὶ τὰ ὄντα ἀεί, περὶ δὲ τὰ γιγνόμενα καὶ γενησόμενα καὶ γεγονότα ἡμῶν ὁ τοιοῦτος ἀνῄρηται τὸν πόνον;

ΠΡΩ. Ἀληθέστατα.

ΣΩ. Τούτων οὖν τι σαφὲς ἂν φαῖμεν τῇ ἀκριβεστάτῃ
ἀληθείᾳ γίγνεσθαι, ὧν μήτε ἔσχε μηδὲν πώποτε κατὰ ταὐτὰ b
μήθ᾽ ἕξει μήτε εἰς τὸ νῦν παρὸν ἔχει;

ΠΡΩ. Καὶ πῶς;

ΣΩ. Περὶ οὖν τὰ μὴ κεκτημένα βεβαιότητα μηδ᾽ ἡντινοῦν πῶς ἄν ποτε βέβαιον γίγνοιθ᾽ ἡμῖν καὶ ὁτιοῦν;

ΠΡΩ. Οἶμαι μὲν οὐδαμῶς.

ΣΩ. Οὐδ᾽ ἄρα νοῦς οὐδέ τις ἐπιστήμη περὶ αὐτά ἐστιν τὸ ἀληθέστατον ἔχουσα.

ΠΡΩ. Οὔκουν εἰκός γε.

ΣΩ. Τὸν μὲν δὴ σὲ καὶ ἐμὲ καὶ Γοργίαν καὶ Φίληβον χρὴ συχνὰ χαίρειν ἐᾶν, τόδε δὲ διαμαρτύρασθαι τῷ λόγῳ.

ΠΡΩ. Τὸ ποῖον; c

ΣΩ. Ὡς ἢ περὶ ἐκεῖνα ἔσθ᾽ ἡμῖν τό τε βέβαιον καὶ τὸ καθαρὸν καὶ ἀληθὲς καὶ ὃ δὴ λέγομεν εἰλικρινές, περὶ τὰ ἀεὶ κατὰ τὰ αὐτὰ ὡσαύτως ἀμεικτότατα ἔχοντα, ᾗ [δεύτερος] ἐκείνων ὅτι μάλιστά ἐστι συγγενές· τὰ δ᾽ ἄλλα πάντα δεύτερά τε καὶ ὕστερα λεκτέον.

a 1 δόξαν B : δόξας T a 2 συντεταμένως corr. Ven. 189 : συντεταγμένως B : ξυντεταγμένως T εἴ τε] εἰ δὲ Schleiermacher a 3 τε B : om. T a 4 πάσχει B : πάσχῃ T a 11 οὖν B T : om. al. b 1 ταὐτὰ T : ταῦτα B b 11 τόδε δὲ T : το δε B c 2 ᾗ Stephanus : ἡ B T c 3 ἀληθὲς T : τὸ ἀληθὲς B c 4 τὰ B : τὸ T (sed mox ἔχοντα) : τὸ vulg. (et mox ἔχον) δεύτερος secl. Hermann : δευτέρως corr. Ven. 189 c 5 τὰ δ᾽ ἄλλα T : ἀλλὰ B

耕耘的人[513]，首先都只是在使用各种意见，并汲汲探究那些与意见相关的东西？即使一个人认为他自己在探究自然，那你也会知道，关乎这个宇宙的那些事情，即它如何产生、它如何遭受〈某种东西〉以及如何做出〈某种东西〉，他终身都无非在探究这些[514]？我们能这样说吗，或者怎样？

普洛塔尔科斯：就这样〈说〉。

苏格拉底：因此，不是关乎那些永恒是着的东西，而是关乎那些正在生成的东西、将要生成的东西和已经生成出来了的东西，我们中的这样一种人岂不在这样辛勤耕耘？

普洛塔尔科斯：非常正确。

苏格拉底：那么，我们会说它们中的某个能在最严格的真上[515]变得清楚吗，假如这些东西中没有任何一个曾经保持过同一，或者将要保持同一，或者现在正保持着同一的话？

普洛塔尔科斯：那怎么会呢？

苏格拉底：那么，就这些从未获得过丝毫稳固性的东西，究竟如何能够为我们产生出任何稳固的东西来呢？

普洛塔尔科斯：我认为绝不可能。

苏格拉底：因此，既没有理智，也没有某种包含着最真实的东西的知识，是关于它们的。

普洛塔尔科斯：无论如何都不可能有。

苏格拉底：那么，无论是你这种人和我这种人，还是高尔吉亚和菲勒玻斯，一则都必须经常将之放到一边[516]，一则必需去见证下面这种说法。

普洛塔尔科斯：哪种？

苏格拉底：这种：对我们来说，稳固的东西、纯粹的东西、真的东西以及我们称之为的确不混杂的东西，它要么关乎那些东西，即关乎始终以同样的方式保持着自我同一的、最不混合的东西，要么尽可能地是类似于那些东西的[517]。而其他所有的东西都必须被说成是第二位的和在后的。

ΠΡΩ. Ἀληθέστατα λέγεις.

ΣΩ. Τὰ δὴ τῶν ὀνομάτων περὶ τὰ τοιαῦτα κάλλιστα ἆρ' οὐ τοῖς καλλίστοις δικαιότατον ἀπονέμειν;

ΠΡΩ. Εἰκός γε.

d ΣΩ. Οὐκοῦν νοῦς ἐστι καὶ φρόνησις ἅ γ' ἄν τις τιμήσειε
μάλιστα ὀνόματα;

ΠΡΩ. Ναί.

ΣΩ. Ταῦτ' ἄρα ἐν ταῖς περὶ τὸ ὂν ὄντως ἐννοίαις ἐστὶν ἀπηκριβωμένα ὀρθῶς κείμενα καλεῖσθαι.

ΠΡΩ. Πάνυ μὲν οὖν.

ΣΩ. Καὶ μὴν ἅ γε εἰς τὴν κρίσιν ἐγὼ τότε παρεσχόμην οὐκ ἄλλ' ἐστὶν ἢ ταῦτα τὰ ὀνόματα.

ΠΡΩ. Τί μήν, ὦ Σώκρατες;

ΣΩ. Εἶεν. τὸ μὲν δὴ φρονήσεώς τε καὶ ἡδονῆς πέρι
e πρὸς τὴν ἀλλήλων μεῖξιν εἴ τις φαίη καθαπερεὶ δημιουργοῖς
ἡμῖν ἐξ ὧν ἢ ἐν οἷς δεῖ δημιουργεῖν τι παρακεῖσθαι, καλῶς ἂν τῷ λόγῳ ἀπεικάζοι.

ΠΡΩ. Καὶ μάλα.

ΣΩ. Τὸ δὴ μετὰ ταῦτα ἆρ' οὐ μειγνύναι ἐπιχειρητέον;

ΠΡΩ. Τί μήν;

ΣΩ. Οὐκοῦν τάδε προειποῦσι καὶ ἀναμνήσασιν ἡμᾶς αὐτοὺς ὀρθότερον ἂν ἔχοι;

ΠΡΩ. Τὰ ποῖα;

ΣΩ. Ἃ καὶ πρότερον ἐμνήσθημεν· εὖ δ' ἡ παροιμία
60 δοκεῖ ἔχειν, τὸ καὶ δὶς καὶ τρὶς τό γε καλῶς ἔχον ἐπαναπολεῖν
τῷ λόγῳ δεῖν.

ΠΡΩ. Τί μήν;

ΣΩ. Φέρε δὴ πρὸς Διός· οἶμαι γὰρ οὑτωσί πως τὰ τότε λεχθέντα ῥηθῆναι.

ΠΡΩ. Πῶς;

ΣΩ. Φίληβός φησι τὴν ἡδονὴν σκοπὸν ὀρθὸν πᾶσι

d 10 δὴ T : δὴ γὰρ B e 2 δεῖ B : δὴ T e 10 δ' ἡ T : δὴ B
a 1 καὶ δὶς B T : δὶς vulg. a 4 οὑτωσί T : οὕτω B

普洛塔尔科斯：你说得非常正确。

苏格拉底：因此，在关于诸如此类东西的各种名称中，最正当的做法岂不就是把各种最美的名字赋予那些最美的东西？

普洛塔尔科斯：至少是合理的。

苏格拉底：理智和明智岂不恰恰就是一个人所最为尊崇的〈两个〉名字？

普洛塔尔科斯：是的。

苏格拉底：那么在关于以是的方式是着的东西的诸思考那儿，当这些名字被精心建立起来之后，就能够被称作正确地确定下来了[518]。

普洛塔尔科斯：完全是这样。

苏格拉底：我先前将之提交出来进行剖判的那些〈名字〉，肯定不是其他的，除了这些名字之外。

普洛塔尔科斯：那还用说，苏格拉底啊？

苏格拉底：好吧！那么，关于明智和快乐，如果有人说，为了它们的互相混合，它们就像被摆在那些匠人们面前一样被摆在了我们面前，〈以便〉必须从它们那里或者在它们那里做出某种东西来，那么，他就在言说上恰当地进行了对比。

普洛塔尔科斯：非常〈恰当地〉。

苏格拉底：那么，在此之后岂不必须尝试混合它们？

普洛塔尔科斯：为何不呢？

苏格拉底：那么，如果我们预先说出下面这些并使我们自己想起它们，这对我们来说岂不是更为正确？

普洛塔尔科斯：哪些？

苏格拉底：我们先前已经提醒过的那些；但那句谚语显得是正确的，那就是：的确是美好的那种东西，应当用言辞两次，甚至三次地进行重复[519]。

普洛塔尔科斯：为何不呢？

苏格拉底：那就来吧，宙斯在上！我认为那个时候所说的那些，它们其实是以这种方式被讲出来的。

普洛塔尔科斯：哪种方式？

苏格拉底：菲勒玻斯宣称，快乐对于所有的活物来说已经成为了正

ζῴοις γεγονέναι καὶ δεῖν πάντας τούτου στοχάζεσθαι, καὶ δὴ καὶ τἀγαθὸν τοῦτ' αὐτὸ εἶναι σύμπασι, καὶ δύο ὀνόματα, ἀγαθὸν καὶ ἡδύ, ἑνί τινι καὶ φύσει μιᾷ τούτῳ ὀρθῶς τεθέντ' ἔχειν· Σωκράτης δ' ἓν μὲν οὔ φησι τοῦτ' εἶναι, δύο b
δὲ καθάπερ τὰ ὀνόματα, καὶ τό τε ἀγαθὸν καὶ ἡδὺ διάφορον ἀλλήλων φύσιν ἔχειν, μᾶλλον δὲ μέτοχον εἶναι τῆς τοῦ ἀγαθοῦ μοίρας τὴν φρόνησιν ἢ τὴν ἡδονήν. οὐ ταῦτ' ἔστιν τε καὶ ἦν τὰ τότε λεγόμενα, ὦ Πρώταρχε;

ΠΡΩ. Σφόδρα μὲν οὖν.

ΣΩ. Οὐκοῦν καὶ τόδε καὶ τότε καὶ νῦν ἡμῖν ἂν συνομολογοῖτο;

ΠΡΩ. Τὸ ποῖον;

ΣΩ. Τὴν τἀγαθοῦ διαφέρειν φύσιν τῷδε τῶν ἄλλων.

ΠΡΩ. Τίνι; c

ΣΩ. Ὧι παρείη τοῦτ' ἀεὶ τῶν ζῴων διὰ τέλους πάντως καὶ πάντῃ, μηδενὸς ἑτέρου ποτὲ ἔτι προσδεῖσθαι, τὸ δὲ ἱκανὸν τελεώτατον ἔχειν. οὐχ οὕτως;

ΠΡΩ. Οὕτω μὲν οὖν.

ΣΩ. Οὐκοῦν τῷ λόγῳ ἐπειράθημεν χωρὶς ἑκάτερον ἑκατέρου θέντες εἰς τὸν βίον ἑκάστων, ἄμεικτον μὲν ἡδονὴν φρονήσει, φρόνησιν δὲ ὡσαύτως ἡδονῆς μηδὲ τὸ σμικρότατον ἔχουσαν;

ΠΡΩ. Ἦν ταῦτα.

ΣΩ. Μῶν οὖν ἡμῖν αὐτῶν τότε πότερον ἱκανὸν ἔδοξεν εἶναί τῳ; d

ΠΡΩ. Καὶ πῶς;

ΣΩ. Εἰ δέ γε παρηνέχθημέν τι τότε, νῦν ὁστισοῦν ἐπαναλαβὼν ὀρθότερον εἰπάτω, μνήμην καὶ φρόνησιν καὶ ἐπιστήμην καὶ ἀληθῆ δόξαν τῆς αὐτῆς ἰδέας τιθέμενος

a 10 τούτῳ ὀρθῶς τεθέντ' Heindorf : τοῦτο ὀρθῶς τεθὲν B T b 1 ἓν Badham : πρῶτον B T b 2 τό τε B T : τότε τὸ t καὶ T : καὶ τὸ B b 3 μέτοχον B : μετέχον T b 7 καὶ τότε T : τότε B b 10 τῷδε T : τόδε B τῶν B T : μᾶλλον τῶν vulg. c 8 ὡσαύτως ἡδονῆς B : ἡδονῆς ὡσαύτως T d 4 φρόνησιν καὶ ἐπιστήμην B : ἐπιστήμην καὶ φρόνησιν T

确的目标，并且每一个活物都应当以这种东西为目标[520]，当然，就是
这种东西才对于一切来说是善的东西；并且名字虽然是两个，即善和快 60a10
乐，但这两者已经被正确地授予了[521]一个东西和一个本性。而苏格拉 60b1
底却宣称，一方面，这两者不是一，另一方面，它们是二，就像〈其〉
名字〈是两个〉一样；并且善和快乐有着互相不同的本性，而明智比快
乐更多地分有了善之份额。这些岂不就是，并且曾经是那时所说的，普 60b5
洛塔尔科斯啊？

普洛塔尔科斯：的的确确是。

苏格拉底：那么，无论是那时，还是现在，我们都肯定会同意下面这点吗？

普洛塔尔科斯：哪点？

苏格拉底：那就是善之本性在下面这点上不同于其他东西。 60b10

普洛塔尔科斯：在哪点上？ 60c1

苏格拉底：在这点上：就各种活物而言，如果这[522]总是彻头彻尾地、在每一种方式上以及在方方面面都在场于它们那里，那它们就不再需要任何其他的了，而是充足地有着最完满的东西。难道不是这样吗？

普洛塔尔科斯：的确如此。 60c5

苏格拉底：我们岂不通过讨论，尝试在两者中的每一个同另一个相分离的情况下将每一个都置于各自的生活中；一方面，快乐与明智不相混合，另一方面，明智也同样地不含有快乐——哪怕是最小的一点点？

普洛塔尔科斯：是这样。 60c10

苏格拉底：那么，难道在我们看来，它们两者中的任何一个对某个 60d1
人来说都是充足的吗？

普洛塔尔科斯：那怎么会？

苏格拉底：但是，如果在那时我们的确有点走错了路，那么，现
在就让〈这里的其他〉任何一个人通过重新拾起〈事情〉来更为正确
地说一说，即通过把记忆、明智、知识以及真判断归入同一种形式，并 60d5

καὶ σκοπῶν εἴ τις ἄνευ τούτων δέξαιτ' ἂν οἱ καὶ ὁτιοῦν εἶναι ἢ καὶ γίγνεσθαι, μὴ ὅτι δή γε ἡδονὴν εἴθ' ὡς πλείστην εἴθ' ὡς σφοδροτάτην, ἣν μήτε ἀληθῶς δοξάζοι χαίρειν μήτε τὸ παράπαν γιγνώσκοι τί ποτε πέπονθε πάθος μήτ' αὖ
e μνήμην τοῦ πάθους μηδ' ὁντινοῦν χρόνον ἔχοι. ταὐτὰ δὲ λεγέτω καὶ περὶ φρονήσεως, εἴ τις ἄνευ πάσης ἡδονῆς καὶ τῆς βραχυτάτης δέξαιτ' ἂν φρόνησιν ἔχειν μᾶλλον ἢ μετά τινων ἡδονῶν ἢ πάσας ἡδονὰς χωρὶς φρονήσεως μᾶλλον ἢ μετὰ φρονήσεως αὖ τινος.

ΠΡΩ. Οὐκ ἔστιν, ὦ Σώκρατες, ἀλλ' οὐδὲν δεῖ ταῦτά γε πολλάκις ἐπερωτᾶν.

61 ΣΩ. Οὐκοῦν τό γε τέλεον καὶ πᾶσιν αἱρετὸν καὶ τὸ παντάπασιν ἀγαθὸν οὐδέτερον ἂν τούτων εἴη;

ΠΡΩ. Πῶς γὰρ ἄν;

ΣΩ. Τὸ τοίνυν ἀγαθὸν ἤτοι σαφῶς ἢ καί τινα τύπον αὐτοῦ ληπτέον, ἵν', ὅπερ ἐλέγομεν, δευτερεῖα ὅτῳ δώσομεν ἔχωμεν.

ΠΡΩ. Ὀρθότατα λέγεις.

ΣΩ. Οὐκοῦν ὁδὸν μέν τινα ἐπὶ τἀγαθὸν εἰλήφαμεν;

ΠΡΩ. Τίνα;

ΣΩ. Καθάπερ εἴ τίς τινα ἄνθρωπον ζητῶν τὴν οἴκησιν
b πρῶτον ὀρθῶς ἵν' οἰκεῖ πύθοιτο αὐτοῦ, μέγα τι. δήπου πρὸς τὴν εὕρεσιν ἂν ἔχοι τοῦ ζητουμένου.

ΠΡΩ. Πῶς δ' οὔ;

ΣΩ. Καὶ νῦν δή τις λόγος ἐμήνυσεν ἡμῖν, ὥσπερ καὶ κατ' ἀρχάς, μὴ ζητεῖν ἐν τῷ ἀμείκτῳ βίῳ τἀγαθὸν ἀλλ' ἐν τῷ μεικτῷ.

ΠΡΩ. Πάνυ γε.

ΣΩ. Ἐλπὶς μὴν πλείων ἐν τῷ μειχθέντι καλῶς τὸ ζητούμενον ἔσεσθαι φανερώτερον ἢ ἐν τῷ μή;

d 7 ἢ καὶ T : ἢ B d 8 ἣν T : ην B : ἢ vulg. : εἰ Bekker e Ficino δοξάζοι T : δοξάζειν B e 2 λεγέτω Vahlen : λέγω B : λέγε T εἴ τις T : ἥτις B e 6 γε T : τε B a 3 πῶς γὰρ ἄν B t : om. pr. T a 5 ἐλέγομεν T : λέγομεν B b 1 οἰκεῖ T : οικῆ B πύθοιτο T : πείθοιτο B b 2 ἂν ἔχοι T : ἀνέχοι B

看看是否一个人在没有这些东西的情况下也会为他自己[523]选择任何东
西——无论它是着，还是〈将〉生成〈出来〉——，就更不用说快乐
了，因为无论它是最大的，还是最强烈的，他都既不能真的对之做出判
断他在感到快乐，也完全不能认识到他究竟经历了何种遭受，此外，他 60e1
在任何的时间段里也不拥有对遭受的记忆。但也请他以同样的方式来说
说明智，即是否一个人在没有任何快乐的情况下——甚至是最短暂的快
乐[524]——，也更会选择拥有明智，而非选择带有某些快乐的明智；或
者，更会选择同明智相分离的每一种快乐，而非复又选择带有某种明智 60e5
的每一种快乐。

普洛塔尔科斯：这是不可能的，苏格拉底啊；也根本不需要多次询问这些。

苏格拉底：那么，这两者中的任何一个岂不都不会是完满的东西， 61a1
值得被所有人选择的东西，以及绝对善的东西？

普洛塔尔科斯：那还用说？

苏格拉底：因此，真的或者必须清楚地把握住善，或者把握住它的
某种形态[525]，以便如我们曾说的那样，我们能够确定将把二等奖给谁。 61a5

普洛塔尔科斯：你说得非常正确。

苏格拉底：我们岂不已经把握到了通向善的某条道路？

普洛塔尔科斯：哪条？

苏格拉底：正如一个人，当他寻找〈另外〉某个人时，他首先得正
确地寻找〈他的〉住处，以便了解到他住〈在哪儿〉；为了发现被寻找 61b1
的那个人，他无疑将这视为一件大事。

普洛塔尔科斯：怎么会不呢？

苏格拉底：现在某个说法无疑也同样向我们表明——就像在开始时那
样——，不要在不混合的生活中寻找善，而是要在混合的生活中寻找它。 61b5

普洛塔尔科斯：的确。

苏格拉底：更大的希望无疑是：被寻找的东西将是更为明显地位于那被美好地混合起来的东西中，而不是在那非这样的东西中？

ΠΡΩ. Πολύ γε.

ΣΩ. Τοῖς δὴ θεοῖς, ὦ Πρώταρχε, εὐχόμενοι κεραννύωμεν,
εἴτε Διόνυσος εἴτε Ἥφαιστος εἴθ' ὅστις θεῶν ταύτην τὴν c
τιμὴν εἴληχε τῆς συγκράσεως.

ΠΡΩ. Πάνυ μὲν οὖν.

ΣΩ. Καὶ μὴν καθάπερ ἡμῖν οἰνοχόοις τισὶ παρεστᾶσι κρῆναι—μέλιτος μὲν ἂν ἀπεικάζοι τις τὴν τῆς ἡδονῆς, τὴν δὲ τῆς φρονήσεως νηφαντικὴν καὶ ἄοινον αὐστηροῦ καὶ ὑγιεινοῦ τινος ὕδατος—ἃς προθυμητέον ὡς κάλλιστα συμμειγνύναι.

ΠΡΩ. Πῶς γὰρ οὔ;

ΣΩ. Φέρε δὴ πρότερον· ἆρα πᾶσαν ἡδονὴν πάσῃ φρονήσει d
μειγνύντες τοῦ καλῶς ἂν μάλιστα ἐπιτύχοιμεν;

ΠΡΩ. Ἴσως.

ΣΩ. Ἀλλ' οὐκ ἀσφαλές. ᾗ δὲ ἀκινδυνότερον ἂν μειγνύοιμεν, δόξαν μοι δοκῶ τινα ἀποφήνασθαι ἄν.

ΠΡΩ. Λέγε τίνα.

ΣΩ. Ἦν ἡμῖν ἡδονή τε ἀληθῶς, ὡς οἰόμεθα, μᾶλλον ἑτέρας ἄλλη καὶ δὴ καὶ τέχνη τέχνης ἀκριβεστέρα;

ΠΡΩ. Πῶς γὰρ οὔ;

ΣΩ. Καὶ ἐπιστήμη δὴ ἐπιστήμης διάφορος, ἡ μὲν ἐπὶ
τὰ γιγνόμενα καὶ ἀπολλύμενα ἀποβλέπουσα, ἡ δ' ἐπὶ τὰ e
μήτε γιγνόμενα μήτε ἀπολλύμενα, κατὰ ταὐτὰ δὲ καὶ ὡσαύτως ὄντα ἀεί. ταύτην εἰς τὸ ἀληθὲς ἐπισκοπούμενοι ἡγησάμεθα ἐκείνης ἀληθεστέραν εἶναι.

ΠΡΩ. Πάνυ μὲν οὖν ὀρθῶς.

ΣΩ. Οὐκοῦν εἰ τἀληθέστατα τμήματα ἑκατέρας ἴδοιμεν πρῶτον συμμείξαντες, ἆρα ἱκανὰ ταῦτα συγκεκραμένα τὸν ἀγαπητότατον βίον ἀπεργασάμενα παρέχειν ἡμῖν, ἤ τινος ἔτι προσδεόμεθα καὶ τῶν μὴ τοιούτων;

b 11 κεραννύωμεν T Athenaeus : κεραννύομεν B c 4 παρεστᾶσι B T Athenaeus : παρεστῶσι vulg. c 5 μέλιτος B T : καὶ μέλιτος Athenaeus c 7 ἃς T Athenaeus : om. B d 7 μᾶλλον T : om. B d 8 δὴ καὶ B T : δὴ vulg. e 4 ἀληθεστέραν T : ἀσφαλεστέραν B

普洛塔尔科斯：确实明显得多。

苏格拉底：那就让我们在向诸神进行祈祷后，普洛塔尔科斯啊，来进行混合，无论他是狄俄尼索斯[526]，还是赫淮斯托斯[527]，还是诸神中〈其他〉任何一位通过抽签取得了〈负责〉混合这种职权的。

普洛塔尔科斯：完全如此。

苏格拉底：诚然，我们就像一些斟酒人一样站在了〈两股〉泉的面前[528]——有人会把快乐之泉比作蜂蜜，而把明智之泉，它是冷静的和无酒的，比作某种苦涩的和健康的水——，必须渴望尽可能美地把它们混合起来。

普洛塔尔科斯：那还用说？

苏格拉底：那就来吧！首先，如果我们把每一种快乐同每一种明智混合起来，我们就会最为遇见被美好地〈混合起来的〉东西吗？

普洛塔尔科斯：也许。

苏格拉底：然而这是不可靠的。但我们如何[529]能够更少危险地进行混合，我认为我能够表明某种看法。

普洛塔尔科斯：请你说说何种看法。

苏格拉底：对我们来说，一种快乐〈岂不〉向来真的是甚于另一种快乐的，正如我们认为那样，而且一种技艺也比另一种技艺是更精确的？

普洛塔尔科斯：怎么会不呢？

苏格拉底：并且知识之于知识肯定是不同的；一种知识专注于那些既生成又毁灭的东西，另一种知识则专注于那些既不生成也不毁灭，而是自我同一并且始终以相同的方式是着的东西。如果我们着眼于真的东西，那么，我们就认为后者比前者是更真的。

普洛塔尔科斯：〈说得〉完全正确。

苏格拉底：那么，如果我们把它们两者各自[530]那些最真的部分混合在一起，那我们岂不应首先看看，当这两者已经被混合在一起后，它们就足以能够实现并为我们提供出最令人热爱的生活呢，还是我们依然进一步需要某种并不具有这种性质的东西？

62 ΠΡΩ. Ἐμοὶ γοῦν δοκεῖ δρᾶν οὕτως.

ΣΩ. Ἔστω δή τις ἡμῖν φρονῶν ἄνθρωπος αὐτῆς περὶ δικαιοσύνης ὅτι ἔστιν, καὶ λόγον ἔχων ἑπόμενον τῷ νοεῖν, καὶ δὴ καὶ περὶ τῶν ἄλλων πάντων τῶν ὄντων ὡσαύτως διανοούμενος.

ΠΡΩ. Ἔστω γὰρ οὖν.

ΣΩ. Ἆρ' οὖν οὗτος ἱκανῶς ἐπιστήμης ἕξει, κύκλου μὲν
καὶ σφαίρας αὐτῆς τῆς θείας τὸν λόγον ἔχων, τὴν δὲ ἀνθρω-
πίνην ταύτην σφαῖραν καὶ τοὺς κύκλους τούτους ἀγνοῶν,
b καὶ χρώμενος ἐν οἰκοδομίᾳ καὶ τοῖς ἄλλοις ὁμοίως κανόσι
καὶ τοῖς κύκλοις;

ΠΡΩ. Γελοίαν διάθεσιν ἡμῶν, ὦ Σώκρατες, ἐν ταῖς θείαις οὖσαν μόνον ἐπιστήμαις λέγομεν.

ΣΩ. Πῶς φῄς; ἦ τοῦ ψευδοῦς κανόνος ἅμα καὶ τοῦ κύκλου τὴν οὐ βέβαιον οὐδὲ καθαρὰν τέχνην ἐμβλητέον κοινῇ καὶ συγκρατέον;

ΠΡΩ. Ἀναγκαῖον γάρ, εἰ μέλλει τις ἡμῶν καὶ τὴν ὁδὸν ἑκάστοτε ἐξευρήσειν οἴκαδε.

c ΣΩ. Ἦ καὶ μουσικήν, ἣν ὀλίγον ἔμπροσθεν ἔφαμεν στοχάσεώς τε καὶ μιμήσεως μεστὴν οὖσαν καθαρότητος ἐνδεῖν;

ΠΡΩ. Ἀναγκαῖον φαίνεται ἔμοιγε, εἴπερ γε ἡμῶν ὁ βίος ἔσται καὶ ὁπωσοῦν ποτε βίος.

ΣΩ. Βούλει δῆτα, ὥσπερ θυρωρὸς ὑπ' ὄχλου τις ὠθούμενος καὶ βιαζόμενος, ἡττηθεὶς ἀναπετάσας τὰς θύρας ἀφῶ πάσας τὰς ἐπιστήμας εἰσρεῖν καὶ μείγνυσθαι ὁμοῦ καθαρᾷ τὴν ἐνδεεστέραν;

d ΠΡΩ. Οὔκουν ἔγωγε οἶδα, ὦ Σώκρατες, ὅτι τις ἂν βλάπτοιτο πάσας λαβὼν τὰς ἄλλας ἐπιστήμας, ἔχων τὰς πρώτας.

ΣΩ. Μεθιῶ δὴ τὰς συμπάσας ῥεῖν εἰς τὴν τῆς Ὁμήρου καὶ μάλα ποιητικῆς μισγαγκείας ὑποδοχήν;

a 4 πάντων B : ἁπάντων T a 9 ταύτην T : ταύτην τὴν B b 2 καὶ τοῖς] καινοῖς καὶ Wohlrab c 5 τις B : τινὸς T c 7 πάσας τὰς T : πάσας B d 4 δὴ T : δὲ B d 5 ποιητικῆς T : ποιητικῶς B

普洛塔尔科斯：在我看来无论如何都要这样做。 62a1

苏格拉底：那好，让我们假设有一个人，关于公正本身，他正在思考它是什么，并且他也具有伴随着〈他的〉洞察而来的一种说法，而且
关于其他所有的是者，他也在以同样的方式进行思考。 62a5

普洛塔尔科斯：那就假定〈有这么一个人〉。

苏格拉底：那么，这个人就知识来说是充分的吗[531]，如果他一方面拥有关于圆〈本身〉和球本身，即关于神圣的〈圆和球〉的说法，另一
方面却不识得属人的这种球和这些圆[532]，并且在建房时也同样地使用另 62b1
外一些直尺以及〈另外〉一些〈造〉圆〈的工具〉[533]？

普洛塔尔科斯：我们中的一种可笑的状况，苏格拉底啊，我们将之称作就是仅仅处在各种神圣的知识中。

苏格拉底：你为何这么讲呢？关于假的直尺连同关于〈假的造〉圆 62b5
〈的工具〉那既不稳固也不纯粹的技艺，莫非必须将之共同地抛入和混入〈到那些神圣的中去〉？

普洛塔尔科斯：必然得这样，如果我们中有谁每次都想找到归家的路的话。

苏格拉底：也包括音乐吗，不久前我们曾宣称它由于充满了揣度和 62c1
模仿而缺乏纯粹性[534]？

普洛塔尔科斯：至少它对我显得是必然的，如果我们的生活无论如何以及在任何一种方式上都毕竟要是一种生活的话。

苏格拉底：那么你真的愿意下面这样吗，那就是：〈我〉就像一位 62c5
看门人似的，由于被一群群氓推搡和强迫而屈服，打开一扇扇门，允许每一种知识都涌进来，并且把那比较有欠缺的知识同纯粹的知识混杂在一起？

普洛塔尔科斯：至少我无论如何都看不出，苏格拉底啊，一个人为 62d1
何会因接纳所有其他的知识而遭到某种伤害，在他拥有各种首要的知识之后。

苏格拉底：因此，我可以允许一切都流进如荷马那极富诗意的万川 62d5
交汇的幽谷[535]那样的容器里吗？

ΠΡΩ. Πάνυ μὲν οὖν.

ΣΩ. Μεθεῖνται· καὶ πάλιν ἐπὶ τὴν τῶν ἡδονῶν πηγὴν ἰτέον. ὡς γὰρ διενοήθημεν αὐτὰς μειγνύναι, τὰ τῶν ἀληθῶν μόρια πρῶτον, οὐκ ἐξεγένεθ' ἡμῖν, ἀλλὰ διὰ τὸ πᾶσαν ἀγαπᾶν ἐπιστήμην εἰς ταὐτὸν μεθεῖμεν ἀθρόας καὶ πρόσθεν τῶν ἡδονῶν. e

ΠΡΩ. Ἀληθέστατα λέγεις.

ΣΩ. Ὥρα δὴ βουλεύεσθαι νῷν καὶ περὶ τῶν ἡδονῶν, πότερα καὶ ταύτας πάσας ἀθρόας ἀφετέον ἢ καὶ τούτων πρώτας μεθετέον ἡμῖν ὅσαι ἀληθεῖς.

ΠΡΩ. Πολύ τι διαφέρει πρός γε ἀσφάλειαν πρώτας τὰς ἀληθεῖς ἀφεῖναι.

ΣΩ. Μεθείσθων δή. τί δὲ μετὰ ταῦτα; ἆρ' οὐκ εἰ μέν τινες ἀναγκαῖαι, καθάπερ ἐκεῖ, συμμεικτέον καὶ ταύτας;

ΠΡΩ. Τί δ' οὔ; τάς γε ἀναγκαίας δήπουθεν.

ΣΩ. Εἰ δέ γε καί, καθάπερ τὰς τέχνας πάσας ἀβλαβές 63
τε καὶ ὠφέλιμον ἦν ἐπίστασθαι διὰ βίου, καὶ νῦν δὴ ταὐτὰ λέγομεν περὶ τῶν ἡδονῶν, εἴπερ πάσας ἡδονὰς ἥδεσθαι διὰ βίου συμφέρον τε ἡμῖν ἐστι καὶ ἀβλαβὲς ἅπασι, πάσας συγκρατέον.

ΠΡΩ. Πῶς οὖν δὴ περὶ αὐτῶν τούτων λέγωμεν; καὶ πῶς ποιῶμεν;

ΣΩ. Οὐχ ἡμᾶς, ὦ Πρώταρχε, διερωτᾶν χρή, τὰς ἡδονὰς δὲ αὐτὰς καὶ τὰς φρονήσεις διαπυνθανομένους τὸ τοιόνδε ἀλλήλων πέρι.

ΠΡΩ. Τὸ ποῖον; b

ΣΩ. "Ὦ φίλαι, εἴτε ἡδονὰς ὑμᾶς χρὴ προσαγορεύειν

d 7 μεθεῖνται T : μεθειντε B d 8 αὐτὰς B T : αὐτὰ Apelt d 9 ἐξεγένεθ' Stallbaum : ἐξεγενήθη B T e 3 ὥρα T : ὥσα B e 4 ἀφετέον T : σαφέστερον B e 6 τι B : γε T e 8 μεθείσθων T : μεθείσθω B δὲ T : δὴ B e 9 τινες T : τινὸς B ἐκεῖ B : ἐκεῖναι T (sed ναι punctis notatum) a 1 τὰς ex αἱ fecit T : αἱ τὰς B a 3 λέγομεν corr. Ven. 189 : λέγωμεν B T a 6 λέγωμεν Ven. 189 : λέγομεν B T b 2 φίλαι corr. Ven. 189 : φίλε B T ὑμᾶς rec. t : ἡμᾶς B T

普洛塔尔科斯：当然可以。

苏格拉底：它们已经被允许〈流进去〉了；并且〈我们〉必须返
回到诸快乐的源泉那里[536]。因为我们曾想过把它们〈同知识〉混合在
一起，即首先把〈两者各自〉那真的部分混合起来，但那时不容许我们
〈这样做〉[537]；然而，由于对每一种知识的热爱，我们就把它们等量齐 62d10
观，允许它们作为一堆〈流进去〉，甚至在各种快乐之前。 62e1

普洛塔尔科斯：你说得非常对。

苏格拉底：那么，对我俩来说，也是时候对诸快乐做出决定了[538]；
是必须允许它们全部作为一堆〈流进去〉，还是我们应当首先让其中所 62e5
有那些真的〈快乐流进去〉。

普洛塔尔科斯：至少就安全可靠来说这有着很大的不同，即首先允
许那些真的〈快乐流进去〉。

苏格拉底：那就让它们〈流进去〉吧。但此后呢？如果一些〈快
乐〉是必需的，那岂不如在〈知识〉那儿一样，也必须把这些〈同那些
真的快乐〉混合在一起？

普洛塔尔科斯：为何不呢？至少那些必需的快乐是肯定要的。 62e10

苏格拉底：但是，如果——正如终其一生都〈尽力去〉知道每一种 63a1
技艺，这向来不仅是无害的，而且是有益的——，现在关于各种快乐我
们无论如何也同样这么说，即如果〈我们说〉终其一生都享受每一种快
乐，这对我们所有人来说既是有益的，也是无害的，那么，就必须把所 63a5
有的快乐混合在一起。

普洛塔尔科斯：那么，恰恰关于这些，我们究竟该如何说呢？我们
又该如何做？

苏格拉底：不应该询问我们自己，普洛塔尔科斯啊，而是应当询问
诸快乐自身以及诸明智〈自身〉，就它们彼此，我们通过以这样一种方 63a10
式来进行盘问。

普洛塔尔科斯：何种方式？ 63b1

苏格拉底：“亲爱的快乐们啊[539]——无论应当把你们称作快乐，还

εἴτε ἄλλῳ ὁτῳοῦν ὀνόματι, μῶν οὐκ ἂν δέξαισθε οἰκεῖν μετὰ φρονήσεως πάσης ἢ χωρὶς τοῦ φρονεῖν;" οἶμαι μὲν πρὸς ταῦτα τόδ' αὐτὰς ἀναγκαιότατον εἶναι λέγειν.

ΠΡΩ. Τὸ ποῖον;

ΣΩ. Ὅτι καθάπερ ἔμπροσθεν ἐρρήθη, "Τὸ μόνον καὶ ἔρημον εἰλικρινὲς εἶναί τι γένος οὔτε πάνυ τι δυνατὸν οὔτ'
c ὠφέλιμον· πάντων γε μὴν ἡγούμεθα γενῶν ἄριστον ἓν ἀνθ' ἑνὸς συνοικεῖν ἡμῖν τὸ τοῦ γιγνώσκειν τἆλλά τε πάντα καὶ [αὖ τὴν] αὐτὴν ἡμῶν τελέως εἰς δύναμιν ἑκάστην."

ΠΡΩ. "Καὶ καλῶς γε εἰρήκατε τὰ νῦν," φήσομεν.

ΣΩ. Ὀρθῶς. πάλιν τοίνυν μετὰ τοῦτο τὴν φρόνησιν καὶ τὸν νοῦν ἀνερωτητέον· "Ἆρ' ἡδονῶν τι προσδεῖσθε ἐν τῇ συγκράσει;" φαῖμεν ἂν αὖ τὸν νοῦν τε καὶ τὴν φρόνησιν ἀνερωτῶντες. "Ποίων," φαῖεν ἂν ἴσως, "ἡδονῶν;"

ΠΡΩ. Εἰκός.

d ΣΩ. Ὁ δέ γ' ἡμέτερος λόγος μετὰ τοῦτ' ἐστὶν ὅδε. "Πρὸς ταῖς ἀληθέσιν ἐκείναις ἡδοναῖς," φήσομεν, "ἆρ' ἔτι προσδεῖσθ' ὑμῖν τὰς μεγίστας ἡδονὰς συνοίκους εἶναι καὶ τὰς σφοδροτάτας;" "Καὶ πῶς, ὦ Σώκρατες," ἴσως φαῖεν ἄν, "αἵ γ' ἐμποδίσματά τε μυρία ἡμῖν ἔχουσι, τὰς ψυχὰς ἐν αἷς οἰκοῦμεν ταράττουσαι διὰ μανίας [ἡδονάς], καὶ γίγνεσθαί
e τε ἡμᾶς τὴν ἀρχὴν οὐκ ἐῶσι, τά τε γιγνόμενα ἡμῶν τέκνα ὡς τὸ πολύ, δι' ἀμέλειαν λήθην ἐμποιοῦσαι, παντάπασι διαφθείρουσιν; ἀλλ' ἅς τε ἡδονὰς ἀληθεῖς καὶ καθαρὰς [ἃς] εἶπες, σχεδὸν οἰκείας ἡμῖν νόμιζε, καὶ πρὸς ταύταις τὰς μεθ' ὑγιείας καὶ τοῦ σωφρονεῖν, καὶ δὴ καὶ συμπάσης ἀρετῆς ὁπόσαι καθάπερ θεοῦ ὀπαδοὶ γιγνόμεναι αὐτῇ συνακολουθοῦσι πάντῃ,

b 3 ὀνόματι. μῶν B : ὄνομα τιμῶν T δέξαισθε corr. Vat. : δέξασθαι T (sed ι erasum) : δέξεσθαι B c 3 αὖ τὴν T : τὴν B : secl. Wohlrab c 6 προσδεῖσθε] προσδεῖσθαι B T c 7 φαῖμεν T : φαμὲν B c 8 ποίων T : ποῖον B φαῖεν B T : φαῖμεν vulg. d 4 ἴσως T : om. B d 6 μανίας scripsi : μανικὰς ἡδονάς B T : μανικὰς ἐπιθυμίας ci. Stallbaum e 3 ἀλλ' ἅς (secluso mox ἃς) Hermann : ἄλλας B : ἄλλας T τε B T : γε Hermann εἶπες T : εἶπε B e 4 ταύταις B T : ταύτας vulg. e 6 πάντῃ T : παντὶ B

是用其他任何的名字来称呼你们——，你们会选择同每一种明智一起生活呢，还是会选择在不是明智的情况下生活？”我认为，对此它们这样 63b5
来进行回答是最为必然的。

普洛塔尔科斯：怎样？

苏格拉底：这样：就像前面说过的那样，“任何种类[540]是独自的、孤零零的，〈不与其他种类〉相混合的，这既是完全不可能的，也是没有任何益处的。在全部的种类中，通过一个一个地进行比较[541]，我们〈快 63c1
乐〉[542]肯定把这视为同我们生活在一起的最好的种类，那就是，它既认识所有其他的，也尽可能完满地认识我们〈快乐〉中的每个自身。”[543]

普洛塔尔科斯：“你们现在的确说得恰当”，我们将说。

苏格拉底：〈你说得〉正确！那么，在这之后复又必须询问明智和 63c5
理智。当我们询问理智和明智时，我们再次会问：“在混合中你们真的不另外需要任何的快乐吗？”或许它们会问：“哪样一些快乐？”

普洛塔尔科斯：有可能。

苏格拉底：而在这之后，我们的谈话肯定是下面这样。“除了那些 63d1
真的快乐之外，”我们将问，“你们还进一步需要一些最大的快乐和最强烈的快乐来是同你们生活在一起的家庭成员吗？”“那怎么会呢，苏格拉底啊，”它们或许会回答说，“既然它们无论如何都给我们带来了成千 63d5
上万的障碍，因为它们用各种各样的疯狂[544]来扰乱我们寓居其中的灵魂，并且从一开始就不允许我们产生出来[545]，甚至通过凭借漠不关心 63e1
来造成遗忘而在大多数情况下完全败坏了从我们那里生出来的那些孩子们？然而，就你说到的那些真的和纯粹的快乐[546]，请你把它们视作差不多属于我们自家的，并且除了这些快乐之外，还有那些伴随着健康以及 63e5
节制的快乐；而且所有那些成为了整个德性之侍从的快乐——它们就像

ταύτας μείγνυ· τὰς δ' ἀεὶ μετ' ἀφροσύνης καὶ τῆς ἄλλης
κακίας ἑπομένας πολλή που ἀλογία τῷ νῷ μειγνύναι τὸν
βουλόμενον ὅτι καλλίστην ἰδόντα καὶ ἀστασιαστοτάτην μεῖξιν
καὶ κρᾶσιν, ἐν ταύτῃ μαθεῖν πειρᾶσθαι τί ποτε ἔν τ' ἀνθρώπῳ 64
καὶ τῷ παντὶ πέφυκεν ἀγαθὸν καὶ τίνα ἰδέαν αὐτὴν εἶναί
ποτε μαντευτέον." ἆρ' οὐκ ἐμφρόνως ταῦτα καὶ ἐχόντως
ἑαυτὸν τὸν νοῦν φήσομεν ὑπέρ τε αὑτοῦ καὶ μνήμης καὶ
δόξης ὀρθῆς ἀποκρίνασθαι τὰ νῦν ῥηθέντα;

ΠΡΩ. Παντάπασι μὲν οὖν.

ΣΩ. Ἀλλὰ μὴν καὶ τόδε γε ἀναγκαῖον, καὶ οὐκ ἄλλως ἄν
ποτε γένοιτο οὐδ' ἂν ἕν.

ΠΡΩ. Τὸ ποῖον; b

ΣΩ. Ὧι μὴ μείξομεν ἀλήθειαν, οὐκ ἄν ποτε τοῦτο
ἀληθῶς γίγνοιτο οὐδ' ἂν γενόμενον εἴη.

ΠΡΩ. Πῶς γὰρ ἄν;

ΣΩ. Οὐδαμῶς. ἀλλ' εἴ τινος ἔτι προσδεῖ τῇ συγκράσει
ταύτῃ, λέγετε σὺ καὶ Φίληβος. ἐμοὶ μὲν γὰρ καθαπερεὶ
κόσμος τις ἀσώματος ἄρξων καλῶς ἐμψύχου σώματος ὁ νῦν
λόγος ἀπειργάσθαι φαίνεται.

ΠΡΩ. Καὶ ἐμοὶ τοίνυν, ὦ Σώκρατες, οὕτω λέγε δεδόχθαι.

ΣΩ. Ἆρ' οὖν ἐπὶ μὲν τοῖς τοῦ ἀγαθοῦ νῦν ἤδη προθύροις c
[καὶ] τῆς οἰκήσεως ἐφεστάναι [τῆς τοῦ τοιούτου] λέγοντες
ἴσως ὀρθῶς ἄν τινα τρόπον φαῖμεν;

ΠΡΩ. Ἐμοὶ γοῦν δοκεῖ.

ΣΩ. Τί δῆτα ἐν τῇ συμμείξει τιμιώτατον ἅμα καὶ μάλιστ'
αἴτιον εἶναι δόξειεν ἂν ἡμῖν τοῦ πᾶσιν γεγονέναι προσφιλῆ
τὴν τοιαύτην διάθεσιν; τοῦτο γὰρ ἰδόντες μετὰ τοῦτ' ἐπι-
σκεψόμεθα εἴθ' ἡδονῇ εἴτε τῷ νῷ προσφυέστερον καὶ
οἰκειότερον ἐν τῷ παντὶ συνέστηκεν.

e 7 ταύτας B T : ταύτης t μίγνυ· τὰς Heusde : μιγνύντας B T a 1 ἐν ταύτῃ μαθεῖν B : μαθεῖν ἐν ταύτῃ T a 3 ἐχόντως T : ἔχοντος B b 2 μίξομεν T : μίξωμεν B t b 2 ἂν T : οἀν B b 6 καὶ T : τε καὶ B b 7 ἄρξων . . . σώματος B : om. T c 2 καὶ et mox τῆς τοῦ τοιούτου secl. Badham c 3 ὀρθῶς B : ὀρθὸν T φαῖμεν T : φαμέν B c 7 ἐπισκεψόμεθα B : ἐπισκεψώμεθα T c 8 ἡδονῇ T : ἡδονὴ B τῷ νῷ B T : νῷ vulg. προσφυέστερον Heusde : προσφυές τε B T

一位女神的侍从似的到处跟随着她——，也请你把它们〈同我们明智和理智〉[547]混合在一起。而那些总是伴随着不明智以及其他恶的快乐，将之同理智混合起来，这对于打算做下面这件事的人来说，不合理肯定是巨大的，那就是，他想看见一种最美丽的以及最不起内讧的混合和结合，尝试在这种混合中弄明白在人那里以及在整个〈宇宙〉那里究竟什 64a1
么生来就是善的，以及必须预示出〈善这种〉理念本身究竟是什么。”难道我们不会说，理智不仅代表它自己，而且也代表记忆和正确的判断，既充满明智地又带有理智地[548]进行了回答——当这些现在被说出 64a5
来之后？

普洛塔尔科斯：完全是这样。

苏格拉底：无疑下面这点也肯定是必然的，否则根本就不会有任何一个东西生成出来。

普洛塔尔科斯：哪点？ 64b1

苏格拉底：如果我们不把真同一个东西相混合，那这个东西就从不可能真的生成出来；即使它生成出来了，也不可能是着。

普洛塔尔科斯：那怎么可能呢？

苏格拉底：绝对不可能。然而，是否这种混合还进一步需要某种东 64b5
西，就请你和菲勒玻斯来说说。因为，就像某个无形的秩序[549]优美地统治着一个有灵魂的形体一样[550]，现在的〈整个〉讨论对我显得已经完成了。

普洛塔尔科斯：那好！苏格拉底啊，你可以说我也已经这样认为。

苏格拉底：那么，如果我们说，我们已经站在了善的门廊前，以及 64c1
诸如此类的东西之处所的门廊前，那么，我们有可能在某种方式上说得正确吗[551]？

普洛塔尔科斯：至少在我看来是这样。

苏格拉底：那么，在混合中究竟什么会对我们显得是最尊贵的，并 64c5
且同时尤其是为下面这点负责的，即这样一种状态已经变得对〈我们〉所有人来说都是令人喜爱的？因为，当我们看清这点之后，接下来我们将检查，它在整个〈宇宙〉中是更加牢牢地以及更加亲密地同快乐联合起来呢，还是同理智联合起来？

d ΠΡΩ. Ὀρθῶς· τοῦτο γὰρ εἰς τὴν κρίσιν ἡμῖν ἐστι συμφορώτατον.

ΣΩ. Καὶ μὴν καὶ συμπάσης γε μείξεως οὐ χαλεπὸν ἰδεῖν τὴν αἰτίαν, δι' ἣν ἢ παντὸς ἀξία γίγνεται ἡτισοῦν ἢ τὸ παράπαν οὐδενός.

ΠΡΩ. Πῶς λέγεις;

ΣΩ. Οὐδείς που τοῦτο ἀνθρώπων ἀγνοεῖ.

ΠΡΩ. Τὸ ποῖον;

ΣΩ. Ὅτι μέτρου καὶ τῆς συμμέτρου φύσεως μὴ τυχοῦσα ἡτισοῦν καὶ ὁπωσοῦν σύγκρασις πᾶσα ἐξ ἀνάγκης ἀπόλλυσι τά τε κεραννύμενα καὶ πρώτην αὑτήν· οὐδὲ
e γὰρ κρᾶσις ἀλλά τις ἄκρατος συμπεφορημένη ἀληθῶς ἡ τοιαύτη γίγνεται ἑκάστοτε ὄντως τοῖς κεκτημένοις συμφορά.

ΠΡΩ. Ἀληθέστατα.

ΣΩ. Νῦν δὴ καταπέφευγεν ἡμῖν ἡ τοῦ ἀγαθοῦ δύναμις εἰς τὴν τοῦ καλοῦ φύσιν· μετριότης γὰρ καὶ συμμετρία κάλλος δήπου καὶ ἀρετὴ πανταχοῦ συμβαίνει γίγνεσθαι.

ΠΡΩ. Πάνυ μὲν οὖν.

ΣΩ. Καὶ μὴν ἀλήθειάν γε ἔφαμεν αὐτοῖς ἐν τῇ κράσει μεμεῖχθαι.

ΠΡΩ. Πάνυ γε.

65 ΣΩ. Οὐκοῦν εἰ μὴ μιᾷ δυνάμεθα ἰδέᾳ τὸ ἀγαθὸν θηρεῦσαι, σὺν τρισὶ λαβόντες, κάλλει καὶ συμμετρίᾳ καὶ ἀληθείᾳ, λέγωμεν ὡς τοῦτο οἷον ἓν ὀρθότατ' ἂν αἰτιασαίμεθ' ἂν τῶν ἐν τῇ συμμείξει, καὶ διὰ τοῦτο ὡς ἀγαθὸν ὂν τοιαύτην αὐτὴν γεγονέναι.

ΠΡΩ. Ὀρθότατα μὲν οὖν.

ΣΩ. Ἤδη τοίνυν, ὦ Πρώταρχε, ἱκανὸς ἡμῖν γένοιτ' ἂν ὁστισοῦν κριτὴς ἡδονῆς τε πέρι καὶ φρονήσεως, ὁπότερον

d 3 καὶ μὴν καὶ B: καὶ μὴν T d 4 ἢ T: ἡ B παντὸς T: πάντως B d 7 που B: πω T d 9 μέτρου B T: μέτρον vulg. e 1 συμπεφυρμένη Liebhold e 5 ἡμῖν B: ἡμᾶς T e 9 αὐτοῖς T: ἑαυτοῖς B a 1 θηρεῦσαι B γρ. t: θησαυρίσαι T

普洛塔尔科斯：〈说得〉正确，因为这对我们的剖判来说是最有助 64d1
益的。

苏格拉底：其实在每一种混合那儿，无论如何都并不难看清〈下面
这种〉原因：正是通过它，任何一种混合才变得是极其有价值的，或者 64d5
变得是完全没有任何价值的。

普洛塔尔科斯：你为何这么说？

苏格拉底：肯定无人不知道这点。

普洛塔尔科斯：哪点？

苏格拉底：这点：每一种混合——无论它是什么，也无论它是何
种方式的——，只要它没有取得尺度和匀称之本性，那么，它就必然不 64d10
仅毁掉那些被混合起来的东西，而且首先毁掉它自身。因为它根本就不 64e1
是一种混合，而其实是一种未加节制的聚集在一起，这样一种〈未加节
制的聚集在一起〉对于那些拥有它的人来说，每次实际上都成为了一种
不幸[552]。

普洛塔尔科斯：〈你说得〉非常对。

苏格拉底：因此，对我们来说，善之能力现在已经逃入到美之本 64e5
性中去求庇护了；因为适度和匀称无疑处处都出现在美和德性所生起的
地方。

普洛塔尔科斯：完全如此。

苏格拉底：而且我们还肯定说过，在混合中真已经与它们混合在一 64e10
起了。

普洛塔尔科斯：的确。

苏格拉底：因此，如果我们没有能力用单一的形式[553]来捕获善， 65a1
那我们就借助三种东西一起来把握它，即借助美、匀称和真；让我们
说，我们或许能够最为正确地把这〈三者〉作为一而使之成为在混合中
的那些东西的原因，并且由于这——因为它是善的——，混合自身也已 65a5
经成为了如此这般的[554]。

普洛塔尔科斯：〈你〉的确〈说得〉极其正确。

苏格拉底：那么从现在起，普洛塔尔科斯啊，对我们来说，任何人——无论他是谁——，都会成为一位关于快乐和明智的合适的仲裁

αὐτοῖν τοῦ ἀρίστου συγγενέστερόν τε καὶ τιμιώτερον ἐν b ἀνθρώποις τέ ἐστι καὶ θεοῖς.

ΠΡΩ. Δῆλον μέν, ὅμως δ' οὖν τῷ λόγῳ ἐπεξελθεῖν βέλτιον.

ΣΩ. Καθ' ἓν ἕκαστον τοίνυν τῶν τριῶν πρὸς τὴν ἡδονὴν καὶ τὸν νοῦν κρίνωμεν· δεῖ γὰρ ἰδεῖν ποτέρῳ ⟨ὡς⟩ μᾶλλον συγγενὲς ἕκαστον αὐτῶν ἀπονεμοῦμεν.

ΠΡΩ. Κάλλους καὶ ἀληθείας καὶ μετριότητος πέρι λέγεις;

ΣΩ. Ναί. πρῶτον δέ γε ἀληθείας λαβοῦ, ὦ Πρώταρχε· c καὶ λαβόμενος βλέψας εἰς τρία, νοῦν καὶ ἀλήθειαν καὶ ἡδονήν, πολὺν ἐπισχὼν χρόνον ἀπόκριναι σαυτῷ πότερον ἡδονὴ συγγενέστερον ἢ νοῦς ἀληθείᾳ.

ΠΡΩ. Τί δὲ χρόνου δεῖ; πολὺ γὰρ οἶμαι διαφέρετον. ἡδονὴ μὲν γὰρ ἁπάντων ἀλαζονίστατον, ὡς δὲ λόγος, καὶ ἐν ταῖς ἡδοναῖς ταῖς περὶ τἀφροδίσια, αἳ δὴ μέγισται δοκοῦσιν εἶναι, καὶ τὸ ἐπιορκεῖν συγγνώμην εἴληφε παρὰ θεῶν, ὡς καθάπερ παίδων τῶν ἡδονῶν νοῦν οὐδὲ τὸν ὀλίγιστον κεκτη- d μένων· νοῦς δὲ ἤτοι ταὐτὸν καὶ ἀλήθειά ἐστιν ἢ πάντων ὁμοιότατόν τε καὶ ἀληθέστατον.

ΣΩ. Οὐκοῦν τὸ μετὰ τοῦτο τὴν μετριότητα ὡσαύτως σκέψαι, πότερον ἡδονὴ φρονήσεως ἢ φρόνησις ἡδονῆς πλείω κέκτηται;

ΠΡΩ. Εὔσκεπτόν γε καὶ ταύτην σκέψιν προβέβληκας· οἶμαι γὰρ ἡδονῆς μὲν καὶ περιχαρείας οὐδὲν τῶν ὄντων πεφυκὸς ἀμετρώτερον εὑρεῖν ἄν τινα, νοῦ δὲ καὶ ἐπιστήμης ἐμμετρώτερον οὐδ' ἂν ἕν ποτε.

b 3 οὖν BT: αὖ vulg. ἐπεξελθεῖν T: ἐπελθεῖν B b 6 ὡς addidi auctore Badham b 10 λαβοῦ BT: εὖ λαβοῦ vel εὐλαβοῦ Stobaeus: σὺ λαβοῦ Bücheler c 5 ἀλαζονίστατον B Athenaeus Eustathius: ἀλαζονέστατον T Stobaeus Eusebius d 1 τῶν BT: om. Stobaeus ἡδονῶν BT: ἡδομένων Eusebius Athenaei E d 4 ὡσαύτως B Stobaeus: ὡς οὕτως T d 9, 10 ἀμετρώτερον . . . ἐμμετρώτερον BT: ἀμετρότερον . . . ἐμμετρότερον Stobaeus Eusebius vulg.

者，即这两者中哪个是与至善更为同家族的，以及哪个在众人和诸神那 65b1
里都是更尊贵的。

普洛塔尔科斯：虽然这是显而易见的，但用讨论来充分地进行检查
仍然是更好的。

苏格拉底：那好！让我们相较于快乐来逐一剖判三者中的每一个； 65b5
因为必须看清，我们将把三者中的每一个——作为〈是与之〉更为同家
族的[555]——，分派给那两者中的哪个。

普洛塔尔科斯：你是说美、真和适度吗？

苏格拉底：是的。但请你首先拾起真，普洛塔尔科斯啊。并且在拾 65b10
起它之后，你再把视线投向这三者，即理智、真和快乐；在停留了长时 65c1
间之后[556]，你再回答你自己，是快乐还是理智，与真是更为同家族的。

普洛塔尔科斯：但为什么还需要时间呢？因为我认为，两者的区别
非常大。因为，一方面，快乐是一切中最厚颜无耻的[557]，据说，甚至 65c5
在关乎属于阿佛洛狄忒的那些事情[558]的一些快乐那里——它们无疑看
起来是一些最大的快乐——，就连发假誓也都已经从诸神那儿获得了体
谅，因为诸快乐就像孩子们一样未曾取得理智，哪怕是最少的；而另一 65d1
方面，理智确确实实要么与真是同一的，要么在所有东西中是最类似于
它的和最真的。

苏格拉底：那么，在这之后，也请你以同样的方式来考察一下适
度，〈看看〉是快乐比明智更多地拥有它呢，还是明智比快乐更多地拥 65d5
有它？

普洛塔尔科斯：你已经抛出的这个考察，它肯定也是容易进行考
察的。因为我认为，一方面，任何人都不可能发现在诸是者中还有任何
〈其他〉东西生来就比快乐以及狂喜[559]是更不合尺度的；另一方面，也 65d10
从未有任何东西是比理智和知识更合尺度的。

e ΣΩ. Καλῶς εἴρηκας. ὅμως δ' ἔτι λέγε τὸ τρίτον. νοῦς ἡμῖν κάλλους μετείληφε πλεῖον ἢ τὸ τῆς ἡδονῆς γένος, ὥστε εἶναι καλλίω νοῦν ἡδονῆς, ἢ τοὐναντίον;

ΠΡΩ. Ἀλλ' οὖν φρόνησιν μὲν καὶ νοῦν, ὦ Σώκρατες, οὐδεὶς πώποτε οὔθ' ὕπαρ οὔτ' ὄναρ αἰσχρὸν οὔτε εἶδεν οὔτε ἐπενόησεν οὐδαμῇ οὐδαμῶς οὔτε γιγνόμενον οὔτε ὄντα οὔτε ἐσόμενον.

ΣΩ. Ὀρθῶς.

ΠΡΩ. Ἡδονὰς δέ γέ που, καὶ ταῦτα σχεδὸν τὰς μεγίστας, ὅταν ἴδωμεν ἡδόμενον ὁντινοῦν, ἢ τὸ γελοῖον ἐπ' αὐταῖς ἢ τὸ
66 πάντων αἴσχιστον ἑπόμενον ὁρῶντες αὐτοί τε αἰσχυνόμεθα καὶ ἀφανίζοντες κρύπτομεν ὅτι μάλιστα, νυκτὶ πάντα τὰ τοιαῦτα διδόντες, ὡς φῶς οὐ δέον ὁρᾶν αὐτά.

ΣΩ. Πάντῃ δὴ φήσεις, ὦ Πρώταρχε, ὑπό τε ἀγγέλων πέμπων καὶ παροῦσι φράζων, ὡς ἡδονὴ κτῆμα οὐκ ἔστι πρῶτον οὐδ' αὖ δεύτερον, ἀλλὰ πρῶτον μέν πῃ περὶ μέτρον καὶ τὸ μέτριον καὶ καίριον καὶ πάντα ὁπόσα χρὴ τοιαῦτα νομίζειν, τὴν †ἀίδιον ᾑρῆσθαι.

ΠΡΩ. Φαίνεται γοῦν ἐκ τῶν νῦν λεγομένων.

b ΣΩ. Δεύτερον μὴν περὶ τὸ σύμμετρον καὶ καλὸν καὶ τὸ τέλεον καὶ ἱκανὸν καὶ πάνθ' ὁπόσα τῆς γενεᾶς αὖ ταύτης ἐστίν.

ΠΡΩ. Ἔοικε γοῦν.

ΣΩ. Τὸ τοίνυν τρίτον, ὡς ἡ ἐμὴ μαντεία, νοῦν καὶ φρόνησιν τιθεὶς οὐκ ἂν μέγα τι τῆς ἀληθείας παρεξέλθοις.

ΠΡΩ. Ἴσως.

---

e 2 γένος B T : μέρος t e 4 ἀλλ' Stallbaum : ἆρ' T Stobaeus : ἄρ' B οὖν T Stobaeus : οὖν ἢ B e 6 ἐπενόησεν B T : ὑπενόησεν Stobaeus οὐδαμῇ B T Stobaeus : οὐδαμοῦ Eusebius e 9 δέ γέ που B T : δέ που Stobaeus : δέ γε δή που Eusebius ταῦτα B T : ταύτας vulg. Stobaeus Eusebius a 7 χρὴ τοιαῦτα B Eusebius : τοιαῦτα χρὴ T Stobaeus a 8 ἀίδιον] fort. μίαν vel πρώτην ἰδέαν ᾑρῆσθαι Stobaeus : ηρῆσθαι B : εἰρῆσθαι φάσιν T : εἰρῆσθαι φύσιν vulg. : ηὑρῆσθαι φύσιν Badham a 9 γοῦν B T Stobaeus : οὖν vulg. b 2 γενεᾶς B T : γενέσεως Stobaeus αὖ ταύτης B T Stobaeus : ταύτης αὖ vulg.

苏格拉底：你说得很好。尽管如此，但还是请你说说第三个。对我 65e1
们而言，理智比快乐这个种类更多地分有美[560]，以至于理智比快乐是更
美的呢，还是相反？

普洛塔尔科斯：无论如何，一方面就明智和理智，苏格拉底啊，从 65e5
来就没有任何一个人——无论他是在醒着的时候，还是在睡梦中——，
看到过〈它们〉或设想过〈它们〉在任何地方以任何方式变得、是或将
是丑陋的。

苏格拉底：〈说得〉正确。

普洛塔尔科斯：而另一方面，无疑就各种快乐，尤其[561]那些近乎
最大的，每当我们看见无论哪个人在对之感到快乐时，由于我们看到在 65e10
它们那里的可笑之物，或者伴随〈它们〉的一切中最丑陋的东西，我们 66a1
自己就既感到丑陋，也通过抹去光[562]来尽可能地隐藏它们，把所有诸
如此类的事情都交给黑夜，好像光不应当看见它们似的[563]。

苏格拉底：那么，你将用所有的方式来宣告下面这些，普罗塔尔科
斯啊，要么通过由使者们来发出〈消息〉，要么通过〈你自己〉向那些 66a5
在场的人指出，那就是：快乐不是首要的财富，甚至连第二也不是；相
反，首要的财富在某种方式上围绕着尺度、合尺度、适时以及所有那些
必定被认作诸如此类的、被选择为永恒的〈本性〉[564]的东西。

普洛塔尔科斯：基于现在所说的这些，无论如何都显得如此。

苏格拉底：第二等财富无疑围绕着匀称、美、完满、充足，以及所 66b1
有那些复又属于这一种族的东西。

普洛塔尔科斯：至少看起来是这样。

苏格拉底：那好！如果你把理智和明智设为第三等财富，就像我的 66b5
预言〈所说的那样〉，那么，你就会偏离真不太远。

普洛塔尔科斯：也许。

ΣΩ. Ἆρ' οὖν οὐ τέταρτα, ἃ τῆς ψυχῆς αὐτῆς ἔθεμεν, ἐπιστήμας τε καὶ τέχνας καὶ δόξας ὀρθὰς λεχθείσας, ταῦτ' εἶναι τὰ πρὸς τοῖς τρισὶ τέταρτα, εἴπερ τοῦ ἀγαθοῦ γέ ἐστι c μᾶλλον [ἢ] τῆς ἡδονῆς συγγενῆ;

ΠΡΩ. Τάχ' ἄν.

ΣΩ. Πέμπτας τοίνυν, ἃς ἡδονὰς ἔθεμεν ἀλύπους ὁρισάμενοι, καθαρὰς ἐπονομάσαντες τῆς ψυχῆς αὐτῆς, ἐπιστήμαις, τὰς δὲ αἰσθήσεσιν ἑπομένας;

ΠΡΩ. Ἴσως.

ΣΩ. "Ἕκτῃ δ' ἐν γενεᾷ," φησὶν Ὀρφεύς, "καταπαύσατε κόσμον ἀοιδῆς·" ἀτὰρ κινδυνεύει καὶ ὁ ἡμέτερος λόγος ἐν ἕκτῃ καταπεπαυμένος εἶναι κρίσει. τὸ δὴ μετὰ ταῦθ' ἡμῖν οὐδὲν λοιπὸν πλὴν ὥσπερ κεφαλὴν ἀποδοῦναι d τοῖς εἰρημένοις.

ΠΡΩ. Οὐκοῦν χρή.

ΣΩ. Ἴθι δή, τὸ τρίτον τῷ σωτῆρι τὸν αὐτὸν διαμαρτυράμενοι λόγον ἐπεξέλθωμεν.

ΠΡΩ. Ποῖον δή;

ΣΩ. Φίληβος τἀγαθὸν ἐτίθετο ἡμῖν ἡδονὴν εἶναι πᾶσαν καὶ παντελῆ.

ΠΡΩ. Τὸ τρίτον, ὦ Σώκρατες, ὡς ἔοικας, ἔλεγες ἀρτίως τὸν ἐξ ἀρχῆς ἐπαναλαβεῖν δεῖν λόγον.

ΣΩ. Ναί, τὸ δέ γε μετὰ τοῦτο ἀκούωμεν. ἐγὼ γὰρ δὴ e κατιδὼν ἅπερ νυνδὴ διελήλυθα, καὶ δυσχεράνας τὸν Φιλήβου λόγον οὐ μόνον ἀλλὰ καὶ ἄλλων πολλάκις μυρίων, εἶπον ὡς ἡδονῆς γε νοῦς εἴη μακρῷ βέλτιόν τε καὶ ἄμεινον τῷ τῶν ἀνθρώπων βίῳ.

ΠΡΩ. Ἦν ταῦτα.

b 8 ἆρ' οὖν οὐ τέταρτα T : ἆρ' οὐ τέταρτα B : ἆρ' οὖν οὐδ' Jackson αὐτῆς ἔθεμεν B Stobaeus : ἔθεμεν αὐτῆς T c 1 τέταρτα T Stobaeus : τέτταρα B γε T : om. B c 2 ἢ secl. Stallbaum c 5 ἐπιστήμαις corr. Ven. 189 : ἐπιστήμας B T c 6 τὰς Badham : ταῖς B T Stobaeus ἑπομένας T Stobaeus : ἑπόμεναι B e 2 νῦν δὴ B : νῦν T Eusebius : νυνὶ vulg. διελήλυθα T : δυσχεράνας διελήλυθα B e 4 εἴη B : εἴη ἂν T μακρῷ T : μακρὸς B

苏格拉底：因此，至于那些第四等的财富[565]，即我们曾将之设定为
属于灵魂本身的东西，它们曾被称作各种知识、各种技艺和各种正确的
判断，这些岂不就是在那三者之外的第四等财富，如果它们比快乐更类 66c1
似于善的话[566]？

普洛塔尔科斯：有可能。

苏格拉底：那好！那些〈排在〉第五的，我们曾通过区分而将之设
定为无痛苦的快乐，我们称它们为属于灵魂本身的纯粹的〈快乐〉，〈它 66c5
们中的〉一些伴随着知识，一些则伴随着各种感觉。

普洛塔尔科斯：也许。

苏格拉底："但在第六个世代，"俄耳甫斯[567]说，"你们要让歌的世界[568]
结束。"然而，这点也是有可能的，即我们的谈话已经结束[569]在了第六 66c10
个剖判那里。因此，在这些之后，对我们来说除了下面这点之外的确就 66d1
没有什么还剩下了，即似乎还得对那些已经被说的再加上一个头[570]。

普洛塔尔科斯：无疑必须这样。

苏格拉底：那就来吧！让我们把第三〈杯酒〉献给拯救者〈宙斯〉[571]，
通过请他做见证来彻底走完这同一种说法。 66d5

普洛塔尔科斯：究竟哪个说法？

苏格拉底：菲勒玻斯曾设定，对我们来说，善是一种整个的和完满
的快乐。

普洛塔尔科斯：你刚才说的第三〈杯酒〉，苏格拉底啊，似乎在说 66d10
〈我们〉必须从头再次拾起那〈最初的〉说法。

苏格拉底：是的。那就让我们确实来听听在这之后的吧。我，由 66e1
于看清了我刚才已经细说的那些东西，并且厌恶菲勒玻斯的那种说
法——它不仅属于他，而且也属于经常〈说它的〉其他那些成千上万的
人——，于是我就说，对于众人的生活来说，理智无论如何都远远比快 66e5
乐是更好的和更有益的。

普洛塔尔科斯：它向来就是这样。

ΣΩ. Ὑποπτεύων δέ γε καὶ ἄλλα εἶναι πολλὰ εἶπον ὡς εἰ φανείη τι τούτοιν ἀμφοῖν βέλτιον, ὑπὲρ τῶν δευτερείων νῷ πρὸς ἡδονὴν συνδιαμαχοίμην, ἡδονὴ δὲ καὶ δευτερείων στερήσοιτο.

67 ΠΡΩ. Εἶπες γὰρ οὖν.

ΣΩ. Καὶ μετὰ ταῦτά γε πάντων ἱκανώτατα τούτοιν οὐδέτερον ἱκανὸν ἐφάνη.

ΠΡΩ. Ἀληθέστατα.

ΣΩ. Οὐκοῦν παντάπασιν ἐν τούτῳ τῷ λόγῳ καὶ νοῦς ἀπήλλακτο καὶ ἡδονὴ μή τοι τἀγαθόν γε αὐτὸ μηδ' ἕτερον αὐτοῖν εἶναι, στερομένοιν αὐταρκείας καὶ τῆς τοῦ ἱκανοῦ καὶ τελέου δυνάμεως;

ΠΡΩ. Ὀρθότατα.

ΣΩ. Φανέντος δέ γε ἄλλου τρίτου κρείττονος τούτοιν ἑκατέρου, μυρίῳ γ' αὖ νοῦς ἡδονῆς οἰκειότερον καὶ προσφυέστερον πέφανται νῦν τῇ τοῦ νικῶντος ἰδέᾳ.

ΠΡΩ. Πῶς γὰρ οὔ;

ΣΩ. Οὐκοῦν πέμπτον κατὰ τὴν κρίσιν, ἣν νῦν ὁ λόγος ἀπεφήνατο, γίγνοιτ' ἂν ἡ τῆς ἡδονῆς δύναμις.

ΠΡΩ. Ἔοικεν.

b ΣΩ. Πρῶτον δέ γε οὐδ' ἂν οἱ πάντες βόες τε καὶ ἵπποι καὶ τἆλλα σύμπαντα θηρία φῶσι τῷ τὸ χαίρειν διώκειν· οἷς πιστεύοντες, ὥσπερ μάντεις ὄρνισιν, οἱ πολλοὶ κρίνουσι τὰς ἡδονὰς εἰς τὸ ζῆν ἡμῖν εὖ κρατίστας εἶναι, καὶ τοὺς θηρίων ἔρωτας οἴονται κυρίους εἶναι μάρτυρας μᾶλλον ἢ τοὺς τῶν ἐν μούσῃ φιλοσόφῳ μεμαντευμένων ἑκάστοτε λόγων.

ΠΡΩ. Ἀληθέστατα, ὦ Σώκρατες, εἰρῆσθαί σοι νῦν ἤδη φαμὲν ἅπαντες.

e 8 τι B : τὸ T τούτοιν T : τούτων B a 2 ἱκανώτατα T : ἱκανώτατον B τούτοιν T : τούτων B οὐδέτερον T : οὐ δεύτερον B a 3 ἐφάνη BT : ἀνεφάνη Eusebius a 7 στερομένοιν corr. Ven. 189 : στερομένων BT a 10 τούτοιν T : τούτων B a 11 γ' αὖ T : αὖ B b 1 οὐδ' BT Porphyrius : οὐκ vulg. Eusebius b 5 ἔρωτας t : ἐρῶντας BT b 7 λόγων T : λόγον B

苏格拉底：然而，由于猜测其他〈比快乐更好和更有益〉的东西肯
定也是许许多多的，于是我就说，如果某种东西比这两者都显得更好，
那么，我就会为了二等奖同理智一起与快乐战斗到底，而快乐甚至连二 66e10
等奖也会被剥夺。

普洛塔尔科斯：你的确说过。 67a1

苏格拉底：并且在此之后，无论如何都以一切中最充分的方式显
明，这两者中没有一个是充分的。

普洛塔尔科斯：〈你说得〉对极了。

苏格拉底：因此，下面这点岂不是真的，那就是：无论是理智，还 67a5
是快乐，它们都已经完全被排除了，因为无论如何这两者中没有任何一
个是善本身，既然它们俩都既缺乏自足，也缺乏充分者和完满者之能力。

普洛塔尔科斯：〈你说得〉非常正确。

苏格拉底：然而，即使另外第三个东西确实被揭示出来更为胜过这 67a10
两者中的任何一个，但理智现在复又显得无限地比快乐更为亲近和更为
紧紧地依附于该胜利者之形相[572]。

普洛塔尔科斯：为何不呢？

苏格拉底：那么，按照讨论现在所显明的剖判，快乐之能力无疑就 67a15
会成为第五。

普洛塔尔科斯：似乎是这样。

苏格拉底：但无论如何它都不是第一位的，即使所有的牛和马， 67b1
以及其他所有的畜牲都会因这件事情，即因追逐享受[573]而宣称〈它
是第一位的〉；由于相信它们[574]——就像一些预言者相信一些鸟儿一
样——，许多人判定：对我们来说，就好好地活着这件事而言快乐是最
好的，并且认为更具决定性的证据是畜牲们的各种爱欲，而不是对那些 67b5
每次都诉诸哲学性的文艺[575]来进行预言的言说的爱欲。

普洛塔尔科斯：苏格拉底啊，我们所有人现在都主张〈你〉已经说
得非常对。

ΣΩ. Οὐκοῦν καὶ ἀφίετέ με;

ΠΡΩ. Σμικρὸν ἔτι τὸ λοιπόν, ὦ Σώκρατες· οὐ γὰρ δήπου σύ γε ἀπερεῖς πρότερος ἡμῶν, ὑπομνήσω δέ σε τὰ λειπόμενα.

b 11 τὸ λοιπόν B : λοιπόν T b 12 ἀπερεῖς T : ἀπορεῖς B : ἀπαίρεις corr. d : ἀπαρεῖς vulg.

苏格拉底：那你们岂不也就允许我走了？ 67b10

普洛塔尔科斯：只还剩下一件小事，苏格拉底啊。你肯定不会比我们还先打退堂鼓[576]，而我将提醒你那些剩下的[577]。

注　释

1 Πρώταρχε，在这里是呼格。不带语气词 ὦ 的呼格，作命令式理解；参见《泰阿泰德》(144d7)：Θεαίτητε, δεῦρο παρὰ Σωκράτη.［泰阿泰德，请过来，到苏格拉底旁边来。］

　　这里的这位普洛塔尔科斯（Πρώταρχος, Protarchos），生平不详，但根据该对话后面的讲述，他是卡利阿斯（Καλλίας, Kallias）的儿子（19b5）和智者高尔吉亚（Γοργίας, Gorgias）的学生（58a7）。

2 菲勒玻斯（Φίληβος, Philebos），生平也不详；从词源看，该词由 φιλέω［爱/热爱］和 ἥβη［年轻人/青年］合成，意思是"热爱青年""爱年轻人"。

3 μή σοι κατὰ νοῦν ᾖ λεγόμενος［假如它说得不合你心意的话］，也可以译为"假如它没有合你心意地说出来的话"。σοι κατὰ νοῦν 是一整体，意思是"按照你的意愿""合你心意地"；单就 κατὰ νοῦν 来说，意思是"如愿"。参见：

　　《智者》(217d5-7)：συμβούλῳ μὴν ἐμοὶ χρώμενος τῶν νέων τινὰ αἱρήσῃ, Θεαίτητον τόνδε, ἢ καὶ τῶν ἄλλων εἴ τίς σοι κατὰ νοῦν.［但是，如果你真把我当成建议者，那你可以找年轻人中的一位，即这位泰阿泰德，或者其他人中任何一位合你心意的。］

4 συγκεφαλαιωσώμεθα［让我们概述一下］。συγκεφαλαιωσώμεθα 是动词 συγκεφαλαιόω［概括/概述］的一次性过去时虚拟式第一人称复数，这是一种修辞法。有一种语法现象，称为"谦虚复数"（pluralis modestiae），即背后的意思虽然是单数"我"，但表达时用复数形式"我们"，以示"谦虚"或"礼貌"。参见：

　　《欧悌弗戎》(12e1-4)：Πειρῶ δὴ καὶ σὺ ἐμὲ οὕτω διδάξαι τὸ ποῖον μέρος τοῦ δικαίου ὅσιόν ἐστιν, ἵνα καὶ Μελήτῳ λέγωμεν μηκέθ' ἡμᾶς ἀδικεῖν μηδὲ ἀσεβείας γράφεσθαι, ὡς ἱκανῶς ἤδη παρὰ σοῦ μεμαθηκότας τά τε εὐσεβῆ καὶ ὅσια καὶ τὰ μή.［那么就请你试着这样教我，虔敬的东西是正当的东西的哪个部分，以便我们能对梅勒托斯说，别再对我们行不义，也不要起诉我们不敬神，因为我们已经从你那儿充分地学习了那些敬神的和虔敬的东西，以及那些不敬神的和不虔敬的东西。］

《斐洞》（118a7–8）：Ὦ Κρίτων, ἔφη, τῷ Ἀσκληπιῷ ὀφείλομεν ἀλεκτρυόνα· ἀλλὰ ἀπόδοτε καὶ μὴ ἀμελήσητε.［克里同啊，他说，我们欠阿斯克勒庇俄斯一只公鸡，那你们得还上，可别忘记了！］

《泰阿泰德》（150b6–c3）：Τῇ δέ γ' ἐμῇ τέχνῃ τῆς μαιεύσεως τὰ μὲν ἄλλα ὑπάρχει ὅσα ἐκείναις, διαφέρει δὲ τῷ τε ἄνδρας ἀλλὰ μὴ γυναῖκας μαιεύεσθαι καὶ τῷ τὰς ψυχὰς αὐτῶν τικτούσας ἐπισκοπεῖν ἀλλὰ μὴ τὰ σώματα. μέγιστον δὲ τοῦτ' ἔνι τῇ ἡμετέρᾳ τέχνῃ, βασανίζειν δυνατὸν εἶναι παντὶ τρόπῳ πότερον εἴδωλον καὶ ψεῦδος ἀποτίκτει τοῦ νέου ἡ διάνοια ἢ γόνιμόν τε καὶ ἀληθές.［但我的助产技艺在其他方面同那些产婆们的都一样，不同之处仅在于，一则为男人们而不是为女人们助产，一则检查他们那进行生产的灵魂而不是身体。而在我们的技艺中最重要的是这点，即能够用一切办法来仔细检查年轻人的思想是在生产假象和错误呢，还是在生产硕果和真实。］

5 πᾶσι ζῴοις［对于一切活物而言］，也可以译为“对于一切生物而言”，甚或“对于一切动物而言”。

6 τὸ χαίρειν［享受］，也可以译为“感到高兴”“感到喜悦”或“令人满意”。

7 τοῦ γένους ... τούτου σύμφωνα［与此类事情相一致的东西］，形容词 σύμφωνος［相一致的 / 发出相同声音的］，要求属格，所以这里出现的是单数属格 τοῦ γένους ... τούτου［此类事情］。

8 τὸ ... παρ' ἡμῶν ἀμφισβήτημα［从我们这儿而来的异议］，也可以译为“我们所坚持的”。《牛津希–英词典》（*A Greek-English Lexicon*, H. G. Liddell and R. Scott, With a Revised Supplement. Charendon Press, Oxford, 1996）举了柏拉图在这里的这个表达，对 ἀμφισβήτημα 的解释是：point maintained in argument。

9 τὸ φρονεῖν［具有明智］，也可以译为“有智慧”“有思想”。

10 τὸ νοεῖν［进行理解］，也可以译为“进行思考”“进行洞察”。

11 μεμνῆσθαι［已经想起］，也可以译为“记得”“回忆起”；之所以这么翻译，因为 μεμνῆσθαι 是动词 μιμνήσκω［使记起 / 使回想起］的完成时不定式中动态。

12 τὰ τούτων ... συγγενῆ［与这些同家族的那些东西］，也可以译为“与这些同类的那些东西”。

13 ἡμῖν... ἀπείρηκεν［已经从我们这里打退堂鼓了］，也可以译为“已经放弃和我们〈探讨〉了”或“已经对我们词穷了”。ἀπείρηκεν 是动词 ἀπερῶ（也写作 ἀπερέω）的完成时直陈式主动态第三人称单数，由褫夺性前缀 ἀπο 和动词 ἐρῶ［说］构成，等于动词 ἀπεῖπον［放弃 / 拒绝］；这里将之意译为“打退堂鼓”。

参见《泰阿泰德》（200d5-6）：Τί οὖν τις ἐρεῖ πάλιν ἐξ ἀρχῆς ἐπιστήμην; οὐ γάρ που ἀπεροῦμέν γέ πω;［那么，一个人再次从头开始会说知识是什么呢？因为我们肯定还没有打算放弃它吧？］

14 Δεῖ δὴ περὶ αὐτῶν τρόπῳ παντὶ τἀληθές πῃ περανθῆναι;［那么，无论如何都必须用所有的方式抵达关于它们的真相吗？］这句话也可以译为“那么，关于它们的真相，必须用所有的方式而在某个地方被带到终点吗？”

15 Ἴθι δή 是词组，意思是“好吧！”“来呀！”；而 ἴθι 是动词 εἶμι［来 / 去］的现在时命令式第二人称单数。

16 πρὸς τούτοις［除了这些之外］，也可以简单译为“此外”。介词 πρός 跟与格，具有“在……之外”“此外还有”等意思；《牛津希-英词典》对 πρὸς τούτοις 的解释是：besides。

17 ἕξιν ψυχῆς καὶ διάθεσιν［灵魂的习性或状态］。基于文义，连词 καί 在这里译为“或”，而不译为“和”。

关于 ἕξις［习性 / 习惯］和 διάθεσις［状态］的区别，可参见亚里士多德《范畴篇》（8b26-9a13）：ἓν μὲν οὖν εἶδος ποιότητος ἕξις καὶ διάθεσις λεγέσθωσαν. διαφέρει δὲ ἕξις διαθέσεως τῷ μονιμώτερον καὶ πολυχρονιώτερον εἶναι· τοιαῦται δὲ αἵ τε ἐπιστῆμαι καὶ αἱ ἀρεταί· ἥ τε γὰρ ἐπιστήμη δοκεῖ τῶν παραμονίμων εἶναι καὶ δυσκινήτων, ἐὰν καὶ μετρίως τις ἐπιστήμην λάβῃ, ἐάνπερ μὴ μεγάλη μεταβολὴ γένηται ὑπὸ νόσου ἢ ἄλλου τινὸς τοιούτου· ὡσαύτως δὲ καὶ ἡ ἀρετή· οἷον ἡ δικαιοσύνη καὶ ἡ σωφροσύνη καὶ ἕκαστον τῶν τοιούτων οὐκ εὐκίνητον δοκεῖ εἶναι οὐδ' εὐμετάβολον. διαθέσεις δὲ λέγονται ἅ ἐστιν εὐκίνητα καὶ ταχὺ μεταβάλλοντα, οἷον θερμότης καὶ κατάψυξις καὶ νόσος καὶ ὑγίεια καὶ ὅσα ἄλλα τοιαῦτα· διάκειται μὲν γάρ πως κατὰ ταύτας ὁ ἄνθρωπος, ταχὺ δὲ μεταβάλλει ἐκ θερμοῦ ψυχρὸς γιγνόμενος καὶ ἐκ τοῦ ὑγιαίνειν εἰς τὸ νοσεῖν· ὡσαύτως δὲ καὶ ἐπὶ τῶν ἄλλων, εἰ μή τις καὶ αὐτῶν τούτων τυγχάνοι διὰ χρόνου πλῆθος ἤδη πεφυσιωμένη καὶ ἀνίατος ἢ πάνυ δυσκίνητος οὖσα, ἣν ἄν τις ἴσως ἕξιν ἤδη προσαγορεύοι. φανερὸν δὲ ὅτι ταῦτα βούλονται ἕξεις λέγειν ἅ ἐστι πολυχρονιώτερα καὶ δυσκινητότερα· τοὺς γὰρ τῶν ἐπιστημῶν μὴ πάνυ κατέχοντας ἀλλ' εὐκινήτους ὄντας οὔ φασιν ἕξιν ἔχειν, καίτοι διάκεινταί γέ πως κατὰ τὴν ἐπιστήμην ἢ χεῖρον ἢ βέλτιον. ὥστε διαφέρει ἕξις διαθέσεως τῷ τὸ μὲν εὐκίνητον εἶναι τὸ δὲ πολυχρονιώτερόν τε καὶ δυσκινητότερον. —εἰσὶ δὲ αἱ μὲν ἕξεις καὶ διαθέσεις, αἱ δὲ διαθέσεις οὐκ ἐξ ἀνάγκης ἕξεις· οἱ μὲν γὰρ ἕξεις ἔχοντες καὶ διάκεινταί πως κατὰ ταύτας, οἱ δὲ διακείμενοι οὐ πάντως καὶ ἕξιν ἔχουσιν.[因此，有一种质被称作习性和状态。而习性之不同于状态，就在于它是更稳定和更持久的。各种知识和德性就是习性；知识似乎属于持久的东西和难以移除的东西——即使人们只是有限地获取了知识，除非因疾病或其他类似的东西而发生了某种重大的变故——。德性也同样如此，例如，公正、审慎以及其他类似的东西都似乎既是难以移除的也是难以改变的。而所谓状态，指那易于变动和能够很快改变的性质，如热和冷、疾病和健康以及其他类似的东西。因为一个人会因它们而无论如何总是处于某种状态中，但又很快发生变化，如由热变冷、由健康变生病。其他类似的情形也同样如此，除非它们中的某种经过时间的累积而已经变成自然的和不可更改的，或非常难以改变——那时该东西或许就已经可以叫作习性了。显然人们愿意称那些较为持久和难以更改的东西为习性；因为对于那些不能很好地持有知识而易于变化者，人们不会说他们有习性——尽管他们无论怎样都因知识而或差或好地处于某种状态中。因此，习性和状态的区别在于后者是易于更改的，而前者则较为持久和难以更改。然而习性是状态，但状态并不必然是习性。因为有习性的人无论怎样由此都处在某种状态中，但处在某种状态中的人并不必然具有某种习性。]

18 Οὐκοῦν ὑμεῖς μὲν τὴν τοῦ χαίρειν, ἡμεῖς δ' αὖ τὴν τοῦ φρονεῖν;[岂不是这样：一方面，你们〈认为〉它属于享受；另一方面，我们〈认为〉它属于具有明智？]这句话也可以补充译为："岂不是这样：一方面，你们〈认为〉它是享受这种〈习性或状态〉；另一方面，我们〈认为〉它是具有明智这种〈习性或状态〉？"

19 ταῦτα ἔχοντος βεβαίως[牢牢地拥有这类东西]，字面意思是"牢牢地拥有这些东西"。ταῦτα 虽然是指示代词中性复数，但在这里当理解为在指代"那些优胜的习性或状态"。

20 κρατεῖ δὲ ὁ τῆς ἡδονῆς τὸν τῆς φρονήσεως[但快乐这种生活会胜过明智这种生活]。之所以这么翻译，一是为了避免歧义，二是基于文法和文义，这里的属格当理解为同位语属格，故不能译为"快乐的生活"和"明智的生活"。

21 ἀλλὰ γάρ 是固定表达，意思是"的确""当然""其实"。

22 ἀφοσιοῦμαι[我洗手不干]，也可以译为"我免责""我洁净自己"。ἀφοσιοῦμαι 是动词 ἀφοσιόω 的现在时直陈式中动态第一人称单数；ἀφοσιόω 的本义是"净罪""清除污染"，其中动态则具有"使自己成为圣洁"的意思。

参见《斐洞》(60d7–e3)：Λέγε τοίνυν, ἔφη, αὐτῷ, ὦ Κέβης, τἀληθῆ, ὅτι οὐκ ἐκείνῳ βουλόμενος οὐδὲ τοῖς ποιήμασιν αὐτοῦ ἀντίτεχνος εἶναι ἐποίησα ταῦτα – ᾔδη γὰρ ὡς οὐ ῥᾴδιον εἴη – ἀλλ' ἐνυπνίων τινῶν ἀποπειρώμενος τί λέγοι, καὶ ἀφοσιούμενος εἰ ἄρα πολλάκις ταύτην τὴν μουσικήν μοι ἐπιτάττοι ποιεῖν.［苏格拉底说：刻贝斯啊，那就请你对他如实相告，即我创作这些不是想同他或他的那些诗作比技艺——因为我知道那会是不容易的——，而是为了测试〈我的〉一些梦，看它们究竟在说什么，以及洁净自己，万一它们是在命令我创作这类文艺。］

23 αὐτῶν 在这里表强调，无需译为“本身”，译出语气即可。

24 ὅδε［这个人］，即菲勒玻斯。

25 阿佛洛狄忒（Ἀφροδίτη, Aphrodite），希腊神话中的爱神；赫西俄德在《神谱》(190–197) 中提到了该词的词源，说天神克洛诺斯（Κρόνος, Kronos）割掉了其父亲乌拉诺斯（Οὐρανός, Ouranos）的阴茎，将之扔到海里，在它的周围泛起了白色的泡沫，从浪花间的泡沫中诞生了阿佛洛狄忒，因而 Ἀφροδίτη 源自 ἀφρός［泡沫］一词。

26 Ἡδονή［赫多涅］，名词 ἡδονή［快乐］的专名，即“快乐女神”。

27 κατ' ἄνθρωπον 是词组，本义是“按照人的能力”，这里基于文义意译为“在人的限度内”。

28 参见《克拉底鲁》(400d1–401a5)：{ΕΡΜ.} Ταῦτα μέν μοι δοκεῖ ἱκανῶς, ὦ Σώκρατες, εἰρῆσθαι· περὶ δὲ τῶν θεῶν τῶν ὀνομάτων, οἷον καὶ περὶ τοῦ “Διὸς” νυνδὴ ἔλεγες, ἔχοιμεν ἄν που κατὰ τὸν αὐτὸν τρόπον ἐπισκέψασθαι κατὰ τίνα ποτὲ ὀρθότητα αὐτῶν τὰ ὀνόματα κεῖται; {ΣΩ.} Ναὶ μὰ Δία ἡμεῖς γε, ὦ Ἑρμόγενες, εἴπερ γε νοῦν ἔχοιμεν, ἕνα μὲν τὸν κάλλιστον τρόπον, ὅτι περὶ θεῶν οὐδὲν ἴσμεν, οὔτε περὶ αὐτῶν οὔτε περὶ τῶν ὀνομάτων, ἅττα ποτὲ ἑαυτοὺς καλοῦσιν· δῆλον γὰρ ὅτι ἐκεῖνοί γε τἀληθῆ καλοῦσι. δεύτερος δ' αὖ τρόπος ὀρθότητος, ὥσπερ ἐν ταῖς εὐχαῖς νόμος ἐστὶν ἡμῖν εὔχεσθαι, οἵτινές τε καὶ ὁπόθεν χαίρουσιν ὀνομαζόμενοι, ταῦτα καὶ ἡμᾶς αὐτοὺς καλεῖν, ὡς ἄλλο μηδὲν εἰδότας· καλῶς γὰρ δὴ ἔμοιγε δοκεῖ νενομίσθαι. εἰ οὖν βούλει, σκοπῶμεν ὥσπερ προειπόντες τοῖς θεοῖς ὅτι περὶ αὐτῶν οὐδὲν ἡμεῖς σκεψόμεθα — οὐ γὰρ ἀξιοῦμεν οἷοί τ' ἂν εἶναι σκοπεῖν – ἀλλὰ περὶ τῶν ἀνθρώπων, ἥν ποτέ τινα δόξαν ἔχοντες ἐτίθεντο αὐτοῖς τὰ ὀνόματα· τοῦτο γὰρ ἀνεμέσητον.［赫尔摩革涅斯：在我看来，这些已经被充分地说了，苏格拉底啊。但关于〈其他〉诸神的名字，就像你刚才关于“宙斯”所说的那样，我们也能够用同样的方式来加以考察吗，〈看看〉究竟按照何种正确性来确定他们的名字？苏格拉底：宙斯在上，我们的确，赫尔摩革涅斯啊，如果我们

真有头脑的话，能够按照一种方式，而且是最好的方式〈来进行考察〉，那就是：关于诸神，我们一无所知，无论是关于他们自身，还是关于他们称呼他们自己的那些名字——即使显然他们在用一些真的〈名字〉来称呼他们自己——。此外，就正确性来说，还有第二种方式，就像在各种祈祷中我们按照习惯来进行祈祷那样，他们被按照他们怎样以及从何处感到高兴那样来被命名，我们也如此来称呼他们，既然我们不知道任何其他的；因为这在我看来很好地保持了习惯。因此，如果你愿意，那就让我们这样来进行考察，好像对于诸神我们预先宣布，关于他们我们将不考察任何东西——因为我们根本不配能够考察他们——，而是在就那些人进行考察，即他们究竟因持有何种意见而为他们确定了各种名字；因为这样做是不会引起神的愤怒的。]

此外，柏拉图在《泰阿泰德》《智者》以及《政治家》中都提到，不能只停留在语词或名称上，而是要看清语词所命名的那个事物或事情。参见：

《泰阿泰德》(177e1-2)：Μὴ γὰρ λεγέτω τὸ ὄνομα, ἀλλὰ τὸ πρᾶγμα τὸ ὀν ομαζόμενον θεωρείτω.[肯定不能让他只说语词，而是要让他看到被命名的那个事物。]

《智者》(218c1-5)：νῦν γὰρ δὴ σύ τε κἀγὼ τούτου πέρι τοὔνομα μόνον ἔχομεν κοινῇ, τὸ δὲ ἔργον ἐφ' ᾧ καλοῦμεν ἑκάτερος τάχ' ἂν ἰδίᾳ παρ' ἡμῖν αὐτοῖς ἔχοιμεν· δεῖ δὲ ἀεὶ παντὸς πέρι τὸ πρᾶγμα αὐτὸ μᾶλλον διὰ λόγων ἢ τοὔνομα μόνον συνωμολογῆσθαι χωρὶς λόγου.[因为现在你和我仅仅共同地拥有关于他的名称，但我们〈用该名称〉对之命名的那个事情，我俩各自或许在我们自己那里有着个人自己的看法。但总是应当务必通过各种言说就事情本身取得一致，而不是在缺乏言说的情况下仅仅就名称取得一致。]

《政治家》(261e5-7)：Καλῶς γε, ὦ Σώκρατες· κἂν διαφυλάξῃς τὸ μὴ σπουδάζειν ἐπὶ τοῖς ὀνόμασιν, πλουσιώτερος εἰς τὸ γῆρας ἀναφανήσῃ φρονήσεως.[〈说得〉很好，苏格拉底！并且如果你能够警惕过于把名字当回事，那么，到老年时你就会在明智方面显得更为富有。]

29 καὶ νῦν 是短语，意思是“甚至现在”“甚至这样”；καί 在这里不是连词，而是表强调。

30 形容词 ποικίλος 的本义是“多花色的”“花哨的”“五彩斑斓的”，喻为“错综复杂的”“多变化的”等。参见《智者》(223c1-2)：Ἔτι δὲ καὶ τῇδε ἴδωμεν· οὐ γάρ τι φαύλης μέτοχόν ἐστι τέχνης τὸ νῦν ζητούμενον, ἀλλ' εὖ μάλα ποικίλης.[不过让我们还要以下面这种方式看看，因为现在所寻找的，不是某个分有一种微不足道的技艺的，而是分有一种非常错综复杂的技艺的。]

31 ἕν τι[某种一]，也可以译为“某种单一的东西”。

32 ἀνομοίους［不相似的］，也可以译为“不一样的”。

33 αὐτῷ τῷ σωφρονεῖν［恰恰因节制］，也可以译为“就因节制”。αὐτῷ 在这里表强调，故没有译为“本身”；当然，如果泛泛理解，译为“因节制本身”也可以。

34 ἀπ' ἐναντίων ... πραγμάτων［来自一些相反的情况］，在这里也可以译为“来自一些相反的行动”。名词 πρᾶγμα 派生自动词 πράσσω［做 / 采取行动］，本义是“做出来的事”“行动”；它除了泛指“事情”之外，其复数还具有“情况”“大事”“麻烦事”等意思。

35 πάντων χρημάτων［一切事物中］。名词 χρῆμα 派生自动词 χράομαι［使用 / 利用］，即“使用物”“必需之物”，尤其指“财物”，进而泛指“事物”“东西”等。

36 希腊文方括号中的否定词 μὴ，伯内特认为是窜入，而法国布德本希腊文保留了它。无论保留还是不保留，翻译过来的意思都一样；μὴ οὐ / μὴ οὐκ / μὴ οὐχ 作为整体同虚拟语气或祈愿语气的动词连用，构成一种要求否定回答的疑问语气。

参见《泰阿泰德》(153a1-3)：Τίς οὖν ἂν ἔτι πρός γε τοσοῦτον στρατόπεδον καὶ στρατηγὸν Ὅμηρον δύναιτο ἀμφισβητήσας μὴ οὐ καταγέλαστος γενέσθαι;［那么，反对一支如此强大的军队和作为统帅的荷马，谁又能够不会变得可笑呢？］

37 καὶ γάρ 是词组，意思是“真的”“的确”，这里基于上下文将之译为“其实”。

38 δαιμόνιε 是 δαιμόνιος 的呼格，不过在这里乃是作为一般口语表达，而不是作为同苏格拉底那著名的 δαίμων［精灵］相联系的 δαιμόνιος［精灵的 / 属于精灵的］来理解。δαιμόνιος 在口语中作呼格使用时，既可表褒义，也可表贬义。在荷马史诗中褒义指“神保佑的人”，贬义则指“神谴责的人”；在阿提卡口语中，褒义指“我的好人！”贬义则指“倒霉蛋！”“可怜的人！”我这里有意偏中性地将之译为“非凡的”。

39 πρὸς τῷ διάφορον εἶναι［除了是不相同的之外］是一个整体，介词 πρός 表“在……之外”“此外还有”等意思时，要求与格，所以这里出现的是不定式单数与格 τῷ διάφορον εἶναι［是不相同的］。

40 καὶ δὴ καί 是固定表达，可以译为“当然”“而”。

41 γένει ... ἐστι πᾶν ἕν［在家族上它们全都是一］。γένει［在家族上］，也可以译为“在属上”。γένος 源于动词 γένω / γίγνομαι［出生 / 产生 / 形成］，具有“家族”“后代”“种族”等意思，后来亚里士多德在逻辑学上明确将它同 εἶδος［种］区分开，用它意指“属”。

关于这一思想，可对观后来亚里士多德的《形而上学》第五卷第 6 章（1016b31–1017a3）：ἔτι δὲ τὰ μὲν κατ᾽ ἀριθμόν ἐστιν ἕν, τὰ δὲ κατ᾽ εἶδος, τὰ δὲ κατὰ γένος, τὰ δὲ κατ᾽ ἀναλογίαν, ἀριθμῷ μὲν ὧν ἡ ὕλη μία, εἴδει δ᾽ ὧν ὁ λόγος εἷς, γένει δ᾽ ὧν τὸ αὐτὸ σχῆμα τῆς κατηγορίας, κατ᾽ ἀναλογίαν δὲ ὅσα ἔχει ὡς ἄλλο πρὸς ἄλλο. ἀεὶ δὲ τὰ ὕστερα τοῖς ἔμπροσθεν ἀκολουθεῖ, οἷον ὅσα ἀριθμῷ καὶ εἴδει ἕν, ὅσα δ᾽ εἴδει οὐ πάντα ἀριθμῷ· ἀλλὰ γένει πάντα ἓν ὅσαπερ καὶ εἴδει, ὅσα δὲ γένει οὐ πάντα εἴδει ἀλλ᾽ ἀναλογίᾳ· ὅσα δὲ ἀνολογίᾳ οὐ πάντα γένει.［此外，一些东西在数目上是一，一些东西在种上是一，一些东西在属上是一，一些东西在类比上是一。那些在数目上是一的，其质料是一；那些在种上是一的，其定义是一；那些在属上是一的，指的是同一范畴形态适用它们；那些在类比上是一的，指的是具有如比例相同的那样的关系。后面的情形总是跟随着前面的情形。例如：凡在数目上是一的，在种上也是一；但在种上是一的，并不全都在数目上是一。凡在种上是一的，在属上也全都是一；但在属上是一的，并不全都在种上是一，而是在类比上是一。凡在类比上是一的，并不全都在属上是一。］

42 οὕτως ἔχονθ᾽［是这样］，即 οὕτως ἔχοντα。动词 ἔχω［有］加副词，等于 εἰμί 加相应的形容词；此外，ἔχω 同副词连用，表“处于某种状态”“是某种样子”。

43 φοβοῦμαι δὲ μή［不过我担心］。否定词 μή 位于“害怕”“担心”“犹豫”“警惕”这类具有否定意义的词后面时，起加强语气的作用，不表否定，翻译时不译出。

44 τῷ λόγῳ［用道理］，这里音译为“用逻各斯”似乎更好。

45 ἀνέξεσθαί σου λέγοντος［将容忍你说］。ἀνέξεσθαι 是动词 ἀνέχω 的将来时不定式中动态；ἀνέχω 的基本意思是“举起”“支持”，但其中动态则表“坚持”“容忍”，并要求属格，所以后面跟的是单数属格 σου λέγοντος［你说］。

46 ἀλλ᾽ οὖν 是固定表达，意思是“无论如何”。

47 καθ᾽ ὅσον 等于 ἐς ὅσον 和 ἐφ᾽ ὅσον，是固定表达，字面是“就其所能达到的程度”“在……范围内”。

48 πεισόμεθα［我们将表现出］，πεισόμεθα 是动词 πάσχω［遭受 / 经历］的将来时直陈式中动态第一人称复数，鉴于其中动态形式，故译为“将表现出”，当然也可以译为“我们将经历”“我们将遭受”。πεισόμεθα 在法国布德本希腊文作 πειρασόμεθα［我们将尝试］，不从。

49 φαυλότατοι［最不用心的］，也可以译为“最平庸的”“最愚昧的”。形容词 φαῦλος 的基本意思是“无关紧要的”“低劣的”，转义为“不用心的”“随随便便的”等。

50 νέοι［新手］，如果照应下面 13d6 那里的其比较级 νεώτεροι［更为幼稚的］，在这里也可以将之译为“幼稚的人”。

51 ἕξω ... λέγειν［我将能够说］是一个整体；动词 ἔχω［有］跟不定式，表“能够……”“有能力……”。

52 ἐκπεσὼν οἰχήσεται［因搁浅而失败］，这是借航海而来的比喻。动词 ἐκπίπτω 的本义是“从……掉出来”“脱落”，用在航海上指各种海难，如船只“（在岩石上的）撞毁”“搁浅”等；这里基于后面的动词 ἀνακρουώμεθα［让我们把……推回去］，将之译为“搁浅”。动词 οἴχομαι 的基本意思是“走”“上路”，但也指“丧失”“失去”“失败”。

53 τάχ’ ἄν［有可能］。τάχ’ 即 τάχα；τάχα 是形容词 ταχύς［快的 / 迅速的］的副词，但 τάχ’ ἄν 是固定搭配，意思是“或许”“大概”“有可能”。

54 ἴσως ἄν［或许会］是一个整体。副词 ἴσως 的基本意思是“同等地”“同样地”，常与 ἄν 或 τάχ’ ἄν 连用，意思是“或许”“很可能”“大概”。

55 φρόνησις 一般译为“明智”或“审慎”，在这里也可以将之直接译为“智慧”。其实该词在柏拉图那里几乎等同于 σοφία［智慧］一词，后来亚里士多德才对之进行了明确的区分；狭义的 σοφία 即“理论智慧”，而 φρόνησις 专指“实践智慧”。

56 κατ’ ἀρχάς 是词组，意思是“起初”“起先”。

57 ἐπί τινος ἀλογίας［借助某种无理性］，也可以简单译为“借助某种荒谬”。

58 ［τοῦ ἀγαθοῦ］τοῦ τ’ ἐμοῦ καὶ τοῦ σοῦ［你的善和我的善］。方括号中的希腊文 τοῦ ἀγαθοῦ［善］，伯内特认为是窜入，法国布德本希腊文同样如此；但基于文义，这里的翻译保留该词。如果不保留该词，基于文法，就当补充译为“你的说法和我的说法”，即补充翻译 λόγος［说法］一词。

59 之所以这样补充翻译，由于 ἐλεγχόμενοι 是动词 ἐλέγχω［质问］的现在时分词被动态阳性主格复数，当省略了 λόγοι［说法］一词。

60 动词 φιλονικέω 的字面意思是“热爱胜利”，喻为“喜欢竞争”“争胜”。

61 οὐς ἐμέ［那个我］，也可以译为“我这种人”；该表达通常作单数 τὸν ἐμέ，这里之所以使用宾格复数，是为了同前面的宾格复数 πολλούς［多］保持一致。参见：

《泰阿泰德》（166a5-6）：γέλωτα δὴ τὸν ἐμὲ ἐν τοῖς λόγοις ἀπέδειξεν.［他于是就在讨论中把我这种人显明为是一个笑料。］

《智者》（239b1-3）：Τὸν μὲν τοίνυν ἐμέ γε τί τις ἂν λέγοι; καὶ γὰρ πάλαι καὶ τὰ νῦν ἡττημένον ἂν εὕροι περὶ τὸν τοῦ μὴ ὄντος ἔλεγχον.［因此，就我这种

人，一个人究竟还能有什么可说呢？因为，无论是过去，还是现在，他都会发现在对不是者的反驳方面我是一个失败者。］

62 τὰ δεδημευμένα［一些已经变得众所周知的东西］。δεδημευμένα 是动词 δημεύω［公之于众 / 充公］的完成时分词被动态中性复数，这里将之意译为“已经变得众所周知的”。

63 ὡς ἔπος εἰπεῖν［几乎可以说］是固定表达，此外它还具有“总之一句话”“一言以蔽之”等意思。

64 τῶν τοιούτων ἅπτεσθαι［触碰这类事情］，也可以译为“纠缠这类事情”。动词 ἅπτω［触碰 / 缠住］要求属格，所以这里出现的是复数属格 τῶν τοιούτων［这类事情］。

65 σφόδρα ... ἐμπόδια γίγνεσθαι［变成了严重的绊脚石］，有意按词源翻译，当然也可以译为“变成了严重起阻碍作用的”。形容词 ἐμπόδιος［妨碍的 / 阻碍的］的词干是名词 πούς［脚］。

66 καὶ ἅμα 是一个整体，意思是“此外”；当然也可以译为“而与此同时”。参见《苏格拉底的申辩》(38a7–b1)：τὰ δὲ ἔχει μὲν οὕτως, ὡς ἐγώ φημι, ὦ ἄνδρες, πείθειν δὲ οὐ ῥᾴδιον. καὶ ἐγὼ ἅμα οὐκ εἴθισμαι ἐμαυτὸν ἀξιοῦν κακοῦ.［但正如我所说的，事情就是这样，诸位啊，只不过要说服〈你们〉是不容易的。此外，我也不曾习惯〈认为〉自己应受任何坏事。］

67 对观《智者》(251a9–c6)：{ΞΕ.} Λέγομεν ἄνθρωπον δήπου πόλλ᾽ ἄττα ἐπονομάζοντες, τά τε χρώματα ἐπιφέροντες αὐτῷ καὶ τὰ σχήματα καὶ μεγέθη καὶ κακίας καὶ ἀρετάς, ἐν οἷς πᾶσι καὶ ἑτέροις μυρίοις οὐ μόνον ἄνθρωπον αὐτὸν εἶναί φαμεν, ἀλλὰ καὶ ἀγαθὸν καὶ ἕτερα ἄπειρα, καὶ τἆλλα δὴ κατὰ τὸν αὐτὸν λόγον οὕτως ἓν ἕκαστον ὑποθέμενοι πάλιν αὐτὸ πολλὰ καὶ πολλοῖς ὀνόμασι λέγομεν. {ΘΕΑΙ.} Ἀληθῆ λέγεις. {ΞΕ.} Ὅθεν γε οἶμαι τοῖς τε νέοις καὶ τῶν γερόντων τοῖς ὀψιμαθέσι θοίνην παρεσκευάκαμεν· εὐθὺς γὰρ ἀντιλαβέσθαι παντὶ πρόχειρον ὡς ἀδύνατον τά τε πολλὰ ἓν καὶ τὸ ἓν πολλὰ εἶναι, καὶ δήπου χαίρουσιν οὐκ ἐῶντες ἀγαθὸν λέγειν ἄνθρωπον, ἀλλὰ τὸ μὲν ἀγαθὸν ἀγαθόν, τὸν δὲ ἄνθρωπον ἄνθρωπον. ἐντυγχάνεις γάρ, ὦ Θεαίτητε, ὡς ἐγᾦμαι, πολλάκις τὰ τοιαῦτα ἐσπουδακόσιν, ἐνίοτε πρεσβυτέροις ἀνθρώποις, καὶ ὑπὸ πενίας τῆς περὶ φρόνησιν κτήσεως τὰ τοιαῦτα τεθαυμακόσι, καὶ δή τι καὶ πάσσοφον οἰομένοις τοῦτο αὐτὸ ἀνηυρηκέναι.［客人：我们无疑通过给出许多的名称来说一个人，当我们把各种颜色、形状、大小、丑恶和德性赋予他时；在所有这些以及其他成千上万的情形中，我们不仅宣称他是一个人，而且宣称他是善的和无数其他的。对于其他的东西也如此，根据同样的说法，我们虽然把每个都设定为一，但复

又说它是多并用多个名称来说它。泰阿泰德：你说得对。客人：正由于这个缘故，我认为，我们为一些年轻人以及为老年人中那些晚学的人准备了一场筵席；因为对他们所有人来说，都立马准备好反驳下面这点，即多不可能是一，并且一也不可能是多。无疑他们不乐意允许说一个人是善的，而只允许说善的东西是善的，而〈一个〉人是人。其实你，泰阿泰德啊，如我所认为的那样，肯定经常遇到过一些热衷于这类东西的人，他们有时是一些年岁较大的人，并且他们因欠缺对智慧的获取而惊讶于这类东西，甚至还认为，他们已经发现的这件事情，恰恰就是某种极其智慧的事情。]

68 参见《蒂迈欧》(27d5–28a4)：Ἔστιν οὖν δὴ κατ᾽ ἐμὴν δόξαν πρῶτον διαιρετέον τάδε· τί τὸ ὂν ἀεί, γένεσιν δὲ οὐκ ἔχον, καὶ τί τὸ γιγνόμενον μὲν ἀεί, ὂν δὲ οὐδέποτε; τὸ μὲν δὴ νοήσει μετὰ λόγου περιληπτόν, ἀεὶ κατὰ ταὐτὰ ὄν, τὸ δ᾽ αὖ δόξῃ μετ᾽ αἰσθήσεως ἀλόγου δοξαστόν, γιγνόμενον καὶ ἀπολλύμενον, ὄντως δὲ οὐδέποτε ὄν. [根据我的意见首先必区分下面这点，那就是，什么是那永恒是着的、没有生成的东西，以及什么是那一方面总是生成出来的、另一方面永恒不是着的东西？那必须在思想中借助逻各斯而被把握的东西，是始终自我同一地是着的东西；而那在意见中借助无逻各斯的感觉而被以为的东西，则是既生成出来又会毁灭的东西，永远不会以是的方式是着。]

69 ἑνάς[一元]，当然也可以译为“一性”，这里为了同下面的μονάς[一性]相区别，将之译为“一元”。

70 μονάς[一性]，也可以译为“一元”或“元一”；后世所谓的“单子”(德：Monade；英：monad)，即来自该词。

参见《斐洞》(101b9–c7)：Τί δέ; ἑνὶ ἑνὸς προστεθέντος τὴν πρόσθεσιν αἰτίαν εἶναι τοῦ δύο γενέσθαι ἢ διασχισθέντος τὴν σχίσιν οὐκ εὐλαβοῖο ἂν λέγειν; καὶ μέγα ἂν βοῴης ὅτι οὐκ οἶσθα ἄλλως πως ἕκαστον γιγνόμενον ἢ μετασχὸν τῆς ἰδίας οὐσίας ἑκάστου οὗ ἂν μετάσχῃ, καὶ ἐν τούτοις οὐκ ἔχεις ἄλλην τινὰ αἰτίαν τοῦ δύο γενέσθαι ἀλλ᾽ ἢ τὴν τῆς δυάδος μετάσχεσιν, καὶ δεῖν τούτου μετασχεῖν τὰ μέλλοντα δύο ἔσεσθαι, καὶ μονάδος ὃ ἂν μέλλῃ ἓν ἔσεσθαι. [然后呢？通过把一增加到一上，增加就是产生出二的原因，或者通过〈把一〉分开，分开〈就是产生出二的原因〉，难道你就不警惕会这么说吗？其实你会大声喊道，你不知道每个东西会以其他什么方式产生，除了通过分有每个东西自己的、它要分有的所是之外；在〈所提到的〉这些情况那儿，你没有二得以产生的其他任何原因，除了对二性的分有之外，并且那些将要是二的东西都必须分有二性，而任何将要是一的东西也必须分有一性。](105c4–6)：οὐδ᾽ ᾧ ἂν ἀριθμῷ τί ἐγγένηται περιττὸς ἔσται, οὐκ ἐρῶ ᾧ ἂν περιττότης, ἀλλ᾽ ᾧ ἂν μονάς. [什

么必须出现在数那里而使得它将是奇数，那么我不会说在它那里必须出现奇数性，而说在它那里必须出现一性。]

71 εἶναι ... ἀληθῶς οὔσας [是真正是着的]，也可以译为"以真正是着的方式是着"。

72 ὅμως εἶναι βεβαιότατα μίαν ταύτην; 这句话在法国布德本希腊文中作 ὅλως εἶναι βεβαιότατα μίαν ταύτην，除了把 ὅμως [虽然 / 尽管] 改为 ὅλως [整个地 / 全部地] 之外，而且把问号改成了逗号；而这一改动，直接导致了把三个问题变成了两个问题。这里的翻译从布德本希腊文。

73 名词 ἀπορία [困境] 派生自形容词 ἄπορος，由褫夺性前缀 ἀ [无] 和 πόρος [通路 / 道路] 构成，即"走投无路"。

74 希腊文方括号中的语气词 ἂν，伯内特认为是窜入，而法国布德本希腊文直接保留了它，从之。

75 εὐπορία [疑难的解决] 同 ἀπορία [困境] 相对；《牛津希-英词典》举了柏拉图在这里的这个表达，对之的解释是：solution of doubts or difficulties。

76 ἡμᾶς ... τούσδε [在这儿的我们所有人] 是一个整体。τούσδε 是 ὅδε 的阳性宾格复数；ὅδε 除了是指示代词之外，还常作表地点或时间的副词使用，但与所修饰的名词同样变格。参见：

《智者》(216a2)：τόνδε τινὰ ξένον ἄγομεν. [我们还带来了这儿的这位客人。]

《政治家》(257c4-5)：ἀλλὰ γὰρ περὶ Θεαιτήτου τοῦδε τί χρὴ δρᾶν με; [然而就这里的这位泰阿泰德，我该为他做点什么呢？]

77 εἶεν [好吧！] 作为感叹词，基本意思是"好的！""就这样吧！"如果表示不耐烦，则译为"算了！"

78 ταὐτὸν ἓν καὶ πολλὰ ὑπὸ λόγων γιγνόμενα [一和多，虽然由于各种言说而成为了同一个东西。] 也可以译为"一和多，虽然由于在各种言说中成为了同一个东西。"从文法上看，γιγνόμενα 是动词 γίγνομαι [成为 / 变成] 的现在分词中性复数，故其主语只能是 ἓν καὶ πολλὰ [一和多]。如果认为其主语是 ταὐτὸν [同一个东西]，就得如查尔斯·巴德姆 (Charles Badham) 所主张的那样，把 γιγνόμενα 改为 γιγνόμενον，那么这句话就当译为"同一个东西，虽然由于各种言说而成为了一和多。"或"同一个东西，虽然在各种言说中成为了一和多。"参见 Ch. Badham, *The Philebus of Plato, with Introduction, Notes, and Appendix*. Williams and Norgate (1878), p.11。不过从义理上看，后一种处理和翻译理解起来更为容易。

79 动词 γεύω 的本义是"尝 / 品尝"，喻为"体验""考验"；它要求属格，所以这里出现的是单数属格 αὐτοῦ［它］。

80 动词 ἐνθουσιάω 也拼作 ἐνθουσιάζω；它由介词 ἐν［在……里面］和名词 θεός［神］构成，字面上即“神在里面”，喻为“从神那里得到灵感”“为神附体”“入迷”。

参见《苏格拉底的申辩》(22b8–c2)：ἔγνων οὖν αὖ καὶ περὶ τῶν ποιητῶν ἐν ὀλίγῳ τοῦτο, ὅτι οὐ σοφίᾳ ποιοῖεν ἃ ποιοῖεν, ἀλλὰ φύσει τινὶ καὶ ἐνθουσιάζοντες ὥσπερ οἱ θεομάντεις καὶ οἱ χρησμῳδοί.［因此，关于诗人我不久就再次认识到了这点，那就是他们创作出他们所创作的那些东西，不是靠智慧，而是像那些被神所感召的人和预言者一样，靠某种自然以及通过从神那里得到灵感。］

81 ἐπὶ θάτερα［向另一边］是词组；参见《智者》(259c1–3)：εἴτε ὥς τι χαλεπὸν κατανενοηκὼς χαίρει τοτὲ μὲν ἐπὶ θάτερα τοτὲ δ᾽ ἐπὶ θάτερα τοὺς λόγους ἕλκων, οὐκ ἄξια πολλῆς σπουδῆς ἐσπούδακεν, ὡς οἱ νῦν λόγοι φασί.［要么，如果他因仿佛看清了某种困难而满足于时而把一些说法拖向一边，时而又把它们拖向另一边，那么他就是在热心那些不值得许多热心的东西，就像〈我们〉现在的说法所宣称的那样。］

82 ἀεὶ τὸν ἐχόμενον，即 τὸν ἀεὶ ἐχόμενον。ἐχόμενον 是动词 ἔχω［有］的中动态分词阳性宾格单数，其本意是“靠近”“接近”，如 τὸ ἐχόμενον ἔτος［接下来的一年 / 跟着来的一年］；这里基于文义将之译为“在身边的”。

83 动词 φείδομαι 的本义是“饶恕”“体谅”，这里将之译为“放过”；该词要求属格，所以这里出现了三个单数属格：πατρός［父亲］，μητρός［母亲］，ἄλλου τῶν ἀκουόντων οὐδενός［听者中的其他任何人］。

84 ὀλίγου 是形容词 ὀλίγος［少的］的中性属格单数，补全当为 ὀλίγου δεῖν，意思是“几乎”“差不多”。

85 εἰς δύναμιν［力所能及地］是词组，在这里差不多等于 κατὰ δύναμιν，也可以译为“尽全力”。

86 这显然是一句有意的奉承话。

87 λεγέσθω μόνον.［只管让它被说出来！］λεγέσθω 是动词 λέγω［说］的现在时命令式被动态第三人称单数，当然也可以转译为主动态形式“只管把它说出来！”

88 πάντα γὰρ ὅσα τέχνης ἐχόμενα ἀνηυρέθη πώποτε［所有那些曾经同一种技艺相关而被发现的东西］，也可以译为“所有那些曾经出于一种技艺而被发现的东西”。τέχνης ἐχόμενα［同一种技艺相关 / 属于一种技艺 / 出于一种技艺］是一个整体；ἐχόμενα 是动词 ἔχω［有］的现在分词中动态中性复数，ἔχω 的中动态具有“属于”“关于”的意思，要求属格作宾语，所以这里出现的是单

数属格 τέχνης[技艺]；例如 ὅσα ἔχεται τῶν αἰσθήσεων[任何属于感觉的]。

参见《泰阿泰德》(145a7-8)：Ἦ καὶ ἀστρονομικὸς καὶ λογιστικός τε καὶ μουσικὸς καὶ ὅσα παιδείας ἔχεται;[那他也精通天文学、算术学、音乐吗，以及〈其他〉任何属于教育的？]

89 φανερὰ γέγονε[被揭示出来]是一个整体，也可以译为“变得众所周知”“大白于天下”。

90 ποθὲν ἐκ θεῶν[从诸神的某个地方]是一个整体，也可以译为“从诸神的某个住处那儿”，或者简单译为“从某个神圣的地方”。类似的表达，可参见《智者》(246b6-8)：Τοιγαροῦν οἱ πρὸς αὐτοὺς ἀμφισβητοῦντες μάλα εὐλαβῶς ἄνωθεν ἐξ ἀοράτου ποθὲν ἀμύνονται, νοητὰ ἄττα καὶ ἀσώματα εἴδη βιαζόμενοι τὴν ἀληθινὴν οὐσίαν εἶναι.[正因为如此，那些同他们进行争论的人非常谨慎地从上面，即从不可见的某处来保卫他们自己，通过强迫某些可思想的、无形的形式是真正的所是。]

91 μίαν ἰδέαν[一种形式]，也可以译为“单一的形式”；基于这里的讨论，以及为了避免歧义和理解困难，把 ἰδέα 译为“形式”，而不译为“理念”。把 ἰδέα 译为“形式”，还可参见：

《泰阿泰德》(187c3-5)：καὶ δὴ καὶ νῦν τί φῄς; δυοῖν ὄντοιν ἰδέαιν δόξης, τοῦ μὲν ἀληθινοῦ, ψευδοῦς δὲ τοῦ ἑτέρου, τὴν ἀληθῆ δόξαν ἐπιστήμην ὁρίζῃ;[那么现在你怎么说？有两种形式的判断吗，一种是真实的，另一种是虚假的，你把真判断规定为知识？]

《智者》(235c8-d3)：Κατὰ δὴ τὸν παρεληλυθότα τρόπον τῆς διαιρέσεως ἔγωγέ μοι καὶ νῦν φαίνομαι δύο καθορᾶν εἴδη τῆς μιμητικῆς· τὴν δὲ ζητουμένην ἰδέαν, ἐν ὁποτέρῳ ποθ' ἡμῖν οὖσα τυγχάνει, καταμαθεῖν οὐδέπω μοι δοκῶ νῦν δυνατὸς εἶναι.[根据已经进行过的划分方式，甚至现在我自己也显得看出了模仿术的两种形式。但所寻求的那种形式，对我们来说它究竟恰好是在两者的哪一个中，我似乎现在尚未能够弄明白。]

92 εἰ δὲ μή 是固定表达，意思是“不然的话”“否则”。参见《斐洞》(63d7-e2)：φησὶ γὰρ θερμαίνεσθαι μᾶλλον διαλεγομένους, δεῖν δὲ οὐδὲν τοιοῦτον προσφέρειν τῷ φαρμάκῳ· εἰ δὲ μή, ἐνίοτε ἀναγκάζεσθαι καὶ δὶς καὶ τρὶς πίνειν τούς τι τοιοῦτον ποιοῦντας.[因为他说，那些谈话太多的人身体会发热，而不应把这类东西同药搞到一起。否则，那些做了这类事情的人有时就被迫喝两次，甚至三次药。]

93 τὸ κατ' ἀρχὰς ἕν[原初的一]，也可以译为“起初的一”。

94 μὴ ... μόνον ... ἀλλὰ καί 是一个整体，意思是“不仅……而且……”。

95 关于这里所讲的，佩利（F. A. Paley）举了一个例子来进行说明，伯里（R. G. Bury）在其关于该对话的注解中也引用了该例子："以快乐为例。作为一种 ἰδέα［形式 / 理念］或一般的抽象，它是一。再把它分为感性的快乐和理智的快乐。然后，再把这两者中的每个都取作为一个 ἕν［一］，并且说感性的快乐是五，每个都对应一种感官。再次，把味觉的快乐取作为一个 ἕν［一］，并且你将得到无限多的食物和饮料。但不要跃入无限，说'快乐！哦，当然，快乐是完全数不尽的和无止境的，'等等。"参见 F. A. Paley, *The Philebus of Plato, translated, with brief explanatory notes*. London (1873), p.13。以及 R. G. Bury, *The Philebus of Plato, edited with Introduction, Notes and Appendices*. Cambridge (1897), p.18。

96 τὸν ἀριθμὸν αὐτοῦ πάντα［它的所有数］。指示代词 αὐτοῦ［它的］，在这里当指代前面出现的 τὸ πλῆθος［众多］。

97 副词 τότε 和 τοτέ 的意思有区别，前者指"那时候""从前"，后者指"有时""时而"。

98 χαίρειν ἐᾶν［不必管 / 不理会 / 放到一边］是一个整体和固定表达。动词 ἐάω 的本义是"允许""让""听任"，而动词 χαίρω 的本义是"喜悦""满意"，其命令式则具有"欢迎""再会"等意思；由这两个词所构成的词组 ἐᾶν χαίρειν 的意思是"由它去"，而固定搭配 ἐᾶν χαίρειν τινά / τι 的意思是"不把某人或某事放在心上"。

99 ὅπως ἂν τύχωσι［随随便便地］，这是意译，字面意思是"随他们所遇到的那样"。

100 καὶ πολλὰ［以及多］。法国布德本希腊文认为是窜入，不从。

101 τὰ δὲ μέσα αὐτοὺς ἐκφεύγει［而各种中间的东西逃离了他们］，当然也可以转译为"而不顾各种中间的东西"。

102 διαλεκτικῶς［以对话的方式］。基于词源和文义，这里有意将之译为"以对话的方式"，而不译为"以辩证法的方式"。

103 τὰ μὲν ... τὰ δέ 是固定表达，意思是"一些……一些""在一些方面……在另一些方面"。

104 οἷσπερ καὶ πεπαίδευσαι［甚至正是借助它们你才已经被教育了］。动词 παιδεύω 跟与格，表示用什么手段或方法进行教育；参见：

《政制》（429e8–430a1）：ὅτε ἐξελεγόμεθα τοὺς στρατιώτας καὶ ἐπαιδεύομεν μουσικῇ καὶ γυμναστικῇ.［我们选择士兵，并用文艺和体育来教育他们。］（521d13–e1）：Γυμναστικῇ μὴν καὶ μουσικῇ ἔν γε τῷ πρόσθεν ἐπαιδεύοντο ἡμῖν.［早先他们确实曾被我们用体育和文艺所教育。］

105 τοῦτό ἐστι τὸ γραμματικὸν ἕκαστον ποιοῦν ἡμῶν.[正是这，才使得我们中的每个人成为一个精通文法的人。]从文法上看，τὸ ... ποιοῦν 是一个整体，ποιοῦν 在这里既可以理解为是动词 ποιέω[使得]的现在时不定式主动态，也可以理解为是其现在时分词主动态中性单数；而下面 17b11 那里的 ποιοῦν，只能理解为后者，因为动词 τυγχάνει[恰好 / 碰巧]要求分词。

106 κατ' ἐκείνην τὴν τέχνην[相应于那门技艺]，即相应于 μουσική[音乐]。

107 ἐν αὐτῇ[在它那里]，即"在那门技艺那里"。

108 Φωνὴ μέν που καὶ τὸ κατ' ἐκείνην τὴν τέχνην ἐστὶ μία ἐν αὐτῇ.[声音，相应于那门技艺，无论如何在它那里也都是一。]法国布德本希腊文将其中的 καὶ τὸ 删除，从之。关于这句话的校勘和理解向来有分歧；如果保留 καὶ τὸ，同时把 κατ' ἐκείνην τὴν τέχνην[相应于那门技艺]理解为是相应于前面暗含的"文法学"，那么，这句话也可以译为"声音，正如在那门技艺那儿一样，无论如何在这门技艺那里也是一。"

109 形容词 ὁμότονος 的本义是"有同样张力的""有同样音高的"，这里基于文义简单译为"中音"，即低音和高音之间的音。《牛津希-英词典》举了柏拉图在这里的这个表达，对之的解释是：between βαρύ and ὀξύ。

110 οὐδενὸς ἄξιος[一文不值]，也可以译为"毫无价值"。形容词 ἄξιος[有价值的 / 值……的]要求属格，所以这里出现的是单数属格 οὐδενὸς[无]。

参见《苏格拉底的申辩》(23b2-4)：Οὗτος ὑμῶν, ὦ ἄνθρωποι, σοφώτατός ἐστιν, ὅστις ὥσπερ Σωκράτης ἔγνωκεν ὅτι οὐδενὸς ἄξιός ἐστι τῇ ἀληθείᾳ πρὸς σοφίαν.[人啊，你们中这位最智慧的，他就像苏格拉底那样，已经认识到就智慧来说他真的是毫无价值的。]

111 διάστημα 的基本意思是"间隔""距离"，在几何学上指"半径"，在音乐上指"音程"，即音与音之间的距离。

112 名词 σύστημα 由动词 συνίστημι[组成 / 联合]派生而来，其本义是"由各个部分合成的全体"，在政治方面泛指"社团""行会""组织机构"，在音乐上则指"音阶"或"和音"。

113 ἡμῖν τοῖς ἑπομένοις ἐκείνοις[我们这些跟在他们后面的人]是一个整体，当然也可以简单译为"我们这些后来者"。ἑπομένοις 是动词 ἕπομαι[跟随 / 紧随 / 伴随]的现在时分词阳性与格复数，该动词要求与格作宾语，所以这里出现的是复数与格 ἐκείνοις[他们 / 那些人]。

114 ἁρμονία[和声]，该词的本义是"和谐""协调"，这里基于上下文将之译为"和声"；如果宽泛地进行理解，其实也可以直接译为"和谐"。该词来自动词 ἁρμόζω，而 ἁρμόζω 的本义是"联结""绷紧"。"和谐"不仅仅限于音乐或乐音方面，《斐洞》中对之有比较详细的讨论，参见《斐洞》86c6–7：ὥσπερ καὶ αἱ ἄλλαι ἁρμονίαι αἵ τ' ἐν τοῖς φθόγγοις καὶ ἐν τοῖς τῶν δημιουργῶν ἔργοις πᾶσι.［就像在乐音和在匠人们的所有作品中的其他那些和谐一样。］

115 μέτρον 的本义是"尺度""标准"，但也有"韵律"的意思，从而指"韵文""诗行"等。

116 αὐτά［它们］在一些抄本中作 ταῦτά［这些］，基于上下文和文义，从之。

117 ταύτῃ 是副词，意思是"这样地""以这种方式"。

118 ἄλλο τῶν ἓν ὁτιοῦν，德国古典语文学家马丁·沃尔拉布（M. Wohlrab, 1834–1913）建议在冠词 τῶν 后面补充 ὄντων［是着的］，从之。

119 περὶ τοῦτο［关于这］，也可以译为"关于它"；指示代词 τοῦτο［这］，指代前面的 ἕν［一］。

120 τὸ δ' ἄπειρόν σε ἑκάστων καὶ ἐν ἑκάστοις πλῆθος ἄπειρον ἑκάστοτε ποιεῖ τοῦ φρονεῖν［而属于每个东西并且在每个东西中的那种无限的众多，在任何时候都使得你无限地远离思想。］这完全是意译。这里出现了两个 ἄπειρον，但显然是有意的双关语；形容词 ἄπειρος 既有"无限的"意思，也有"无经验的"意思。从文法上看，第一个 ἄπειρον 是中性主格单数，是动词 ποιεῖ［使得/导致］的主语；第二个 ἄπειρον 是阳性宾格单数，修饰和限定宾格单数 σε［你］。因此，这句话的字面意思是："而属于每个东西并且在每个东西中的那种无限的众多，在任何时候都使得你在思想上是无经验的。"

121 οὐκ ἐλλόγιμον οὐδ' ἐνάριθμον［〈在那些智慧的人中〉既是不值得被计在内的，也是不值得被算在内的。］这是一句戏谑性的双关语。形容词 ἐλλόγιμος 和 ἐνάριθμος 的本义都是"被考虑在内的""被计算在内的"，引申为"值得重视的""有名望的""受人尊敬的"。

122 ἅτ' οὐκ εἰς ἀριθμὸν οὐδένα ἐν οὐδενὶ πώποτε ἀπιδόντα.［因为在任何东西那里你都尚未着眼于数来进行打量。］这句话的字面意思是："因为你还尚未在任何东西那儿把目光转向任何的数"或"因为你尚未在任何东西那里看向任何的数"。

123 ἕκαστον［每/每一］，我在这里把它理解为副词，将之意译为"总是"；当然，也可以译为"在每一种情形下"。

124 希腊文方括号中的介词 ἐπ'，伯内特认为是窜入，而法国布德本希腊文保留了它；从伯内特。

125 柏拉图在《斐德若》中也提到了这位透特（Θεῦθ, Theuth）。参见《斐德若》（274c5–275b1）：Ἤκουσα τοίνυν περὶ Ναύκρατιν τῆς Αἰγύπτου γενέσθαι τῶν ἐκεῖ παλαιῶν τινα θεῶν, οὗ καὶ τὸ ὄρνεον ἱερὸν ὃ δὴ καλοῦσιν Ἶβιν· αὐτῷ

δὲ ὄνομα τῷ δαίμονι εἶναι Θεύθ. τοῦτον δὴ πρῶτον ἀριθμόν τε καὶ λογισμὸν εὑρεῖν καὶ γεωμετρίαν καὶ ἀστρονομίαν, ἔτι δὲ πεττείας τε καὶ κυβείας, καὶ δὴ καὶ γράμματα. βασιλέως δ' αὖ τότε ὄντος Αἰγύπτου ὅλης Θαμοῦ περὶ τὴν μεγάλην πόλιν τοῦ ἄνω τόπου ἣν οἱ Ἕλληνες Αἰγυπτίας Θήβας καλοῦσι, καὶ τὸν θεὸν Ἄμμωνα, παρὰ τοῦτον ἐλθὼν ὁ Θεὺθ τὰς τέχνας ἐπέδειξεν, καὶ ἔφη δεῖν διαδοθῆναι τοῖς ἄλλοις Αἰγυπτίοις· ὁ δὲ ἤρετο ἥντινα ἑκάστη ἔχοι ὠφελίαν, διεξιόντος δέ, ὅτι καλῶς ἢ μὴ καλῶς δοκοῖ λέγειν, τὸ μὲν ἔψεγεν, τὸ δ' ἐπῄνει. πολλὰ μὲν δὴ περὶ ἑκάστης τῆς τέχνης ἐπ' ἀμφότερα Θαμοῦν τῷ Θεὺθ λέγεται ἀποφήνασθαι, ἃ λόγος πολὺς ἂν εἴη διελθεῖν· ἐπειδὴ δὲ ἐπὶ τοῖς γράμμασιν ἦν, "Τοῦτο δέ, ὦ βασιλεῦ, τὸ μάθημα," ἔφη ὁ Θεύθ, "σοφωτέρους Αἰγυπτίους καὶ μνημονικωτέρους παρέξει· μνήμης τε γὰρ καὶ σοφίας φάρμακον ηὑρέθη." ὁ δ' εἶπεν· "Ὦ τεχνικώτατε Θεύθ, ἄλλος μὲν τεκεῖν δυνατὸς τὰ τέχνης, ἄλλος δὲ κρῖναι τίν' ἔχει μοῖραν βλάβης τε καὶ ὠφελίας τοῖς μέλλουσι χρῆσθαι· καὶ νῦν σύ, πατὴρ ὢν γραμμάτων, δι' εὔνοιαν τοὐναντίον εἶπες ἢ δύναται. τοῦτο γὰρ τῶν μαθόντων λήθην μὲν ἐν ψυχαῖς παρέξει μνήμης ἀμελετησίᾳ, ἅτε διὰ πίστιν γραφῆς ἔξωθεν ὑπ' ἀλλοτρίων τύπων, οὐκ ἔνδοθεν αὐτοὺς ὑφ' αὑτῶν ἀναμιμνῃσκομένους· οὔκουν μνήμης ἀλλὰ ὑπομνήσεως φάρμακον ηὗρες. σοφίας δὲ τοῖς μαθηταῖς δόξαν, οὐκ ἀλήθειαν πορίζεις· πολυήκοοι γάρ σοι γενόμενοι ἄνευ διδαχῆς πολυγνώμονες εἶναι δόξουσιν, ἀγνώμονες ὡς ἐπὶ τὸ πλῆθος ὄντες, καὶ χαλεποὶ συνεῖναι, δοξόσοφοι γεγονότες ἀντὶ σοφῶν."[那好！我曾听说，在埃及的瑙克剌提斯附近，在那里的那些古老的诸神中出现过这样一位，他们将之称作朱鹭的那种鸟是献给他的；而这位精灵自己的名字被叫做透特。于是，正是这位，他首先发明了数字和计算，以及几何和天文，进而还有弈棋游戏和掷骰子的游戏，当然还有文字。此外，当时整个埃及的国王塔穆斯是〈住〉在上〈埃及〉地区的一个大城市里——希腊人把该城市称作埃及的忒拜，并且他们把〈塔穆斯〉称作神〈王〉阿蒙——，于是，透特来到这位国王那里向他展示各门技艺，并且说它们应当被传播给其他埃及人。然而，塔穆斯询问了每门技艺究竟有何种益处，而当透特一一细说后，基于他看起来说得漂亮还是不漂亮，塔穆斯要么进行指责，要么加以赞美。一方面，关于每门技艺，据说塔穆斯在〈指责和赞美〉这两方面都对透特表达了许多的看法，一段长长的叙述才能够细说它们；另一方面，当涉及文字时，"这门学问，大王啊，"透特宣称，"它能够让埃及人更加智慧和更加有记忆力，因为它作为〈提升〉记忆和智慧的一种药物已经被发现了。"塔穆斯则说道："最有技艺的透特啊，一种人能够生产那些属于一种技艺的

东西，而另一种人则能够判断下面这点，那就是，对于那些打算使用它们的人来说，它们具有什么样的坏处和好处之份额。”而现在你，作为文字之父，虽然出于好意，却在说与它们所能够做的事情相反的事情。因为，由于对记忆的忽略，这会在那些已经学习过〈它们〉的人的灵魂中造成遗忘，之所以如此，那是因为下面这点，那就是：凭借对书写的相信，他们从外面被那些异己的符号所提醒，而不是在里面他们自身被自身所提醒。因此，你没有发现一种〈提升〉记忆的药物，而是发现了一种提醒之药。而你带给学生们的，是关于智慧的意见，而不是关于它的真。因为，当他们由于你〈的发明〉而在没有教诲的情况下就成为了听到许多东西的人之后，他们就以为自己是知道许多东西的人，其实他们通常都是无知的，并且难以相处，因为他们都成为了一些自以为智慧的人，而非智慧的人。]

126 形容词 φωνήεις 的本义是“发响声的”“有声音的”，但由其中性复数而来的名词，即 τὰ φωνήεντα，在文法上指“元音”，同 τὰ ἄφωνα［辅音］相对。《牛津希-英词典》对 τὰ φωνήεντα 和 τὰ ἄφωνα 的解释分别是：vowels 和 consonants。

127 πλείω 的本义是“较多”“更多”，这里基于语境将之译为“几个”。古希腊文有七个元音字母，它们是：Α(α)、Ε(ε)、Η(η)、Ι(ι)、Ο(ο)、Υ(υ)和 Ω(ω)。

128 φωνῆς μὲν οὔ, φθόγγου δὲ μετέχοντά τινος［它们虽然不分有〈清晰的〉声音，但仍分有某种声响。］即广义的 17 个辅音字母中的“半元半辅之音”，也简单称为“半元音”；《牛津希-英词典》举了柏拉图在这里的这个表达，对之的解释是：of semi-vowels。古希腊文一共有八个半元半辅音的字母，它们是：Ζ(ζ)、Λ(λ)、Μ(μ)、Ν(ν)、Ξ(ξ)、Ρ(ρ)、Σ(σ/ς)和 Ψ(ψ)。

参见《泰阿泰德》(203b2-7)：καὶ γὰρ δή, ὦ Σώκρατες, τό τε σῖγμα τῶν ἀφώνων ἐστί, ψόφος τις μόνον, οἷον συριττούσης τῆς γλώττης· τοῦ δ᾽ αὖ βῆτα οὔτε φωνὴ οὔτε ψόφος, οὐδὲ τῶν πλείστων στοιχείων. ὥστε πάνυ εὖ ἔχει τὸ λέγεσθαι αὐτὰ ἄλογα, ὧν γε τὰ ἐναργέστατα αὐτὰ τὰ ἑπτὰ φωνὴν μόνον ἔχει, λόγον δὲ οὐδ᾽ ὁντινοῦν.［事实上，苏格拉底啊，Σ 属于辅音字母，仅仅是一种不清晰的噪音，就像舌头发出嘶嘶声一样。而字母 Β 复又既不具有一种清晰的声音，也不具有一种不清晰的噪音，大多数字母也同样如此。因此，〈它们〉被说成是无理据的，这是完全正确的，既然连其中最清楚的七个〈字母〉也只有清晰的声音，而没有任何理据。］

129 形容词 ἄφωνος 的本义是“无声音的”，但由其中性复数而来的名词，即 τὰ ἄφωνα，在文法上指“辅音”。在狭义或严格的意义上，古希腊文一共有九个辅音字母，它们是：Β(β)、Γ(γ)、Δ(δ)、Θ(θ)、Κ(κ)、Π(π)、Τ(τ)、Φ(φ) 和 Χ(χ)。

130 τὰ μέσα [中间音]，即前面提到那些“虽然不分有清晰的声音，但仍分有某种声响”的字母，“半元半辅音”字母或“半元音”字母。

131 名词 στοιχεῖον 的基本意思是“最基本的东西”“最简单的东西”，后引申为“元素”“要素”，在语言上则指“语言的基本要素”，即“简单音”或“字母”。这里为了同前面的 γράμμα [字母] 相区别，将之译为“简单音”。

132 τοῦτον τὸν δεσμόν [这种纽带]，即 στοιχεῖον [简单音]。

133 μίαν ἐπ' αὐτοῖς ὡς οὖσαν [一〈门技艺〉是在它们那里] 是一个整体，即 ὡς μίαν οὖσαν ἐπ' αὐτοῖς。之所以这样补充翻译，因为阴性宾格单数 μίαν [一] 即可视为同后面的阴性单数宾格 τέχνην [技艺] 保持一致，也可以视为其后省略了该词。

134 γραμματικὴν τέχνην [文法的技艺]，也可以简单译为“文法学”。参见：

《泰阿泰德》(207a9-b6)：Ὁ δέ γε ἴσως οἴοιτ' ἂν ἡμᾶς, ὥσπερ ἂν τὸ σὸν ὄνομα ἐρωτηθέντας καὶ ἀποκρινομένους κατὰ συλλαβήν, γελοίους εἶναι, ὀρθῶς μὲν δοξάζοντας καὶ λέγοντας ἃ λέγομεν, οἰομένους δὲ γραμματικοὺς εἶναι καὶ ἔχειν τε καὶ λέγειν γραμματικῶς τὸν τοῦ Θεαιτήτου ὀνόματος λόγον· τὸ δ' οὐκ εἶναι ἐπιστημόνως οὐδὲν λέγειν, πρὶν ἂν διὰ τῶν στοιχείων μετὰ τῆς ἀληθοῦς δόξης ἕκαστον περαίνῃ τις, ὅπερ καὶ ἐν τοῖς πρόσθε που ἐρρήθη. [然而，一个人或许会认为我们是可笑的，就像当我们被〈他〉询问你的名字时，我们逐个音节地进行回答；虽然我们正确地下了判断和说出了我们所说的，但我们竟然认为我们是一些精通文法学的人，并且以文法学的方式拥有和说出了泰阿泰德的名字的理据。但不可能知识性地说出任何东西，在一个人带着真判断从头至尾地过完〈构成它的〉每个字母之前，这在前面无论如何都曾被说过了。]

《智者》(252e9-253a12)：{ΞΕ.} Ὅτε δὴ τὰ μὲν ἐθέλει τοῦτο δρᾶν, τὰ δ' οὔ, σχεδὸν οἷον τὰ γράμματα πεπονθότ' ἂν εἴη. καὶ γὰρ ἐκείνων τὰ μὲν ἀναρμοστεῖ που πρὸς ἄλληλα, τὰ δὲ συναρμόττει. {ΘΕΑΙ.} Πῶς δ' οὔ; {ΞΕ.} Τὰ δέ γε φωνήεντα διαφερόντως τῶν ἄλλων οἷον δεσμὸς διὰ πάντων κεχώρηκεν, ὥστε ἄνευ τινὸς αὐτῶν ἀδύνατον ἁρμόττειν καὶ τῶν ἄλλων ἕτερον ἑτέρῳ. {ΘΕΑΙ.} Καὶ μάλα γε. {ΞΕ.} Πᾶς οὖν οἶδεν ὁποῖα ὁποίοις δυνατὰ κοινωνεῖν, ἢ τέχνης δεῖ τῷ μέλλοντι δρᾶν ἱκανῶς αὐτό; {ΘΕΑΙ.} Τέχνης. {ΞΕ.} Ποίας; {ΘΕΑΙ.} Τῆς γραμματικῆς. [客人：那么，当一些愿意做这件事，而一些不愿意时，它们所遭遇的就会差不多像那些字母所遭遇的一样。因为在字母中一些肯定彼此不适配，而一些则

拼合在一起。泰阿泰德：那还用说？客人：而远超其他〈字母〉的那些元音字母，它们就像纽带似的贯穿了全部的〈其他字母〉，以至于没有它们中的某个，对于其他字母来说下面这点也是不可能的，即一个同另一个相适配。泰阿泰德：完全如此。客人：那么，所有人都知道哪类字母能够同哪类字母结合呢，还是那打算充分地做它的人需要一种技艺？泰阿泰德：需要一种技艺。客人：何种技艺？泰阿泰德：文法学。］

135 ἐπεφθέγξατο［四处嚷嚷］，这是基于文义的意译，因为它显然在这里扮演着一种双关语。ἐπεφθέγξατο 是动词 ἐπιφθέγγομαι 的一次性过去时直陈式中动态第三人称单数，该词的本义是“附和说”“宣称”，在词源上同前面 φωνῆς μὲν οὔ, φθόγγου δὲ μετέχοντά τινος［它们虽然不分有清晰的声音，但仍分有某种声响。］中的名词 φθόγγος［声响］有关联。

136 σμικρὸν ἔμπροσθεν［前不久］，是一个整体。

137 这里之所以使用副词 αὖ［又 / 再次］，因为在前面 18a1-2 那里已经说过了：ἀλλὰ τί δή ποτε πρὸς ἡμᾶς ὁ λόγος οὗτος νῦν εἴρηται καὶ τί ποτε βουλόμενος;［然而，这番话究竟为何现在被说给我们了，并且它究竟意味着什么呢？］

138 τί πρὸς ἔπος［同目的有何干系］是固定用语，也可译为“同事情有何干系”，或简单译为“有何目的”；类似的表达还有：οὐδὲν πρὸς ἔπος［毫无目的 / 与目的不相干］。

139 ἦ μὴν 是固定表达，意思是“实实在在的”“完全真的”，这里基于语境将之译为“实际上”。

140 ἐπ' αὐτῷ ... γεγονότες［抵达了它那里］是一个整体和固定表达。γίγνομαι ἐπί τινι 是固定搭配，字面意思是“落入到……中”；类似的表达参见希罗多德《历史》(1.189. 1-2)：Ἐπείτε δὲ ὁ Κῦρος πορευόμενος ἐπὶ τὴν Βαβυλῶνα ἐγίνετο ἐπὶ Γύνδῃ ποταμῷ.［当居鲁士向着巴比伦行军而抵达了古恩得斯河畔之后。］

141 ὅντινα τρόπον 是一个整体，在这里大致等于词组 τίνα τρόπον 或 ὃν τρόπον，意思是“为何”“如何”。

142 κύκλῳ ... περιαγαγών［领着……绕圈子 / 以绕圈子的方式领着环行］是一个整体；κύκλῳ 是由名词 κύκλος［圆 / 圈］的与格派生而来的副词，意思就是“绕圈”“环绕”。类似的表达可参见《欧悌弗戎》(15b7-c1)：Θαυμάσῃ οὖν ταῦτα λέγων ἐάν σοι οἱ λόγοι φαίνωνται μὴ μένοντες ἀλλὰ βαδίζοντες, καὶ ἐμὲ αἰτιάσῃ τὸν Δαίδαλον βαδίζοντας αὐτοὺς ποιεῖν, αὐτὸς ὢν πολύ γε τεχνικώτερος τοῦ Δαιδάλου καὶ κύκλῳ περιιόντα ποιῶν; ἢ οὐκ αἰσθάνῃ ὅτι ὁ λόγος ἡμῖν περιελθὼν πάλιν εἰς ταὐτὸν ἥκει;［那么，假如你这样说的话，这些说法就

显得对你停留不下来，而是在漫游，你对此不感到吃惊吗？并且你还要指责我是使它们漫游的代达罗斯，其实你自己比代达罗斯有技艺多了，让它们兜圈子。或者你没有感觉到我们的说法绕了一圈之后再次来到了同样的地方？］

143 ἐμὲ τοῦ λόγου διάδοχον παντελῶς ὑποστάντα［我已经完全接替〈你来进行〉讨论］，也可以译为"我在谈话上已经完全取代了〈你的位置〉"，或者"我作为谈话的继任者完全承担起了任务"。

144 τῷ σώφρονι［对于清醒的人来说］，基于文义，这里没有将之译为"对于节制的人来说"。

145 τὸν δεύτερον πλοῦν［第二次航行］，当然，基于上下文，这里也可以将之意译为"次好的事情"。关于这一表达究竟在指什么，自古以来就有着各种各样的说法；一般认为和航行有关，即没有风了，就只好使用桨。它也出现在柏拉图的另外两部作品中；参见：

《斐洞》（99c6-d2）：ἐγὼ μὲν οὖν τῆς τοιαύτης αἰτίας ὅπῃ ποτὲ ἔχει μαθητὴς ὁτουοῦν ἥδιστ' ἂν γενοίμην· ἐπειδὴ δὲ ταύτης ἐστερήθην καὶ οὔτ' αὐτὸς εὑρεῖν οὔτε παρ' ἄλλου μαθεῖν οἷός τε ἐγενόμην, τὸν δεύτερον πλοῦν ἐπὶ τὴν τῆς αἰτίας ζήτησιν ᾗ πεπραγμάτευμαι βούλει σοι, ἔφη, ἐπίδειξιν ποιήσωμαι, ὦ Κέβης;［因此，为了〈知道〉这种原因究竟是怎么回事，我会非常乐意成为任何人的学生。但既然我已经被剥夺了这点，已经变得既不能自己去发现，也不能从他人那儿学习了，那么，他说，刻贝斯啊，你愿意我对你做一番展示吗，即为了寻找原因我当时是如何进行了第二次航行的？］

《政治家》（300c1-4）：Διὰ ταῦτα δὴ τοῖς περὶ ὁτουοῦν νόμους καὶ συγγράμματα τιθεμένοις δεύτερος πλοῦς τὸ παρὰ ταῦτα μήτε ἕνα μήτε πλῆθος μηδὲν μηδέποτε ἐᾶν δρᾶν μηδ' ὁτιοῦν.［因此，对于那些曾对任何事情制定过法和规则的人来说，第二次航行是，从不曾丝毫容许个人或大众做违背它们的任何事情。］

146 τί δή μοιτοῦτο εἴρηται τὰ νῦν;［究竟为何我现在要说这点呢？］τὰ νῦν 是一个整体和固定表达，意思是"现在""如今"。这句话也可以完全按字面直译为："对我而言，究竟为何这点现在要被说出来呢？"

147 动词 φράζω 尽管也有"说"的意思，但它不同于单纯的"说"，而是进行"说明""解释"。

148 ὀρθῶς δρῶντες［〈你俩〉做得正确］，之所以这样补充翻译，因为 δρῶντες 是动词 δράω［做］的现在分词主动态阳性主格复数。

149 名词 σύνεσις 除了具有"联合""会合"的意思之外，也具有"精明""理解”“决断”等意思，这里基于文义将之译为“睿智”。参见《政治家》(259c6-8)：Ἀλλὰ μὴν τόδε γε δῆλον, ὡς βασιλεὺς ἅπας χερσὶ καὶ σύμπαντι τῷ σώματι σμίκρ' ἄττα εἰς τὸ κατέχειν τὴν ἀρχὴν δύναται πρὸς τὴν τῆς ψυχῆς σύνεσιν καὶ ῥώμην.［然而，这点也肯定是显而易见的，那就是：任何一位国王能够去维持统治，都比较少地依靠双手和整个身体，同〈其〉灵魂的睿智和力量相比。］

150 希腊文尖括号中的关系代词 ἃ，是校勘者根据文义补充的，法国布德本希腊文同样如此；从之。

151 μετὰ παιδιᾶς［闹着玩地］是词组，《牛津希-英词典》举了柏拉图在这里的这个表达，对 μετὰ παιδιᾶς 的解释是：in sport。

152 τέλος［目的］，也可以补充译为“〈事情的〉终点”。

153 οἷός τ' εἶ［你能够］是一个整体。οἷός τ' εἶναι 是固定用法，意思是“能够”“有能力”“是可能的”，接不定式，所以后面出现的是不定式 δηλῶσαι［揭示 / 澄清］。

154 καθ' ἕτερόν τινα τρόπον ... πως ἄλλως［以另外某种方式……用其他办法］，这是一种有意的修辞表达；πως ἄλλως 作为词组，意思也是“以另外某种方式”，等于 καθ' ἕτερόν τινα τρόπον。

155 τὸν ἐμέ［我这种人］。参见前面注释 61。

156 ὄναρ［梦］是中性名词，但在这里作副词使用，意思是“在梦里”；参见：

《斐德若》(277d9-e2)：τὸ γὰρ ἀγνοεῖν ὕπαρ τε καὶ ὄναρ δικαίων καὶ ἀδίκων πέρι καὶ κακῶν καὶ ἀγαθῶν οὐκ ἐκφεύγει τῇ ἀληθείᾳ μὴ οὐκ ἐπονείδιστον εἶναι, οὐδὲ ἂν ὁ πᾶς ὄχλος αὐτὸ ἐπαινέσῃ.［因为，无论是醒着时还是在睡梦中，一个人如果关于各种正义的东西和不正义的东西、邪恶的东西和良善的东西是无知的，那他就真的无法逃脱这点，即是应被谴责的，即使整个大众都在颂扬它。］

《泰阿泰德》(208b11-12)：Ὄναρ δή, ὡς ἔοικεν, ἐπλουτήσαμεν οἰηθέντες ἔχειν τὸν ἀληθέστατον ἐπιστήμης λόγον.［那么，我们似乎只是在梦里变得富有了，当我们认为有了关于知识的最真的理据时。］

《政治家》(277d2-4)：κινδυνεύει γὰρ ἡμῶν ἕκαστος οἷον ὄναρ εἰδὼς ἅπαντα πάντ' αὖ πάλιν ὥσπερ ὕπαρ ἀγνοεῖν.［有可能我们中的每个人就像在梦里一样知道每件事，然后如醒来时那样复又不知道每件事。］

157 οὕτω καὶ διαπέραινε［也请你以这种方式抵达终点！］也可以译为“也请你这样一直走到底！”

158 Τὴν τἀγαθοῦ μοῖραν πότερον ἀνάγκη τέλεον ἢ μὴ τέλεον εἶναι;［善，就其应

得的份额来说，必然是完满的呢，还是不完满的？］这是意译，字面意思是："善之定命必然是完满的呢，还是不完满的？" μοῖρα 本义指"应得的份额"，转义为"定命"；μοῖρα 如果作专名 Μοῖρα，即指"命运女神"。

159 动词 διαφέρω 除了具有"不同"的意思之外，也有"胜过"的意思，并要求属格，所以这里出现的是复数属格 πάντων ... τῶν ὄντων［所有〈其他〉是着的东西 / 所有〈其他的〉是者］。

160 ἐφίεται 是动词 ἐφίημι 的现在时直陈式中动态第三人称单数。ἐφίημι 的基本意思是"送""允许""放任"，但其中动态则具有"渴望""希望"等意思。

161 Μήτε ἐν τῷ τῆς ἡδονῆς ἐνέστω φρόνησις μήτ' ἐντῷ τῆς φρονήσεως ἡδονή.［既不让明智是在快乐中，也不让快乐是在明智中！］也可以译为"明智既不应该是在快乐中，快乐也不应该是在明智中！"之所以这样翻译，因为 ἐνέστω 在这里是动词 ἔνειμι［是在里面 / 是在其中］的现在时命令式主动态第三人称单数。

162 τὸ ὄντως ... ἀγαθόν［以是的方式是着的善］，有意按照词源进行翻译，而没有简单译为"真正的善"。ὄντως［真正的 / 实实在在的］是由 εἰμί / εἶναι 的分词变来的副词，等于 τῷ ὄντι，ὡς ἀληθῶς 等；如果强调其词源上的联系，可译为"以是的方式是着的""在是的方式上是着的"。

163 λογίζεσθαι τὰ δέοντα［计算那些所需要的东西］，也可以译为"考虑那些应当的事情""考虑那些必须〈做〉的事情"。法国布德本希腊文认为 τὰ δέοντα［那些所需要的东西 / 应当做的事情 / 那些必须〈做〉的事情］是窜入，不从。

164 νοῦς［理智］，似乎直接音译为"努斯"更好。

165 δόξα ἀληθής［真判断］，当然也可以译为"真意见"。在《泰阿泰德》中详细讨论过 δόξα ἀληθής［真判断 / 真意见］，以及它同 ἐπιστήμη［知识］的关系。对之可参见：

《泰阿泰德》(201c8–d2)：Ὅ γε ἐγώ, ὦ Σώκρατες, εἰπόντος του ἀκούσας ἐπελελήσμην, νῦν δ' ἐννοῶ· ἔφη δὲ τὴν μὲν μετὰ λόγου ἀληθῆ δόξαν ἐπιστήμην εἶναι, τὴν δὲ ἄλογον ἐκτὸς ἐπιστήμης.［苏格拉底啊，我刚才忘记了我曾听一个人说的，不过现在想起来了。但他说：带有理据的真判断是知识，而无理据的〈真判断〉则是在知识之外。］

《政制》(506c6–10)：Τί δέ; εἶπον· οὐκ ᾔσθησαι τὰς ἄνευ ἐπιστήμης δόξας, ὡς πᾶσαι αἰσχραί; ὧν αἱ βέλτισται τυφλαί – ἢ δοκοῦσί τί σοι τυφλῶν διαφέρειν ὁδὸν ὀρθῶς πορευομένων οἱ ἄνευ νοῦ ἀληθές τι δοξάζοντες; Οὐδέν, ἔφη.［"然后呢？"我说，"难道你没有注意到，缺乏知识的意见，它们全都是一些丑陋

的东西？其中那些最好的也仍然是瞎盲的；或者在你看来，那些没有努斯却持有某种真意见的人，同那些正确地走在路上的盲人有某种不同？”“没有任何不同。”他说。]

《蒂迈欧》(51d3–e6)：εἰ μὲν νοῦς καὶ δόξα ἀληθής ἐστον δύο γένη, παντάπασιν εἶναι καθ’ αὑτὰ ταῦτα, ἀναίσθητα ὑφ’ ἡμῶν εἴδη, νοούμενα μόνον· εἰ δ’, ὥς τισιν φαίνεται, δόξα ἀληθὴς νοῦ διαφέρει τὸ μηδέν, πάνθ’ ὁπόσ’ αὖ διὰ τοῦ σώματος αἰσθανόμεθα θετέον βεβαιότατα. δύο δὴ λεκτέον ἐκείνω, διότι χωρὶς γεγόνατον ἀνομοίως τε ἔχετον. τὸ μὲν γὰρ αὐτῶν διὰ διδαχῆς, τὸ δ’ ὑπὸ πειθοῦς ἡμῖν ἐγγίγνεται· καὶ τὸ μὲν ἀεὶ μετ’ ἀληθοῦς λόγου, τὸ δὲ ἄλογον· καὶ τὸ μὲν ἀκίνητον πειθοῖ, τὸ δὲ μεταπειστόν· καὶ τοῦ μὲν πάντα ἄνδρα μετέχειν φατέον, νοῦ δὲ θεούς, ἀνθρώπων δὲ γένος βραχύ τι. [如果努斯和真意见是两种〈不同的〉类型，那么，这些在其自身的、不能被我们所感知而只能被思想的形式就一定是着。但是，如果如一些人所看来的那样，真意见和努斯并无任何的不同，那么，我们通过身体所感知到的所有东西就必然要被确立为最可靠的。但必须得说这两者是不同的，因为它们分离地各自产生出来，并且彼此也不相似。其中一个通过教导，另一个靠说服而产生给我们；一个总是带有真的逻各斯，另一个是无逻各斯的；一个不为说服所动，另一个则向它敞开了大门。必须得说，所有人都分有真意见，而只有神和少数人分有努斯。]

166 καὶ μήν 是词组，意思是“真的”“确实”“而且”。

167 τῆς ... ἐν τῷ παραχρῆμα ἡδονῆς προσπιπτούσης ... ἡντινοῦν μνήμην [对当下所降临的快乐的任何记忆] 是一个整体。

168 λογισμοῦ ... στερόμενον [如果你欠缺计算能力]，也可以译为“如果你欠缺推断能力”。στερόμενον 是动词 στέρομαι [缺乏 / 丧失] 的现在分词阳性单数宾格，该动词要求属格作宾语，所以这里出现的是单数属格 λογισμοῦ [计算 / 计算能力]。

169 Καὶ πῶς; [怎么会呢？] 也可以译为肯定句：“不可能！”καὶ πῶς 是词组，《牛津希–英词典》对它的解释是：but how? impossible!

参见《泰阿泰德》(163d6)：Καὶ πῶς, ὦ Σώκρατες; τέρας γὰρ ἂν εἴη ὃ λέγεις. [怎么会呢，苏格拉底？因为你所说的，会是一件怪事。]

170 Ἆρ’ οὖν αἱρετὸς ἡμῖν βίος ὁ τοιοῦτος; [那么，对我们而言，这样一种生活是值得选择的吗？] 也可以简单译为：“那么，我们应当选择这样一种生活吗？”

171 εἰς ἀφασίαν παντάπασί με οὗτος ὁ λόγος ἐμβέβληκε τὰ νῦν. [这种说法现在已经把我完全扔进了无言以对中。] 有意按字面翻译；当然也可以简单译为：“这种说法现在已经让我不能置一词。”

172 τὸ παράπαν 是一个整体，基本意思是“完全”“总共”。

173 κοινός 的本义是“共同的”，但基于文义，以及为了避免歧义，这里将之译为“结合的”；当然，也可以译为“组合的”。

174 νοῦ καὶ φρονήσεως［理智或明智］，基于文义，这里把 καὶ 译为“或”，而不译为“和”。

175 Οὕτω καὶ τῶν τοιούτων［λέγω］ἔγωγε.［是这样，我也的确就在说这样一种东西。］这句话在法国布德本希腊文中作 Οὕτω καὶ τὸν τοιοῦτον λέγω ἔγωγε. 这里的翻译从布德本。如果按照伯内特本，就当译为：“是这样，我也的确就在说这样一些东西的一种〈混合〉。”

176 希腊文方括号中的语气小词 γε，伯内特认为是窜入，而法国布德本希腊文保留了它，从布德本。

177 τῶν ... νικητηρίων ... ἀμφισβητῶ［要求〈头〉奖］是一个整体，也可以译为“就〈头〉奖进行争论”。动词 ἀμφισβητέω 除了有“争论”“持有异议”等基本意思之外，也有“要求”“声称”的意思，并要求属格，所以这里出现的是复数属格 τῶν νικητηρίων［〈头〉奖］。这一用法，可参见《政治家》（275b1-6）：Διὰ ταῦτα μὴν καὶ τὸν μῦθον παρεθέμεθα, ἵνα ἐνδείξαιτο περὶ τῆς ἀγελαιοτροφίας μὴ μόνον ὡς πάντες αὐτῆς ἀμφισβητοῦσι τῷ ζητουμένῳ τὰ νῦν, ἀλλὰ κἀκεῖνον αὐτὸν ἐναργέστερον ἴδοιμεν, ὃν προσήκει μόνον κατὰ τὸ παράδειγμα ποιμένων τε καὶ βουκόλων τῆς ἀνθρωπίνης ἐπιμέλειαν ἔχοντα τροφῆς τούτου μόνον ἀξιωθῆναι τοῦ προσρήματος.［也正由于这点我们才把故事摆了出来，以便就对牧群的照料可以指出：不仅每个人都在同现在正被寻找的那个人就此进行争论，而且我们还可以更加清楚明白地看见那个人本人，由于唯有他在按照牧羊人和牧牛人的例子来取得对人的抚养的关心，因而也因为唯有他适合被认为配享这个名号。］

178 τοῦ κοινοῦ τούτου βίου αἰτιῴμεθ᾽ ἂν ἑκάτερος［我们两人各自都在为这种结合的生活寻找原因］。动词 αἰτιάομαι 的本义是“归罪”“归咎”，在褒义上则指“归功”；这里为了同后面的 αἴτιον［原因］一词相照应，将之译为“寻找原因”。

179 μετόν 是动词 μέτειμι［在……当中 / 分有］的现在分词中性单数，在这里作无人称动词使用；“进行分有的”要求与格，所以这里出现的是单数与格 ἡδονῇ［快乐］，“被分有的”要求属格，所以出现的是复数属格 τῶν πρωτείων［头等奖］和 τῶν δευτερείων［二等奖］。

180 ἀλλὰ μήν 是词组，相当于拉丁文的 verum enimvero［真的］。μήν 作为小品

词，起加强语气的作用，意思是“真的”“无疑”，它可以同其他小词一起构成各种固定表达；例如，ἦ μήν［实实在在］，καὶ μήν［确实］，τί μήν［当然］。

181 ἀντεποιεῖτο τῶν νικητηρίων［竞争〈头等〉奖］。ἀντεποιεῖτο 是动词 ἀντιποιέω 的未完成过去时直陈式中动态第三人称单数；ἀντιποιέω 的本义是“报复”“报答”，但其中动态则指“（和某人）竞争……”，所竞争的对象用属格，所以这里出现的是复数属格 τῶν νικητηρίων［〈头等〉奖］。

182 副词 ἤδη 在这里的意思不是“已经”，而是“此后”“从现在起”。参见：

《泰阿泰德》（159b2-4）：Λέγωμεν δὴ ἐμέ τε καὶ σὲ καὶ τἆλλα ἤδη κατὰ τὸν αὐτὸν λόγον, Σωκράτη ὑγιαίνοντα καὶ Σωκράτη αὖ ἀσθενοῦντα.［那就让我们从现在起根据这同一说法来说我、你和其他东西，〈如〉健康的苏格拉底，以及复又正在生病的苏格拉底。］

《智者》（218a6-8）：Κινδυνεύει πρὸς μὲν ταῦτα οὐδὲν ἔτι λεκτέον εἶναι, Θεαίτητε· πρὸς δὲ σὲ ἤδη τὸ μετὰ τοῦτο, ὡς ἔοικε, γίγνοιτο ἂν ὁ λόγος.［对此有可能不再有什么是必须要说的，泰阿泰德；只不过从现在起，此后的谈话似乎就变成对着你而来的了。］

183 τὴν ἀκριβεστάτην αὐτῇ προσφέροντα βάσανον［把最严格的试金石用到它身上］，有意按字面意思翻译。名词 βάσανος 的本义就是“试金石”，喻为“对真伪的检验”。

184 Οὐδὲν λέγεις［你在瞎说］，这里按字面译为“你在说没有的事”，似乎更好。

185 Βαβαῖ ... συχνοῦ μὲν λόγου τοῦ λοιποῦ［我的天……余下的讨论何其长！］是一个整体。βαβαί 本为表示惊讶的感叹词，后面跟属格，构成一个整体。《牛津希-英词典》举了柏拉图在这里的这个表达，对 βαβαὶ ... τοῦ λόγου 的解释是：bless me what an argument!

186 καὶ γὰρ δή 是固定表达，意思是“事实上”“当然”。

187 名词 βέλος 的本义指“标枪”“箭”这类投掷物，进而泛指“武器”。

188 ἐν τῷ παντί［于世界中 / 在世界中］，也可以译为“于宇宙中”“在宇宙中”。τὸ πᾶν 的字面意思是“整体”“整全”；参见《政治家》（269c4-5）：τὸ γὰρ πᾶν τόδε τοτὲ μὲν αὐτὸς ὁ θεὸς συμποδηγεῖ πορευόμενον καὶ συγκυκλεῖ, τοτὲ δὲ ἀνῆκεν.［神自己有时帮助引导这个宇宙行进，以及帮助它旋转，有时则让它自行其是。］

189 μᾶλλον δέ 是词组，意思是“宁可说”“甚至是”，表达对前面所说内容的修正。

190 参见前面 16c 以下。

191 πέρας［限度］，也可以译为“界限”。

192 τῶν εἰδῶν τὰ δύο［两个种类］，单就这一表达，可以译为“各种形式中的两个”。

193 γελοῖός τις ἄνθρωπος［一个可笑的人］，法国布德本希腊文作 γελοῖός τις ἱκανῶς［一个足够可笑的〈人〉］。这里的翻译从伯内特本。

194 动词 συναριθμέω 的基本意思是“一起计算”“计入”，但也有“列举”“枚举”的意思。《牛津希-英词典》举了柏拉图在这里的这个表达，对之的解释是：reckon in, take into account, enumerate。

195 我这里不加区分地把 εἶδος 和 γένος 均译为“种类”。

196 关于这里所说的“原因”，可对观《斐洞》（97b8–d1）：Ἀλλ’ ἀκούσας μέν ποτε ἐκ βιβλίου τινός, ὡς ἔφη, Ἀναξαγόρου ἀναγιγνώσκοντος, καὶ λέγοντος ὡς ἄρα νοῦς ἐστιν ὁ διακοσμῶν τε καὶ πάντων αἴτιος, ταύτῃ δὴ τῇ αἰτίᾳ ἥσθην τε καὶ ἔδοξέ μοι τρόπον τινὰ εὖ ἔχειν τὸ τὸν νοῦν εἶναι πάντων αἴτιον, καὶ ἡγησάμην, εἰ τοῦθ’ οὕτως ἔχει, τόν γε νοῦν κοσμοῦντα πάντα κοσμεῖν καὶ ἕκαστον τιθέναι ταύτῃ ὅπῃ ἂν βέλτιστα ἔχῃ· εἰ οὖν τις βούλοιτο τὴν αἰτίαν εὑρεῖν περὶ ἑκάστου ὅπῃ γίγνεται ἢ ἀπόλλυται ἢ ἔστι, τοῦτο δεῖν περὶ αὐτοῦ εὑρεῖν, ὅπῃ βέλτιστον αὐτῷ ἐστιν ἢ εἶναι ἢ ἄλλο ὁτιοῦν πάσχειν ἢ ποιεῖν.［然而，当我有次听到某个人在读一本书——据他说，是阿那克萨戈拉的——，并且说其实理智才是进行安排的和对万物负责的，我的确对这一原因感到满意，并且在我看来理智是对万物负责的，这无论如何都是恰当的；我也认为，如果这就是这样，那么，进行安排的理智就肯定会安排万物，并且会如其是最好的那样安置每个东西。因此，如果一个人想为每个东西找到它如何生成、如何毁灭或者如何是着的原因，那么，就必须为它找到下面这点：如何对它来说才是最好的，或者就是着而言，或者就遭受其他任何事情而言，或者就做其他任何事情而言。］

197 关于这里提到的五个“种类”或“属”，可参见普鲁塔克（Plutarch）在《论在德尔菲旁的 EI》（De EI apud Delphos）中的相关论述（391b4–391c4）：καὶ μὴν οἶσθα δήπουθεν, ὅτι πέντε μὲν ἐν Σοφιστῇ τὰς κυριωτάτας ἀποδείκνυσιν ἀρχάς, τὸ ὂν τὸ ταὐτὸν τὸ ἕτερον, τέταρτον δὲ καὶ πέμπτον ἐπὶ τούτοις κίνησιν καὶ στάσιν. ἄλλῳ δ’ αὖ τρόπῳ διαιρέσεως ἐν Φιλήβῳ χρώμενος ἓν μὲν εἶναί φησι τὸ ἄπειρον ἕτερον δὲ τὸ πέρας, τούτων δὲ μιγνυμένων πᾶσαν συνίστασθαι γένεσιν· αἰτίαν δ’, ὑφ’ ἧς μίγνυται, τέταρτον γένος τίθεται· καὶ πέμπτον ἡμῖν ὑπονοεῖν ἀπολέλοιπεν, ᾧ τὰ μιχθέντα πάλιν ἴσχει διάκρισιν καὶ διάστασιν. τεκμαίρομαι δὲ ταῦτ’ ἐκείνων ὥσπερ εἰκόνας λέγεσθαι, τοῦ μὲν ὄντος

τὸ γιγνόμενον, κινήσεως δὲ τὸ ἄπειρον, τὸ δὲ πέρας τῆς στάσεως, ταὐτοῦ δὲ τὴν μιγνύουσαν ἀρχήν, θατέρου δὲ τὴν διακρίνουσαν.［当然，你一定知道〈柏拉图〉在《智者》中证明了最首要的本源是五个：是〈者〉、同、异，除此之外第四和第五个分别是动和静。但在《菲勒玻斯》中他使用了另外的划分方法，并说一个是无限，另一个是限度，所有的生成都由这两者的混合而来；而他把它们由之混合的原因确定为第四个属。他把第五个——通过它混合在一起的东西再度获得了分解和分离——留给我们去猜想。我推断这些同前面说的那些相似：被生成出来的东西相应于是〈者〉，无限相应于运动，限度相应于静止，进行混合的本源相应于同，而进行分离的本源相应于异。］

198 τι πέμπτον［βίον］［某一第五个〈种类〉］。希腊文方括号中的 βίον［生命］，伯内特认为是窜入。法国布德本希腊文作 πέμπτον τι ὄν［第五种是者］，不从。

199 τὰ δύο τούτων［其中的两个］，即前面 23c9–10 那里提到的 τὸ ἄπειρον［无限］和 τὸ πέρας［限度］，也即下面 24a2 那里说的 τὸ ἄπειρον［无限］和 τὸ πέρας ἔχον［有限度］。

200 τὰ δύο ἃ προτίθεμαι ταῦτ' εἶναι ἅπερ νυνδή.［我现在提出的这两个，同〈我〉刚才曾〈说过〉的是同一的。］也可以意译为："我现在提出的这两个，也就是〈我〉刚才曾〈说过〉的。"

201 οἰκοῦν<τε>［居住］。希腊文尖括号中的两个字母 τε 是编辑校勘者根据文法补充的，法国布德本同样如此。从文法上看，οἰκοῦν 是动词 οἰκέω［居住］的现在时分词主动态中性单数，而 οἰκοῦντε 则是其现在时分词主动态中性双数。

202 καὶ μάλα 是固定表达。καί 在这里不是并列连词，而是加强语气；副词 μάλα 的意思就是"很""极其"，这里整体地把 καὶ μάλα 译为"完全如此"。

203 καὶ σφόδρα γε 是固定用法，表示一种强烈的肯定，单就这一表达，可以译为"完完全全就是这样"。但为了同下面 24c1 那儿的 τὸ σφόδρα τοῦτο［这种强烈］相照应，只好将之译为"强烈同意"。

204 ποσόν［定量］。ποσόν 在这里当理解为不定形容词 ποσός 的中性单数。形容词 ποσός 既可以是疑问形容词，也可以是不定形容词。作为前者，意思是"多少"；作为后者，意思是"某一数量的"，《牛津希–英词典》对之的解释是：of a certain quantity or magnitude。

205 τὸ πλέον καὶ τὸ ἔλαττον［更甚和更差］，之所以这么翻译，是为了同前面的 τὸ μᾶλλόν τε καὶ ἧττον［更多和更少］相区分；如果不作区分，也可以译为

“更多和更少”。

206 τὸ μέτριον［量值］，当然也可以译为“尺度”。

207 这里的说法可对观《斐洞》(103d5–8)：Ἀλλὰ τόδε γ᾽ οἶμαι δοκεῖ σοι, οὐδέποτε χιόνα γ᾽ οὖσαν δεξαμένην τὸ θερμόν, ὥσπερ ἐν τοῖς πρόσθεν ἐλέγομεν, ἔτι ἔσεσθαι ὅπερ ἦν, χιόνα καὶ θερμόν, ἀλλὰ προσιόντος τοῦ θερμοῦ ἢ ὑπεκχωρήσειν αὐτῷ ἢ ἀπολεῖσθαι.［但我想你会这样认为，那就是：雪，只要它是雪，那么它就从不曾接纳过热的东西，就像我们在前面说过的那样，它将仍然是它向来所是的，即雪，热的东西亦然；而当热的东西走近时，雪要么将从它那儿撤退，要么将毁灭。］

208 τίνα ἰδέαν［何种形相］。这里基于文义，把 ἰδέα 译为“形相”，而不译为“理念”。

209 ἐμαῖς εὐχαῖς ἐπήκοος［听取我的祈祷的］是一个整体。形容词 ἐπήκοος［注意听的 / 听从的］要求与格，所以这里出现的是复数与格 ἐμαῖς εὐχαῖς［我的祈祷］。

210 τὴν ... τοῦ πέρατος γένναν［限度的〈整个〉家庭］是一个整体，也可以译为“限度的后裔”。名词 γέννα 在诗歌中等于 γένος［种类 / 属 / 家族］，但它自身则具有“后裔”“子孙”“家族”“家庭”的意思。《牛津希–英词典》举了柏拉图在这里的这个表达，对之的解释是：race, family。

211 τὴν τοῦ περατοειδοῦς［有限的〈整个〉家庭］。περατοειδοῦς 在这里是形容词 περατοειδής 的中性单数属格，而 περατοειδής 在整个柏拉图对话中仅于这里出现过一次，《牛津希–英词典》举了柏拉图在这里的这个表达，对它的解释是：of limited or finite nature，并指出它是形容词 ἄπειρος［无限的］的反义词。

212 即由“有限”和“限度”结合而成的那些东西所组成的家庭。

213 ἀλλ᾽ ἴσως καὶ νῦν ταὐτὸν δράσει, <εἰ>τούτων ἀμφοτέρων συναγομένων καταφανὴς κἀκείνη γενήσεται.［不过，或许现在你将做同样的事情，如果这两者〈各自〉都被聚集〈成一个种类〉了，那么，那〈第三〉个家庭也就将变得一清二楚。］这句话在法国布德本希腊文中作：ἀλλ᾽ ἴσως καὶ νῦν ταὐτὸν δράσασι τούτων ἀμφοτέρων συναγομένων καταφανὴς κἀκείνη γενήσεται. 对之说明如下：

（1）希腊文尖括号中的连词 εἰ［如果］，是伯内特根据文义补充的；法国布德本希腊文没有这样做。

（2）δράσει 在布德本中作 δράσασι；前者为动词 δράω［做］的将来时直陈式中动态第二人称单数，后者则为一次性过去时分词主动态阳性复数与格。

（3）如果按布德本翻译，那么这句话就当译为："不过，或许对现在做了同样事情的〈我们〉来说，当这两者〈各自〉都被聚集〈成一个种类〉了，那〈第三〉个家庭也就将变得一清二楚。"

214 之所以这样补充翻译，因为从文义上看，这里的疑问形容词 ποίαν［什么样的家庭］不可能是在针对上面 25d8 那里的 ἐκείνη［那〈第三〉个家庭］提问，而是同 25d4 那里的 ποίαν［什么样的家庭］一致，重复就"第二个家庭"，即"限度之家庭"提问。

215 σύμμετρα δὲ καὶ σύμφωνα［可以用同一标准衡量的和发出同样声音的］，有意按词源和字面翻译，当然可以简单译为"成比例的以及和谐的"。

216 μειγνὺς ταῦτα［一旦你把这〈两者〉混合起来］，法国布德本希腊文作 μειγνῦσι ταῦτα［对于那些把这〈两者〉混合起来的人来说］；从文法上看，前者为动词 μίγνυμι［混合］的现在分词主动态阳性单数主格，后者为现在分词主动态阳性复数与格。这里的翻译从伯内特本。

217 ἆρ' οὐ ταὐτὰ［ἐγγιγνόμενα］ταῦτα· ἅμα πέρας τεἀπηργάσατο καὶ μουσικὴν σύμπασαν τελεώτατα συνεστήσατο; 这句话在法国布德本希腊文中略有不同：ἆρ' οὐ ταὐτὰ ἐγγιγνόμενα ταῦτα ἅμα πέρας τεἀπηργάσατο καὶ μουσικὴν σύμπασαν τελεώτατα συνεστήσατο［下面这些岂不同样地出现在了它们那里，那就是：形成了某一限度，从而同时最完满地组成了整个音乐？］

（1）方括号中的希腊文现在分词 ἐγγιγνόμενα［出现在］，伯内特认为是窜入；布德本则保留了该词。

（2）删掉了指示代词 ταῦτα［这些］后面的冒号。

（3）这里的翻译从布德本；如果依照伯内特本，则译为："下面这些岂不是一样的：形成了某一限度，从而同时最完满地组成了整个音乐？"

218 Καὶ μὴν ἔν γε χειμῶσιν καὶ πνίγεσιν ἐγγενομένη［而且当正确的结合出现在严寒与闷热中时］。其中的 ἐγγενομένη 在法国布德本希腊文中作 ἐγγενομένα，不从。从文法上看，ἐγγενομένη 是动词 ἐγγίγνομαι［出现在］的一次性过去时分词阴性主格单数，而 ἐγγενομένα 则是其一次性过去时分词中性主格复数；ἐγγενομένη 的主语，在这里只能是前面 25e7 那里出现过的 ἡ τούτων ὀρθὴ κοινωνία［〈无限和限度〉这两者的正确结合］。

219 αὕτη ... ἡ θεός［这位女神］究竟指谁，有争议。一种看法认为，指的是前面 12b7-9 那里所提到的爱神"阿佛洛狄忒"或快乐女神"赫多涅"；另一种看法则认为指和谐女神"哈耳摩尼亚（Ἁρμονία）"，我本人持这一看法。不过，根据希腊神话，哈耳摩尼亚是战神阿瑞斯和阿佛洛狄忒的女儿。

220 πέρας ἔχοντ'［因为这两者都具有某种限度］。之所以这样翻译，因为 ἔχοντ' 即 ἔχοντε，在文法上是动词 ἔχω［有］的现在分词主动态中性双数。

221 ἀποκναῖσαι 是动词 ἀποκναίω 的一次性过去时不定式主动态；ἀποκναίω 的本义是"刮掉""擦掉"，喻为"使疲乏"，这里简单译为"折磨"。

222 τὸ ... πλῆθός ... τῆς τοῦ τρίτου γενέσεως［第三个种类中的众多生成］是一个整体，这是意译，甚至可以进一步意译为"第三个种类，即众多的生成"。按字面翻译是"在第三个种类之生成中的众多"。根据前面 25e3-4，第三个种类就是无限和有限所结合而来的各种确定的"生成（γένεσις）"。

223 ἐπισφραγισθέντα τῷ τοῦ μᾶλλον καὶ ἐναντίου γένει［当它们被用更多及其反面这一种类打上封印之后］，也可以译为"当它们被用更多及其反面这一种类标记之后"。对观：

《斐洞》(75c10-d3)：οὐ γὰρ περὶ τοῦ ἴσου νῦν ὁ λόγος ἡμῖν μᾶλλόν τι ἢ καὶ περὶ αὐτοῦ τοῦ καλοῦ καὶ αὐτοῦ τοῦ ἀγαθοῦ καὶ δικαίου καὶ ὁσίου καί, ὅπερ λέγω, περὶ ἁπάντων οἷς ἐπισφραγιζόμεθα τὸ "αὐτὸ ὃ ἔστι" καὶ ἐν ταῖς ἐρωτήσεσιν ἐρωτῶντες καὶ ἐν ταῖς ἀποκρίσεσιν ἀποκρινόμενοι.［因为我们现在的讨论不仅涉及相等〈本身〉，而且更是涉及美本身、善本身、正义〈本身〉和虔敬〈本身〉；如我所说的，涉及在进行问答时在各种追问和各种回答中我们把"它是什么"这个〈标记〉印到其身上的所有东西。］

《政治家》(258c3-8)：Τὴν οὖν πολιτικὴν ἀτραπὸν πῇ τις ἀνευρήσει; δεῖ γὰρ αὐτὴν ἀνευρεῖν, καὶ χωρὶς ἀφελόντας ἀπὸ τῶν ἄλλων ἰδέαν αὐτῇ μίαν ἐπισφραγίσασθαι, καὶ ταῖς ἄλλαις ἐκτροπαῖς ἓν ἄλλο εἶδος ἐπισημηναμένους πάσας τὰς ἐπιστήμας ὡς οὔσας δύο εἴδη διανοηθῆναι τὴν ψυχὴν ἡμῶν ποιῆσαι.［那么一个人将在何处发现〈通向〉政治术的小路呢？因为〈我们〉必须发现它，并且当〈我们〉通过分离而把它从其他那些〈路径〉移取出来后，必须在它身上印上一个理念的标记，以及必须通过在其他那些岔路身上标记一个另外的形式而使得我们的灵魂能够把全部的知识理解为是两种形式。］

224 参见前面 25a5 以下，以及 25d5 以下。

225 Καὶ μὴν τό γε πέρας οὔτε πολλὰ εἶχεν, οὔτ' ἐδυσκολαίνομεν ὡς οὐκ ἦν ἓν φύσει.［当然，至于限度，我们肯定不曾对之感到过烦恼，无论是就〈前面所表明的〉它具有多，还是就它在本性上不曾是一。］法国布德本希腊文在 πολλὰ［多］后面补充了否定词 οὐκ，不从。

226 φάθι με λέγειν［你可以认为我在说］，也可以译为"你只管说我在讲"，或者"你就应该说我在讲""你必须得说我在讲"。之所以这么翻译，因为 φάθι 是动词 φημί［说］的现在时命令式主动态第二人称单数。

227 γένεσιν εἰς οὐσίαν [向着所是的生成]。参见《智者》(219b4–6): Πᾶν ὅπερ ἂν μὴ πρότερόν τις ὂν ὕστερον εἰς οὐσίαν ἄγῃ, τὸν μὲν ἄγοντα ποιεῖν, τὸ δὲ ἀγόμενον ποιεῖσθαί πού φαμεν. [所有先前并不是着的东西，当有人后来将之带引进所是，我们肯定就把那进行带引的，称作在进行创制，而把那被带引出来的，称作被创制。]

228 πρὸς τρισὶ [除了这三个种类之外]，法国布德本希腊文作 πρὸς <τοῖς> τρισὶ，即根据文义补充了定冠词中性复数与格，从之。

229 见前面 23d5 以下。

230 κοινὴ δ' ἡ σκέψις [而该考察〈对我们来说〉是共同的]，也可以简单译为“让我们共同来考察它”。

231 参见《智者》(265b8–10): Ποιητικήν, εἴπερ μεμνήμεθα τὰ κατ' ἀρχὰς λεχθέντα, πᾶσαν ἔφαμεν εἶναι δύναμιν ἥτις ἂν αἰτία γίγνηται τοῖς μὴ πρότερον οὖσιν ὕστερον γίγνεσθαι. [如果我们记起了开始时所说的，〈就会发现〉我们曾说，一些先前并不是着的东西后来才生成出来，那成为其原因的每一种能力，就是创制的〈能力〉。]

232 τὸ δουλεῦον εἰς γένεσιν αἰτίᾳ [为了生成而服务于原因的东西]，也可以译为“为了生成而从属于原因的东西”或“为了生成而听命于原因的东西”。动词 δουλεύω 源于名词 δοῦλος [奴隶]，本义是“做奴隶”，跟与格则指“给……作奴隶”“从属于……”“听命于……”。

233 φέρε δή 是一个整体，等于 ἄγε δή；动词 φέρω 用命令式时，作副词使用，意味“来吧”“来呀”。

234 参见前面 22a 以下。

235 οὐ γὰρ [ὁ] δυοῖν τινοῖν ἐστι [μικτὸς ἐκεῖνος]，这句话在法国布德本希腊文中作: οὐ γὰρ δυοῖν τινοῖν ἐστι μεικτὸν ἐκεῖνο. 这里的翻译从布德本。如果按照伯内特本（认为方括号中的希腊文是窜入），就只能简单译为“因为它不是来自任意两个东西”。

236 ὡς 在法国布德本希腊文中作 ὅ，从之。

237 σοι ... ἔστων [让〈我们〉暂且同意你] 是一个整体。ἔστων 是 εἰμί [是] 的现在时第三人称复数命令式;《牛津希–英词典》对 εἰμί 的这一使用的解释是: let it be granted。

238 τούτω δή σοι τῶν ἀπεράντων γε γένους ἔστων. [那么，就让〈我们〉暂且同意你，〈快乐和痛苦〉这两者属于那些走不到尽头的东西吧！] 这句话在法国布德本希腊文中作: τοῦτο δή σοι τῶν ἀπεράντων γεγονὸς ἔστω. 不从。如果按照布德本翻译，那么这句话就当译为:“那么，就让〈我们〉暂且同意你，这个〈快乐〉成为了那些走不到尽头的东西中的〈一个〉吧！”另外，τῶν ἀπεράντων［那些走不到尽头的东西］，有意按字面和词源翻译；形容词 ἀπέραντος 源自褫夺性前缀 ἀ 和动词 περαίνω［使结束 / 使到达终点］，既有“无穷的”“无限的”意思，也有“无结论的”意思。鉴于它同前面 τὴν τοῦ ἀπείρου φύσιν［无限这种本性］中的 ἄπειρον［无限］一词的关联，在这里似乎应当作双关语理解，即“现在对之还尚无结论”。

239 κατορθώσασι καὶ μὴ περὶ τὸ νῦν ἐρωτώμενον［我们是否也成功对现在被问的事情〈进行了回答〉］，也可以简单译为“关于现在被问的事情我们是否也取得了成功”。动词 κατορθόω 的本义是“使立直”，转义为“使成功”；参见《泰阿泰德》（203b8–9）：Τουτὶ μὲν ἄρα, ὦ ἑταῖρε, κατωρθώκαμεν περὶ ἐπιστήμης.［因此，朋友啊，关于知识我们肯定在这点上已经取得了成功。］

240 参见前面 22c 以下。

241 名词 ἑταῖρος，一般指“伴侣”“同伴”，这里简单译为“朋友”。

242 τοι 是个小品词，源自人称代词 σύ［你］的单数与格，本义是“让我告诉你”，转义为“真的”“的确”。

243 αὐτόν σε ἡμῖν γενέσθαι προφήτην［你本人成为我们的代言人］。名词 προφήτης 的本意是“解释神意的人”“宣讲神谕的人”，泛指“解释者”“代言人”。

244 σοι περὶ τὸν ἀγωνιστὴν ἐξαμαρτάνοντες［对你〈所提出〉的竞争者犯下错误］。这里的 ἀγωνιστής［竞争者］，即苏格拉底本人所提出的同 ἡδονή［快乐］争夺二等奖的 νοῦς［理智 / 努斯］。

245 παρὰ μέλος［不着调地］是词组，有意按字面意思翻译；当然也可以译为“不正确地”“不恰当地”。名词 μέλος 除了具有“四肢”“肢”这一基本意思之外，在音乐中指“曲调”。παρὰ μέλος 的意思是“不恰当地”“不正确地”，同 ἐν μέλει［合适地 / 恰当地 / 正确地］相对；《牛津希-英词典》举了柏拉图在这里的这个表达，对 παρὰ μέλος 的解释是：incorrectly, inopportunely。

246 参见亚里士多德《论灵魂》（404a25–27）：Ἀναξαγόρας ψυχὴν εἶναι λέγει τὴν κινοῦσαν, καὶ εἴ τις ἄλλος εἴρηκεν ὡς τὸ πᾶν ἐκίνησε νοῦς.［阿那克萨戈拉说灵魂是进行推动的东西，另外还有人则认为理智推动一切。］

247 διὰ μακροτέρων 是固定表达 διὰ μακρῶν［详细地］的比较级，单就这一表达，可译为“更为详细地”。

248 τόδε τὸ καλούμενον ὅλον［这个所谓的整全］，也可以译为“这个所谓的宇宙”。

249 参见《智者》（265c1–9）：{ΞΕ.} Ζῷα δὴ πάντα θνητά, καὶ δὴ καὶ φυτὰ ὅσα τ’

ἐπὶ γῆς ἐκ σπερμάτων καὶ ῥιζῶν φύεται, καὶ ὅσα ἄψυχα ἐν γῇ συνίσταται σώματα τηκτὰ καὶ ἄτηκτα, μῶν ἄλλου τινὸς ἢ θεοῦ δημιουργοῦντος φήσομεν ὕστερον γίγνεσθαι πρότερον οὐκ ὄντα; ἢ τῷ τῶν πολλῶν δόγματι καὶ ῥήματι χρώμενοι – {ΘΕΑΙ.} Ποίῳ τῳ; {ΞΕ.}Τὴν φύσιν αὐτὰ γεννᾶν ἀπό τινος αἰτίας αὐτομάτης καὶ ἄνευ διανοίας φυούσης, ἢ μετὰ λόγου τε καὶ ἐπιστήμης θείας ἀπὸ θεοῦ γιγνομένης;［客人：一切有死的动物，以及在大地上从各种种子和根系生长出来的植物，还有在大地上组成的所有无生命的形体——无论是可溶解还是和不可溶解——，难道我们将说，当不同于神的某种其他的东西进行做工后，〈所有这些〉先前并不是着的东西后来才生成出来？或者我们采用多数人的见解和说法……。泰阿泰德：哪种？客人：〈这种见解和说法认为〉自然从某种自发的且无思想地进行生成的原因中生成出它们；或者，〈该原因〉带有理性和产生自神的神圣的知识？］

250 οὐδὲν τῶν αὐτῶν［根本就不可以两相比较］，这是意译，字面意思是："它们〈两者〉根本就不一样"。

251 形容词 δεινός，既具有"聪明的"意思，也具有"强有力的"和"可怕的"意思，这里为了凸显这两者，将之译为"非常强大的"；当然，也可以直接译为"聪明的"。

252 πνεῦμα［风］，也可以译为"气"。

253 γῆ［地］，单就这个词，也可以译为"土"。

254 介词 ἐν 除了具有"在里面"的意思之外，也有"依照""根据"的意思。

255 αὔξεται［变得壮大起来的 / 增大］，法国布德本希腊文作 ἄρχεται［被统治］，不从；但从文义上看也成立。

256 ἅπαντ' ἴσχει ταῦτα［取得了所有这些］，即取得了前面提到的"养育""产生"和"增大"。

257 希腊文方括号中的表原因的介词 διὰ，伯内特认为是窜入，法国布德本希腊文同样如此。

258 即"产生"和"增大"。

259 τοῖς παρ' ἡμῖν［在我们这儿的那些东西］，即前面提到的"地（土）""水""火""风（气）"那四种"元素"。

260 πταίσαντος σώματος［当身体受到损害时］，这是意译。πταίσαντος 是动词 πταίω 的一次性过去时分词主动态中性属格，而 πταίω 的本意是"绊倒""绊跤"，喻为"失误""犯错误"。

261 τῶν ... αὐτῶν τούτων［同样这些东西］，与 30b1 那里的 τοῖς παρ' ἡμῖν［在我们这儿的那些东西］一样，指四种"元素"。

262 ἐπ’ αὐτοῖς［除了它们之外］。介词 ἐπί 跟与格，表示“除……之外”。

263 参见《智者》（249a4–7）：{ΞΕ.} Ἀλλὰ νοῦν μὲν ἔχειν, ζωὴν δὲ μὴ φῶμεν; {ΘΕΑΙ.} Καὶ πῶς; {ΞΕ.} Ἀλλὰ ταῦτα μὲν ἀμφότερα ἐνόντ’ αὐτῷ λέγομεν, οὐ μὴν ἐν ψυχῇ γε φήσομεν αὐτὸ ἔχειν αὐτά;［客人：但一方面拥有理智，另一方面却不拥有生命，我们会这么说吗？泰阿泰德：那怎么会呢？客人：然而，既然我们说这两者都内在于它身上，那我们会说它不是在其灵魂中拥有它们吗？］

264 参见前面 12c1–4：“但我那总是关乎诸神名字的畏惧，普洛塔尔科斯啊，它不是在人的限度内的，而是一种超出了最大的害怕〈的畏惧〉。甚至现在，就阿佛洛狄忒，怎样是令她喜欢的，我就怎样称呼她。”

265 νοῦς ἐστὶ γένους τῆς τοῦ πάντων αἰτίου λεχθέντος［理智属于被称作万物之原因的那个种类］，这句话在法国布德本希腊文中作：νοῦς ἐστὶ γένους τις τοῦ πάντων αἰτίου λεχθέντος. 也即是说，定冠词 τῆς（阴性属格单数）作 τις（阳性主格单数），不从。

266 希腊文方括号中文字，伯内特认为是窜入，而法国布德本希腊文作：τῶν τεττάρων δ’ ἦν ἡμῖν ἓν τοῦτο。这里的翻译从布德本。

267 Νῦν［现在］，法国布德本希腊文作 Νοῦς［理智 / 努斯］，从之。

268 ταῦτα［这些事情］，即前面的 ἐν ᾧ［在什么东西里面］和 διὰ τί πάθος［由于何种遭受］。

269 ἐν τῷ κοινῷ ... γένει［在那个结合起来的种类中］，也可以译为“在那个混合而成的种类中”；基于文义，这里不译为“在那个共同的种类中”。

270 Ἔσται ταῦτ’ εἰς δύναμιν［好的，〈我〉尽力。］ἔσται ταῦτ’，即 ἔσται ταῦτα；而 ἔσται ταῦτα 是固定用法，也写作 ἔστι ταῦτα 或 ταῦτα。指示代词 οὗτος 的中性复数 ταῦτα 在这里作副词使用；ἔσται ταῦτα / ἔστι ταῦτα / ταῦτα 作为答复语，意思是“好的”“是的”“遵命”“照办”，例如：ταῦτ’, ὦ δέσποτα.［好的，主人！］

271 动词 ὑπακούω 的本义是“听”“倾听”以及“回答”，在这里的意思则是“理解”；《牛津希–英词典》举了柏拉图在这里的这个表达，对之的解释是：understand。

272 副词 ἤδη，在这里的意思不是“已经”，而是“从此以后”“从现在起”。

273 ὅτι μάλιστ’，即 ὅτι μάλιστα，是词组，等于 ὡς μάλιστα，意思是“尽可能地”。

274 τὸν νοῦν ... πρόσεχε［请你集中注意力］是一个整体。动词 προσέχω 的基本意思是“带给”“献上”，同名词 νόος［理智 / 努斯］构成词组，προσέχω τὸν

νοῦν 的字面意思是“把思想转向……”“把注意力集中到……”，喻为“留意”“注意”“当心”。当然，鉴于前面对 νόος［理智 / 努斯］的讨论，这里可以理解为是一个双关语。

275 τῆς ἁρμονίας ... λυομένης［当和谐被解开了］，有意这么翻译，当然也可以译为“当和谐被打破了”。ἁρμονία［和谐］一词来自动词 ἁρμόζω，而 ἁρμόζω 的本意是“联结”“绷紧”，正好与动词 λύω［解开 / 松开］相对应。

276 δι᾽ ὀλίγων［三言两语 / 几句话］是词组；《牛津希-英词典》举了柏拉图在这里的这个表达，对之的解释是：in few words。

277 τὰ δημόσια［稀松平常的东西］。形容词 δημόσιος 的本义是“属于共同的”“非私人的”。

278 名词 ἐδωδή 除了具有“食物”这一基本意思之外，也指“吃”这种行动；这里基于文义将之译为“进餐”。

279 希腊文方括号中的 καὶ λύσις［和解散］，伯内特认为是窜入，法国布德本希腊文同样如此。

280 παρὰ φύσιν［违反自然的］，也可以译为“违反本性的”；这是短语，其反面是下面 32a3 的 κατὰ φύσιν［合乎自然的 / 合乎本性的］。

281 ἑνὶ λόγῳ［简而言之］是词组，也可以译为“一句话”。

282 τὸ ἐκ τῆς ἀπείρου καὶ πέρατος κατὰ φύσιν ἔμψυχον γεγονὸς εἶδος［那个已经从无限这种本性和限度这种本性中合乎自然地产生出来的有灵魂的种类］。其中的定冠词 τῆς（阴性单数属格），法国布德本希腊文作连接小词 τε，而其他许多校勘本将之改为 τοῦ（中性单数属格）。这里的翻译从伯内特本，即 τῆς 指代或后面省略了阴性名词 φύσις［本性 / 自然］的单数属格 φύσεως。如果按布德本翻译，则译为“那个已经从无限和限度中合乎自然地产生出来的有灵魂的种类”。

283 ὑπον ... τινα ἔχειν［具有某种一般性格］，也可以简单意译为“是某一类型”。名词 τύπος 的本义是“打击或压成的痕迹”，泛指“印记”“标记”“略图”“概略”“轮廓”，喻为“类型”“形态”；《牛津希-英词典》对这类表达中的 τύπος 的解释是：character recognizable in a number of instances, general character, type。

参见《泰阿泰德》（171d9–e3）：Ἦ καὶ ταύτῃ ἂν μάλιστα ἵστασθαι τὸν λόγον, ᾗ ἡμεῖς ὑπεγράψαμεν βοηθοῦντες Πρωταγόρᾳ, ὡς τὰ μὲν πολλὰ ᾗ δοκεῖ, ταύτῃ καὶ ἔστιν ἑκάστῳ, θερμά, ξηρά, γλυκέα, πάντα ὅσα τοῦ τύπου τούτου;［我们在那里为了帮助普罗塔戈拉而勾勒的那种说法，也会是这样最为站得住脚的吗，即许多东西对每个人显得怎样，也就对之是怎样，如各种热的东

西、干的东西、甜的东西，以及所有属于这类形态的那些东西？]

284 对观《斐洞》(60b3–c1)：Ὡς ἄτοπον, ἔφη, ὦ ἄνδρες, ἔοικέ τι εἶναι τοῦτο ὃ καλοῦσιν οἱ ἄνθρωποι ἡδύ· ὡς θαυμασίως πέφυκε πρὸς τὸ δοκοῦν ἐναντίον εἶναι, τὸ λυπηρόν, τὸ ἅμα μὲν αὐτὼ μὴ 'θέλειν παραγίγνεσθαι τῷ ἀνθρώπῳ, ἐὰν δέ τις διώκῃ τὸ ἕτερον καὶ λαμβάνῃ, σχεδόν τι ἀναγκάζεσθαι ἀεὶ λαμβάνειν καὶ τὸ ἕτερον, ὥσπερ ἐκ μιᾶς κορυφῆς ἡμμένω δύ' ὄντε.[诸位，人们称之为快乐的这种东西看起来是多么奇怪的某种东西啊；它是多么令人惊异地生来就同那似乎相反的东西，即同痛苦相关联！尽管这两者本身并不愿意同时出现在一个人身上，但如果一个人追逐并得到了其中一方，那么他几乎总是被迫得到另一方，仿佛它们是被拴在了一个头上的两个东西。]

285 ἐν ... τούτοις[在这些中]，关于这里的指示代词中性复数与格 τούτοις 究竟在指代什么，存在着分歧。一种看法认为，当紧接上文的 ἕτερον εἶδος[另一个种类]而指代 εἴδη[种类/形式]，即前面已经讨论过的身体上的遭受(快乐与痛苦)和灵魂上的遭受(快乐与痛苦)这两个种类；因而 ἐν τούτοις[在这些中]即 ἐν τοῖς εἴδεσι[在这〈两个〉种类中]。另一种看法则认为指代 προσδοκήματα[预期]，即灵魂对快乐和痛苦这两种遭受的两种预期；ἐν τούτοις[在这些中]即 ἐν τοῖς προσδοκήμασι[在这〈两种〉预期中]。我这里的翻译采纳前一种意见。

286 法国布德本希腊文在 ἀμείκτοις[未混合的]后面补充了 εἴδεσι[〈两个〉种类]一词，不从。

287 之所以这样补充翻译，是为了显示出这里出现的这几个与格，都是由动词形容词 δοτέον[必须被赋予]所要求的。

288 ἔστιν ὅτε 作为固定表达，意思就是"有些时候……""有时……"；《牛津希–英词典》对它的解释是：there are times when, sometimes, now and then。但这同前面的副词 ἐνίοτε[有时]相重复，故查尔斯·巴德姆(Charles Badham)建议将之改为 ἔστιν ὅπῃ[在某种方式上/在一定条件下]，从之；参见 Ch. Badham, *The Philebus of Plato, with Introduction, Notes, and Appendix*. Williams and Norgate (1878), p.51。

关于这一表达的使用，还可参见《斐洞》(62a2–5)：ἴσως μέντοι θαυμαστόν σοι φανεῖται εἰ τοῦτο μόνον τῶν ἄλλων ἁπάντων ἁπλοῦν ἐστιν, καὶ οὐδέποτε τυγχάνει τῷ ἀνθρώπῳ, ὥσπερ καὶ τἆλλα, ἔστιν ὅτε καὶ οἷς βέλτιον <ὂν> τεθνάναι ἢ ζῆν.[然而，也许对你会显得奇怪，如果同其他所有事情相比唯有这是简单的，并且它从不会像其他事情那样对人发生，即在有的时候和对有些人来说死亡才比活着是更好的。]

289 ταύτῃ πῃ δεῖ διαπορηθῆναι τὸ νῦν μεταδιωκόμενον.［现在正被追踪的，它无论如何都必须以这种方式成为疑难。］这句话中的动词不定式 διαπορηθῆναι，在一些校勘本中作 διαπορευθῆναι。διαπορηθῆναι 是动词 διαπορέω［困惑 / 不知所措］的一次性过去时不定式被动态，而 διαπορευθῆναι 是动词 διαπορεύω［穿过 / 越过］的一次性过去时不定式被动态。如果按照 διαπορευθῆναι 进行翻译，那么这句话就可意译为："无论如何都必须以这种方式捕捉到现在正被追踪的。"

290 希腊文方括号中的连接词 ὡς，伯内特认为是窜入，法国布德本希腊文同样如此。

291 τίνα ποτὲ ἕξιν δεῖ τότε ἐν ἑκάστοις εἶναι τοῖς ζῴοις［它们每一个在那时究竟应该处于何种状态］，字面意思是"究竟何种状态那时应该是在每个活物里"。

292 希腊文方括号中的 Τῷ ... ἑλομένῳ［对于那已经选择……的人］，伯内特认为是窜入，而法国布德本希腊文保留了它们，从布德本。

293 参见前面 21d–e。

294 动词 ὑπάρχω 除了具有"开始"的意思之外，跟与格表"属于某人""在某人的支配下"，所以这里出现的是指示代词单数与格 ἐκείνῳ［那个人］。参见《克里同》（45b1）：σοὶ δὲ ὑπάρχει μὲν τὰ ἐμὰ χρήματα［而我的钱都属于你。］

295 εἰς αὖθις 即 εἰσαῦθις，做副词使用，意思是"以后""后来又"。参见《政治家》（257b7–8）：καὶ σὲ μὲν ἀντὶ τούτων εἰς αὖθις μέτειμι.［我以后就此再向你讨回公道。］

296 κατὰ τρόπον［恰当地］是固定表达，意思和 πρὸς τρόπου［合理的 / 恰当的］差不多，其反面是 ἀπὸ τρόπου［不合理地 / 不恰当地］。

参见《政治家》（310b10–c2）：Μᾶλλον δέ γε δίκαιον τῶν περὶ τὰ γένη ποιουμένων ἐπιμέλειαν τούτων πέρι λέγειν, εἴ τι μὴ κατὰ τρόπον πράττουσιν.［另一方面，其实更为正当地是说一说那些对后代进行关心的人，如果他们不恰当地做了某种事的话。］

297 参见《泰阿泰德》（156a5–c3）：τὸ πᾶν κίνησις ἦν καὶ ἄλλο παρὰ τοῦτο οὐδέν, τῆς δὲ κινήσεως δύο εἴδη, πλήθει μὲν ἄπειρον ἑκάτερον, δύναμιν δὲ τὸ μὲν ποιεῖν ἔχον, τὸ δὲ πάσχειν. ἐκ δὲ τῆς τούτων ὁμιλίας τε καὶ τρίψεως πρὸς ἄλληλα γίγνεται ἔκγονα πλήθει μὲν ἄπειρα, δίδυμα δέ, τὸ μὲν αἰσθητόν, τὸ δὲ αἴσθησις, ἀεὶ συνεκπίπτουσα καὶ γεννωμένη μετὰ τοῦ αἰσθητοῦ. αἱ μὲν οὖν αἰσθήσεις τὰ τοιάδε ἡμῖν ἔχουσιν ὀνόματα, ὄψεις τε καὶ ἀκοαὶ καὶ ὀσφρήσεις καὶ ψύξεις τε καὶ καύσεις καὶ ἡδοναί γε δὴ καὶ λῦπαι καὶ ἐπιθυμίαι καὶ φόβοι κεκλημέναι καὶ ἄλλαι, ἀπέραντοι μὲν αἱ ἀνώνυμοι, παμπληθεῖς δὲ αἱ ὠνομασμέναι· τὸ δ' αὖ αἰσθητὸν

γένος τούτων ἑκάσταις ὁμόγονον, ὄψεσι μὲν χρώματα παντοδαπαῖς παντοδαπά, ἀκοαῖς δὲ ὡσαύτως φωναί, καὶ ταῖς ἄλλαις αἰσθήσεσι τὰ ἄλλα αἰσθητὰ συγγενῆ γιγνόμενα. [一切都向来是运动，除了运动，别无其他；但运动有两种，一方面两者各自在数量上都是无限的，一方面〈其中〉一种具有施动能力，一种则具有受动能力。从这两者的交互和彼此的摩擦中产生出后裔，虽然在数量上无限，但又是成双的，即一方为被感觉到的东西，一方为总是同被感觉到的东西一道出现和产生出来的感觉。于是对我们来说诸感觉具有这样一些名字：视觉、听觉、嗅觉，以及〈对〉各种变冷和发热〈的感觉〉，甚至〈对〉那些被称作快乐和痛苦、欲望和害怕〈的感觉〉，以及其他的；虽然那些没有名字的是无穷的，但那些被取了名字的也非常多。此外，被感觉到的〈东西的〉种类和这些〈感觉〉中的每个是同生的，各种各样的颜色之于各种各样的视觉，同样地，〈各种各样的〉声音之于〈各种各样的〉听觉，并且就其他感觉来说，则是其他生成出来的同种类的被感觉到的东西。]

298 名词 λήθη[遗忘]在词源上就派生自动词 λανθάνω[逃避注意 / 未察觉到 / 忘记]。

299 参见《斐洞》(75d7−11)：Καὶ εἰ μέν γε λαβόντες ἑκάστοτε μὴ ἐπιλελήσμεθα, εἰδότας ἀεὶ γίγνεσθαι καὶ ἀεὶ διὰ βίου εἰδέναι· τὸ γὰρ εἰδέναι τοῦτ᾽ ἔστιν, λαβόντα του ἐπιστήμην ἔχειν καὶ μὴ ἀπολωλεκέναι· ἢ οὐ τοῦτο λήθην λέγομεν, ὦ Σιμμία, ἐπιστήμης ἀποβολήν; [并且如果在获得它们之后我们在任何时候都未曾忘记过它们，那么，我们就必然总是在知道它们的情况下出生，并且必然总是终身都知道它们。因为，知道意味着：在获得知识之后，一直保有着它，并且未曾丧失过。或者，西米阿斯啊，我们岂不把这，即遗忘，称作知识的失去？]

300 τοῦ λεληθέναι τὴν ψυχήν[灵魂没有注意到]，也可以译为“已经逃避了灵魂的注意”。

301 希腊文方括号中的 καὶ μνήμας[和记忆]，伯内特认为是窜入；而法国布德本希腊文将之改为 οὐ μνήμας[非记忆]，从之。柏拉图在《斐洞》(73b−74a)中比较详细地讨论了“回忆”的几种情况；后来亚里士多德在其《论记忆和回忆》(Περὶ μνήμης καὶ ἀναμνήσεως / De memoria et reminiscentia)一文中，专门讨论了两者的关系。

302 καὶ ἅμα 是一个整体，意思是“此外”，在这里也可以译为“与此同时还有”。

303 διὰ τούτων[通过这些东西]，即“通过记忆和回忆”。

304 πᾶσαν [τὴν] μορφὴν [每一种形象]。希腊文方括号中的阴性冠词宾格单数 τὴν，伯内特认为是窜入，如果保留它，则当译为“整个形象”；从伯内特。法国布德本希腊文作 πᾶσαν τινα μορφὴν [每一个别的形象]，也成立。

305 ποῦ γίγνεται [它在哪里产生出来]，也可以译为“它如何产生出来”。疑问副词 ποῦ，除了具有“哪里”“何处”这一基本意思之外，还可以作为表方式的副词“如何”“怎么”。

306 [καὶ] ταῦτά γε [至少〈丧失〉了下面这点]。方括号中的连词 καὶ，伯内特认为是窜入，从之；法国布德本希腊文作 ὡς ταῦτά γε，不从。

307 εὑρόντες ὃ νῦν ζητοῦμεν [当我们发现了我们现在所寻找的]。法国布德本希腊文作 εὑρόντες ἃ νῦν ζητοῦμεν [当我们发现了我们现在所寻找的那些东西]，从文法上看，即把关系代词中性宾格单数，改为了中性宾格复数；不从。

308 ὀρθῶς ἠμύνω [你反击得巧妙]，这是根据文义的意译，字面意思是“你正确地保卫了你自己”。

309 τὸ ἐφεξῆς τούτοις [紧接着这些的东西]。副词 ἐφεξῆς 的基本意思是“依次”“相继”，但跟与格时，视为介词，意思是“紧接着……”，《牛津希-英词典》举了柏拉图在这里的这个表达，对之解释是：next to。

310 参见前面 31e5 以下。但在那里并未涉及 ἐπιθυμία [欲望]，而是说饥饿和干渴是一种 λύσις [解散]、φθορά [败坏] 和 λύπη [痛苦] 等。

311 副词 ἑκάστοτε 的本义是“每回”“任何时候”，这里基于文义将之译为“经常”。

312 动词 ἐπιθυμέω [欲求] 要求属格作宾语，所以这里出现的是复数属格 τῶν ἐναντίων [相反的东西]。

313 ἐφάπτοιτ᾽ 即 ἐφάπτοιτο，它是动词 ἐφάπτω 的现在时祈愿式中动态第三人称单数。ἐφάπτω 的基本意思是“拴在……上”“钉牢在……上”，但其中动态则指“抓住”“获得”“得到”，并要求属格，所以这里出现的是阴性单数属格 πληρώσεως [充满]。

314 Σώματος ἐπιθυμίαν οὔ ... γίγνεσθαι [欲望不从身体那儿产生出来]，也可以译为“不会出现一种身体的欲望”。

315 ὁ λόγος αἱρεῖ [该说法也就证明了]，单就这一表达，也可以译为“事物的道理证明了”。动词 αἱρέω 的本义是“拿”“取走”“捕获”“得到”，但同 ὁ λόγος 连用，则指“证明”。《牛津希-英词典》对 ὁ λόγος αἱρεῖ 的解释是：reason or the reason of the thing proves。

316 希腊文尖括号中的关系代词中性复数属格 ὧν，是编辑校勘者根据文义补充的，法国布德本希腊文同样如此。

317 ἐν τούτοις [τοῖς χρόνοις][在这些时候]。希腊文方括号中的 τοῖς χρόνοις [时间 / 时候]，伯内特认为是窜入，而法国布德本希腊文保留了它们；从布德本。

318 τεύξεσθαι πληρώσεως [将取得一种充满]。τεύξεσθαι 是动词 τυγχάνω 的将来时不定式中动态。动词 τυγχάνω 跟属格，意思是“取得某物”“得到某物”，所以这里出现的是单数属格 πληρώσεως [充满]。

319 ἀνελπίστως ἔχῃ [不抱有任何希望] 是短语，单就这一表达，也可以译为“感到绝望”“处于绝望中”；《牛津希-英词典》举了柏拉图在这里的这个表达，对之的解释是：he is in despair。

320 ἁπλῶς εἶναι διπλοῦν [径直就是双重的]，也可以译为“简单地就是双重的”。副词 ἁπλῶς [简单地 / 单纯地] 派生自形容词 ἁπλόος [单一的 / 简单的 / 单纯的]，在这里同形容词 διπλοῦν [双重的] 连用，构成一种“矛盾修辞法”(ὀξύμωρον / oxymoron)。而所谓 ὀξύμωρον [矛盾修辞法]，由 ὀξύς [尖锐的] 和 μῶρος [愚蠢的] 构成，本义指尖锐而愚蠢的话，后来成为了一种修辞手法，即虽自相矛盾但却隐含深意、带有某种机锋的话，如“不和谐的和谐”“甜蜜的忧愁”“不诚实的诚实”“无事忙”等等。

类似的表达可参见《泰阿泰德》(189c11–d3)：Οὐκ ἂν οἶμαι σοὶ δοκῶ τοῦ ἀληθῶς ψευδοῦς ἀντιλαβέσθαι, ἐρόμενος εἰ οἷόν τε ταχὺ βραδέως ἢ κοῦφον βαρέως ἢ ἄλλο τι ἐναντίον μὴ κατὰ τὴν αὑτοῦ φύσιν ἀλλὰ κατὰ τὴν τοῦ ἐναντίου γίγνεσθαι ἑαυτῷ ἐναντίως. [因为我认为，在你看来我不会去攻击真的假〈这种说法〉，问〈下面这些〉是否可能，即慢的快、重的轻，或者任何其他某个〈有其〉反面的东西，不根据它自己的本性，而根据〈其〉相反者的本性，以同它自己相反的方式生成出来。]

321 πῶς ... ἂν εἶεν ψευδεῖς ἡδοναὶ ἢ λῦπαι; [各种快乐或各种痛苦如何能够是假的呢？] 也可以简单译为：“如何能够有假的快乐或痛苦呢？”

322 ἢ δόξαι ἀληθεῖς ἢ ψευδεῖς [或者判断能够是真的或假的]，基于接下来的整个讨论，这里不把 δόξα 译为“意见”。参见《泰阿泰德》(199b7–c1)：Ὅταν δέ γε ἣν ἐπιχειρεῖ λαβεῖν λάβῃ, ἀψευδεῖν τε καὶ τὰ ὄντα δοξάζειν τότε, καὶ οὕτω δὴ εἶναι ἀληθῆ τε καὶ ψευδῆ δόξαν. [但每当他抓住了他试图抓住的东西，那时他就没有说假话，而且在对诸是者下判断；并且就是以这种方式判断既〈能够〉是真的，也〈能够〉是假的。]

323 参见《泰阿泰德》(184a6–b2)：ἄλλως τε καὶ ὃν νῦν ἐγείρομεν πλήθει ἀμήχανον, εἴτε τις ἐν παρέργῳ σκέψεται, ἀνάξι' ἂν πάθοι, εἴτε ἱκανῶς, μηκυνόμενος τὸ τῆς ἐπιστήμης ἀφανιεῖ. δεῖ δὲ οὐδέτερα, ἀλλὰ Θεαίτητον ὧν κυεῖ περὶ ἐπιστήμης πειρᾶσθαι ἡμᾶς τῇ μαιευτικῇ τέχνῃ ἀπολῦσαι. [尤其〈鉴于〉我们现在所唤起

的〈这个问题〉在重要性上是不同寻常的，如果有人附带地考察〈它〉，那么它会遭受它不值得遭受的，如果充分地〈考察它〉，那么由于耽误而使得知识之〈问题〉不知所踪。而这两种情形都不应该；相反，我们试着通过助产的技艺来把泰阿泰德从他关于知识所孕育的那些东西中解放出来。]

324 ὦ παῖ 'κείνου [那人的孩子啊]，根据前面 19b5，可简单理解为“卡利阿斯的孩子”。

325 εἰ πρὸς τὰ παρεληλυθότα ... προσήκοντα [面对已经过去的那些东西，它是否是恰当的]，整个这句话也可以简单译为“它是否同已经过去的那些东西有关系”。προσήκοντα 是动词 προσήκω 的现在分词主动态阳性宾格单数；动词 προσήκω 的基本意思是“来到”“接近”，常作无人称动词使用，意思则是“关系到”“适合于”。其分词所形成的形容词，则指“适合的”“合适的”“相称的”。

326 χαίρειν ... λέγειν [放到一边] 是一个整体，字面意思是“说再见”“道别”，跟与格，所以这里分别出现了中性与格复数 τοῖς ἄλλοις μήκεσιν [其他那些长〈的讨论〉] 以及中性与格单数 ὁτῳοῦν [任何东西]。该用法，还可参见《泰阿泰德》(188a-4)：Οὐκοῦν τόδε γ' ἔσθ' ἡμῖν περὶ πάντα καὶ καθ' ἕκαστον, ἤτοι εἰδέναι ἢ μὴ εἰδέναι; μανθάνειν γὰρ καὶ ἐπιλανθάνεσθαι μεταξὺ τούτων ὡς ὄντα χαίρειν λέγω ἐν τῷ παρόντι· νῦν γὰρ ἡμῖν πρὸς λόγον ἐστὶν οὐδέν. [无论是关于所有一切，还是就每个东西来说，下面这点对我们来说岂不都是可能的，即真地要么知道，要么不知道？至于学习和遗忘，由于它们是在这两者之间，我目前把它们放到一边；因为现在它们还同我们的讨论无关。]

327 παρὰ τὸ προσῆκον [不恰当地 / 不合适地] 是短语，同 κατὰ τὸ προσῆκον [恰当地 / 合适地] 相对。

328 διὰ τέλους 是词组，意思是“彻头彻尾地”“从头到尾地”“完全地”；《牛津希-英词典》对之的解释是：through to the end, completely。

329 θαῦμα γάρ μέ γε ἔχει διὰ τέλους ἀεί [我确实始终彻头彻尾地感到惊异]，字面意思是“惊异确实始终彻头彻尾地抓住了我”。

330 希腊文方括号中的 ἐστιν [是]，伯内特认为是窜入，法国布德本希腊文同样如此。

331 对观《泰阿泰德》(157e-158a3)：Μὴ τοίνυν ἀπολίπωμεν ὅσον ἐλλεῖπον αὐτοῦ. λείπεται δὲ ἐνυπνίων τε πέρι καὶ νόσων τῶν τε ἄλλων καὶ μανίας, ὅσα τε παρακούειν ἢ παρορᾶν ἤ τι ἄλλο παραισθάνεσθαι λέγεται. οἶσθα γάρ που ὅτι ἐν πᾶσι τούτοις ὁμολογουμένως ἐλέγχεσθαι δοκεῖ ὃν ἄρτι διῇμεν λόγον, ὡς παντὸς μᾶλλον ἡμῖν ψευδεῖς αἰσθήσεις ἐν αὐτοῖς γιγνομένας, καὶ πολλοῦ δεῖ τὰ

φαινόμενα ἑκάστῳ ταῦτα καὶ εἶναι, ἀλλὰ πᾶν τοὐναντίον οὐδὲν ὧν φαίνεται εἶναι.［那我们就不应遗留其中还漏下的任何东西。而剩下的是关于各种梦、各种疾病，尤其关于疯狂，以及所有那些被称作听错、看错或其他感觉错的。因为你肯定知道，在所有这些方面，我们刚才细说过的那种说法似乎都能公认地被加以反驳——既然在它们中各种错误的感觉必定会对我们产生出来——，并且远非对每个人所显现出来的东西也就是该东西，而是完全相反，所显现出来的东西中没有任何一个是着。］

332 δοξάζειν［进行判断 / 下判断］，同样在这里不译为“持有意见”。

333 ᾧ ... ἥδεται［对之感到快乐］。动词 ἥδομαι［对……感到快乐］要求与格，所以这里出现的是关系代词的中性单数与格 ᾧ。

334 τό δοξάζειν ὄντως［事实上在进行判断］，也可以译为“实实在在地在进行判断”，甚或译为“*以是的方式在进行判断*”。

335 φιλεῖ γίγνεσθαι［经常成为 / 经常发生］是固定表达。动词 φιλέω 的本义是“热爱”，但作无人称动词与 γίγνεσθαι 连用，意思则是“经常发生”；《牛津希-英词典》对之的解释是：of what usually happens。

336 ὁμοίως εἴληχεν［已经同等地分得了份额］，也可以意译为“有着相同的命运”。动词 λαγχάνω 本义指“凭抽签得到”“中签”“摇签分配”。其同源名词 λάχος 即“抽签得到的一份”，转义为“命运”；而专名 Λάχεσις［拉刻西斯］就是命运三女神中的“分配命运的女神”。

337 尖括号中的 σκεπτέον［必须得考察］，是编辑校勘者根据文义补充的，法国布德本希腊文同样如此。

338 对观亚里士多德《形而上学》第六卷第 4 章（1027b25-27）：οὐ γάρ ἐστι τὸ ψεῦδος καὶ τὸ ἀληθὲς ἐν τοῖς πράγμασιν, ... ἀλλ᾽ ἐν διανοίᾳ.［因为真和假不在事物中，……而是在思想中。］

339 参见《智者》（263a11-b3）：{ΞΕ.} Ποιὸν δέ γέ τινά φαμεν ἀναγκαῖον ἕκαστον εἶναι τῶν λόγων. {ΘΕΑΙ.} Ναί. {ΞΕ.} Τούτων δὴ ποῖόν τινα ἑκάτερον φατέον εἶναι; {ΘΕΑΙ.} Τὸν μὲν ψευδῆ που, τὸν δὲ ἀληθῆ.［客人：但我们宣称，言说中的每一个无论如何都必然是某种性质的〈言说〉。泰阿泰德：是的。客人：那必须得说出它们中的每个是何种性质吗？泰阿泰德：一个肯定是假的，另一个则是真的。］

340 参见前面 27e5 以下。

341 μεγάλαι τε καὶ σμικραὶ καὶ σφόδρα ἑκάτεραι γίγνονται［它们各自都能够变得大和小，以及变得强烈。］如果把副词 σφόδρα 理解为是在表强烈变化的程度，那么这句话也可以译为：“它们各自都能够在强烈程度上变得大和小。”

342 ἐν τῷ τοιούτῳ［在这样一种情形下］，即在 ἁμαρτάνουσαν［弄错 / 犯错］的情形下。

343 动词 ἀμύνω 作“捍卫”“帮助”讲时，要求与格作宾语，所以这里出现的是阳性单数与格 τῷ τῆς ἡδονῆς ... λόγῳ［关于快乐的说法］。

344 副词 ὅπῃ 除了作为地点副词，表“从何处”“在何处”之外，也作为方式副词，表“以何种方式”“如何”。

345 τὸ διαδοξάζειν ἐγχειρεῖν［尝试形成一个确定的判断 / 尝试形成一个确定的意见］。动词 διαδοξάζω，由前缀 δια-［穿过 / 自始至终］和动词 δοξάζω［下判断］构成；《牛津希-英词典》举了柏拉图在这里的这个表达，对它的解释是：form a definite opinion。

346 περὶ ταῦτα［关于这些］，即上文说到的 δόξα καὶ τὸ διαδοξάζειν ἐγχειρεῖν［判断和尝试形成一个确定的判断］。

347 对观《泰阿泰德》（189e4–190a7）：{ΣΩ.} Κάλλιστα. τὸ δὲ διανοεῖσθαι ἆρ' ὅπερ ἐγὼ καλεῖς; {ΘΕΑΙ.} Τί καλῶν; {ΣΩ.} Λόγον ὃν αὐτὴ πρὸς αὑτὴν ἡ ψυχὴ διεξέρχεται περὶ ὧν ἂν σκοπῇ. ὥς γε μὴ εἰδώς σοι ἀποφαίνομαι. τοῦτο γάρ μοι ἰνδάλλεται διανοουμένη οὐκ ἄλλο τι ἢ διαλέγεσθαι, αὐτὴ ἑαυτὴν ἐρωτῶσα καὶ ἀποκρινομένη, καὶ φάσκουσα καὶ οὐ φάσκουσα. ὅταν δὲ ὁρίσασα, εἴτε βραδύτερον εἴτε καὶ ὀξύτερον ἐπᾴξασα, τὸ αὐτὸ ἤδη φῇ καὶ μὴ διστάζῃ, δόξαν ταύτην τίθεμεν αὐτῆς. ὥστ' ἔγωγε τὸ δοξάζειν λέγειν καλῶ καὶ τὴν δόξαν λόγον εἰρημένον, οὐ μέντοι πρὸς ἄλλον οὐδὲ φωνῇ, ἀλλὰ σιγῇ πρὸς αὑτόν· σὺ δὲ τί; {ΘΕΑΙ.} Κἀγώ.［苏格拉底：好极了。但你会恰恰如我那样称呼思想吗？泰阿泰德：你怎么称呼？苏格拉底：就它所考察的那些东西，灵魂自身对它自身进行详细叙述的那种谈话。我肯定并非作为知道者而向你展示〈这点〉。因为这在我看来，当灵魂进行思想时，它无非是在进行对话，它自己向自己提问并作答，而且进行肯定和否定。而每当它作出剖判后——无论是慢慢地〈作出〉，还是猛地一跃——，从此它就说出同一种〈看法〉并且不再怀疑，我们就将这确定为它的判断。因此，我就把进行判断称作进行言说，而把判断称作一个已经说出来了的言说，但既不是对他人〈说〉，也不是有声地〈说〉，而是默默地对自己〈说〉。而你会怎么〈想〉？泰阿泰德：我也这么〈想〉。］

《智者》（263d6–264b3）：{ΞΕ.} Τί δὲ δή; διάνοιά τε καὶ δόξα καὶ φαντασία, μῶν οὐκ ἤδη δῆλον ὅτι ταῦτά γε ψευδῆ τε καὶ ἀληθῆ πάνθ' ἡμῶν ἐν ταῖς ψυχαῖς ἐγγίγνεται; {ΘΕΑΙ.} Πῶς; {ΞΕ.} Ὧδ' εἴσῃ ῥᾷον, ἂν πρῶτον λάβῃς αὐτὰ τί ποτ' ἔστιν καὶ τί διαφέρουσιν ἕκαστα ἀλλήλων. {ΘΕΑΙ.} Δίδου μόνον. {ΞΕ.} Οὐκοῦν διάνοια μὲν καὶ λόγος ταὐτόν· πλὴν ὁ μὲν ἐντὸς τῆς ψυχῆς πρὸς αὑτὴν διάλογος ἄνευ φωνῆς γιγνόμενος τοῦτ' αὐτὸ ἡμῖν ἐπωνομάσθη, διάνοια; {ΘΕΑΙ.} Πάνυ μὲν οὖν. {ΞΕ.} Τὸ δέ γ' ἀπ' ἐκείνης ῥεῦμα διὰ τοῦ στόματος ἰὸν μετὰ φθόγγου κέκληται λόγος; {ΘΕΑΙ.} Ἀληθῆ. {ΞΕ.} Καὶ μὴν ἐν λόγοις γε αὖ ἴσμεν ἐνὸν – {ΘΕΑΙ.} Τὸ ποῖον; {ΞΕ.} Φάσιν τε καὶ ἀπόφασιν. {ΘΕΑΙ.} Ἴσμεν. {ΞΕ.} Ὅταν οὖν τοῦτο ἐν ψυχῇ κατὰ διάνοιαν ἐγγίγνηται μετὰ σιγῆς, πλὴν δόξης ἔχεις ὅτι προσείπῃς αὐτό; {ΘΕΑΙ.} Καὶ πῶς; {ΞΕ.} Τί δ' ὅταν μὴ καθ' αὑτὸ ἀλλὰ δι' αἰσθήσεως παρῇ τινι, τὸ τοιοῦτον αὖ πάθος ἆρ' οἷόν τε ὀρθῶς εἰπεῖν ἕτερόν τι πλὴν φαντασίαν; {ΘΕΑΙ.} Οὐδέν. {ΞΕ.} Οὐκοῦν ἐπείπερ λόγος ἀληθὴς ἦν καὶ ψευδής, τούτων δ' ἐφάνη διάνοια μὲν αὐτῆς πρὸς ἑαυτὴν ψυχῆς διάλογος, δόξα δὲ διανοίας ἀποτελεύτησις, “<φαίνεται>” δὲ ὃ λέγομεν σύμμειξις αἰσθήσεως καὶ δόξης, ἀνάγκη δὴ καὶ τούτων τῷ λόγῳ συγγενῶν ὄντων ψευδῆ [τε] αὐτῶν ἔνια καὶ ἐνίοτε εἶναι. [客人：但然后呢？就思想、意见和想象而言，下面这点岂不已经是显而易见的，那就是：在我们灵魂中的所有这些东西，肯定既能生成为真的，也能生成为假的？泰阿泰德：为何？客人：以这样一种方式你就会比较容易看清，如果你首先取得它们究竟是什么，以及它们各自彼此之间有何不同。泰阿泰德：只好请你〈将之〉提供出来。客人：思想和言说岂不是同一个东西，除了下面这点之外，那就是，灵魂在内里同它自己进行的无声的对话，这种东西恰恰被我们叫作：思想？泰阿泰德：的确如此。客人：但从灵魂出发通过嘴而带有声音的那种气流，则被称为了一种言说？泰阿泰德：正确。客人：而且我们肯定还看到了这种东西是在诸言说中。泰阿泰德：哪种东西？客人：肯定和否定。泰阿泰德：我们看到了。客人：因此，每当这根据思想而缄默地发生在灵魂中时，除了判断之外，你还能把它称为〈别的〉什么吗？泰阿泰德：那怎么可能？客人：但是，每当它不是在其自身地，而是通过一种感觉于某人那儿在场时，复又能够正确地把这样一种情状称作别的什么东西吗，除了想象之外？泰阿泰德：没有〈别的〉。客人：因此，既然言说向来既可能是真的，也可能是假的，在这些〈言说过程〉中思想表现为灵魂同它自己的对话，判断则表现为思想的结果，而我们称之为“〈某个东西〉显像出来”的那种东西则是感觉和判断的一种混合，那么，由于这些事情都与言说是同类的，故必然它们中有些在有的时候就是假的。]

348 ταῖς αἰσθήσεσι συμπίπτουσα εἰς ταὐτόν [当它同诸感觉相一致时] 是一个整体；συμπίπτουσα 是动词 συμπίτνω 的现在分词主动态阴性主格单数，συμπίτνω 的本义是“一起下落”，同 εἰς ταὐτόν 连用，构成固定搭配，意思是“相一致”“偶合”;《牛津希-英词典》对该固定搭配的解释是: agree in one。

349 希腊文方括号中的 τοῦτο τὸ πάθημα [这种遭受],伯内特认为是窜入,但法国布德本希腊文保留了它们,从布德本。

350 见前面 32b–c。

351 χρυσὸν ... ἄφθονον [大量的金子]。形容词 ἄφθονος 由褫夺性前缀 ἀ- 和名词 φθόνος [嫉妒 / 怨恨] 构成;就人而言指“不嫉妒的”“心胸开阔的”,就事物而言指“充足的”“丰富的”,这里将之简单译为“大量的”。

352 ὡς τὸ πολύ [在大多数情况下] 是一个整体,作为固定搭配,它也具有“最多”“至多”等意思。

353 希腊文尖括号中的冠词 τὸ,是编辑校勘者根据文法补充的,法国布德本希腊文同样如此。

354 τοῖς κακοῖς ... πάρεισιν [在场于那些邪恶的人那里] 是一个整体;动词 πάρειμι [在场 / 在旁边] 要求与格,故这里出现的是复数与格 τοῖς κακοῖς [那些邪恶的人]。

355 τὰ πολλά 是词组,作副词使用,意思是“通常”“多半”。

356 τὸ παράπαν 作为词组,基本意思是“完全”“总共”,这里基于文义将之译为“一般地”,当然也可以译为“总的”。参见《智者》(239d2–4): ὅταν εἰδωλοποιὸν αὐτὸν καλῶμεν, ἀνερωτῶν τί ποτε τὸ παράπαν εἴδωλον λέγομεν. [每当我们把他称为图像创制者时,他就会通过问我们究竟一般地把图像说成什么〈来攻击我们〉。]

357 ἦν δοξάζειν [向来能够在进行判断]。ἦν 是 εἰμί 的未完成过去时第三人称单数,在这里作无人称动词使用,跟不定式表“能够……”“可能……”。之所以补充“向来”一词,是基于哲学上所谓的“先天完成时”(apriorisches Perfekt) 考虑,如后来亚里士多德著名的表达 τὸ τί ἦν εἶναι [是它向来所是的 / 是其所是]。

358 ὄντως [事实上]。如果考虑到该副词同后面 οὖσι [那些正是着的东西] 和 ἐσομένοις [那些将是着的东西] 在词源上的联系,也可以将之译为“在是的方式上”“以是的方式”。

359 τὴν τούτων ἀντίστροφον ἕξιν [这些东西中的相应的状况]。τούτων [这些东西],指前面提到的 δόξα [判断] 和 δοξάζειν [进行判断]。

360 ἐν ἐκείνοις [在那些情形中],即前面提到的“既不针对那些正是着的东西,也不针对那些已经产生出来的东西,也不针对那些将是着的东西”。

361 πονηρὰς δόξας καὶ χρηστὰς [一些邪恶的判断和有益的判断],法国布德本希腊文作 πονηρὰς δόξας κἀχρήστους [一些邪恶的判断和无益的判断],

κἀχρήστους 即 καὶ ἀχρήστους，也即是说，χρηστὰς［有益的］作 ἀχρήστους［无益的］；从布德本。

362 Πάνυ μὲν οὖν τοὐναντίον, ὦ Σώκρατες, εἴρηκας. 这句话在法国布德本希腊文作 Πάνυ μὲν οὖν τοὐναντίον, ὦ Σώκρατες, < ἢ > εἴρηκας. 这里的翻译从布德本。如果按伯内特本翻译，则可以译为“完全相反，苏格拉底啊，你已经说得。”

363 τούτῳ γὰρ ἴσως χρησόμεθα πρὸς τὰς κρίσεις.［因为我们或许将为了一些剖判而利用这。］也可以转译为：“因为就〈做出〉一些剖判来说，这或许对我们来说会是有用的。”

364 关于“运动员”的比喻，可对观《泰阿泰德》（169a6-c3）：{ΘΕΟ.} Οὐ ῥᾴδιον, ὦ Σώκρατες, σοὶ παρακαθήμενον μὴ διδόναι λόγον, ἀλλ' ἐγὼ ἄρτι παρελήρησα φάσκων σε ἐπιτρέψειν μοι μὴ ἀποδύεσθαι, καὶ οὐχὶ ἀναγκάσειν καθάπερ Λακεδαιμόνιοι· σὺ δέ μοι δοκεῖς πρὸς τὸν Σκίρωνα μᾶλλον τείνειν. Λακεδαιμόνιοι μὲν γὰρ ἀπιέναι ἢ ἀποδύεσθαι κελεύουσι, σὺ δὲ κατ' Ἀνταῖόν τί μοι μᾶλλον δοκεῖς τὸ δρᾶμα δρᾶν· τὸν γὰρ προσελθόντα οὐκ ἀνίης πρὶν <ἂν> ἀναγκάσῃς ἀποδύσας ἐν τοῖς λόγοις προσπαλαῖσαι. {ΣΩ.} Ἄριστά γε, ὦ Θεόδωρε, τὴν νόσον μου ἀπῄκασας· ἰσχυρικώτερος μέντοι ἐγὼ ἐκείνων. μυρίοι γὰρ ἤδη μοι Ἡρακλέες τε καὶ Θησέες ἐντυχόντες καρτεροὶ πρὸς τὸ λέγειν μάλ' εὖ συγκεκόφασιν, ἀλλ' ἐγὼ οὐδέν τι μᾶλλον ἀφίσταμαι· οὕτω τις ἔρως δεινὸς ἐνδέδυκε τῆς περὶ ταῦτα γυμνασίας. μὴ οὖν μηδὲ σὺ φθονήσῃς προσανατριψάμενος σαυτόν τε ἅμα καὶ ἐμὲ ὀνῆσαι.［忒俄多洛斯：苏格拉底啊，坐在你旁边而不给出说法，这不容易，而我刚才还胡说八道，声称你会容许我不脱光衣服，而不像那些拉栖岱蒙人一样进行强迫。但在我看来你更接近斯喀戎。因为拉栖岱蒙人要求要么离开，要么脱光衣服，而你对我显得更为如安泰俄斯一样在做事；因为你不放过那来到你身边的人，在你迫使他脱光衣服在讨论中和你角力之前。苏格拉底：忒俄多洛斯啊，你的确对我的毛病做了最好的比喻；但是，我比那些人还要固执。因为成千的赫拉克勒斯和忒修斯，即那些在讨论方面的强有力者，碰见我后都已经实实在在地狠揍了我，但我愈发没有放弃，因为一种如此强烈的爱欲——即对关于这种东西的锻炼的〈爱欲〉——，已经渗透了我。所以，你不要拒绝通过练习同我进行辩论而同时使你自己和我都得到好处。］

365 见前面 34b 以下。

366 δίχα ... καὶ χωρὶς διείληπται 是一个整体，διείληπται 是动词 διαλαμβάνω 的完成时直陈式被动态第三人称单数；διαλαμβάνω 的基本意思是“拥抱”“抓

住”，但也具有“分开”“切开”的意思，尤其是同表“分开”“分离”的副词 δίχα 或 χωρίς 连用时。

367 τούτων［这些］，在这里只能被理解为阴性属格复数，因为后面修饰限定它的是阴性复数属格分词 ἐναντίων οὐσῶν［它们是相反的］；所以，它指代的是前面的 λύπας τε καὶ ἡδονάς［一些痛苦和一些快乐］。

368 παρ' ἀλλήλας，这里基于文义，不译为“互相”，而译为“并排”。

369 见前面 27e 以下。

370 参见《智者》(235e5–236a7)：{ΞΕ.} Οὔκουν ὅσοι γε τῶν μεγάλων πού τι πλάττουσιν ἔργων ἢ γράφουσιν. εἰ γὰρ ἀποδιδοῖεν τὴν τῶν καλῶν ἀληθινὴν συμμετρίαν, οἶσθ' ὅτι σμικρότερα μὲν τοῦ δέοντος τὰ ἄνω, μείζω δὲ τὰ κάτω φαίνοιτ' ἂν διὰ τὸ τὰ μὲν πόρρωθεν, τὰ δ' ἐγγύθεν ὑφ' ἡμῶν ὁρᾶσθαι. {ΘΕΑΙ.} Πάνυ μὲν οὖν. {ΞΕ.} Ἆρ' οὖν οὐ χαίρειν τὸ ἀληθὲς ἐάσαντες οἱ δημιουργοὶ νῦν οὐ τὰς οὔσας συμμετρίας ἀλλὰ τὰς δοξούσας εἶναι καλὰς τοῖς εἰδώλοις ἐναπεργάζονται; {ΘΕΑΙ.} Παντάπασί γε.［客人：至少所有那些在任何场合塑造或绘制任何巨大作品的人不是这样。因为，如果他们付还那些美的东西的真实比例，那么你知道，上面的部分显得比应然的较小，而下面的部分则显得较大，因为前者被我们从远处看，而后者被我们从近处看。泰阿泰德：当然。客人：因此，工匠们岂不通过把真相放到一边，在各种图像那儿他们所创作出来的，其实并非一些是着的比例，而是一些看起来是美的比例？泰阿泰德：完全如此。］

371 ἀνεπίμπλασαν 是动词 ἀναπίμπλημι 的未完成过去时直陈式主动态第三人称复数。ἀναπίμπλημι 除了具有“充满”“实现”的意思之外，也有“感染”“被玷污”的意思。参见《斐洞》(67a2–6)：καὶ ἐν ᾧ ἂν ζῶμεν, οὕτως, ὡς ἔοικεν, ἐγγυτάτω ἐσόμεθα τοῦ εἰδέναι, ἐὰν ὅτι μάλιστα μηδὲν ὁμιλῶμεν τῷ σώματι μηδὲ κοινωνῶμεν, ὅτι μὴ πᾶσα ἀνάγκη, μηδὲ ἀναπιμπλώμεθα τῆς τούτου φύσεως, ἀλλὰ καθαρεύωμεν ἀπ' αὐτοῦ, ἕως ἂν ὁ θεὸς αὐτὸς ἀπολύσῃ ἡμᾶς.［并且在我们还活着的时候，似乎我们只能如下面这样去尽量接近知识，那就是尽可能地既不与身体交往，也不与之共事，除非万不得已；我们也不可以感染上身体的本性，而是让我们自己从它那里保持纯粹，直到神自己解放我们为止。］

372 τούτων ... ἑξῆς［在这些之后］是一个整体。副词 ἑξῆς 的本义是“依次”，但也可跟属格构成短语；《牛津希–英词典》举了柏拉图在这里的这个表达，对 τούτων ἑξῆς 的解释是：next after ... 。

373 见前面 31c 以下。

374 οὐδὲν πρὸς λόγον［不切题的 / 不恰当的］是固定表达，同 πρὸς λόγον［切题

的 / 恰当的］相对。《牛津希-英词典》举了柏拉图在这里的这个表达，对 πρὸς λόγον 的解释是：to the point, apposite。

375 οὐ κωλύεις με，法国布德本希腊文作 οὐ κωλύει ἐμὲ；从文法上看，κωλύεις 是动词 κωλύω［阻止］的现在时直陈式主动态第二人称单数，而 κωλύει 则是其现在时直陈式主动态第三人称单数。这里的翻译从布德本，如果按照伯内特本翻译，则当译为"你并未阻止住"。

376 参见《泰阿泰德》(152d2–e8)：ὡς ἄρα ἓν μὲν αὐτὸ καθ' αὑτὸ οὐδέν ἐστιν, οὐδ' ἄν τι προσείποις ὀρθῶς οὐδ' ὁποιονοῦν τι, ἀλλ' ἐὰν ὡς μέγα προσαγορεύῃς, καὶ σμικρὸν φανεῖται, καὶ ἐὰν βαρύ, κοῦφον, σύμπαντά τε οὕτως, ὡς μηδενὸς ὄντος ἑνὸς μήτε τινὸς μήτε ὁποιουοῦν· ἐκ δὲ δὴ φορᾶς τε καὶ κινήσεως καὶ κράσεως πρὸς ἄλληλα γίγνεται πάντα ἃ δή φαμεν εἶναι, οὐκ ὀρθῶς προσαγορεύοντες· ἔστι μὲν γὰρ οὐδέποτ' οὐδέν, ἀεὶ δὲ γίγνεται. καὶ περὶ τούτου πάντες ἑξῆς οἱ σοφοὶ πλὴν Παρμενίδου συμφερέσθων, Πρωταγόρας τε καὶ Ἡράκλειτος καὶ Ἐμπεδοκλῆς, καὶ τῶν ποιητῶν οἱ ἄκροι τῆς ποιήσεως ἑκατέρας, κωμῳδίας μὲν Ἐπίχαρμος, τραγῳδίας δὲ Ὅμηρος, <ὃς> εἰπών – Ὠκεανόν τε θεῶν γένεσιν καὶ μητέρα Τηθύν. πάντα εἴρηκεν ἔκγονα ῥοῆς τε καὶ κινήσεως·［肯定没有什么是自在自为的一，你既无法正确地把它称为某种东西，也无法把它称为某种性质；相反，如果你称它为大的，它也就会显得是小的，如果你称它为重的，〈它就会显得是〉轻的；一切都这样，因为没有什么是一，无论是作为某种东西，还是作为某种性质。所有那些我们现在说它们是着的——我们并未正确地进行称呼——，其实都从移动和运动，以及从彼此的混合中生成出来；因为从未有什么是着，而始终在生成。关于这点，除了巴门尼德，所有智慧的人聚成一列，普罗塔戈拉、赫拉克利特、恩培多克勒，以及诗人中间，两种诗歌各自那顶尖的，就喜剧来说是厄庇卡尔摩斯，就悲剧来说则是荷马——他曾说：诸神的始祖俄刻阿诺斯和始母忒堤丝；他在说一切都是流动和运动的后裔——。］(179e2–180b3)：Παντάπασι μὲν οὖν. καὶ γάρ, ὦ Σώκρατες, περὶ τούτων τῶν Ἡρακλειτείων ἤ, ὥσπερ σὺ λέγεις, Ὁμηρείων καὶ ἔτι παλαιοτέρων, αὐτοῖς μὲν τοῖς περὶ τὴν Ἔφεσον, ὅσοι προσποιοῦνται ἔμπειροι, οὐδὲν μᾶλλον οἷόν τε διαλεχθῆναι ἢ τοῖς οἰστρῶσιν. ἀτεχνῶς γὰρ κατὰ τὰ συγγράμματα φέρονται, τὸ δ' ἐπιμεῖναι ἐπὶ λόγῳ καὶ ἐρωτήματι καὶ ἡσυχίως ἐν μέρει ἀποκρίνασθαι καὶ ἐρέσθαι ἧττον αὐτοῖς ἔνι ἢ τὸ μηδέν· μᾶλλον δὲ ὑπερβάλλει τὸ οὐδ' οὐδὲν πρὸς τὸ μηδὲ σμικρὸν ἐνεῖναι τοῖς ἀνδράσιν ἡσυχίας. ἀλλ' ἄν τινά τι ἔρῃ, ὥσπερ ἐκ φαρέτρας ῥηματίσκια αἰνιγματώδη ἀνασπῶντες ἀποτοξεύουσι, κἂν τούτου ζητῇς λόγον λαβεῖν τί εἴρηκεν, ἑτέρῳ πεπλήξῃ καινῶς

μετωνομασμένῳ. περανεῖς δὲ οὐδέποτε οὐδὲν πρὸς οὐδένα αὐτῶν· οὐδέ γε ἐκεῖνοι αὐτοὶ πρὸς ἀλλήλους, ἀλλ' εὖ πάνυ φυλάττουσι τὸ μηδὲν βέβαιον ἐᾶν εἶναι μήτ' ἐν λόγῳ μήτ' ἐν ταῖς αὐτῶν ψυχαῖς, ἡγούμενοι, ὡς ἐμοὶ δοκεῖ, αὐτὸ στάσιμον εἶναι· τούτῳ δὲ πάνυ πολεμοῦσιν, καὶ καθ' ὅσον δύνανται πανταχόθεν ἐκβάλλουσιν.［完全如此。因为，苏格拉底啊，关于这些属于赫拉克利特圈子的〈看法〉，或者如你所说，属于荷马圈子的，甚至一些还要更早的人的〈看法〉，面对在爱菲斯周边的那些任何佯装熟悉〈它们〉的人，同那些被牛虻叮得发狂的人相比，更不可能与他们进行交谈。因为他们完全按照〈赫拉克利特的〉那些作品〈所说的〉那样〈不停地〉运动，而停留在某一说法和某一问题上，静静地轮流回答和提问，这在他们那里甚至比无还要少；宁可说，就没有丁点的静止是内在于这些人那里而言，其实连无都超过了〈它〉。相反，如果你问某个人某个东西，那么，他就会抛出一些谜语似的巧言妙语，像从箭筒里拔出〈箭〉一样把它们射向〈你〉；并且如果你想要得到对这个〈巧言妙语〉的说明，即它说了什么，那么你就会被另一种重新改头换面了的〈巧言妙语〉击中。而你将从不会和他们中的任何一个人达成任何结论，其实那些人自己彼此之间也达不成；相反，他们非常警惕下面这点，即容许任何稳固的东西是在言谈中，或者是在他们自己的灵魂中，因为他们认为——在我看来——，它会是静止的。而他们同这种东西全面开战，并尽其可能地将之从各方面进行抛弃。］

《智者》(249c10-d4)：Τῷ δὴ φιλοσόφῳ καὶ ταῦτα μάλιστα τιμῶντι πᾶσα, ὡς ἔοικεν, ἀνάγκη διὰ ταῦτα μήτε τῶν ἓν ἢ καὶ τὰ πολλὰ εἴδη λεγόντων τὸ πᾶν ἑστηκὸς ἀποδέχεσθαι, τῶν τε αὖ πανταχῇ τὸ ὂν κινούντων μηδὲ τὸ παράπαν ἀκούειν, ἀλλὰ κατὰ τὴν τῶν παίδων εὐχήν, ὅσα ἀκίνητα καὶ κεκινημένα, τὸ ὄν τε καὶ τὸ πᾶν συναμφότερα λέγειν.［那么对于哲学家，即对于那尤其看重这些的人来说，如看起来的那样，在各方面都必然由此一方面不接受那些把全体——无论〈他们说它是〉一，〈还是说它是〉许多的形式——说成屹然不动的人〈的说法〉，另一方面也完全不听从那些在所有方式上让是者运动起来的人，而是如孩子们的愿望那样，所有不动的东西和运动着的东西，把这两者合在一起将之说成是者和全体。］

377 τὸν λόγον ἐπιφερόμενον τοῦτον［这个威胁性的说法］。ἐπιφερόμενον 是动词 ἐπιφέρω 的现在分词被动态阳性宾格单数；ἐπιφέρω 的基本意思是“放在……上”，引申为“进攻”“逼近”“威胁”。《牛津希-英词典》举了柏拉图在这里的这个表达，对 ἐπιφέρω 的解释是：impend, threaten。

378 τὸ μηδέτερα τούτων［非这两者的东西］，单就这一表达，也可以意译为“非金非银”。

379 λεγόμενος［被说成］，法国布德本希腊文作 γενόμενος［成为］，不从。

380 动词 αἰσθάνομαι 作“注意到”“觉察到”理解时，要求属格作宾语，所以这里出现的是现在分词主动态阳性属格复数 λεγόντων γε ταῦτα καὶ δοξαζόντων［在这样说和这样进行判断的一些人］。

381 副词 χωρίς 除了具有“分离”“分开”的意思之外，也喻为“迥异的”；所以，这句话也可以译为“假如不感到痛苦和感到快乐这两者各自的本性是迥异的话”。

382 τινι δυσχερείᾳ φύσεως［靠〈其〉本性中的某种严厉］。名词 δυσχέρεια 的基本意思是“困扰”“厌烦”，用在人身上则指“坏脾气”“严厉”；《牛津希-英词典》举了柏拉图在这里的这个表达，对它的解释是：harshness。

383 γοήτευμα［一种魔力］，也可以译为“一种巫术”，甚或“一种假象”。《牛津希-英词典》举了柏拉图在这里的这个表达，对它的解释是：spell, charm。

384 τὰ ἄλλα αὐτῶν δυσχεράσματα［他们的其他那些严厉的判断］，单就这句话，当然也可以译为“他们的其他那些不满”。《牛津希-英词典》举了柏拉图在这里的这个表达，对 δυσχέρασμα 的解释是：harsh judgements。

385 ἐνδείᾳ συγγίγνονται［他们熟悉一种缺乏］。动词 συγγίγνομαι 的字面意思是“和……一起产生”，泛指“和……在一起”“和……交往”，进而喻为“熟悉……”“精通……”，并要求与格。《牛津希-英词典》举了柏拉图在这里的这一表达，对它的解释是：become acquainted or conversant with。

386 动词 κατέχω［控制］要求属格作宾语，所以这里出现的是阳性复数属格 τῶν ἀφρόνων τε καὶ ὑβριστῶν［那些无头脑的人以及那些放纵的人］。

387 μέχρι μανίας［直到疯狂为止］。介词 μέχρι［直到……为止］要求属格，所以这里出现的是阴性单数属格 μανίας［疯狂］。

388 περιβοήτους ἀπεργάζεται［导致他们四处狂乱地叫喊］是一个整体。形容词 περιβόητος 派生自动词 περιβοάω［诽谤 / 中伤］，褒义指“著名的”，贬义则指“声名狼藉的”；但它同时又有“叫喊着的”“叫吼着的”等意思。《牛津希-英词典》举了柏拉图在这里的这个表达，对 περιβοήτους ἀπεργάζεται 的解释是：makes them utter frantic cries。

389 τίνα ποτὲ τρόπον ἐχούσας［它们究竟具有何种性格］，当然也可以译为“它们究竟在何种方式上”。名词 τρόπος 除了具有“方位”“方式”等意思之外，也有“性格”“风格”的意思。

390 τὸ ... λεγόμενον πικρῷ γλυκὺ μεμειγμένον［所谓甜与苦的混合］。由形容词 γλυκύς［甜的］和 πικρός［苦的］还进而构成了一个合成形容词 γλυκύπικρος

［又甜又苦的］；公元前7世纪前后的古希腊女诗人萨福（Σαπφώ, Sappho）就把ἔρος［爱情］称为是γλυκύπικρος［又甜又苦的］。

391 μετὰ δυσαπαλλακτίας παρόν［当它凭借一种难以去除的性质而出现在那儿时］，也可以译为“当它凭借一种难以去除的性质而在场时”。《牛津希–英词典》举了柏拉图在这里所使用的这个名词δυσαπαλλακτία，对它的解释是：the quality of being difficult to get rid of, persistency。

392 τὸ ζέον［脓肿］。ζέον在这里是动词ζέω的现在分词主动态中性主格单数；ζέω的基本意思是“煮沸”“沸腾”，喻为“情感激动”，在医学上则指“皮下脓肿”。

393 尖括号中的希腊文ἐν τοῖς［在这些里面］，是伯内特根据文义补充的，法国布德本希腊文没有这样做，从布德本。

394 τὸ δ᾽ ἐπιπολῆς，法国布德本希腊文作τὰ δ᾽ ἐπιπολῆς，从布德本。ἐπιπολῆς是名词ἐπιπολή［表面］的属格作副词使用，意思是“在上面”“在表面”“在外部”；而τὰ ἐπιπολῆς在这里的意思是“一些表面的区域”“在外面的一些部分”“表面部分”。

395 指示代词αὐτὰ［它们］，指代前面的τὰ ἐπιπολῆς［一些表面的区域］。

396 τοτὲ φέροντες εἰς πῦρ αὐτὰ καὶ εἰς τοὐναντίον πυρίαις μεταβάλλοντες，这句话在法国布德本希腊文中作τοτὲ φέροντες εἰς πῦρ αὐτὰ καὶ εἰς τοὐναντίον, ἀπορίαις μεταβάλλοντες. 也即是说，伯内特本中的πυρίαις［用各种热疗手段］，在布德本中作ἀπορίαις［各种困惑/各种走投无路］。这里的翻译从布德本，如果按伯内特本翻译，则当译为：“有时人们通过把它们带往火那里，以及用各种热疗手段把它向着反面进行改变。”

397 之所以这么补充翻译，因为ἀμηχάνους ἡδονάς［一些不同寻常的快乐］后面省略了动词παρέσχοντο［他们给自己带来］。

398 εἰς ὁπότερ᾽ ἂν ῥέψῃ［无论哪一方会占有优势］，这是固定表达。动词ῥέπω的基本意思是“沉下去”“落下去”，泛指“摇摆不定”；但同介词εἰς或ἐπί连用，构成固定表达，指对立两派中的一派“居上风”“占优势”。《牛津希–英词典》对这一结构的解释是：of one of two contending parties, preponderate, prevail。

399 希腊文方括号中的连接词καὶ，伯内特认为是窜入，而法国布德本希腊文保留了它；从布德本。

400 κατὰ<τὰ> τοιαῦτα πάντα［在所有诸如此类的情形那儿］。希腊文尖括号中的冠词τὰ，是编辑校勘者根据文义补充的；法国布德本希腊文直接加上了该词。

401 πολὺ πλέον［多得多地］是一个整体。形容词 πολύς［多］的中性单数 πολύ 作副词使用，常同比较级形容词和比较级副词连用，起加强作用。

402 συντείνει［使人紧张不安］，也可以简单译为“使人激动”。动词 συντείνω 的本义是“拉紧”，喻为“尽力”“奋起”。

403 καὶ παντοῖα μὲν χρώματα, παντοῖα δὲ σχήματα, παντοῖα δὲ πνεύματα ἀπεργαζόμενον［并且它通过引起各种各样的面色、各种各样的体态，以及各种各样的呼吸〈节奏〉］，也可以简单译为“并且它通过在面色、体态以及呼吸方面引起各式各样的变化”。

404 ταύταις ταῖς ἡδοναῖς τερπόμενος［他由于享受这些快乐］是一个整体。τερπόμενος 是动词 τέρπω 的现在分词中动态阳性主格单数；τέρπω 的基本意思是“使高兴”“使喜悦”，但其中动态和被动态指“享受”“满足”，并要求与格作宾语，所以这里出现的是阴性复数与格 ταύταις ταῖς ἡδοναῖς［这些快乐］。

405 τῶν ἐπιπολῆς τε καὶ ἐντὸς κερασθέντων［它们在〈身体的〉表面和里面混合在了一起］。即身体表面的一些遭受同身体里面的一些遭受混合在了一起。κερασθέντων 在这里是动词 κεράννυμι［混合］的一次性过去时分词被动态中性属格复数，只能修饰和限定中性名词 πάθημα［遭受］，而不限定阴性名词 ἡδονή［快乐］。

406 τῶν ἐν τοῖς κοινοῖς παθήμασιν αὐτοῦ τοῦ σώματος［就单独位于身体的共同遭受中的那些快乐］。这样翻译，是把 αὐτοῦ 当作副词“单独”“仅仅”来翻译；当然也可以译为“就位于身体自身的共同遭受中的那些快乐”。

407 希腊文方括号中的小词 αὖ［复又 / 再次］，伯内特认为是窜入，法国布德本希腊文同样如此。

408 μεῖξις μία λύπης τε καὶ ἡδονῆς συμπίπτει γενομένη［仍然恰好产生出痛苦和快乐的单一混合］。συμπίπτει γενομένη 是固定表达；动词 συμπίπτω 的本义是“遇上”“碰上”，但作无人称动词使用时，如动词 τυγχάνω 一样起助动词作用，与分词连用。

409 希腊文方括号中的 τὸ<ἐν>τοῖς θυμοῖς καὶ ταῖς ὀργαῖς［在各种激情和愤怒中的］，伯内特认为是窜入，法国布德本希腊文直接删除了它。另外，之所以这样补充翻译，因为根据《伊利亚特》的原文，后面的引文是在谈及 χόλος［愤怒 / 生气］。

410 见荷马《伊利亚特》(18. 108–109)。

411 ἐν τούτῳ 在这里既可视为词组，也可以理解为在指代前面的 ἐν ταῖς κωμῳδίαις διάθεσιν ἡμῶν τῆς ψυχῆς［在那些喜剧中我们灵魂的情形］。《牛津希-英词典》对 ἐν τούτῳ 的解释是：in that case。

412 λέγοις ἄν［请你说！］也可以译为“你只管说吧！”λέγοις 是动词 λέγω［说］的现在时祈愿式第二人称单数，祈愿式和 ἄν 连用，有时等于命令式，如 λέγοις ἂν τὴν δέησιν［你只管说出〈你的〉要求！/ 请你把〈你的〉要求说出来！］

413 τῶν πέλας 是一个整体。πέλας 本为介词，意思是“靠近”“紧挨着”，而 οἱ πέλας 的意思就是“邻人”“邻里”。

414 κακὸν μὴν ἄγνοια［无知无疑就是一种恶］，单就这句话，也可以同上文保持一致而译为“无知无疑就是一种不幸”。

415 τὸ κεφάλαιον 是一个整体，在这里作副词使用；意思是“总地”“首要地”。

416 法国布德本希腊文在 τοὐναντίον［相反的东西］前面补充了定冠词 τὸ，限定后面的中性名词 πάθος［情况］；这里的翻译从布德本。

417 对观《斐德若》(229e4-230a1)：ἐμοὶ δὲ πρὸς αὐτὰ οὐδαμῶς ἐστι σχολή· τὸ δὲ αἴτιον, ὦ φίλε, τούτου τόδε. οὐ δύναμαί πω κατὰ τὸ Δελφικὸν γράμμα γνῶναι ἐμαυτόν· γελοῖον δή μοι φαίνεται τοῦτο ἔτι ἀγνοοῦντα τὰ ἀλλότρια σκοπεῖν.［不过我对此却根本没有闲暇；而原因，朋友啊，就在于下面这点，那就是：按照德尔斐〈神庙〉的碑文，我尚不能够认识我自己；而这对我实实在在地显得是可笑的，只要我在那方面还有所不知就去考察那些不属于我的东西。］

418 λεγόμενον ὑπὸ τοῦ γράμματος［照文字来说］，法国布德本希腊文认为这句话是窜入，不从。

419 τῶν ἀγνοούντων αὑτούς［那些不自知的人］，也可以译为“那些不认识自己的人”。

420 名词 οὐσία 的日常意思是“财产”“一个人自己所拥有的东西”。

421 τὸ τρίτον εἶδος［第三个方面］，当然也可以译为“第三种形式”或“第三个类型”。

422 διαμαρτάνω［完全出错］是动词 ἁμαρτάνω 的增强体；ἁμαρτάνω 的本义是“未中的”“未射中”，喻为“犯错”“失误”。

423 ἀντεχόμενον［执着于］，在这里也可以译为“汲汲追求”。

424 对观亚里士多德《修辞学》第二卷第 10 章（1387b22-25）：Δῆλον δὲ καὶ ἐπὶ τίσι φθονοῦσι καὶ τίσι καὶ πῶς ἔχοντες, εἴπερ ἐστὶν ὁ φθόνος λύπη τις ἐπὶ εὐπραγίᾳ φαινομένῃ τῶν εἰρημένων ἀγαθῶν περὶ τοὺς ὁμοίους, μὴ ἵνα τι αὑτῷ, ἀλλὰ δι' ἐκείνους.［而这也是显而易见的，即人们为了哪些东西、对于哪些人以及自己处于何种状态而嫉妒，假如嫉妒是对于那些〈与自己〉相似的

人在那些已经说过的好事中所显露的幸运〈生起〉的一种痛苦的话，不是为了自己得到某种东西，而是由于那些人得到了某种东西。]

425 πῶς οὖν τέμνομεν δίχα, λέγεις;［那么，我们如何将之一分为二呢，你说？］这句话在法国布德本希腊文中被归给了普洛塔尔科斯。这里的翻译从伯内特本。

426 参见《智者》(228e1-5)：Κομιδῇ συγχωρητέον, ὃ νυνδὴ λέξαντος ἠμφεγνόησά σου, τὸ δύο εἶναι γένη κακίας ἐν ψυχῇ, καὶ δειλίαν μὲν καὶ ἀκολασίαν καὶ ἀδικίαν σύμπαντα ἡγητέον νόσον ἐν ἡμῖν, τὸ δὲ τῆς πολλῆς καὶ παντοδαπῆς ἀγνοίας πάθος αἶσχος θετέον.［的确必须同意——尽管当你刚才说时我还怀疑过——，恶的两个家族是在灵魂中；并且，一方面，懦弱、放纵以及不义，它们全都必须被视为在我们中的疾病，另一方面，许许多多且形形色色的无知之情状，则必须被确定为丑陋。］

427 ἡ ... ἀσθενὴς［虚弱〈者们〉的无知］，字面意思是“虚弱的无知”；但根据上下文，当等于 ἡ τῶν ἀσθενῶν，故这么补充翻译。

428 τοῦ φθόνου ... δύναμιν［嫉妒之能力］，也可以译为“嫉妒这个词的含义”。名词 δύναμις 的基本意思是“能力”，但也指“(字的)意思”“(词的)含义”。

429 希腊文尖括号中的 φῶμεν［我们会说］是编辑校勘者根据文义补充的，法国布德本希腊文同样如此。

430 希腊文尖括号中的 καὶ κωμῳδίαις［和各种喜剧］，是编辑校勘者根据文义补充的，法国布德本希腊文同样如此。

431 μὴ τοῖς δράμασι μόνον［不仅仅在舞台上］，当然也可以译为“不仅仅在各种戏剧中”。

432 ἐπ' ἐκεῖνα ἰόντα［因前往还剩下的许多东西那儿］，字面意思是“因前往那些东西那儿”；但指示代词 ἐκεῖνα 显然指代前面 50c8 那里的 πολλὰ ἔτι τὰ λοιπά［还剩下的许多东西］，故这么翻译。

433 μέσαι νύκτες 是词组，意思是“半夜”。

434 ἐπὶ τὰ λοιπὰ ... στέλλεσθαι［着手〈讨论〉剩下的那些事情］是一个整体，也可以译为“启程前往剩下的那些事情”。στέλλεσθαι 在这里是动词 στέλλω 的现在时不定式中动态。στέλλω 的基本意思是“准备好”“安排好”，其被动态则指“启程”“准备出发”；其中动态作不及物动词使用，与介词 ἐπί 或 πρός 一起构成词组，意思是“着手某事”“开始做某事”。《牛津希-英词典》举了柏拉图在这里的这个表达，对这一固定表达的解释是：set out upon a task。

435 κατὰ φύσιν 是词组，意思是“自然的”“天然的”。

436 ἐν τῷ μέρει 是词组，意思是“轮到某人”“轮到”；《牛津希-英词典》对之的解释是：in one’s turn。

437 见前面 44c 以下。

438 ἀναπαύσεσιν［各种间歇］，也可以译为“各种暂时的休息”“各种暂时的停止”。

439 希腊文方括号中的 καθαρὰς λυπῶν［摆脱了各种痛苦的］，伯内特认为是窜入，而法国布德本希腊文保留了它们，从布德本。形容词 καθαρός 的基本意思是“纯粹的”“洁净的”，但同属格连用，则具有“摆脱……”的意思。

440 φησὶν ὁ λόγος［如道理所讲的那样］，在这里也可以译为“〈我的〉说明在说”或“如〈我的〉说明所说的那样”。

441 τά τε τοῖς τόρνοις γιγνόμενα ἐπίπεδά τε καὶ στερεά［通过各种造圆的工具而形成的平面的〈圆〉和立体的〈球〉］是一个整体。τοῖς τόρνοις［通过各种造圆的工具］，也可以简单译为“旋床”或“车床”。《牛津希-英词典》举了柏拉图在这里的这个表达，对之的解释是：turning-lathe, lathe。

442 希腊文方括号中的 καλὰ καὶ ἡδονάς［美丽和快乐］，伯内特认为是窜入，而法国布德本希腊文保留了它们，从布德本。

443 希腊文尖括号中的关系代词 ὧν，是编辑校勘者根据文义补充的，法国布德本同样如此。

444 μετρίως［合尺度地］，当然可以译为“恰当地”；但之所以将之译为“合尺度地”，是为了同后面的两个同源名词 ἀμετρία［不合尺度］和 ἐμμετρία［合尺度］相照应。

445 τῷ λόγῳ［在说法上］，也可以译为“在道理上”“在思想上”。

446 希腊文尖括号中的定冠词 τὰς 和动词分词 δεχομένας［接纳］，是编辑校勘者根据文义补充的，法国布德本希腊文同样如此。

447 方括号中的动词前缀 προς，伯内特认为是窜入，法国布德本希腊文同样如此。

448 τῆς τοῦ ἀπείρου ... ἐκείνου［那个无限之本性］，之所以这么翻译，因为这里的阴性定冠词单数属格后面省略了阴性名词单数属格 φύσεως［本性］。法国布德本希腊文认为 τῆς 是窜入，不从；如果按照布德本翻译，那么就只能译为“那个无限之种类”。

449 Τί ποτε χρὴ φάναι πρὸς ἀλήθειαν εἶναι;［究竟必须把什么说成是与真相关联的？］也可以简单译为“关于真，究竟必须说什么？”

450 εἰλικρινές［清晰］，也可以译为“不混杂”。

451 τὸ καθαρόν τε καὶ εἰλικρινὲς ἢ τὸ σφόδρα τε καὶ τὸ πολὺ καὶ τὸ μέγα καὶ τὸ ἰταμόν; 法国布德本希腊文作 τὸ καθαρόν τε καὶ εἰλικρινὲς καὶ τὸ ἱκανὸν ἢ τὸ σφόδρα τε καὶ τὸ πολὺ καὶ τὸ μέγα; 这里的翻译从布德本；如果按照伯内特本翻译，则当译为："是纯粹和不混杂呢，还是强烈、许多和巨大，以及轻率？"

452 ἰὸν εἰς τὴν κρίσιν［通过走向剖判］，法国布德本希腊文作 ἰὸν εἰς τὴν κρᾶσιν［通过走向混合］；这里的翻译从布德本。

453 τὸ ἀκρατέστατον［最不混杂］，当然也可以译为"最纯"。

454 副词 αὐτόθεν，表地点，意思是"从当地""就地"；表时间，意思则是"立即""立刻"。我这里为了兼顾两者，有意累赘地译为"从这里出发就立即"。

455 ἀεὶ γένεσίς ἐστιν, οὐσία δὲ οὐκ ἔστι τὸ παράπαν ἡδονῆς［就快乐而言，它总是一种生成，而完全不是一种所是］，也可以译为"总是有着快乐之生成，而完全没有它的所是"。

456 αὐτὸ καθ᾽ αὑτό［自在自为 / 独自在其自身］在柏拉图那里是一常见表达。参见：

《斐洞》(64c5-8)：καὶ εἶναι τοῦτο τὸ τεθνάναι, χωρὶς μὲν ἀπὸ τῆς ψυχῆς ἀπαλλαγὲν αὐτὸ καθ᾽ αὑτὸ τὸ σῶμα γεγονέναι, χωρὶς δὲ τὴν ψυχὴν ἀπὸ τοῦ σώματος ἀπαλλαγεῖσαν αὐτὴν καθ᾽ αὑτὴν εἶναι;［并且死亡是这样吗，即当身体从灵魂分离而解脱后，它变得独自在其自身了，而当灵魂从身体分离而解脱后，它也是独自在其自身了？］

《泰阿泰德》(152d2-6)：ὡς ἄρα ἓν μὲν αὐτὸ καθ᾽ αὑτὸ οὐδέν ἐστιν, οὐδ᾽ ἄν τι προσείποις ὀρθῶς οὐδ᾽ ὁποιονοῦν τι, ἀλλ᾽ ἐὰν ὡς μέγα προσαγορεύῃς, καὶ σμικρὸν φανεῖται, καὶ ἐὰν βαρύ, κοῦφον, σύμπαντά τε οὕτως, ὡς μηδενὸς ὄντος ἑνὸς μήτε τινὸς μήτε ὁποιουοῦν.［肯定没有什么是自在自为的一，你既无法正确地把它称为某种东西，也无法把它称为某种性质；相反，如果你称它为大的，它也就会显得是小的，如果你称它为重的，〈它就会显得是〉轻的；一切都这样，因为没有什么是一，无论是作为某种东西，还是作为某种性质。］

《智者》(238c8-10)：Συννοεῖς οὖν ὡς οὔτε φθέγξασθαι δυνατὸν ὀρθῶς οὔτ᾽ εἰπεῖν οὔτε διανοηθῆναι τὸ μὴ ὂν αὐτὸ καθ᾽ αὑτό, ἀλλ᾽ ἔστιν ἀδιανόητόν τε καὶ ἄρρητον καὶ ἄφθεγκτον καὶ ἄλογον;［因此，你岂不理解了：既不可能正确地表达，也不可能正确地说出，也不可能正确地思想那自在自为的不是者，它毋宁是不可思想的、不可说的、不可表达的和不合道理的？］

457 ἐφιέμενον 是动词 ἐφίημι 的现在分词中动态中性单数；ἐφίημι 的基本意思是

"送去""投掷"，但其中动态则具有"渴望""盼望"的意思，并要求属格，所以这里出现的是单数属格 ἄλλου［某一其他东西］。《牛津希-英词典》对这一用法的解释是：long for, desire。

458 τὸ δ' ἐλλιπὲς ἐκείνου［另一个同那个相比则是有欠缺的］，也可以简单译为"另一个则比不上那个"。

459 形容词 παιδικός 的本义是"儿童的""给儿童的""给心爱少年的"，但其中性复数 παιδικά 则具有"宠儿""宝贝"等意思，《牛津希-英词典》对它的解释是：darling, favourite, minion。这里泛泛地将之译为"少年"。

460 介词 κατά 跟名词的宾格，意思是"遍及"，例如：καθ' Ἑλλάδα［遍及希腊/在整个希腊］。

461 参见前面 16c9-10：ὡς ἐξ ἑνὸς μὲν καὶ πολλῶν ὄντων τῶν ἀεὶ λεγομένων εἶναι, πέρας δὲ καὶ ἀπειρίαν ἐν αὑτοῖς σύμφυτον ἐχόντων.［那些总是被称作是〈着〉的东西，一方面，它们都是出于一和多，另一方面，它们在它们自身那儿就与生俱来地具有限度和无限。］

462 形容词 ποικίλος 的本义是"多花色的""花哨的"，喻为"错综复杂的""深奥难解的"。

463 方括号中的语气小词 ἂν，伯内特认为是窜入，法国布德本希腊文同样如此。

464 也可以转译为"我当然能够那么做"。

465 πᾶσαν ὕλην［全部的材料］。ὕλη，即后来亚里士多德哲学中同"形式"相对应的"质料"。

466 有意这么翻译，即把名词 γένεσις 和动词 γίγνομαι 在这里均译为"生成"。

467 ἐν τῇ τοῦ ἀγαθοῦ μοίρᾳ ἐκεῖνό ἐστι［它是在善的等级中］，也可以简单译为"它被划归到善之中"；字面意思是"它是在善的份额中"。《牛津希-英词典》举了柏拉图在这里的这个表达，对 τοῦ ἀγαθοῦ μοίρᾳ 的解释是：the order of the good。

468 见前面 53c5 以下。

469 ἐξιώμενοι 是动词 ἐξιάομαι 的现在分词中动态阳性主格复数；ἐξιάομαι 的本义是"治愈""完全治好"，这里基于文义将之译为"消除"。

470［δυνατὸν］ὡς οἷόν τε，希腊文方括号中的 δυνατὸν［能够］，伯内特认为是窜入，但法国布德本希腊文保留了它。从伯内特本，因为词组 ὡς οἷόν τε 的意思就是"尽可能……"。

471 πολλή τις ... ἀλογία συμβαίνει γίγνεσθαι［一种巨大的荒谬就不可避免地会出现］，也可以译为"恰好就会出现一种巨大的荒谬"；ἀλογία［荒谬］在这里也可以译为"不合道理""缺乏理性"。συμβαίνει γίγνεσθαι 或 συμβαίνει

εἶναι 是固定表达，《牛津希-英词典》对它们的解释是：turns out to be, i.e. consequently or inevitably is or happens。

472 ὡς δυνατὸν ἀλογώτατα［荒谬透顶的］，字面意思是“尽可能最为荒谬的”。ὡς δυνατόν［尽可能地］同形容词最高级连用，起加强作用。

473 κρίσιν［剖判 / 决定］，在法国布德本希腊文中作 κρᾶσιν［混合 / 结合］；这里的翻译从布德本。

474 形容词 δημιουργικός［匠人的 / 工匠的］，该词派生自名词 δῆμος［民众］和动词 ἔργω［劳作］，意思就是“为众人做工的”，即生产日常公共生活中所需要的东西的。此外，在宽泛的意义上该词也具有“创造性的”的意思。

475 名词 τροφή 除了具有“食物”“抚养”等意思之外，也指“生活方式”；当然，在这里将之译为“抚养”或“培养”也行。

参见《斐洞》（81d6-9）：καὶ οὔ τί γε τὰς τῶν ἀγαθῶν αὐτὰς εἶναι, ἀλλὰ τὰς τῶν φαύλων, αἳ περὶ τὰ τοιαῦτα ἀναγκάζονται πλανᾶσθαι δίκην τίνουσαι τῆς προτέρας τροφῆς κακῆς οὔσης.［它们也绝非是好人的灵魂，而是卑劣之人的灵魂；它们被迫在这样一些东西中间飘荡，因为要接受对其从前那坏的生活方式的惩罚。］（107d2-5）：οὐδὲν γὰρ ἄλλο ἔχουσα εἰς Ἅιδου ἡ ψυχὴ ἔρχεται πλὴν τῆς παιδείας τε καὶ τροφῆς, ἃ δὴ καὶ μέγιστα λέγεται ὠφελεῖν ἢ βλάπτειν τὸν τελευτήσαντα εὐθὺς ἐν ἀρχῇ τῆς ἐκεῖσε πορείας.［因为灵魂不会带着任何其他东西去哈德斯那里，除了教养和生活方式——据说它们对终了的人要么大有裨益，要么大有损害，一旦他开始去那边的旅行。］

476 ἐπιστήμης ... μᾶλλον ἐχόμενον［更多地同知识相联系］，也可以译为“更多地接近知识”。ἐχόμενον 在这里是动词 ἔχω［有］的中动态分词中性单数，ἔχω 的基本意思是“有”，但其中动态的意思则是“靠近”“接近”“同……相联系”，并要求属格，所以这里出现的是阴性单数属格 ἐπιστήμης［知识］。

477 τὸ δ' ἧττον ἔνι［另一个部分则是较少地〈同知识相联系〉］。施莱尔马赫建议把其中的 ἔνι 改为 ἐστί，从之。

478 προσχρωμένους［当一些人进一步使用］，之所以这么翻译，因为 προσχρωμένους 是动词 προσχράομαι［进一步使用 / 另外使用］的现在分词阳性复数宾格，这些人即“拥有各种感觉的人”。

479 ἡ στοχαστική［善于猜中的技艺］，单就这个词，也可以译为“善于射中的技艺”。形容词 στοχαστικός 的意思就是“善于射中的”“射得准的”“善于猜中的”；《牛津希-英词典》举了柏拉图在这里的这个表达，对它的解释是：proceeding by guesswork。

480 μεστὴ ... αὐτῆς［充满了它］，αὐτῆς［它］指代前面出现过的 ἡ στοχαστική［善

于猜中的技艺]。

481 τὸ σύμφωνον ἁρμόττουσα[调整乐器]是词组;《牛津希-英词典》举了柏拉图在这里的这个表达，对它的解释是: tune instruments。形容词 σύμφωνος 的本义是“同声的”“声音和谐的”；动词 ἁρμόζω 作为及物动词，意思是“联结”“绷紧”，而作为不及物动词，指“合适”“适合”，由之派生而来的名词 ἁρμονία，则具有“和谐”“协调”等意思。

482 Οὐκοῦν μεστὴ μέν που μουσικὴ πρῶτον, τὸ σύμφωνον ἁρμόττουσα οὐ μέτρῳ ἀλλὰ μελέτης στοχασμῷ, καὶ σύμπασα αὐτῆς αὐλητική.[那么，首先音乐无疑充满了它，因为它不是凭借尺度而是凭借揣度来调整乐器，整个吹笛术也如此。]这句话的语序在法国布德本希腊文中略有不同: Οὐκοῦν μεστὴ μέν που αὐτῆς αὐλητικὴ πρῶτον, τὸ σύμφωνον ἁρμόττουσα οὐ μέτρῳ ἀλλὰ μελέτης στοχασμῷ, καὶ σύμπασα μουσική.[那么，首先吹笛术无疑充满了它，因为它不是凭借尺度而是凭借揣度来调整乐器，整个音乐也如此。]

483 τεκτονική[木匠的技艺/木工]，也泛指“建筑术”。

484 προσαγωγεῖον 究竟指什么，并不十分清楚;《牛津希-英词典》举了柏拉图在这里的这个表达，把它解释为 carpenter’s or stonemason’s square，但同时又指出它是一种矫直木头的工具。这里泛泛将之译为“木工尺”。

485 见前面 55d 以下；在那里（55d10）提到了 ἡγεμονικάς[适合进行引领的〈技艺〉]。

486 参见《政治家》(258d4-e2): {ΞΕ.} Ἆρ’ οὖν οὐκ ἀριθμητικὴ μὲν καί τινες ἕτεραι ταύτῃ συγγενεῖς τέχναι ψιλαὶ τῶν πράξεών εἰσι, τὸ δὲ γνῶναι παρέσχοντο μόνον; {ΝΕ. ΣΩ.} Ἔστιν οὕτως. {ΞΕ.} Αἱ δέ γε περὶ τεκτονικὴν αὖ καὶ σύμπασαν χειρουργίαν ὥσπερ ἐν ταῖς πράξεσιν ἐνοῦσαν σύμφυτον τὴν ἐπιστήμην κέκτηνται, καὶ συναποτελοῦσι τὰ γιγνόμενα ὑπ’ αὐτῶν σώματα πρότερον οὐκ ὄντα.[客人:那么，算术以及其他一些和它同家族的技艺，难道不是都从各种实践活动中剥离了出来，而是仅仅引起认识活动？年轻的苏格拉底：是这样。客人：而另一方面，那些关乎木工和〈其他〉所有手工的技艺，它们无论如何都取得了知识，仿佛它与生俱来地就是内在于诸实践活动中似的并且〈这些技艺〉帮助〈诸实践活动〉成就出了那些通过它们才生成出来、而以前并不是着的有形的东西。]

487 τὴν τῶν φιλοσοφούντων[那些从事哲学的人的算术]，也可以依照词源译为“那些热爱智慧的人的算术”。

488 基于这里的讨论，把 μονάς 译为“单位”，而不译为“一性”。

489 στρατόπεδα δύο[两座军营]，也可以译为“两支军队”。名词 στρατόπεδον

的基本意思是“军营”“营地”，在宽泛的意义上指“驻扎的军队”。

490 τῶν περὶ ἀριθμὸν τευταζόντων［在那些整天都同数打交道的人之间］，这是意译，也可以译为“在那些忙碌于数的人之间”。动词 τευτάζω 的本义是“忙碌于……”“致力于……”。

491 δύ' αὐτὰς εἶναι［有着两种〈算术〉］，这是意译，字面意思是“它们是两种”，即“单位”是两种，一种是体现在不同事物中的单位，一种是彼此之间无差别的单位本身。

492 ἐμπορική［贸易术］。形容词 ἐμπορικός 来自名词 ἔμπορος［旅行者 / 商人］，而该名词则由介词 ἐν［在……上］和名词 πορός［道路］构成；由该形容词阴性而来的名词 ἐμπορική 可译为“贸易术”“交易术”。

493 <ή> κατὰ τεκτονικὴν καὶ κατ' ἐμπορικήν［〈它们分别〉同贸易术和木工术相应］。希腊文尖括号中的定冠词 ή，是编辑校勘者根据文法补充的，法国布德本希腊文同样如此。按照字序，这一表达当译为“〈它们分别〉同木工术和贸易术相应”；但根据义理，λογιστική［计算的技艺 / 计算术］当对应 ἐμπορική［贸易术 / 交易术］，而 μετρητική［测量的技艺 / 测量术］对应 τεκτονική［木匠的技艺 / 木工术］。

494 Τῇ πρόσθεν ἑπόμενος［如果追随前面〈所说的〉］，法国布德本希腊文作 Τοῖς πρόσθεν ἑπόμενος，即把定冠词单数与格 Τῇ 改为了复数与格 Τοῖς；从布德本。

495 ἔγωγ' ἂν δύο κατὰ τὴν ἐμὴν ψῆφον τιθείην ἑκατέραν τούτων.［按照我的投票，我肯定会把这两者确定为二。］也可以简单译为：“我肯定会把票投给这两者是二。”名词 ψῆφος 的本义是“小石子”，古希腊人常用它来计数或投票；τίθημι τὴν ψῆφον 作为词组，意思就是“投票”。

参见《苏格拉底的申辩》（34c7–d1）：τάχ' ἂν οὖν τις ταῦτα ἐννοήσας αὐθαδέστερον ἂν πρός με σχοίη καὶ ὀργισθεὶς αὐτοῖς τούτοις θεῖτο ἂν μετ' ὀργῆς τὴν ψῆφον.［因此，或许某个注意到这些的人会更加冷酷地对待我，并正由于这些感到愤怒而带着怒气投下一票。］

496 οὗ δ' ἕνεκα ταῦτα προηνεγκάμεθα εἰς τὸ μέσον［但我们究竟为何要公布这些呢］，字面意思是“但我们究竟为何要把这些带到中间去呢”。προηνεγκάμεθα 是动词 προφέρω［带到面前］的一次性过去时直陈式中动态第一人称复数，与 εἰς τὸ μέσον 或 εἰς μέσον 连用，构成词组，意思是“公布”“公开”；《牛津希-英词典》对这一结构的解释是：publish。这一表达类似于拉丁文中的 rem in medium proferre［把某事放到群众中去 / 公之于众］。

497 见前面 50e 以下。

498 副词 ἐνταῦθα 既可以表空间，也可以表时间。表空间意味“那儿”“在那里”，表时间则意味“在那时”“当时”；这里为了兼顾两者，故译为“当时在那里”。

499 σαφεστέραν［更明晰的］，也可以译为“更清楚的”；相应地，καὶ ἀσαφεστέραν［更不明晰的］，也可以译为“更不清楚的”。

500 形容词 ὁμώνυμος，除了具有“同名的”这一基本含义之外，后来在亚里士多德哲学中进一步指“同名而意义不同的”。

参见亚里士多德《范畴篇》（1a1–6）：Ὁμώνυμα λέγεται ὧν ὄνομα μόνον κοινόν, ὁ δὲ κατὰ τοὔνομα λόγος τῆς οὐσίας ἕτερος, οἷον ζῷον ὅ τε ἄνθρωπος καὶ τὸ γεγραμμένον· τούτων γὰρ ὄνομα μόνον κοινόν, ὁ δὲ κατὰ τοὔνομα λόγος τῆς οὐσίας ἕτερος· ἐὰν γὰρ ἀποδιδῷ τις τί ἐστιν αὐτῶν ἑκατέρῳ τὸ ζῴῳ εἶναι, ἴδιον ἑκατέρου λόγον ἀποδώσει.［所谓同名异义者，指仅仅其名称是共同的，但与名称相应的“逻各斯-所是”是不同的，例如人和肖像都可以是“动物”。因为仅仅它们的名称是共同的，但与名称相应的“逻各斯-所是”是不同的。因为如果谁要规定对于它们中的每一个而言“是动物”指的是什么，那他就要给出两者中的每一个自己的逻各斯。］

501 τοῖς δεινοῖς περὶ λόγων ὁλκήν［那些擅长在言说方面进行胡扯的人］。名词 ὁλκή 的本义是“拖”“拽”；《牛津希-英词典》举了柏拉图在这里的这个表达，对之的解释是：skilled in drawing words to a false meaning。

参见《泰阿泰德》（195c1–4）：Τὴν ἐμαυτοῦ δυσμαθίαν δυσχεράνας καὶ ὡς ἀληθῶς ἀδολεσχίαν. τί γὰρ ἄν τις ἄλλο θεῖτο ὄνομα, ὅταν ἄνω κάτω τοὺς λόγους ἕλκῃ τις ὑπὸ νωθείας οὐ δυνάμενος πεισθῆναι, καὶ ᾖ δυσαπάλλακτος ἀφ' ἑκάστου λόγου;［因为我厌恶我自己的不敏于学和真的闲谈。因为一个人还能〈对之〉给出别的什么名字吗，每当有人由于迟钝而上上下下地拖拽各种说法，以至于既不能够被人听从，自己又难以摆脱每个说法时？］

502 ὀνόματος δὲ ἑνὸς κεκοινωμέναι［但又共享了一个名称］。κεκοινωμέναι 是动词 κοινόω［共享］的完成时分词中动态阴性主格复数；κοινόω 作“共享”解时，要求属格，所以这里出现的是中性名词的单数属格 ὀνόματος ἑνὸς［一个名称］。

503 οὓς φῂς δεινοὺς εἶναι［你说他们是擅长〈在言说方面进行胡扯的〉］，单就这一表达，也可以译为“你说他们是强有力的”“你说他们是可怕的”。

504 τύχῃ ἀγαθῇ，也作 ἀγαθῇ τύχῃ 是词组，基于上下文，这里将之译为“但愿我们有好运”。《牛津希-英词典》对该词组的解释是：by God’s help,，并指出它类似于拉丁文的：quod di bene vortant。

505 副词 μακρῷ 派生自形容词 μακρός［长的］的与格，同形容词比较级和最高级连用，起加强语气的作用；《牛津希-英词典》对之的解释是：by far。

506 τὰ ὅπλα［〈拿出〉武器］，在这里是有意的双关语。同上文 ἐναντία τίθεσθαι［拿出一些相反的东西］相对应，τὰ ὅπλα 的完整表达是 τίθεσθαι τὰ ὅπλα。而 τίθεσθαι τὰ ὅπλα 有两个相反的意思，一是“拿起武器”，即开战；一是“放下武器”，即投降。

507 副词 καλῶς 虽然派生自形容词 καλός［美的 / 漂亮的］，但其基本意思却是“很好地”“正确地”；《牛津希-英词典》对之的解释是：well, rightly。

508 τῷ μεγίστη καὶ ἀρίστη καὶ πλεῖστα ὠφελοῦσα ἡμᾶς［因〈是〉最大的、最好的］，之所以这样补充翻译，因为从文法上看，τῷ 后面省略了不定式 εἶναι。

509 τοῖς ἀνθρώποις κρατεῖν［在人们中做主宰］是一个整体，也可以译为“统治人们”。动词 κρατέω［统治 / 做主宰］要求与格，如 ἀνδράσι καὶ θεοῖσι κρατεῖν［在人神中做主宰 / 统治人类和众神］；所以这里出现的是阳性名词的复数与格 τοῖς ἀνθρώποις［人们］。

510 τῇ ... ἐκείνου ὑπάρχειν τέχνῃ［属于那人的技艺］，也可以译为“在那人的技艺的支配下”，参见注释 294。《牛津希-英词典》也举了柏拉图在这里的这个表达，对 τῇ τέχνῃ ὑπάρχειν διδούς 的解释是：assigning as a property of art。

511 见前面 53a 以下。

512 τῆς ἀληθείας ἀντέχεσθαι［执着于真］，也可以译为“坚持真”。动词 ἀντέχω 的基本意思是“顶住”“忍耐”；但作为不及物动词，意思是“执着于”“坚持”，并要求属格，所以这里出现的是单数属格 τῆς ἀληθείας［真］。《牛津希-英词典》举了柏拉图在这里的这个表达，对它的解释是：hold on by, cling to。

513 ὅσοι περὶ ταῦτα πεπόνηνται［所有那些已经在这些领域辛勤耕耘的人］。从文法上看，指示代词 ταῦτα 是中性复数宾格，因而不指代前面的阴性名词 αἱ πολλαὶ τέχναι［许多的技艺］，故把 περὶ ταῦτα 译为“在这些领域”。

514 参见《斐洞》(97c6-d1)：εἰ οὖν τις βούλοιτο τὴν αἰτίαν εὑρεῖν περὶ ἑκάστου ὅπῃ γίγνεται ἢ ἀπόλλυται ἢ ἔστι, τοῦτο δεῖν περὶ αὐτοῦ εὑρεῖν, ὅπῃ βέλτιστον αὐτῷ ἐστιν ἢ εἶναι ἢ ἄλλο ὁτιοῦν πάσχειν ἢ ποιεῖν.［因此，如果一个人想为每个东西找到它如何生成、如何毁灭或者如何是着的原因，那么，就必须为它找到下面这点：如何对它来说才是最好的，或者就是着而言，或者就遭受其他任何事情而言，或者就做其他任何事情而言。］

515 τῇ ἀκριβεστάτῃ ἀληθείᾳ［在最严格的真上］。形容词 ἀκριβής 既有“精确的”“准确的”意思，也有“严格的”“严厉的”意思，这里有意将之译为

"严格的"，而不译为"精确的"或"准确的"。

516 συχνὰ χαίρειν ἐᾶν［经常将之放到一边］。συχνά 是由形容词 συχνός［长的］派生而来的副词，意思是"经常""更"；《牛津希-英词典》举了柏拉图在这里的这个表达，对它的解释是：often, much。

517 ἢ［δεύτερος］ἐκείνων ὅτι μάλιστά ἐστι συγγενές［要么尽可能地是类似于那些东西的］，希腊文方括号中的 δεύτερος［第二 / 其次］，伯内特认为是窜入。法国布德本希腊文这句话作：ἢ περὶ ὅσ' ἐκείνων ὅτι μάλιστά ἐστι συγγενῆ［要么关乎所有那些尽可能地是类似于那些东西的东西］。从伯内特本。

518 ἐστὶν ... καλεῖσθαι［能够被称作］是一个整体；ἔστιν 作无人称动词跟不定式时，表示"可能……""应该……"。

519 τὸ καὶ δὶς καὶ τρὶς τό γε καλῶς ἔχον ἐπαναπολεῖν τῷ λόγῳ δεῖν.［的确是美好的那种东西，应当用言辞两次，甚至三次地进行重复。］这完全是按字面意思翻译，当然也可以简单译为："的确是美好的那种东西，应当一而再再而三地说。"

520 τούτου στοχάζεσθαι［以这种东西为目标］，也可以译为"瞄准这种东西"。动词 στοχάζομαι［瞄准 / 以……为目标］要求属格，所以这里出现的是单数属格 τούτου［这种东西］。

521 ὀρθῶς τεθέντ' ἔχειν［已经被正确地授予了］是一个整体。τεθέντ' 即 τεθέντα，是动词 τίθημι［授予 / 分派］的一次性过去时分词；ἔχω 作为助动词与动词一次性过去时分词连用，构成一种完成时的意义。

522 τοῦτο［这］，指代前面的 ἡ ἀγαθοῦ φύσις［善之本性］。

523 这里的 οἱ 不是阳性定冠词主格复数，而是第三人称代词的单数与格，也作 οἷ，等于 αὐτῷ 和 αὐτῇ，意思是"对他 / 她 / 它"或"对他自己 / 她自己 / 它自己"。

524 καὶ τῆς βραχυτάτης［甚至是最短暂的快乐］，也可以译为"甚至是最微不足道的快乐"。

525 ἤτοι ... ἤ ... 是词组，意思是"真地或者……或者……""确实不论……还是……"。

526 狄俄尼索斯（Διόνυσος, Dionysos）是酒神。

527 赫淮斯托斯（Ἥφαιστος, Hephaistos）是火神和工匠之神，赫拉的儿子；他因身体残疾被母亲赫拉所嫌弃，将他从奥林匹斯山上扔到了海里；他后来决意报复母亲赫拉，送了她一把一旦坐上去就会被绑住的金椅子。此外，在荷马《伊利亚特》（1. 595-600）那里，赫淮斯托斯也被描绘成了为诸神斟酒的神。

528 καθάπερ ἡμῖν οἰνοχόοις τισὶ παρεστᾶσι κρῆναι［我们就像一些斟酒人一样站在〈两股泉〉的面前］，这是意译；字面意思是“〈两股泉〉就像来到一些斟酒人那儿一样已经来到了我们这里。”而之所以只用复数与格 ἡμῖν οἰνοχόοις τισὶ［我们就像一些斟酒人一样］，是由后面的动词形容词 προθυμητέον［必须渴望］要求的。

529 ᾗ 是由关系代词的与格派生而来的副词，表地点意思是“在那儿”“到那儿”，表方式意思是“如何”。

530 ἑκατέρας［两者各自］，即快乐和知识。

531 ἐπιστήμης ἱκανῶς ἐπιστήμης ἕξει［这个人就知识来说是充分的吗］。之所以这么翻译，一方面，因为动词 ἔχω［有］作为及物动词要求宾格，而 ἐπιστήμης［知识］在这里是单数属格；另一方面，ἱκανῶς ... ἕξει 是一个整体，ἔχω［有］加副词，表“处于某种状态”“是某种样子”，等于 εἰμί［是］加相应的形容词。

532 对观《斐洞》(80b1-5)：τῷ μὲν θείῳ καὶ ἀθανάτῳ καὶ νοητῷ καὶ μονοειδεῖ καὶ ἀδιαλύτῳ καὶ ἀεὶ ὡσαύτως κατὰ ταὐτὰ ἔχοντι ἑαυτῷ ὁμοιότατον εἶναι ψυχή, τῷ δὲ ἀνθρωπίνῳ καὶ θνητῷ καὶ πολυειδεῖ καὶ ἀνοήτῳ καὶ διαλυτῷ καὶ μηδέποτε κατὰ ταὐτὰ ἔχοντι ἑαυτῷ ὁμοιότατον αὖ εἶναι σῶμα.［灵魂最相似于神性的东西、不死的东西、可思想的东西、单一形相的东西、不可分解的东西、总是同样地与自身保持同一的东西；而身体则最相似于那属人的东西、有死的东西、多样形相的东西、非可思想的东西、可分解的东西、从不与自身保持同一的东西。］

533 χρώμενος ... τοῖς ἄλλοις ... κανόσι καὶ τοῖς κύκλοις［使用另外一些直尺以及〈另外〉一些〈造〉圆〈的工具〉］，即使用“神圣的、不同于人的那些直尺和〈造〉圆〈的工具〉”。

534 见前面 56a 以下。

535 参见荷马《伊利亚特》(4. 452-453)。

536 πάλιν ... ἰτέον［必须返回］是一个整体。πάλιν εἶμι 是词组，等于 πάλιν ἔρχομαι 和 πάλιν ἄπειμι，意思都是“返回”“回来”；当然按字面译为“再次去”“重新前往”也可以。

537 见前面 61d 以下。οὐκ ἐξεγένεθ' ἡμῖν［那时不容许我们〈这样做〉］。ἐξεγένεθ' 即 ἐξεγένετο，是动词 ἐκγίγνομαι 的一次性过去时第三人称单数；ἐκγίγνομαι 的基本意思是“出生于”，但作无人称动词使用时，等于 ἔξεστι，意思是“可以”“能够”“容许”，并要求实质主语用与格，所以这里出现的是复数与格 ἡμῖν［我们］。οὐκ ἐξεγένετό τινι ποιεῖν 的意思就是“不允许某人做……”。

538 名词 ὥρα［时候 / 时刻］跟不定式，表示“正是做……时候”，所以这里出现的是动词中动态不定式 βουλεύεσθαι［做决定］；只不过这里省掉了动词 ἐστίν。参见《泰阿泰德》（145b6-7）：Ὥρα τοίνυν, ὦ φίλε Θεαίτητε, σοὶ μὲν ἐπιδεικνύναι, ἐμοὶ δὲ σκοπεῖσθαι.［因此，亲爱的泰阿泰德啊，于你，现在正是进行展示的时候；于我，则是进行考察的时候。］

539 Ὦ φίλαι［亲爱的快乐们啊］，之所以这么翻译，因为 φίλαι 是阴性复数呼格，隐含了阴性复数 ἡδοναί［快乐］一词。当然，直接译为“朋友们啊”也可以。

540 τι γένος［任何种类］，这里也可以译为“任何家族”。

541 ἓν ἀνθ' ἑνός［一个一个地进行比较］是词组，也可以简单译为“在比较之后”；字面意思是“一个对一个”“相比较”；《牛津希-英词典》对之的解释是：one set against the other, compared with it。

542 之所以补充“快乐”一词，是基于这里的拟人问答。

543 希腊文方括号中的 αὖ τὴν，伯内特认为是窜入，法国布德本希腊文同样如此。

544 διὰ μανίας［ἡδονάς］［用各种各样的疯狂 / 凭借各种疯狂］。希腊文方括号中的 ἡδονάς［快乐］，伯内特认为是窜入；而法国布德本希腊文作 διὰ μανίκας ὠδινάς［用各种疯狂的苦恼 / 用各种疯狂的阵痛］。从伯内特本。

545 γίγνεσθαι［产生出来］，在这里也可简单译为“成长”。

546 希腊文方括号中的关系代词 ἃς，伯内特认为是窜入，法国布德本希腊文同样如此。

547 之所以这么补充翻译，仍然基于这里的拟人对话和上下文。

548 ἐμφρόνως ... καὶ ἐχόντως ἑαυτόν τὸν νοῦν［理智既充满明智地又带有理智地］，字面意思是“理智既充满明智地又带有它自身地”；柏拉图在这里显然有意玩了一个词源游戏。《牛津希-英词典》举了柏拉图在这里的这个表达，指出 ἐχόντως ἑαυτὸν τὸν νοῦν 等于 νουνεχόντως；而 νουνεχόντως 乃形容词 νουνεχής［有理智的 / 有理解力的］的副词。

549 κόσμος τις ἀσώματος［某个无形的秩序］，基于文义，这里不把 κόσμος 译为“宇宙”。

550 动词 ἄρχω 作“统治”解时，要求属格作宾语，所以这里出现的是单数属格 ἐμψύχου σώματος［一个有灵魂的形体］。

551 方括号中的希腊文，伯内特认为是窜入；而法国布德本希腊文保留了它们。从布德本。如果按伯内特本翻译，整句话就当译为：“那么，如果我们说，我们已经站在了善之处所的门廊前，那么，我们有可能在某种方式上说得正确吗？”

552 συμφορά［不幸 / 厄运］，该词在这里显然是双关语。συμφορά 派生自前面 64e1 那里的动词 συμφορέω［聚集］，既有“聚集”的意思，也有“发生的事情”“际遇”等意思，并常作贬义，指“厄运”“不幸”“灾难”。

553 μιᾷ ... ἰδέᾳ［用单一的形式］，在这儿直接译为“用单一的理念”似乎也行。

554 τοιαύτην［如此这般的］，指代 ἀγαθήν［善的］。

555 希腊文尖括号中的 ὡς［作为］，是编辑校勘者根据文义补充的，法国布德本希腊文同样如此。

556 πολὺν ἐπισχὼν χρόνον［在停留了长时间之后］，也可以译为“等过了较长时间之后”。ἐπισχών 是动词 ἐπίσχω 的分词；ἐπίσχω 的基本意思是“抑制”“阻止”，但作为不及物动词的意思则是“停下”“等一等”。

参见《斐洞》(59e7–8)：οὐ πολὺν δ' οὖν χρόνον ἐπισχὼν ἧκεν καὶ ἐκέλευεν ἡμᾶς εἰσιέναι.［而并未等多长时间他就回来了，并吩咐我们进去。］(95e7–96a1)：Ὁ οὖν Σωκράτης συχνὸν χρόνον ἐπισχὼν καὶ πρὸς ἑαυτόν τι σκεψάμενος, Οὐ φαῦλον πρᾶγμα, ἔφη, ὦ Κέβης, ζητεῖς· ὅλως γὰρ δεῖ περὶ γενέσεως καὶ φθορᾶς τὴν αἰτίαν διαπραγματεύσασθαι.［于是，苏格拉底停了很长一段时间，并自个儿思考着某种东西，然后说道，刻贝斯啊，你在追寻的，可不是一件微不足道的事情；因为，必须整体地仔细检查生成和毁灭的原因。］

557 ἀλαζονίστατον［最厚颜无耻的］，也可以译为“最不要脸的”；译为“最夸夸其谈的”“最炫耀的”也行。ἀλαζών 既可作名词，也可作形容词。作为名词，意思是“吹牛者”“自夸的人”“骗子”；作为形容词，意思是“炫耀的”“自夸的”。《牛津希–英词典》举了柏拉图在这里的这个表达，对 ἀλαζονίστατον 的解释是：most shameless。

558 περὶ τἀφροδίσια［关乎属于阿佛洛狄忒的那些事情］，也可以简单译为“关乎情欲方面的事情”。形容词 ἀφροδίσιος 的本义是“属于阿佛洛狄忒的”，而阿佛洛狄忒是司爱与美的女神，所以该形容词也专指“男女之乐的”“情欲的”。

参见《斐洞》(64d6)：Τί δὲ τὰς τῶν ἀφροδισίων;［但关于情欲方面的那些快乐又如何？］

559 περιχάρεια 的本义是“过度的快乐”“过分的快乐”“大喜”“大乐”，这里基于上下文将之译为“狂喜”。《牛津希–英词典》举了柏拉图在这里的这个表达，对它的解释是：excessive joy。

560 动词 μεταλαμβάνω［分享 / 分有 / 有份儿］要求属格作宾语，所以这里出现的是中性名词的单数属格 κάλλους［美］。

561 καὶ ταῦτα 是词组，意思很丰富，具有“尤其”“犹有进者”“还有”“何况”等意思。

562 ἀφανίζοντες［通过抹去光］，之所以这么翻译，是因为这里在玩语词游戏。动词 ἀφανίζω 的本义是“使失去光泽”“使不见”，喻为“抹去”“夷平”“使消失”，在词源上同后面 66a3 的 φάος［光］（φῶς 是其宾格）相联系。

563 ὡς φῶς οὐ δέον ὁρᾶν αὐτά［好像光不应当看见它们似的］，当然，尤其是基于汉语表达习惯，也可以译为“好像它们见不得光似的”。

564 τὴν †ἀίδιον ᾑρῆσθαι［被选择为永恒的〈本性〉］。伯内特认为这里文字有脱漏；而法国布德本希腊文作 τινὰ ἥδιον ᾑρῆσθαι［在某种程度上被更快乐地选择］，不从。

565 τέταρτα［至于那些第四等财富］，法国布德本希腊文作 τεκμαρτά［被证明的 / 被展示的］，不从。

566 εἴπερ τοῦ ἀγαθοῦ γέ ἐστι μᾶλλον［ἢ］τῆς ἡδονῆς συγγενῆ［如果它们比快乐更类似于善的话］。希腊文方括号中的比较连词 ἤ，伯内特认为是窜入，法国布德本希腊文则保留了它，从伯内特本。如果按布德本翻译，则当译为：“如果它们更类似善，而非类似于快乐的话。”

567 俄耳甫斯（Ὀρφεύς, Orpheus），希腊神话中著名的歌手，据说他的歌具有非凡的神力，他曾借此前往地狱救回他的妻子。

568 κόσμον ἀοιδῆς［歌的世界］，也可以译为“歌的秩序”。

569 καταπεπαυμένος εἶναι［已经结束］是一个整体。εἰμί 的各种形式与动词的完成时分词连用，构成一种委婉或迂回的表达；而这里之所以使用不定式 εἶναι，是由动词 κινδυνεύει［有可能］要求的。例如：

《政制》（492a5–7）：ἢ καὶ σὺ ἡγῇ, ὥσπερ οἱ πολλοί, διαφθειρομένους τινὰς εἶναι ὑπὸ σοφιστῶν νέους.［或者就像众人一样，你也认为一些年轻人已经被智者们给败坏了。］

《政治家》（257a6–8）：οὕτω τοῦτο, ὦ φίλε Θεόδωρε, φήσομεν ἀκηκοότες εἶναι τοῦ περὶ λογισμοὺς καὶ τὰ γεωμετρικὰ κρατίστου;［那么，亲爱的忒俄多洛斯，我们会说我们已经如此这般地从在各种计算方面和在几何学的各种事情方面最卓越的人那儿听说了这点吗？］

570 κεφαλὴν ἀποδοῦναι τοῖς εἰρημένοις［对那些已经被说的再加上一个头］，有意按字面意思翻译，也可以译为“为那些已经被说的加冕”，或直接意译为“对那些已经被说的打总结”“结束那些已经被说的”。

571 τὸ τρίτον τῷ σωτῆρι［把第三〈杯酒〉献给拯救者〈宙斯〉］，这是当时的谚语。根据当时的习俗，在奠酒时，把第三杯献给“拯救者宙斯”（Ζεὺς Σωτήρ）；τὸ τρίτον［第三］喻为“幸运的时刻”，《牛津希-英词典》举了柏拉图在这里的这个表达，对它的解释是：the lucky time。

572 τῇ τοῦ νικῶντος ἰδέᾳ［该胜利者之形相］，基于文义，这里把 ἰδέα 译为“形相”；当然，译为“理念”或“形式”也可。

573 τῷ τὸ χαίρειν διώκειν［因追逐享受］，在这里也可以直接译为“因追逐感到快乐”。

574 οἷς πιστεύοντες［由于信赖它们］。动词 πιστεύω［信赖 / 相信］要求与格作宾语，所以这里出现的是复数与格 οἷς［它们］，即前面提到的牛、马等。

575 ἐν μούσῃ φιλοσόφῳ［诉诸哲学性的文艺］。μοῦσα［文艺 / 音乐］，作专名 Μοῦσα，指文艺女神缪斯；这里取其广义，不把 μοῦσα 译为“音乐”，而译为“文艺”。参见：

《斐洞》（61a3）：ὡς φιλοσοφίας μὲν οὔσης μεγίστης μουσικῆς［因为热爱智慧就是最高的文艺 / 因为哲学就是最高的文艺］。

《政治家》（309d1-4）：Τὸν δὴ πολιτικὸν καὶ τὸν ἀγαθὸν νομοθέτην ἆρ' ἴσμεν ὅτι προσήκει μόνον δυνατὸν εἶναι τῇ τῆς βασιλικῆς μούσῃ τοῦτο αὐτὸ ἐμποιεῖν τοῖς ὀρθῶς μεταλαβοῦσι παιδείας, οὓς ἐλέγομεν νυνδή;［那么就政治家和好的立法者，我们知道下面这点吗，那就是，唯有他适合于能够借助王者术中的文艺在我们刚才说过的那些正确地分有了教育的人身上恰恰引起这件事？］

576 之所以这么翻译，参见注释 13。

577 参见前面 50d 以下。

术语索引

缩略语

［拉］拉丁文 ［德］德文 ［英］英文

adv.—副词 comp.—比较级 sup.—最高级

［德］Schwester

［英］sister

21b1

ἄδικος (adv. ἀδίκως) 不正当的，不公正的，非正义的

［拉］injustus, iniquus

［德］ungerecht

［英］unjust, unrighteous

39e13, 49d1, 49d3, 49d7

ἀδυνατέω 没能力

［拉］impotens sum

［德］kraftlos oder unvermögend sein

［英］to be unable, to be impossible

20a4

ἀδύνατος 不可能的，无能力的

［拉］impotens, inops

［德］unmöglich,unvermögend

［英］impossible, unable

15b7, 23b1, 35b9, 41b5, 49b7, 50b5

ἀθάνατος 不朽的，不死的

［拉］immortalis

［德］unsterblich

［英］undying, immortal

15d8

ἀθλητής 运动员，竞赛者

［拉］certator

［德］Wettkämpfer

［英］combatant, champion

41b8

ἀθρέω 细看，考虑，思量

［拉］video, considero

［德］sehen, hinschauen, beobachten

［英］gaze at, observe, consider

24e4, 29a7

ἀθρόος 整个的，聚集的，作为整体的

［拉］universus, simul totus

［德］versammelt, sämtlich

［英］together, as a whole

62d10, 62e4

ἀΐδιος 永久的，永恒的

［拉］sempiternus

［德］immerwährend, ewig

［英］everlasting, eternal

66a8

αἱρετός 可以弄到手的，可选择的，必须选择的

［拉］optabilis, electus

［德］fasslich, einnehmbar

［英］that may be taken, eligible

18e4, 21d3, 21e4, 22b1, 22b5, 22b7, 22d7, 61a1

αἱρέω 拿，抓，捕获，判罪，选举

［拉］capio, convinco, eligo

［德］nehmen, fangen, zu Fall bringen, wählen

［英］grasp, seize, convict, elect

17e2, 20d9, 22a5, 22b6, 33a8, 33b4, 35d6, 44a12, 55a5, 55a6, 66a8

αἰσθάνομαι 感觉到，注意到

［拉］sentio

［德］mit den Sinnen wahrnehmen, merken

［英］perceive, apprehend by the senses

43b2, 44a2

αἴσθησις 感觉，感知

［拉］sensus

［德］Empfindung

［英］sensation

［拉］non mistus, purus
［德］ungemischt, rein
［英］unmixed, pure
53a6, 64e1

ἀκρίβεια 准确，精确，严格
［拉］accuratio
［德］Genauigkeit
［英］exactness, precision
56b5, 56c5, 57d1

ἀκριβής (adv. ἀκριβῶς) 准确的，严格的
［拉］accuratus, certus
［德］genau, streng
［英］exact, accurate, precise
23a7, 56c8, 57c3, 57e3, 58c3, 59a11, 61d8

ἄκρος 在最高处的，极端的
［拉］summus
［德］oberster, äußerster
［英］highest or farthest point
45a1

ἄκων (ἀέκων) 不情愿的，勉强的，无意的
［拉］invitus
［德］unfreiwillig, widerwillig
［英］involuntary, constrained
14c5, 22b7

ἀλαζών 吹牛者，自夸的人，骗子
［拉］ostentator, arrogans
［德］Prahler, Aufschneider, Lügner
［英］braggart, boaster
65c5

ἀλγεινός 引起痛苦的
［拉］molestus, dolorem adferens
［德］Schmerz verursachend, schmerzlich
［英］painful, grievous
32c2

ἀλγέω 感到痛苦，感到悲伤
［拉］doleo
［德］Schmerz empfinden, leiden
［英］feel pain, grieve
35e4, 35e9, 36a3, 36b6, 47c7, 55b5, 55b6

ἀλγηδών 痛苦
［拉］dolor
［德］Schmerz
［英］pain, grief
31d5, 32e1, 35e10, 41c6, 42d2, 52a2, 52a7

ἀλήθεια 真，真相，真理
［拉］veritas
［德］Wahrheit
［英］truth
42a1, 48e6, 52d6, 57d2, 58e2, 59b1, 64b2, 64e9, 65a2, 65b8, 65b10, 65c1, 65c3, 65d2, 66b6

ἀληθής (adv. ἀληθῶς) 真的
［拉］verus, rectus
［德］wahr, wirklich, echt
［英］true, real
11b8, 11c9, 12b1, 12b8, 14b7, 15b2, 17b10, 19b5, 21b7, 21c4, 22b7, 22e2, 24b3, 26d3, 29c4, 34a6, 35d7, 36c2, 36c6, 36c7, 36c10, 36c11, 36d5, 36e3, 37b5, 37b6, 37c1, 38b7, 38b10, 39a4, 39a5, 39a7, 39c4, 39c5, 39d6, 40b3, 40c2, 40c5, 42a7, 42b1, 42c3, 43c12, 44d3, 45b5,

65d9

ἀμήχανος 不同寻常的，极大的；没办法的，无依靠的，无能为力的

[拉] immensus, artificio carens ad rem aliquam efficiendam

[德] unbeschreiblich, unwiderstehlich, ratlos, unfähig

[英] extraordinary, enormous, without means, helpless

46e2, 47d2, 47e5, 57d1

ἀμύνω 防守，保卫自己，复仇

[拉] defendo, propugno

[德] abwehren, sich wehren, vergelten

[英] ward off, defend oneself against, revenge

13d3, 34d8, 38a3

ἀμφισβητέω 持异议，争论

[拉] controversor, discepto

[德] nicht übereinstimmen, widersprechen

[英] disagree with, stand apart

11a2, 13a9, 14c9, 15d2, 20a8, 22c7, 27c10

ἀμφισβήτημα 争论之点，异议

[拉] controversia

[德] Streitpunkt

[英] point in dispute, question

11b6

ἀμφισβητήσιμος 可争论的

[拉] controversus, ambiguous

[德] streitig, zweifelhaft

[英] disputable

24a6

ἀμφισβήτησις 争论

[拉] disceptatio, contention

[德] Streit

[英] dispute, controversy

15a7, 19d6

ἀμφότερος (adv. ἀμφοτέρως) 双方的，两边的

[拉] ambo, uterque

[德] beidseitig, beide

[英] both together, both of two

11e2, 22d3, 25d8, 34c8, 37b7, 47c5

ἀναγκάζω (διά-ἀναγκάζω) 逼迫，迫使

[拉] cogo, compello

[德] nötigen, zwingen

[英] force, compel

14e3, 18b1, 55b6

ἀναγκαῖος (adv. ἀναγκαίως) 必然的

[拉] necessarius

[德] notwendig

[英] necessary

20d7, 26e3, 34d1, 35b8, 37d9, 38c2, 39c11, 40c3, 40e1, 42e8, 43a2, 49b3, 51e2, 54c12, 55a4, 56a2, 62b8, 62c3, 62e9, 62e10, 63b5, 64a7

ἀνάγκη 必然（性），强迫

[拉] necessitas

[德] Notwendigkeit

[英] necessity

11c7, 20d1, 21b8, 21b10, 21c1, 22b8, 32e5, 32e8, 36b7, 42b7, 46a1, 48d9, 49b5, 49d2, 50a4, 50e6, 54c7, 64d10

ἀναίνομαι 拒绝，否认

[拉] repudio

[德] leugnen, verweigern

［英］refuse, decline

57e6

ἀναιρέω 举起，拾起

［拉］aufero, tollo

［德］aufheben

［英］take up, raise

59b8

ἀναισθησία 无感觉，缺乏感觉

［拉］perceptionis vacuitas

［德］Unempfindlichkeit, Empfindungslosigkeit

［英］lack of sensation, insensibility

34a1

ἀναίσθητος 没有感觉的，无所感的

［拉］sensus expers, non sentiens

［德］unempfindlich, nicht wahrzunehmen

［英］without sense or feeling, insensible

51b5

ἀνακρούω 推回，阻止

［拉］reprimo, inhibeo

［德］zurückstoßen, anhalten

［英］push back

13d7

ἀναλαμβάνω (ἀναληπτέον) 拿起，采取，从事

［拉］adsumo, recipio

［德］aufnehmen, sich unterziehen

［英］take up, adopt, undertake

33c8, 34b7, 34e7

ἀναμίγνυμι 混合在一起

［拉］commisceo

［德］sich mischen

［英］mix up, mix together

48a2

ἀναμιμνήσκω 记起，忆及，提醒

［拉］recordor

［德］erinnern, denken an

［英］remember, recall to mind

19d1, 24c1, 34b8, 59e7

ἀνάμνησις 回忆

［拉］reminiscentia

［德］Wiedererinnerung

［英］recollection, reminiscence

34b2, 34c1

ἀνάπαυλα 休息，解除

［拉］requies, remissio

［德］Ruhe, Rast, Pause, Erholung

［英］repose, rest

30e6

ἀνάπαυσις 休息，停顿，终止

［拉］remissio

［德］Rast

［英］repose, rest

51a8

ἀναπετάννυμι 张开，摊开

［拉］expando, aperio

［德］ausbreiten, spannen

［英］spread out, unfold

62c6

ἀναπίμπλημι 使充满，实现，完成，感染

［拉］repleo, inficio

［德］anfüllen, beflecken

［英］fill up, accomplish, to be infected

42a9

ἀναπολέω 重新做，恢复

[拉]revolve, redintegro
[德]wieder umwenden, wiederholen
[英]go over again, repeat
34b11

ἀνασῴζω 失而复得，重获，恢复
[拉]in integrum restituo
[德]wieder erretten, wieder erhalten
[英]recover what is lost, rescue
32e2, 32e3

ἀναφαίνω 显示，展示
[拉]manifesto, ostendo
[德]zeigen, erscheinen
[英]show forth, make known, display
48b12

ἀναχώρησις 回去，后退，恢复
[拉]regressus
[德]Rückzug, Erfrischung
[英]retiring, retreat, return
32b4

ἀνδρεία 勇敢
[拉]fortitudo
[德]Tapferkeit
[英]courage
55b3

ἀνδρεῖος (adv. ἀνδρείως) 勇敢的
[拉]fortis
[德]tapfer
[英]manly, courageous
53d10

ἀνειλίττω (ἀνειλίσσω, ἀνελίττω, ἀνελίσσω) 展开，铺开
[拉]evolvo
[德]aufrollen, aufschlagen
[英]unroll
15e3

ἀνέλεγκτος 不可反驳的
[拉]irreprehensibilis
[德]unwiderlegbar
[英]not refuted, irrefutable
41b6

ἀνέλπιστος 不指望……的，无希望的，意外的
[拉]insperatus
[德]unverhofft
[英]unhoped for, hopeless
36b1, 36b11

ἀνεπίληπτος 不受攻击的，无懈可击的
[拉]in reprehensionem non incurrens
[德]unangreifbar, tadellos
[英]not open to attack, not censured, blameless
43c1

ἀνέρομαι 询问，问
[拉]interrogo, quaero
[德]fragen
[英]enquire of, question
38c9

ἀνερωτάω (ἀνερωτητέον) 问，询问
[拉]interrogo, saepe rogo
[德]befragen, fragen
[英]question, inquire into
20a1, 63c6, 63c8

ἀνευρίσκω (ἀνευρετέον) 发现，找到
[拉]invenio
[德]auffinden
[英]find out, discover
16b1, 16c2, 46c2, 57b6

ἀνέχω 忍受，容许

[德]wieder antun
[英]do in return
23a1

ἀντίστροφος 反转去对着的，相对的
[拉]reciprocus, oppositus
[德]entgegengekehrt
[英]turned so as to face one another, correlative
40d4, 51e4, 57a10

ἄξιος (adv. ἀξίως) 有价值的，值……的，配得上的
[拉]dignus, aestimabilis
[德]wertvoll, würdig
[英]worthy, estimables, worthy of
14a1, 17c9, 19b8, 28e5, 29b8, 29c9, 29e8, 64d4

ἀοιδή 歌，歌曲
[拉]cantus
[德]Gesang
[英]song
66c9

ἄοινος 无酒的，不饮酒的，清醒的
[拉]vino carens
[德]ohne Wein, keinen Wein trinkend
[英]without wine, having no wine, sober
61c6

ἀπάγω 带走，拘捕
[拉]abduco
[德]wegführen, fangen
[英]lead away, arrest
39b10

ἀπαθής 不受影响的，无感的
[拉]perturbatione carens, immunis
[德]nicht empfunden habend, unempfindlich
[英]not suffering or having suffered
21e2, 33d4, 33e10

ἀπαιτέω 要求，索回
[拉]ineruditus
[德]fordern, einfordernreposco, repeto
[英]demand, inquire
18e8

ἀπακριβόομαι 精心完成
[拉]accurate vel perfecte aliquid fingo
[德]mit vieler Sorgfalt ausgearbeitet werden
[英]to be highly wrought or finished
59d5

ἀπαλλαγή 解脱，逃避
[拉]liberatio
[德]Befreiung, Flucht
[英]release, escape
44b2

ἀπαλλάσσω (ἀπαλλακτέον) 和解，复原，摆脱，避免，离开
[拉]reconcilio, libero, abeo
[德]sich wegbegeben, sich losmachen, weichen
[英]to be reconciled, settle a dispute, escape
20c1, 46c8, 67a6

ἀπαντάω 遇见，碰到
[拉]pervenio, invernio
[德]begegnen
[英]meet, encounter
19e5, 42c5

ἀπεικάζω 比较，比照

[德]hinschauen, hinblicken

[英]gaze steadfastly, look at

44e2, 45a1, 61e1

ἀποβολή 丧失，失去

[拉]jactura

[德]Verlust

[英]loss

33e5, 52a5

ἀποδείκνυμι 指出，表明，证明

[拉]ostendo, demonstro

[德]zeigen, beweisen

[英]point out, show by argument, prove, demonstrate

35d1

ἀποδέχομαι 接受，认可，赞同

[拉]recipio, admitto, probo

[德]aufnehmen, anerkennen

[英]accept, admit

39a8, 39b3, 42d6, 54a6

ἀποδίδωμι 归还，偿还，送出，出卖

[拉]reddo

[德]zurückgeben, ausliefern

[英]give back, return, render

49c1, 66d1

ἀπόδοσις 归还，偿还

[拉]retribuendi actio, solutio

[德]Zurückgabe

[英]giving back, restitution, return

32a3

ἀποθνήσκω 死，死去

[拉]pereo

[德]sterben

[英]die

47b3

ἀποκναίω 刮掉，擦掉

[拉]affigo, eneco

[德]abschaben, aufreiben

[英]scrape, rub off

26b10

ἀποκρίνω 分开，选出，回答

[拉]separo, secerno, respondeo

[德]sondern, wählen, beantworten

[英]set apart, choose, give answer to, reply to

18a5, 19a5, 19a8, 21a6, 27e3, 29d3, 29d4, 30e4, 38d5, 39e8, 43b1, 44e4, 45a9, 45d2, 54b6, 57c8, 57d4, 64a5, 65c2

ἀπόκρισις 回答

[拉]responsum

[德]Antwort

[英]answer

20a2, 29c9, 30d10, 30e3, 57c5, 57e2

ἀποκρύπτω 隐瞒，藏起来，使模糊不清，使黯然失色

[拉]celo, abscondo

[德]verbergen, verdecken

[英]hide from, conceal, overshadow

14b2

ἀποκωλύω 阻止，拦住

[拉]prohibeo, veto, impedio

[德]hindern, aufhalten

[英]hinder or prevent from

33a9

ἀπολείπω 放弃，离开

[拉]relinquo

[德]aufgeben

[英]desert, abandon

67a15

ἀποφυγή 逃避，避难处

［拉］effugium

［德］Entfliehen, Ausflucht

［英］escape, place of refuge

44c1

ἅπτω 拴，固定，接触

［拉］necto

［德］heften

［英］fasten

14d6

ἄργυρος 白银

［拉］argentum

［德］Silber

［英］silver

43e2, 43e6

ἀρέσκω 满意，高兴

［拉］placeo

［德］befriedigen, gefallen

［英］please, satisfy

14a7

ἀρετή 德性

［拉］virtus

［德］Tugend, Tüchtigkeit

［英］virtue, goodness, excellence

45e6, 48e9, 55c1, 63e5, 64e7

ἀριθμητικός 算术的

［拉］arithmeticus

［德］arithmetisch

［英］arithmetical

55e1, 56c10, 56d4, 56d8, 57d6

ἀριθμός 数

［拉］numerus

［德］Zahl

［英］number

16d4, 16d8, 17c12, 17d5, 17e5, 18a9, 18b2, 18c1, 18c5, 19a1, 25a8, 25e2, 56d10, 56e5, 57d2

ἀρκέω 够了，足够

［拉］sufficio

［德］hinreichen, genügen

［英］to be strong enough, suffice

53b9

ἁρμόζω 联结，安排，绷紧，使适合

［拉］vincio, moderor, adapto

［德］zusammenfügen, ordnen, stimmen

［英］join, accommodate, bind fast

31d8, 56a4

ἁρμονία 和谐，协调

［拉］harmonia

［德］harmonie

［英］harmony

17d3, 31c11, 31d4

ἄρτιος (adv. ἀρτίως) 完全的，完美的，相合的，偶数的

［拉］perfectus, integer, aptus, par

［德］angemessen, passend, vollkommen, gerade

［英］complete, perfect, suitable, even

15a2, 66d9

ἀρχή 开始，开头，统治，公职

［拉］principium, imperium, magistratus

［德］Anfang, Herrschaft, Amt

［英］beginning, sovereignty, office

13e5, 16d5, 18e4, 23c1, 31a9, 35d3, 52a3, 61b5, 63e1, 66d10

ἄρχω 开始，从……开始，统帅，统治

［拉］incipio, guberno

[英] misshapen, ugly

33b10, 46a5

ἀσώματος 无形的

[拉] incorporeus

[德] unkörperlich

[英] incorporeal

64b7

ἄτακτος 无秩序的，混乱的

[拉] inordinatus, perturbatus

[德] ungeordnet, regellos

[英] disorderly, inordinate, irregular

29a4

ἀτελής 无尽头的，未完成的

[拉] imperfectus

[德] unvolllendet, endlos

[英] without end, unaccomplished

24b8

ἀτιμία 不光彩，耻辱

[拉] dehonestatio, ignominia

[德] Ehrlosigkeit

[英] dishonour, disgrace

23a3

ἄτοπος 荒诞不经的，荒谬的，奇特的

[拉] absurdus

[德] ungewöhnlich, widersinnig

[英] strange, paradoxical

33b7, 33e5, 49a8

αὐλητικός 吹笛的

[拉] tibicinarius

[德] das Flötenspiel betreffend

[英] of or for the flute

56a5

αὐξάνω 增加，增长

[拉] incresco

[德] wachsen

[英] increase

29c5, 43b2

αὔξησις (αὔξη) 增加，增长

[拉] incrementum

[德] Wachstum

[英] growth, increase

42d1

αὔριον 明天

[拉] cras

[德] Morgen

[英] tomorrow

50d8

αὐστηρός 苦的，涩的，严厉的

[拉] austerus, severus

[德] herb, sauer, streng

[英] harsh, rough, bitter

61c6

αὐτάρκεια 自足，独立

[拉] vitae status absolutus

[德] Selbstgenügsamkeit, Selbstständigkeit

[英] self-sufficiency, independence

67a7

αὐτόθεν 从当地，就地，立即，立刻

[拉] hinc, inde, ex eo loco

[德] von selbiger Stelle, gleich von da an

[英] from the very spot, at once, immediately

53b10

ἀφαίρεσις 没收，剥夺

[拉] ablatio

[德] Wegnahme, Entzug

ἄφωνος 无声的，哑的

［拉］mutus, voce destitutus

［德］sprachlos, stumm

［英］voiceless, dumb

18c3, 18c4

βάρβαρος 外国的，非希腊的，野蛮的

［拉］barbarous

［德］barbarisch, unhellenisch

［英］barbarous, non-Greek, foreign

16a2

βαρύς 重的

［拉］gravis

［德］schwer

［英］heavy in weight, weighty

14d2, 17c4, 26a2

βαρύτης 重量，低音

［拉］gravitas

［德］Schwere, Tiefe der Stimme

［英］weight, heaviness, low pitch

17c12

βασανίζω 试验真假，试验，证明，拷问

［拉］exploro, probo, examino

［德］prüfen, untersuchen, foltern

［英］put to the test, prove, examine closely, cross-question

19d3, 21a4, 31b5, 31b6

βάσανος 试金石

［拉］coticula

［德］Prüfstein

［英］touchstone

23a7

βασιλεύς 国王，国王执政官

［拉］rex

［德］König

［英］king

28c7

βασιλικός 王家的，王者的，高贵的

［拉］regius, regalis

［德］königlich

［英］royal, kingly

30d1, 30d2

βέβαιος (adv. βεβαίως) 牢固的，可靠的

［拉］firmus, stabilis

［德］fest, sicher

［英］firm, steady

11e2, 15b4, 56a7, 59b5, 59c2, 62b6

βεβαιότης 稳固，可靠

［拉］stabilitas, firmitas

［德］Festigkeit, Sicherheit

［英］steadfastness, stability, assurance, certainty

59b4

βεβαιόω 巩固，证实

［拉］confirmo

［德］befestigen

［英］confirm, establish

14c2

βέλος 箭，标枪，投掷物，武器

［拉］telum, iaculum

［德］Spitze, spitzige Waffe

［英］missile, arrow, dart, weapon

23b8

βία 暴力

［拉］vis

［德］Gewalt

［英］force, act of violence

46e5, 58b1

βιάζω (βιάω) 强迫，迫使，使用暴力

βραδύς 慢的，迟钝的

［拉］tardus

［德］langsam

［英］slow, sluggish

17a2, 25c9, 26a2

βραχύς 短的，简短的

［拉］brevis, paucus

［德］kurz, klein

［英］short, brief

33a5, 60e3

γαργαλίζω 使发痒

［拉］titillo

［德］kitzeln

［英］tickle, titillate

46a4

γαργαλισμός 痒，瘙痒

［拉］titillatio

［德］Kitzel

［英］tickling

46d9

γελάω 嘲笑，笑

［拉］rideo

［德］lachen

［英］laugh at

49e9, 50a5, 50a8

γέλοιος 可笑的、荒诞的

［拉］ridiculus

［德］lächerlich, witzig

［英］amusing, absurd

19a6, 19a8, 23d2, 40c6, 48c4, 49b8, 49c4, 49e2, 49e4, 50a5, 62b3, 65e10

γέμω 充满

［拉］plenus sum

［德］voll sein

［英］to be full of

39e6, 40a4

γενεά 诞生，家世，世代

［拉］generatio, genus

［德］Geschlecht, Stamm

［英］race, family

66b2, 66c8

γένεσις 生成，产生，起源

［拉］generatio, creatio, ortus

［德］Entstehung, Zeugung, Ursprung

［英］generation, coming into being, origin

15b3, 25e4, 26c9, 26d8, 27a9, 27b9, 31b8, 31d5, 33e3, 34c10, 53c5, 54a5, 54a6, 54a8, 54a10, 54c1, 54c3, 54c4, 54c6, 54d1, 54d5, 54e2, 54e5, 55a5

γενναῖος (adv. γενναίως) 高贵的，优良的

［拉］generosus, nobilis

［德］von vornehmer Abstammung, edel

［英］high-born, noble

55c6

γεννάω 生，产生

［拉］gigno

［德］zeugen

［英］beget, bring forth

25e8

γένος (γέννα) 种族，种类，属，民族，家族

［拉］genus

［德］Geschlecht, Abstammung

［英］race, family

11b5, 12e7, 23d5, 24a9, 25a1,

[英] sweet

46c9, 47e9

γνῶσις 认识，认清

[拉] cognitio

[德] Erkenntnis

[英] cognition

58a5

γοήτευμα 魔力，魔咒，欺骗

[拉] praestigiae

[德] Zauberstück, Blendwerk, Trug

[英] spell, charm

44c8

γράμμα 文字，学问

[拉] littera

[德] Schrift, Wissenschaft

[英] letters, learning

17a7, 18b3, 18c2, 39d7, 48c9, 48d2

γραμματεύς 文书，抄写员

[拉] scriba

[德] Schreiber, Sekretär

[英] secretary, registrar, recorder

39a6

γραμματικός 精通文法的

[拉] grammaticus

[德] des Lesens und Schreibens kundig, grammatisch

[英] knowing one's letters, grammatical

17b8, 18d2

γραμματιστής 文书，书记，语法教师

[拉] grammatista

[德] Schreiber, Elementarlehrer

[英] clerk, elementary schoolmaster

39b6

γράφω 公诉，起诉，书写，画

[拉] accuso, scribo

[德] eine schriftliche Klage einbringen, schreiben

[英] indict, write, paint

39a3, 39a4, 39b7, 40b3

γωνία 角，直角尺

[拉] angulus, norma

[德] Winkel, Ecke, Winkelmaß

[英] corner, joiner's square

51c5

δαιμόνιος 精灵的，属于精灵的

[拉] daemonicus

[德] dämonisch

[英] of or belonging to a daemon

12e3

δείκνυμι 指出，显示

[拉] ostendo

[德] zeigen, nachweisen

[英] show, point out

20c6, 23c9, 45d2, 50c10

δεινός 聪明的，强有力的，可怕的

[拉] fortis, potens, peritus, terribilis, dirus

[德] tüchtig, geschickt, gewaltig, furchtbar

[英] clever, powerful, terrible

20b1, 29a3, 44b9, 57d4, 57e1

δένδρον 树

[拉] arbor

[德] Baum

[英] tree

38d1

δέος 恐惧

[拉]opifices pertinens, fabrilis
[德]zum einem Handwerk gehörig
[英]of a craftsman
55d1

δημιουργός 匠人，工匠
[拉]qui opera populo utilia facit, auctor operis
[德]Handwerker
[英]one who works for the people, skilled workman, handicraftsman
39b3, 59e1

δημόσιος 公共的，非私人的
[拉]publicus
[德]gemeinschaftlich, öffentlich
[英]public
31e3

διαβήτης 两脚规
[拉]circinus
[德]Zirkel
[英]compass
56c1

διαγιγνώσκω 分辨，区别
[拉]discerno
[德]unterscheiden
[英]know one from the other, distinguish
41e3

διαδοξάζω 形成确定的判断，形成确定的意见
[拉]judico
[德]durchaus meinen
[英]form a definite opinion
38b13

διάδοχος 继续的，接替的
[拉]successor, vicarius
[德]nachfolgend, Nachfolger
[英]succeeding, substitute
19a6

διαθεάομαι (διαθεατέον) 细看，观察，检查
[拉]specto, considero
[德]genau betrachten
[英]examine, look through
52d4

διάθεσις 安排，布局，状况
[拉]dispositio, constitutio
[德]Ordnung, Verhältnis, Zustand
[英]disposition, composition, arrangement
11d4, 32e9, 48a8, 62b3, 64c7

διαίρεσις 可分性，分开
[拉]divisio
[德]Trennung, Sonderung
[英]divisibility, division, separation
15a7, 20c4

διαιρέω (διαιρετέον) 分开，分解
[拉]divido
[德]teilen, auseinandernehmen
[英]take apart, divide
14e1, 19c6, 20a6, 23e3, 27c8, 48d6, 49a7, 49b6

διακοσμέω 安排，调整
[拉]ordino
[德]ordnen
[英]order, regulate
16d1, 28e3

διακρίνω 区分，做出决定，解决争端
[拉]discerno, dijudico

［拉］cogito

［德］denken

［英］think

21d1, 22c1, 38e6, 43a8, 45c3, 51b2, 52e7, 55d5, 58d2, 62a5, 62d8

διαπεραίνω 结束，详细叙述

［拉］perficio, expono

［德］vollenden, zu Ende bringen

［英］bring to a conclusion, describe thoroughly

20c7, 33a6, 47b9, 50c6, 52b3, 53c9

διαπονέω 苦心经营

［拉］elaboro

［德］mit Mühe arbeiten

［英］work out with labour, elaborate

15c5

διαπορέω 困惑，不知所措

［拉］dubito, aestuo, consilii inops sum

［德］in Verlegenheit sein

［英］to be quite at a loss, to be in doubt

32d7

διαπυνθάνομαι 盘问，细查

［拉］percontor, sciscitor

［德］durchforschen, sich erkundigen

［英］search out by questioning, find out

63a9

διασπάω 撕碎，撕开

［拉］distraho

［德］zerreissen

［英］tear asunder

15b5, 23e5, 25a3

διάστημα 间隔，间距

［拉］intervallum

［德］Intervall

［英］interval

17c11, 17d1

διασχίζω 分开，劈开

［拉］divido

［德］zerteilen

［英］cleave asunder, sever

25a3

διατελέω 完成，过活，度日

［拉］ad finem perduco, permaneo

［德］vollenden, verbringen

［英］accomplish, continue, live

43d8

διαφερόντως 异常地，出众地

［拉］excellenter, maxime

［德］verschieden, außerordentlich

［英］differently, especially

48e5

διαφέρω 不同，不一致，有分歧，胜过

［拉］differo, vinco, supero

［德］verschieden sein, sich auszeichnen

［英］differ, excel

12e4, 20d4, 26e7, 27a2, 34b2, 34e4, 38a6, 38b1, 45d6, 47d2, 55c1, 56e3, 57c10, 57d2, 58a8, 58c1, 58d1, 60b10, 62e6, 65c4

διαφεύγω 逃走，逃脱

［拉］effugio, evito

［德］entfliehen, vermeiden

［英］get away from, escape

16b6

διαφθείρω 败坏，毁灭

［拉］corrumpo

[拉]interrogo, percontor, sciscitor
[德]herumfragen, ausfragen, beständig fragen
[英]cross-question, ask constantly or continually
13e5, 57c4, 63a8

διευλαβέομαι 当心，警惕
[拉]valde cavere sibi
[德]sich sehr in acht nehmen
[英]take good heed to, beware of
23c1

διίστημι 分开，使分裂
[拉]divido, distinguo
[德]trennen, spalten
[英]set apart, separate
18c2, 23d2

δίκαιος (adv. δικαίως) 正当的，公正的，正义的
[拉]justus
[德]gerecht, richtig
[英]just, right
30c7, 30c8, 39e10, 59c9

δικαιοσύνη 正义，公正
[拉]justitia
[德]Gerechtigkeit
[英]righteousness, justice
62a3

διομολογέω (διομολογητέον) 商定，达成协议，承认
[拉]convenio
[德]ugestehen, sich verständigen
[英]make an agreement, agree, concede
11d2, 14e2, 20c8, 37c5

διορίζω 界定，下定义，规定
[拉]distermino, definio
[德]bestimmen, definieren
[英]determine, define
19e2, 37a1, 56d7

διπλάσιος 两倍的，加倍的
[拉]duplus
[德]doppelt
[英]twofold, double
25a8, 25d11

διπλόος (δισσός, διττός, adv. διπλῇ) 双重的
[拉]duplex, duplus
[德]zweifach, doppelt
[英]twofold, double
36a4, 36b12, 36c1, 56d1

δίχα (διχῇ) 分离，分开，成两半
[拉]bifariam, divisim
[德]entzwei, getrennt
[英]in two, asunder
23c4, 41c2, 49a7, 49a9, 56c4

διψάω 口渴
[拉]sitio
[德]dürsten
[英]thirst, parched
34e9, 35b3, 35b6, 35d5, 45b7, 54e4, 54e7

δίψος (δίψα) 口渴
[拉]sitis
[德]Durst
[英]thirst
31e10, 34d10, 34e13

διώκω 控告，追
[拉]persequor

δρᾶμα 表演，戏剧，行动，任务
[拉] drama
[德] Schauspiel, Handlung
[英] drama, play, action
50b2

δράω (δραστέος) 做
[拉] facio, ago
[德] tun
[英] do
18a6, 19b2, 19b6, 19d2, 20a4, 22d1, 25b2, 25d7, 62a1

δύναμαι 能够，有能力
[拉] possum, valeo
[德] können, imstande sein
[英] to be able
11d5, 19a7, 19b2, 19b5, 20a1, 23d10, 31b6, 33c2, 46b3, 65a1

δύναμις 能力，力量
[拉] potentia
[德] Macht, Vermögen
[英] power, might
16b2, 24c2, 25a3, 28d7, 29b8, 29c3, 30d3, 31a2, 31c6, 32a1, 44c7, 44d4, 49b3, 49c8, 55e7, 56e7, 58d4, 63c3, 64e5, 67a8, 67a15

δυνατός 有可能的，能办到的，有能力的
[拉] potens, possibilis
[德] imstande, fähig
[英] possible, powerful
11c1, 21c6, 22b5, 48d5, 49b9, 55c2, 63b8

δυσαπαλλακτία 固执
[拉] pertinacia
[德] Hartnäckigkeit
[英] the quality of being difficult to get rid of, persistency
46d1

δυσκολαίνω 不满意，烦恼
[拉] morosus sum, indigne fero
[德] unzufrieden sein, verdrießen
[英] to be peevish, cause trouble or annoyance
26d5

δυσχεραίνω 不满意，讨厌
[拉] pertaesus sum, odiosus sum
[德] unwillig sein, verabscheuen
[英] feel dislike, to be displeased
66e2

δυσχέρασμα 麻烦，不便
[拉] difficultas, morositas
[德] Ursache des Widerwillens
[英] inconveniences
44d2

δυσχέρεια 厌恶，困扰
[拉] molestia, taedium
[德] Missmut, Ekel
[英] annoyance, disgust
44c6, 44d8

δυσχερής 困难的，不乐意的，反感的
[拉] difficilis, odiosus
[德] schwierig, widrig
[英] difficult, unpleasant
44e4, 46a5

ἐάω (ἐατέος) 允许，同意，不理会，放弃
[拉] dimitto, omitto
[德] zulassen, unterlassen

44e1, 48e8, 49e1, 51e5

εἴδω (οἶδα, ἀπό-εἶδον) 看，知道，熟悉

[拉] video, scio, peritus sum

[德] sehen, wissen, verstehen

[英] see, know, be acquainted with

12c4, 12c8, 16d6, 17b7, 17c7, 17c8, 17e6, 19a3, 20e2, 21d7, 23e5, 29d8, 31b3, 33a8, 37c8, 38c5, 44e1, 44e7, 45c2, 48a9, 48c4, 49a8, 59a3, 61e6, 62d1, 63e9, 64c7, 64d3, 65b6, 65e5, 65e10

εἰκάζω 使相像，比做，写照，猜想

[拉] similem facio, confero, comparo, conjicio

[德] ähnlich machen, nachbilden, mutmaßen, vermuten

[英] represent by an image, liken, compare, conjecture

55e5

εἰκῇ 没有准备地，没有计划地，即兴地，随意地

[拉] sine consilio, frustra, temere

[德] planlos, unüberlegt, aufs Geratewohl

[英] without plan or purpose, at random

28d7, 40d8

εἰκός (adv. εἰκότως) 很可能的，合理的，当然的

[拉] probabilis, decens

[德] wahrscheinlich, folgerichtig, natürlich

[英] probable, reasonable

31d7, 33b8, 33b10, 38b1, 45b2, 58d7, 59b9, 59c10, 63c9

εἰκών 影像，比喻

[拉] imago

[德] Bild

[英] likeness, image, simile

39b7, 39c1, 39c4, 49c3

εἰλικρινής 纯粹的，纯洁的，单纯的

[拉] purus, sincerus

[德] rein, lauter, echt

[英] pure, simple

29b7, 30b6, 32c7, 52d7, 53a8, 59c3, 63b8

εἶμι (ἰτέον) 去，来

[拉] ibo

[德] gehen, kommen

[英] go, come

11d2, 13d7, 17b4, 27d1, 29a6, 33d5, 33d8, 41b10, 45c3, 46b5, 47c5, 50d3, 52e2, 52e6, 62d8, 66d4

εἶπον 说

[拉] dico

[德] sagen

[英] say, speak

12c5, 13e5, 14d6, 15a2, 15a3, 16e3, 17c8, 19c7, 20b2, 20c7, 20e3, 23b1, 23e7, 24d8, 28c2, 28d3, 28e6, 29e7, 30e8, 31c7, 31d1, 32e5, 36a7, 37c9, 38d1, 38d6, 38d7, 40e7, 41b11, 43a1, 46a5, 49a4, 49a5, 49d9, 49e3, 50d7, 50e3, 51a1, 51a4, 54d4, 54e7, 55e2, 56c9, 58b4, 58c7, 60d4, 63e3, 66e7, 67a1

εἰσρέω 流进，流入

[拉] influo

[拉] voluntarius

[德] freiwillig, gern

[英] willing

12b5, 14c4, 19d2, 58b1

ἐλαχύς (comp. ἐλάσσων; sup. ἐλάχιστος) 少的，小的

[拉] parvus

[德] klein, gering

[英] small, little

24c5, 25c9, 41e4, 42b8, 56c5

ἐλέγχω 质问，反驳，谴责

[拉] redarguo

[德] ausfragen, beschimpfen

[英] cross-examine, question, accuse

14b3, 14e2, 15a4，52d10

ἐλλείπω 短少，不足，比不上

[拉] deficio, inferior sum

[德] zurückbleiben

[英] fall short, fail

18d5

ἐλλιπής 有短缺的，有欠缺的，有缺点的

[拉] inops

[德] mangelhaft, unvollkommen

[英] wanting, defective

53d6

ἐλλόγιμος 著名的

[拉] praestans

[德] berühmt

[英] in high repute

17e4

ἐλπίζω 希望

[拉] spero

[德] hoffen

[英] hope, expect

32c1, 36b4, 47c7

ἐλπίς 希望

[拉] spes

[德] Hoffnung

[英] hope, expectation

12d3, 36a8, 39e4, 39e6, 40a3, 40a6, 61b8

ἐμβάλλω (ἐμβλητέον) 投进，放进，冲进

[拉] insero, ingredior

[德] hineinwerfen, einstürmen

[英] throw in, dash

19a4, 20a1, 21d5, 62b6

ἐμμετρία 合尺度，成比例

[拉] moderatio

[德] Ebenmaß

[英] fit measure

52c4

ἔμμετρος (adv. ἐμμέτρως) 合尺度的，合比例的，适中的

[拉] metro compositus

[德] angemessen

[英] proportioned, fitting, suitable

26a7, 52d1, 65d10

ἐμπειρία 经验

[拉] experientia

[德] Erfahrung

[英] experience

55e6

ἐμπόδιος 成为障碍的

[拉] qui est impendimento, obvius

[德] im Wege stehend, hinderlich

[英] presenting an obstacle, impeding

15a6

ἐνδεής (adv. ἐνδεῶς) 不足的，缺乏的

[拉] indigus, defectus

[德] Mangel leidend, bedürftig, ermangelnd

[英] lacking, deficient, in need of

62c8

ἔνδεια 缺乏，不足

[拉] indigentia, defectus

[德] Mangel, Armut

[英] want, lack

45b8, 51b5

ἐνδέω 缺乏，欠缺；捆绑

[拉] deficio, illigo

[德] mangeln, binden

[英] fall short, bind

62c2

ἔνδικος (adv. ἐνδίκως) 正当的，合理的，合法的

[拉] iustus

[德] rechtmäßig, gerecht

[英] according to right, just, legitimate

12d6

ἔνειμι 在里面，在其中

[拉] intus sum

[德] darin sein, innewohnen

[英] to be inside

13b4, 16d2, 17d4, 20e4, 24c3, 24d2, 26b9, 29a11, 29b6, 30b1, 53a7

ἕνεκα 为了，由于

[拉] gratia, propter

[德] um ... willen, angesichts

[英] on account of, for the sake of, as far as regards

27b5, 46b1, 53e5, 53e6, 54a7, 54a8, 54a9, 54a10, 54b2, 54b3, 54c1, 54c3, 54c4, 54c6, 54c9, 54c11, 57a5, 57b3, 58d5

ἐνεργάζομαι 使产生，制造

[拉] iniicio

[德] hineinbringen, hineinarbeiten, hervorbringen

[英] make or produce in

47a9

ἐνθάδε 这儿，在这儿，那儿

[拉] hic, huc, illuc

[德] hier, hierher, dort, dorthin

[英] here, hither, there

29d2

ἐνθένδε (ἔνθεν) 从这里

[拉] hinc

[德] von hier aus

[英] from here

15d2

ἐνθουσιάζω (ἐνθουσιάω) 从神那里得到灵感，被神附体

[拉] fanatico, seu divino furore agor

[德] inspirieren

[英] to be inspired or possessed by a god

15e1

ἐνθυμέομαι 考虑，推断，寻思

[拉] cogito, considero

[德] überlegen, erwägen

[英] ponder, consider

12c5

ἐνιαυτός 一年

[拉] annus

ἐξευρίσκω 找出，发现

［拉］invenio

［德］ausfinden, herausfinden

［英］find out, discover

62b9

ἑξῆς 前后相继，依次，此后

［拉］deinceps, ordine

［德］der Reihe nach, nacheinander, nebeneinander, nebendanach

［英］one after another, in order

12b5, 29d6, 42c5

ἐξιάομαι 治愈，完全治好

［拉］sano

［德］ausheilen, gänzlich heilen

［英］cure thoroughly

54e4, 54e5

ἕξις 情状，状况，拥有

［拉］habitus

［德］Beschaffenheit, Zustand, Haltung

［英］state , habit, possession, having

11d4, 32e3, 40d5, 41c6, 48c2, 48c6, 49e3

ἔξοδος 外出，退场，结束

［拉］exitus

［德］Ausgang, Ablauf

［英］going out, departure, end

33e3

ἔοικα 看来，似乎

［拉］ut videtur

［德］es scheint

［英］seem, look like

19c1, 19d3, 22b9, 23a1, 23d1, 33c8, 34c8, 34d1, 35a3, 37e10, 46a12, 48b3, 53d12, 55a1, 55a9, 66b4, 66d9, 67a16

ἐπάγω 引向，加于……

［拉］admoveo

［德］hinzuführen, heranbringen

［英］bring on, lay on

35d1

ἐπαγωγός 诱惑的，迷人的

［拉］alliciens

［德］verführerisch, verlockend

［英］attractive, alluring

44c8

ἐπακολουθέω 追随，听从

［拉］sequor, obedio

［德］folgen

［英］follow after, obey

27a6

ἐπαναλαμβάνω 重新拿起，重复

［拉］repeto

［德］wiederholen

［英］take up again, repeat

60d4, 66d10

ἐπαναπολέω 重复

［拉］repeto

［德］wieder erwägen

［英］repeat yet again

60a1

ἐπανερωτάω 一再询问

［拉］interrogo rursum

［德］wieder befragen

［英］question again, ask over again

28d3, 53c9, 54b1, 57c1

ἐπεγείρω 叫醒，唤醒

［拉］excito

［德］wecken

［英］awaken
36d4

ἔπειμι 来到，来临
［拉］insto, succedo
［德］hinzukommen, anbrechen
［英］come upon, approach
29a6

ἐπέξειμι 追究，控告；遍及，详述
［拉］accuso, persequor, expono
［德］verklagen, belangen, durchgehen, aufzählen
［英］prosecute, traverse, go through in detail
24e5

ἐπεξέρχομαι 追究，控告
［拉］accuso
［德］verklagen, anklagen
［英］proceed against, prosecute
23b3, 65b3, 66d5

ἐπερωτάω 询问，求问
［拉］interrogo, consulo, rogo
［德］befragen, wieder fragen
［英］consult, inquire of, ask
15c9, 60e7

ἐπέχω (ἐπίσχω) 阻止，堵住，放到
［拉］impedio, retineo, inhibeo, admoveo
［德］abhalten, zurückhalten, ansetzen
［英］hinder, restrain, present, offer
45e1, 65c2

ἐπήκοος 注意听的，听从的
［拉］qui audit, exaudiens
［德］hörend
［英］listening, giving ear to
25b8

ἐπιγίγνομαι 随后发生，后来产生
［拉］post nascor, subsequor
［德］nach geboren werden
［英］to be born after, come into being after
37b10

ἐπιδείκνυμι 指出，显示
［拉］ostendo, declare
［德］aufzeigen, vorstellen
［英］exhibit as a specimen, display, exhibit
50d1

ἐπιδίδωμι 捐赠，给予，取得进步
［拉］addo, proficio
［德］mitgeben, Fortschritte machen
［英］give besides, advance, improve
19c5

ἐπιεικής (adv. ἐπιεικῶς) 能干的，合适的，正直的
［拉］praestans, decens, aequus
［德］tüchtig, angemessen, rechtlich
［英］capable, fitting, fair
31a2

ἐπιθυμέω 渴望，愿意
［拉］cupio
［德］begehren, wünschen
［英］long for, desire
35a3, 35b1, 35b3, 35b4, 35d1, 41c5, 47c6

ἐπιθυμία 渴望，意愿，欲望
［拉］cupiditas
［德］Begehren, Wünsch
［英］desire, yearning

66c5

ἐποράω (ἐφοράω) 观察，视察

[拉] animadverto

[德] beobachten

[英] oversee, observe

37e6

ἔπος 言辞，字句

[拉] verbum, sermo, narratio

[德] Wort

[英] word, speech

14d5, 17c8, 18d6, 55e2

ἐραστής 热爱者，爱慕者

[拉] amator, amans

[德] Liebhaber, Verehrer

[英] lover, admirer

16b6, 23a4, 53d10

ἐράω 爱恋，渴望

[拉] amo, cupio

[德] lieben, begehren

[英] love, desire

35a4, 58d5

ἔργον 事情，行动，行为，结果，任务

[拉] res, opus

[德] Sache, Ding, Tat, Werk

[英] thing, matter, deed, action

38d10, 56c5

ἐρεσχηλέω 取笑，戏弄

[拉] ludo

[德] necken

[英] quiz, banter

53e5

ἐρῆμος 孤零零的

[拉] desertus, desolatus

[德] einsam

[英] desolate, lonely, solitary

16b7

ἔρις 争吵，争论

[拉] lis, contentio

[德] Streit, Zank

[英] strife, quarrel, contention

49a2

ἐριστικός (adv. ἐριστικῶς) 好争吵的，热衷于争论的

[拉] contentiosus, disputando deditus

[德] zum Streit geneigt, streitsüchtig

[英] eager for strife

17a4

ἑρμηνεύς (ἑρμηνευτής) 翻译者，解说人

[拉] interpres

[德] Dolmetscher

[英] interpreter

16a3

ἐρῆμος 孤零零的

[拉] solus, desertus

[德] einsam

[英] desolate, lonely, solitary

63b8

ἔρομαι 问，询问，请教

[拉] interrogo, inquiro, quaero

[德] fragen, befragen

[英] ask, question, inquire

28c4, 42e2

ἔρρω 慢慢走，吃力地走

[拉] pereo, evanesco

[德] mühsam einhergehen, fortgehen

[英] go slowly, disappear

24d2

ἐρρωμένος 强壮的，有力的

[拉] existimatio

[德] Lob, Ehre, Ruhm

[英] prestige, reputation

58d4

εὐθύς (adv. εὐθέως) 直的，立即

[拉] rectus, statim

[德] gerade, gleich

[英] straight, right away

17a3, 18a8, 18b2, 51b9, 51c3

εὐλαβέομαι 提防，当心，注意，谨防

[拉] caveo, vereor, metuo

[德] sich hüten

[英] to be discreet, cautious, beware

45a8

εὐμενής (adv. εὐμενῶς) 友好的，仁慈的

[拉] benignus

[德] gutgesinnt, freundlich

[英] well-disposed, kindly

16a8

εὐπορία 容易做，疑难的解决

[拉] facilitas, subsidium

[德] Leichtigkeit etw. zu erlangen, Lösung von Zweifeln, Schwierigkeiten

[英] ease, facility, solution of doubts or difficulties

15c2

εὕρεσις 发现，找到

[拉] inventio

[德] das Auffinden

[英] a finding, discovery

61b2

εὑρίσκω 发现，找到

[拉] invenio, exquiro

[德] finden, entdecken

[英] find, discovery

13a2, 13a5, 15e1, 16d2, 27a2, 34d6, 47e5, 50c2, 56b2, 65d9

εὐσεβής 敬神的，虔诚的

[拉] religiosus

[德] fromm, gottesfürchtig

[英] pious, religious, holy

39e10

εὔσκεπτος 容易检查的

[拉] facilis iudicatu

[德] leicht zu betrachten

[英] easy to examine

65d7

εὐχή 祈祷，起誓，愿望

[拉] oratio, votum

[德] Gebet, Bitte, Wunsch

[英] prayer or vow, wish or aspiration

25b8

εὔχομαι 祈祷，起誓

[拉] oro, precor

[德] beten

[英] pray, vow

25b10, 61b11

ἐφάπτω 拴在……上，把握住，抓住，获得，接触

[拉] alligo, attingo

[德] binden, heften, erfassen, berühren

[英] bind on, grasp, possess, touch

35a7, 35b7, 35b11, 35b12

ἐφεξῆς 相继，依次

[拉] deinceps

[德] nach der Reihe

[英] one after another, successively,

[德] forschen, wünschen
[英] require, demand
16d2, 18d7, 18d9, 27c5, 34d6, 45c5, 46b4, 46c8, 53d12, 57a10, 58b9, 58c4, 58d8, 59a1, 59a2, 59a4, 61a9, 61b2, 61b9

ζήτησις (ζήτημα) 探寻，探究
[拉] investigatio
[德] Untersuchung
[英] inquiry, investigation
30d10

ζωγραφέω (ἐν-ζωγραφέω) 绘画
[拉] pingo
[德] malen
[英] paint
40a9, 40a11, 40b7

ζωγράφημα 画
[拉] pictura
[德] Gemälde, Bild
[英] a picture
39d7, 51c3

ζωγράφος 画家
[拉] pictor
[德] Maler
[英] painter
39b6

ζῷον 动物，生物，活物
[拉] animal, animans
[德] Tier
[英] living being, animal
11b5, 16a2, 22b2, 22b5, 29a10, 29c7, 29d2, 31d5, 32a6, 32e4, 32e6, 35c10, 35d3, 35e3, 36b8, 42c7, 51c2, 60a8, 60c2

ἡγέομαι (ἡγητέον) 带领，引领，认为，相信
[拉] duco, puto, existimo, opinor
[德] anführen, meinen, glauben
[英] go before, lead the way, believe, hold
21a11, 27a5, 38c2, 45c3, 58a3, 59a2, 61e4, 63c1

ἡγεμονικός 适合当领导的，统治性的
[拉] principatum tenens, imperatorius
[德] zum Führer geeignet
[英] of or for a leader, authoritative
55d10

ἥδομαι 感到高兴，感到满意
[拉] delector
[德] sich freuen, erfreuen
[英] enjoy oneself, to delight in
12c8, 12d1, 12d3, 15d9, 21a9, 32e6, 37a5, 37a9, 37b2, 37b3, 48b12, 63a3, 65e10

ἡδονή 快乐，愉悦
[拉] laetitia
[德] Lust, Vergnügen
[英] enjoyment, pleasure
11b5, 11b9, 11e1, 12a1, 12a3, 12a7, 12b8, 12c4, 12d4, 12e1, 13a4, 13a5, 13b4, 13b7, 13c1, 13c5, 13c7, 14a8, 14b4, 15e1, 18e3, 19c7, 19d4, 20a5, 20b7, 20c1, 20c4, 20e1, 20e4, 20e5, 21a9, 21b4, 21c3, 21e1, 22a3, 22d2, 22d7, 22e2, 22e5, 23a3, 23b1, 26b9, 27c5, 27d2, 27e5, 27e7, 28a3, 31a5, 31a8, 31b4, 31b6, 31c3, 31e8, 32a1, 32a4, 32a8, 32b4, 32b7, 32c3, 32c8,

51e1, 52c7, 55d6, 57a9

ἡσύχιος (ἡσυχαῖος, ἥσυχος, adv. ἡσυχίως) 安静的

[拉] quietus

[德] ruhig

[英] still, quiet

24c3

ἠχή 鸣声，噪音

[拉] sonitus

[德] Schall, Getöse

[英] sound, noise

51d6

θαλάσσιος 海的，海上的

[拉] marinus

[德] zum Meere gehörig, das Meer betreffend

[英] of, in, on, or from the sea

21c7

θαρσαλέος (θαρραλέος) 勇敢的，大胆的，自信的

[拉] audax, fidens

[德] dreist, mutig

[英] daring, confident

32c2

θαρσέω 有勇气，有信心

[拉] confido, bonum animum habeo

[德] mutig sein, getrost sein

[英] to be of good courage, have confidence in

57d3

θαῦμα 奇事，惊奇

[拉] res mira, miraculum

[德] Wunder, Verwunderung

[英] wonder, marvel

36e1

θαυμάσιος (adv. θαυμασίως) 令人惊异的，令人钦佩的

[拉] mirificus

[德] wunderbar, bewundernswert

[英] wonderful, admirable

26c8, 28e1, 31c6

θαυμαστός (adv. θαυμαστῶς) 奇怪的，离奇的，好奇的

[拉] mirus

[德] wunderbar,erstaunlich

[英] wonderful, marvellous

14c8, 14c9, 14d5, 28d8, 29c2, 57c6

θεάομαι (θεατέον) 看，注视

[拉] specto, contemplor

[德] schauen, sehen

[英] see clearly, contemplate

53a2

θεῖος 神圣的，属于神的

[拉] divinus

[德] göttlich, heilig

[英] of or from the gods, divine

18b7, 22c6, 33b7, 51e1, 62a8, 62b4

θεός 神

[拉] Deus

[德] Gott

[英] God

12b2, 12b7, 12c1, 16c5, 16c6, 16c8, 16e3, 18b6, 20b4, 22c1, 23c9, 25b8, 25b9, 26b8, 28b1, 33b8, 46a10, 54b1, 61b11, 61c1, 63e6, 65b2, 65c7

θεοφιλής 为神所喜爱的，受神爱护的

[拉] diis dilectus

[德] von Gott geliebt

θύρα 门

[拉] ianua

[德] Tür

[英] door

62c6

θυρωρός 看门人，守门人

[拉] janitor

[德] Türhüter,Türsteher

[英] door-keeper, porter

62c5

ἴασις 治疗

[拉] sanatio, remedium

[德] heilung

[英] healing, mode of healing, remedy

46a8

ἰατρικός 有关医疗的

[拉] medicinus

[德] den Arzt betreffend, ärztlich

[英] medical

30b3, 56b1

ἰδέα 理念，形状，形式

[拉] idea, forma

[德] Idee, Form, Urbild

[英] idea, form

16d1, 16d7, 25b6, 60d5, 64a2, 65a1, 67a12

ἴδιος 自己的，个人的

[拉] privatus

[德] eigen, privat

[英] one's own, private, personal

33d5

ἵημι 射出，放射，投掷

[拉] jacio

[德] werfen, schleudern

[英] throw, shoot

51d7

ἱκανός (adv. ἱκανῶς) 充分的，足够的

[拉] sufficiens, satis

[德] zureichend, genügend, hinlänglich

[英] sufficient, adequate

19e2, 20a2, 20d4, 22b1, 22b4, 22c2, 24e1, 27b2, 30c4, 30e4, 31b6, 53c3, 58d2, 60c4, 60c11, 61e7, 62a7, 65a7, 67a2, 67a3, 67a7

ἵππος 马

[拉] equus

[德] Pferd

[英] horse

67b1

ἴσος 同等的，相等的

[拉] aequus

[德] gleich

[英] equal

14a7, 25a7, 25a8, 46d4

ἰσότης 相等（性）

[拉] aequalitas

[德] Gleichheit

[英] equality

25a7

ἵστημι 称，在天平上衡量；停下来不动，站住

[拉] pondero, libro，desino

[德] wiegen, abwägen, stehen machen

[英] place in the balance, weigh, bring to a standstill

24d5, 38c12

ἰσχυρός (adv. ἰσχυρῶς) 强有力的，严厉的

[拉] potens, robustus, severus
[德] kräftig, gewaltig, gewalttätig
[英] strong, powerful, severe
49b9, 49c2

ἰσχύς 力量，强健
[拉] potentia
[德] Macht, Stärke
[英] strength, might, power
26b6

ἰταμός 鲁莽的，大胆的
[拉] impudens, temerarius
[德] dreist, keck
[英] headlong, hasty, bold
52d8

ἴχνος 足迹，脚印
[拉] vestigium
[德] Fußspur
[英] track, footstep
44d8

καθαρός (adv. καθαρῶς) 纯粹的，洁净的
[拉] purus
[德] rein, sauber
[英] clear, pure
51b6, 51d7, 52c2, 52d6, 52e1, 52e2, 52e6, 53b4, 53c1, 55a8, 55c7, 55d7, 57b1, 57c1, 58c8, 58d6, 59c3, 62b6, 62c7, 63e3, 66c5

καθαρότης 纯粹性，纯净
[拉] puritas
[德] Reinheit
[英] purity
53a5, 62c2

καθίστημι 带往，置于，制定
[拉] traho, depono
[德] bringen, stellen, einsetzen
[英] bring down, place
16b7, 36b1, 42d5, 57b10

καθοράω (κατεῖδον, κατοπτέον) 观看，俯视
[拉] perspicio
[德] einsehen, betrachten
[英] look down, observe
18c7, 29a10, 36b13, 38c6, 38d2, 39d10, 40a12, 46b3, 52a6

καιρός 适时，时机
[拉] opportunus
[德] der rechte Zeitpunkt
[英] exact or critical time, opportunity
66a7

κακία 恶
[拉] malitia, vitium
[德] Schlechtigkeit, Böse
[英] badness, vice
63e8

κακός (adv. κακῶς) 坏的，有害的
[拉] malus, vitiosus
[德] schlecht, böse
[英] bad, evil
13b1, 13b4, 13c2, 28a1, 39e13, 40b4, 40b6, 44b1, 46a13, 48b11, 48c2, 49a4, 49d3, 49d6, 49d9, 49e6, 50a2, 55b6

καλέω (κλητέος) 呼唤，叫名字，称作
[拉] voco, nomino
[德] rufen, nennen
[英] call, name

17d3, 28d6, 34a1, 34a7, 38e4, 47b6, 59d5

κάλλος 美丽
[拉]pulchritudo
[德]Schönheit
[英]beauty
26b6, 29c3, 51c1, 64e7, 65a2, 65b8, 65e2

καλός (adv. καλῶς, comp.καλλίων, sup. κάλλιστα) 美的，好的
[拉]pulcher
[德]schön
[英]beautiful
11c7, 15a5, 15c2, 15c3, 16b1, 16b5, 17e7, 19c2, 20c7, 23a5, 25b2, 25b4, 26a5, 26b1, 27c9, 28d3, 30a7, 30b6, 30b7, 30d3, 30e8, 31c7, 31d1, 37e7, 41b7, 43a1, 43b7, 43c1, 43e1, 45e5, 48e4, 50e3, 51a1, 51b3, 51c6, 51c7, 51d2, 51d7, 53b1, 53b5, 53c2, 53d9, 55b2, 58b7, 59c8, 59c9, 59e2, 60a1, 61b8, 61c7, 61d2, 63c4, 63e9, 64b7, 64e6, 65e1, 65e3, 66b1

κάμνω 患病
[拉]aegroto
[德]erkranken
[英]to be sick
45a8

κανών 直尺
[拉]regula
[德]Lineal
[英]straightedge
51c5, 56b9, 62b1, 62b5

καταβάλλω 扔，投
[拉]conjicio
[德]hinabwerfen
[英]throw down, overthrow
15e4

καταγελάω 嘲笑，讥讽
[拉]rideo
[德]verlachen
[英]laugh scornfully, deride
14e2, 49b7, 54d7, 54e2

καταλείβω 使滴下，使流下，滴下，流下
[拉]stillo
[德]herabtröpfeln lassen, herabrinnen
[英]pour down, drop down
47e9

καταλιμπάνω 放弃，抛下，留下
[拉]relinquo
[德]entsagen, aufgeben, verlassen
[英]abandon, bequeath
55e3

καταμανθάνω 学习，学会，理解
[拉]disco, congnosco
[德]erlernen, verstehen
[英]learn, understand
48b5

καταμελετάω 练习，训练
[拉]exerceo
[德]sehr üben
[英]train fully, exercise
55e6, 57a1

κατανοέω (κατανοητέον) 理解，注意
[拉]specto, contemplor, intelligo
[德]verstehen, bemerken

26c7, 45e3

κατορθόω 使立直，使成功

[拉] constituo, felici successu ren gero

[德] gerade machen, aufrichten, gelingen

[英] set upright, erect, accomplish successfully

28a7

κεῖμαι (κείω,κέω) 躺，躺下，弃置，制定

[拉] jaceo, positus sum

[德] liegen, gelegen sein

[英] lie, to be laid down

15c9, 22e6, 32b8, 33d7, 41b5, 41d6, 43e4, 56c7, 59d5

κελεύω 命令，敦促，要求

[拉] jubeo

[德] befehlen

[英] order, request

24a7

κενός 空的

[拉] vacuus

[德] leer

[英] empty

21b8

κενόω 使变空，弄空，耗尽

[拉] vacuo, exhaurio

[德] entleeren, ausleeren

[英] empty, make empty

34e11, 35a3, 35a4, 35a6, 35b9, 35e2, 36a8, 36b5, 36b11, 47c6, 47c7

κένωσις 排空，耗尽

[拉] vacuitas

[德] ausleerung

[英] emptying, depletion

35b4, 42d1

κεράννυμι 混合

[拉] misceo

[德] mischen

[英] mix

47c3, 50a6, 50b4, 61b11, 64d11

κεφάλαιον 要点，要旨，主要方面，主要的东西

[拉] caput, quod summum et praecipuum est

[德] Hauptsache, Hauptpunkt

[英] chief or main point

48c6

κεφαλή 头

[拉] caput

[德] Kopf

[英] head

66d1

κινδυνεύω 有可能，似乎是，也许是，冒险

[拉] videor, periclitor

[德] scheinen, wagen

[英] seems likely to be, it may be, possibly, venture

33c9, 36b10, 36d3, 44a8, 47d4, 66c9

κίνδυνος 危险，风险

[拉] periculum

[德] Gefahr

[英] danger, hazard, venture

28a7, 29a2

κινέω 移动，推动

[拉] moveo

28e4, 66c9

κοῦφος 轻的

[拉] levis

[德] leicht

[英] light

14d2

κρᾶσις 混合，结合，气候

[拉] permixtio, temperamentum

[德] Mischung, Temperatur

[英] mixture, union, temperature, climate

47c5, 50d1, 64a1, 64e1, 64e9

κρατέω 统治，主宰，控制

[拉] impero, prehendo

[德] herrschen, ergreifen

[英] rule, conquer

11e2, 58c6

κράτιστος 最好的

[拉] optimus

[德] best, vornehmst

[英] best, most excellent

15c8, 67b4

κρείσσων (κρείττων) 较强的

[拉] melior

[德] stärker

[英] stronger, superior

11d11, 16c7, 67a10

κρήνη 泉

[拉] fons

[德] Quelle

[英] spring

61c5

κρίνω 判决，审判，判断

[拉] judico

[德] aburteilen, verurteilen

[英] adjudge, give judgement

20e1, 38c6, 41d11, 56e7, 65b6, 67b3

κρίσις 决定，判决，判断

[拉] judicium

[德] Entscheidung, Urteil

[英] decision, judgement

27c9, 33a4, 41b2, 41e2, 41e8, 44d5, 50e2, 52e3, 52e4, 55c8, 59d7, 64d1, 66c10, 67a14

κριτής 裁判，仲裁者

[拉] judex, arbiter

[德] Beurteiler, Richter

[英] judge, umpire

65a8

κρύπτω 隐藏

[拉] abscondo

[德] verbergen

[英] hide

66a2

κτάομαι (κτέομαι) 取得，占有，拥有

[拉] possideo

[德] erwerben，haben, besitzen

[英] get, acquire, possess

19a1, 19d5, 20d9, 21b7, 21c1, 21c4, 21d10, 31a2, 58d7, 59b4, 64e2, 65d1, 65d6

κτῆμα 所有物

[拉] possessio

[德] Erwerbung, Habe, Besitz

[英] property, possession

19c6, 66a5

κυβερνητικός 善于掌舵的

[拉] artis gubernandi peritus

37e5, 38b10, 39d1, 39d3, 40c6, 40d4, 41a2, 41d2, 41d9, 41e5, 42a2, 42a8, 42b5, 42c2, 42c6, 42d1, 42e12, 43b8, 43c4, 45e7, 46a11, 46c2, 46c3, 46d5, 46d7, 47a1, 47a4, 47c4, 47c5, 47d3, 47d5, 47e3, 48a1, 48a9, 48b6, 48b8, 49a9, 49c7, 49d1, 50a6, 50a7, 50b3, 50d6, 51a3, 51a7, 51b7, 51e2, 52b4, 52b7, 53c1

λυπηρός 痛苦的

[拉] molestus, tristis

[德] betrübend, lästig

[英] painful, distressing

32c2, 42b4, 43d1, 43e8

λύσις 解脱，释放

[拉] solutio

[德] Lösung, Befreiung

[英] loosing, releasing

31d5, 31e6

λύω 解开，松开，解放

[拉] solvo

[德] lösen

[英] loosen, unbind, unfasten

20b2, 31d4

λωίων (sup. λῷστος) 更想要的，更合意的，更好的

[拉] optabilior, melior

[德] besser, vorteilhaft

[英] more desirable, more agreeable, better

11b9

μάθημα 学问，课业

[拉] doctrina, disciplina

[德] Lehre, Unterricht

[英] that which is learnt, lesson

52a1, 52a2, 52a5, 52b5, 52b6, 55d2

μακάριος 有福的，幸福的，幸运的

[拉] beatus, felix

[德] glückselig, glücklich

[英] blessed, happy

52b2

μακρός 长的，高的，深的

[拉] longus, altus

[德] lang, tief

[英] long, tall

28c8, 58a4, 58b2, 66e4

μάλα (comp. μᾶλλον, sup. μάλιστα) 很，非常

[拉] valde, vehementer

[德] sehr, recht, ganz

[英] very, exceedingly

11c4, 11e1, 14c1, 15e4, 22d5, 23c5, 24a9, 24b5, 24b6, 24c2, 24d1, 24e7, 25c10, 26c3, 26d1, 27a13, 27e5, 27e7, 27e9, 29b1, 29c4, 30d5, 30e4, 31a6, 31d1, 34b7, 34c7, 35c11, 36b3, 38c1, 38d11, 40b5, 41d8, 41e4, 42a4, 42c6, 44a3, 44b9, 44e2, 45b8, 45d4, 46d3, 47b1, 47b5, 47b7, 48b4, 50c10, 52c7, 53a8, 53e9, 54b3, 55b7, 55d6, 56e4, 57b3, 57c4, 57e3, 58d7, 58e3, 59c5, 59d2, 59e4, 60b3, 60e3, 60e4, 61d2, 61d7, 62d5, 64c5, 65b6, 66a2, 66c2, 67b5

μαλθακίζομαι (μαλακίζομαι) 变软，变懦弱

[拉] mollio

[德] weichlich sein, zaghaft sein

μέγεθος 大，巨大，高大
[拉] magnitudo
[德] Größe
[英] greatness, magnitude
42a1, 44e6, 45c5, 57c6

μεθίημι (μεθετέον) 放开，放弃，允许，让
[拉] aufgeben, verlassen
[德] dimitto, libero, relinquo
[英] set loose, let go, give up
16e2, 23b3, 50d8, 62d4, 62d7, 62d10, 62e5, 62e8

μεῖξις (μίξις) 混合，交往
[拉] mixtio, mixtura
[德] Vermischung
[英] mixing, mingling
27b9, 46b6, 46b8, 46d4, 47d2, 47d5, 48a9, 48b6, 49a9, 49c7, 50c11, 59e1, 63e9, 64d3

μείς 一个月
[拉] mensis
[德] Monat
[英] month
30b6

μέλας 黑的，黑色的
[拉] niger
[德] schwarz
[英] black, dark
12e4

μελέτη 练习，从事，关心
[拉] meditatio, cura
[德] Übung, Studium, Sorge
[英] practice, exercise, care
56a1, 56a4

μέλι 蜂蜜
[拉] mel
[德] Honig
[英] honey
47e9, 61c5

μέλλω 打算，注定要，必定，应当
[拉] futurus sum, debeo, fatali necessiate cogor
[德] wollen, gedenken, sollen, bestimmt sein
[英] to be about to, to be destined
11a1, 33c10, 39c11, 39d4, 39e1, 40d10, 49a8, 62b8

μέλος 肢，四肢，曲调
[拉] membrum, melodia
[德] Glied, Lied
[英] limb, tune
14e1, 28b10, 51d7

μένω 停留，固定，坚持
[拉] maneo, consisto
[德] bleiben, verweilen, feststehen
[英] stay, remain,wait
24a5, 24d4

μέρος (μερίς) 部分
[拉] pars
[德] Teil
[英] portion, part
12e7, 14e1, 27d7, 27d10, 28a3, 30b5, 36a1, 42c2, 50e7, 55c9

μέσος (adv. μέσως) 中间的
[拉] medius
[德] inderMitte
[英] middle
14b3, 17a3, 18c5, 31a9, 35e7, 35e8,

[德]Maßstab

[英]measure, rule

17d6, 25b1, 26d9, 56a4, 56a5, 56b4, 57d2, 64d9, 66a6

μέχρι 直到，直到……为止

[拉]usque

[德]bis, so lang als

[英]as far as, until

16d5, 18c4, 45e3

μῆκος 长度

[拉]longitudo

[德]Länge

[英]length

28d1, 36d9

μηκύνω 加长，延长，拖延

[拉]longum facio, moror

[德]verlängern, ausdehnen

[英]lengthen, prolong, delay

24e5, 50d3

μηνύω 告诉，揭露

[拉]indico, nuncio

[德]anzeigen, verraten

[英]inform, reveal

14b3, 19b7, 35c10, 50b1, 53c7, 54d5, 61b4

μήτηρ 母亲

[拉]mater

[德]Mutter

[英]mother

15e6

μηχανάομαι 搞诡计，设法对付

[拉]machinor, artificiose facio

[德]ausdenken, vorhaben

[英]contrive, devise

30b6

μηχανή 办法，方法，技巧

[拉]machina, ars, consilium

[德]Art, Weise, Mittel

[英]way, mean, contrivance

16a7, 23b7, 41d11

μίγνυμι 混合

[拉]misceo

[德]mischen

[英]mix

25e3, 46c3, 46c9, 50c2, 50e5, 53b4, 56a6, 59e5, 61b8, 61d2, 61d5, 62c7, 62d8, 63e7, 63e8, 64b2, 64e10

μικρός (σμικρός) 小的

[拉]parvus

[德]klein

[英]small, little

14d2, 16b3, 18a6, 18d5, 20c8, 21e1, 25c10, 28a6, 29b6, 29c1, 32e7, 33a4, 33b3, 36d4, 37c9, 38b1, 39d8, 42a5, 43c5, 50d7, 53b4, 53b10, 56a7, 56d9, 56d11, 56e4, 58a4, 58c4, 58c8, 60c8, 67b11

μικτός (μειτός) 混合的

[拉]mixtus

[德]gemischt

[英]mixed, blended

22d6, 25b5, 27b8, 27d1, 27d8, 61b6

μιμέομαι 模仿，仿效

[拉]imitor

[德]nachtun, nachahmen

[英]imitate

13d3, 40c5

μίμησις 模仿

[德] Form, Gestalt
[英] form, shape
12c7, 34d1

μοῦσα 文艺，音乐
[拉] musa
[德] Musik
[英] music
67b6

μουσικός 文艺的，音乐的
[拉] musicus
[德] musisch
[英] musical
17b11, 17c7, 26a4, 56a3, 56c5, 62c1

μῦθος 故事
[拉] fabula
[德] Fabel
[英] tale, story
14a4

μυρίος (adv. μυριάκις) 巨大的，无限的，成千上万的
[拉] infinitus, extremus, maximus
[德] unendlich, unzählig
[英] infinite, immense
13a2, 14d3, 26b5, 50b4, 56e2, 63d5, 66e3, 67a11

ναυπηγία 造船
[拉] navium constructio
[德] Schiffsbau
[英] shipbuilding
54b2, 54b3, 56b8

νέος (comp. νεώτερος) 新奇的，年轻的
[拉] novus, juvenis
[德] neu, jung
[英] new, young
13d1, 13d6, 15d9, 15e5, 16a5

νηφαντικός 清醒的，冷静的
[拉] sobrium reddens
[德] ernüchternd
[英] sobering
61c6

νικάω 得胜，战胜，征服
[拉] vinco
[德] siegen
[英] win, conquer
12a3, 12a7, 14b6, 20c1, 27d1, 67a12

νικητήριος 胜利的，胜利者的
[拉] victrix
[德] den Sieg betreffend
[英] belonging to a conqueror or to victory
22c7, 22e6, 23a2

νικηφόρος 带来胜利的，胜利的
[拉] victoriam afferens
[德] den Sieg bringend, siegreich
[英] bearing off the prize, victorious,
27d10

νοέω 想，理解
[拉] intelligo, cogito
[德] denken, einsehen
[英] perceive by the mind, think, consider
11b7, 21a14, 23e6, 24a8, 29b9, 33b4, 45c7, 53b10, 62a3

νομίζω (νομιστέος) 承认，信奉
[拉] existimo, reor
[德] anerkennen, glauben
[英] acknowledge, believe in
44c7, 55d7, 63e4, 66a8

οἰκεῖος 家中的，有亲戚关系的，自己的
[拉] domesticus, privatus
[德] häuslich, verwandt, eigen
[英] of the same household, kin, one's own
51d1, 63e4, 64c9, 67a11

οἰκέω 居住，生活
[拉] habito, vivo
[德] wohnen, leben
[英] inhabit, dwell, live
16c8, 24a9, 61b1, 63b3, 63d6

οἴκησις 住处，房屋
[拉] habitatio, domus
[德] Behausung, Wohnung
[英] house, dwelling
61a9, 64c2

οἰκοδομία 建筑，建筑物
[拉] aedificatio, exstructio, aedificium
[德] der Bau, das Bauen, die Bauart
[英] building, edifice
56b8, 62b1

οἰνόχοος 斟酒人，上酒人
[拉] pincerna vel qui pocula ministrat
[德] Weinschenk, Mundschenk
[英] cupbearer
61c4

οἴομαι 料想，猜，认为，相信
[拉] puto
[德] vermuten, denken
[英] guess, think, believe
13b6, 19b1, 20a3, 20d7, 21e4, 22c6, 23d11, 25b7, 26c5, 27d7, 29a2, 29d1, 31c11, 31e1, 32c6, 35a2, 36b13, 40d1, 40e9, 43a1, 44a4, 44a7, 44d8, 45c5, 46c8, 48e8, 49b4, 50d7, 55d1, 56b4, 56b9, 58a3, 58e1, 59b6, 60a4, 61d7, 63b4, 65c4, 65d8, 67b5

οἴχομαι 走，上路
[拉] abeo, proficiscor
[德] gehen, kommen
[英] go or come
13d6, 14a4

ὄλεθρος 毁灭
[拉] interitus
[德] Untergang
[英] ruin, destruction
15b3

ὀλιγάκις 很少几次，不常
[拉] raro
[德] selten
[英] but few times, seldom
52c6

ὀλίγος (sup. ὀλίγιστος) 小的，少的
[拉] paucus, parvus
[德] gering, klein
[英] little, small
16a1, 29d3, 31d9, 41a6, 41b11, 43b5, 52b8, 53c1, 62c1, 65d1

ὀλκή 拉，拽，扯
[拉] tractus, traducito
[德] das Ziehen
[英] drawing, trailing, dragging
57d4

ὅλος (adv.ὅλως) 整个的，全部的
[拉] totus

ὀξύτης 尖锐，高音，快速，敏捷

[拉]acumen, acerbitas

[德]Schärfe，Schnelligkeit

[英]sharpness, quickness

17c12

ὀπηδός (ὀπαδός) 侍从，随从

[拉]comes

[德]Begleiter

[英]attendant

63e6

ὅπλον 武器，工具

[拉]armum

[德]Waffe

[英]tool, weapon

58b4

ὁπότερος 两者中的哪一个

[拉]uter

[德]welcher von beiden

[英]which of two

14c10, 18e4, 22a6

ὁράω 看，注意

[拉]video, animadverto, intelligo

[德]schauen, einsehen, merken

[英]see, look, pay heed to

11a1, 16a4, 21a14, 22c8, 23d7, 26e2, 27d4, 38c7, 39c1, 41e9, 42c5, 45c3, 45d4, 45d7, 49a9, 49d6, 58c5, 66a1, 66a3

ὄργανον 工具，装备，器官

[拉]instrumentum

[德]Werkzeug, Organ

[英]instrument, tool, organ

54c2, 56b5

ὀργή 冲动，愤怒

[拉]ingenium, ira

[德]Trieb, Erzürnung, Zorn

[英]natural impulse, anger, wrath

47e1, 50b7, 50c6

ὀρθός (adv. ὀρθῶς) 正确的，直的

[拉]rectus

[德]recht, gerade

[英]right, straight

11b8, 12b10, 18a3, 19d2, 19d4, 19e4, 25e5, 25e7, 26e7, 26e9, 27b4, 27d10, 27d11, 27e2, 28b4, 29d1, 29e4, 31e1, 32c6, 32d7, 33c2, 33d10, 34a11, 34b1, 34c3, 34d8, 35d4, 36d11, 36e11, 37a11, 37b2, 37d7, 37e2, 37e6, 37e11, 38a7, 39c7, 41d11, 42c1, 42c3, 42d8, 43c7, 43e9, 43e10, 44d6, 45c1, 47d4, 49a4, 49c1, 49c6, 49d10, 51b2, 52c2, 52d2, 52e5, 53a9, 53b3, 53b6, 53b7, 54d2, 54d3, 55c10, 56c3, 57a5, 59d5, 59e8, 60a7, 60a10, 60d4, 61a6, 61b1, 61e5, 63c5, 64a5, 64c3, 64d1, 65a3, 65a6, 65e8, 66b9, 67a9

ὀρθότης 正确，笔直

[拉]rectitudo

[德]die gerade Stellung, Richtigkeit

[英]straightness, rightness, correctness

37d6, 37d7

ὁρίζω (διά-ὁρίζω) 定义，规定，分开

[拉]termino, finio

[德]definieren, bestimmen, trennen

[英]define, determine, divide

27b4, 66c4

[德]Eigenschaft, Attribut, Leiden

[英]state, condition, property, quality, experience

15d8, 17d5, 31b3, 32a3, 32b7, 32c1, 33d2, 34a3, 35c9, 35c13, 35e9, 36a1, 36a5, 36b13, 36c3, 39a2, 39a4, 41c2, 41c7, 42a9, 46a10, 46c7, 47c2, 48b2, 48c8, 48d9, 48e3, 49a5, 50d5, 54e8, 60d9, 60e1

παιδαριώδης 幼稚的，孩子气的

[拉]puerilis

[德]für Kinder passend

[英]childish, puerile

14d7

παιδεία 教育

[拉]eruditio

[德]Erziehung

[英]education

55d2

παιδεύω 教育

[拉]doceo

[德]erziehen

[英]educate

17b1

παιδιά 儿戏，玩笑，消遣

[拉]jocus

[德]Spiel, Scherz

[英]childishplay, pastime

19d7, 30e7

παιδικός 儿童的，给儿童的，给心爱的少年的

[拉]puerilis, ad amorem masculum pertinens

[德]kindlich, die Knaben liebe betreffend

[英]of a child, of or for a beloved youth

49a8, 53d9

παίζω 戏谑，开玩笑

[拉]jocor

[德]scherzen

[英]make fun of

28c3

παῖς (παιδίον) 孩童，孩子，小孩

[拉]pueritia

[德]Kind

[英]child, childhood

15a1, 16b4, 19b5, 19e4, 36d6, 53e9, 65d1

πάλαι 很久以前，过去

[拉]olim, pridem

[德]vor alters, ehedem, schon lange

[英]long ago

15d6, 18d7, 18e1, 20b6, 30d7, 31a5, 37c9, 50a8

παλαιός 古老的，古旧的

[拉]vetus

[德]alt

[英]ancient, old

16c7

πάμπολυς (παμπληθής) 极多的，极大的

[拉]permultus, varius

[德]sehr viel, sehr groß

[英]very great, large, or numerous

26b6

παντάπασι 完全，绝对

[拉]omnino

[德]ganz, völlig

[德] aufstoßen, danebenfallen
[英] fall beside, befall, go astray
14c7

παρατίθημι 放在旁边，委托，使用
[拉] addo, appono, confero
[德] dabeistellen, anvertrauen, zu Hilfe nehmen
[英] place beside, employ
40b3, 44d4, 46b1, 47a1, 54c2

παραφέρω 带给，递给，引向歧路，领上错路；走错路
[拉] affero, abripior, aberro
[德] herbeibringen, vorbeigehen, verfehlen, abirren
[英] bring to, hand over, mislead, lead astray, err, go wrong
36d9, 60d3

παραφροσύνη 偏离理解，偏离理性
[拉] amentia, delirium
[德] Unvernunft, Tollheit
[英] wandering of mind, derangement
36e6

παραχρῆμα 当场，立即
[拉] statim, confestim, e vestigio
[德] augenblicklich, auf der Stelle
[英] on the spot, forthwith, immediate
21c2

πάρειμι 在场，在旁边
[拉] adsum
[德] dabei od. anwesend sein, gegenwärtig sein, herbeikommen
[英] to be present in or at, to be by or near, go by
16b3, 20a2, 22a8, 38e1, 38e1, 39e1, 40b7, 46d1, 59b2, 60c2, 66a5

παρεξέρχομαι 从旁边溜过，离开
[拉] discedo
[德] vorbeigehen
[英] slip past, go aside from
66b6

παρέρχομαι 经过，过去，流逝
[拉] praetereo, transeo
[德] vorübergehen, vergehen
[英] go by, pass by
19b7, 36d6

παρέχω 提请，提供，让
[拉] adduco, praebeo
[德] darbieten, aufbieten, veranlassen
[英] hand over, yield, allow, grant
11d6, 14c4, 26c9, 27a12, 28a2, 30b2, 41c7, 46e4, 52e3, 56b6, 59d7, 61e8

παρίστημι 来临，临头，发生，站到某人旁边
[拉] accedo, adsto
[德] überfallen, beistehen
[英] come into one's head, happen, stand by
61c4

παροιμία 谚语
[拉] proverbium
[德] Sprichwört
[英] proverb
59e10

παροιμιάζω 引用谚语
[拉] proverbium facio aliquid
[德] sich eines sprichwörtlich Ausdrucks bedienen

[英] bring to an end, finish, accomplish
11c9, 12b6

πέρας 结局，极限，终点
[拉] finis, terminus
[德] Ende, Grenze
[英] end, limit, boundary
16c10, 19e2, 23c10, 24a2, 24a3, 24a8, 25b1, 25d3, 26a3, 26b2, 26b8, 26b10, 26c6, 26d4, 26d9, 27b8, 27d9, 27e5, 30a10, 30c4, 31c10, 32b1

περατοειδής 有限的
[拉] finitus
[德] begrenzt, grenzenartig
[英] of limited or finite nature
25d6

περιάγω 引领……环绕，环行
[拉] circumduco
[德] herumführen
[英] lead or draw round
19a4

περιβόητος 名声四处传播的，著名的，声名狼藉的
[拉] qui insanos clamores
[德] allgemein besprochen, berühmt, berüchtigt
[英] noised abroad, much talked of, famous, notorious, scandalous
45e3

περιίστημι 布置在周围，包围，环绕
[拉] circumdo, circumsto
[德] herumstellen, um sich herumstellen
[英] place round, stand round about
41b8

περικρούω 敲打四周
[拉] percutiendo exploro
[德] ringsum ab od. herunterschlagen
[英] strike all round, ring
55c7

περιμένω 等待，期待
[拉] exspecto, maneo
[德] warten, erwarten
[英] wait for, await
24a4

περιτρέχω 跑圈子
[拉] circumeo
[德] herumlaufen
[英] run round
15d5

περιφανής 明显的，显而易见的
[拉] manifestus
[德] deutlich, offenbar
[英] conspicuous, notorious
31e3

περιφερής 圆形的，球形的
[拉] rotundus
[德] rund
[英] round, spherical
51c4

περιφορά 旋转，转圈
[拉] circuitus
[德] das Herumtragen, Umlauf, Umkreis
[英] carrying round, circular or rotatory motion
28e5

περιχάρεια 过度的快乐，过分的快乐
[拉] laetitia exsultans
[德] übermäßige Freude
[英] excessive joy
65d8

πέτρα 岩石，石头
[拉] petra
[德] Fels, Stein
[英] rock, stone
38c12

πηγή 泉，泉源，水流
[拉] fons
[德] Quelle
[英] stream, fount
62d7

πηδάω 跳，跳跃
[拉] salio
[德] springen, hüpfen
[英] leap, spring
47a6

πῆξις 固定，加固，凝结，冻结
[拉] solidatio, concretio
[德] das Festmachen, Befestigen, Erstarrung
[英] fixing, putting together, coagulation, freezing
32a7

πικρός 苦的
[拉] amarus
[德] bitter
[英] bitter
46c9

πίπτω 落，坠落
[拉] cado
[德] fallen
[英] fall, fall down
22e5

πιστεύω 相信
[拉] credo, confido
[德] glauben
[英] trust, believe
13a3, 22e3, 57d3, 67b3

πίστις 相信，信任，论证，论据
[拉] fidus, argumentum
[德] Glaube, Treue, Beweis
[英] trust, faith, argument, proof
50c11

πλεύμων (πνεύμων) 海蜇，水母
[拉] pulmo
[德] Qualle
[英] jelly-fish
21c7

πλῆθος 大众，大群，数量
[拉] multitudo, copia
[德] Menge, Masse
[英] great number, multitude, the majority
16a4, 16d7, 17b4, 17e3, 18b2, 26c8, 27e8, 29c2, 47d2, 49a1

πλημμελέω 弹错调子，做错事
[拉] extra legem cano, pecco
[德] einen Fehler machen, sich vergehen
[英] make a false note in music, err
27c1

πληρόω 装满，充满
[拉] impleo
[德] vollmachen, voll sein

[英]make full, fill full of
32a1, 35a4, 35e2, 35e10, 36b1, 36b4, 52a5

πλήρωσις 充满，充足
[拉]expletio
[德]Ausfüllung, Fülle
[英]filling up, filling
31e8, 35a1, 35a2, 35a7, 35b4, 35b6, 35b11, 36b12, 42c10, 47c6, 51b6

πλησμονή 满足，饱足，充足
[拉]expletio, satietas
[德]Fülle, Sättigung
[英]a being filled, satiety
26b9

πλήσσω 捶打
[拉]pulso
[德]schlagen
[英]strike
22e5

πλοῖον 船
[拉]navis
[德]Schiff
[英]ship
54b2, 54b3

πλόος 航行
[拉]navigatio
[德]das Schiffen
[英]sailing, voyage
19c3

πλούσιος 富足的，丰富的
[拉]dives, opulentus
[德]reich
[英]wealthy, rich
48e1

πνεῦμα 风，气息
[拉]ventus, spiritus
[德]Wind, Hauch
[英]blast, wind, breath
29a10, 47a8

πνῖγος 闷热，闷人，窒息
[拉]aestus, calor
[德]die erstickende Hitze
[英]choking, stifling, stifling heat
26a6, 32a2

πόθος 渴望，想望
[拉]desiderium
[德]Verlangen, Sehnsucht
[英]longing, yearning
36a6, 47e1, 48a1, 50b7

ποιέω 做，当作
[拉]facio, efficio
[德]machen, tun, annehmen
[英]make, do
13a4, 17a2, 17a4, 17b9, 17b11, 18d1, 24e3, 26e6, 26e7, 27a1, 27a5, 27a6, 28c9, 42a1, 43c5, 46d2, 47a5, 47a6, 47b2, 50d7, 55c5, 58b2, 59a4, 63a6

ποιητικός 能创造的，有创造力的
[拉]faciendi vim habens, poeticus
[德]schaffend
[英]capable of making, creative, productive
62d5

ποικίλος 多花色的，五彩斑斓的
[拉]varius
[德]bunt
[英]many-coloured

37d3, 40c1, 40e6, 40e10, 41a2, 41a5

πόνος 苦工，艰辛

[拉]labor, difficultas

[德]Arbeit, Mühe

[英]hard work, toil

56a1, 59a9

πορεύω 前进，旅行

[拉]eo, proficiscor

[德]gehen, reisen

[英]go, walk, march

23b8, 31b7, 38e7, 50e6

πορίζω 带来，提供，弄到

[拉]suppedito, praebeo, procreo

[德]bringen, darbieten, sich verschaffen

[英]bring about, furnish, provide, procure

30d10, 56b5

πόρρω (πρόσω) 远远地，往前，向前

[拉]porro, procul

[德]ferner, vorwärts

[英]forwards, far off

22e2

πρᾶγμα 事情，重大的事情，麻烦事

[拉]res

[德]Sache

[英]thing

12d8, 14c4

πραγματεία 勤奋，努力，事业

[拉]studium, officium

[德]Eifer,Geschäft

[英]diligence, business

58c7

πρᾶξις 行事，行为，实践，情况，事情的结局

[拉]actio, successus rerum

[德]Handlung, Lage, Ende der Geschichte

[英]doing, action, practice, result

24c5

πράσσω (πράττω) 做

[拉]ago

[德]tun, handeln, machen

[英]do, act

58d5

πρέσβυς (πρεσβύτης) 老人

[拉]senex

[德]Alter

[英]oldman

15e5

προαιρέω 有意选择，首先选择

[拉]praefero

[德]vorziehen, sich auswählen

[英]prefer, choose

28b6, 45e9, 52e7, 53a1

προβάλλω 扔向前面，抛给

[拉]projicio, propono

[德]vorwerfen, vorschieben

[英]throw or lay before, put forward

57a11, 65d7

προγίγνομαι 先发生，先出现

[拉]ante accido, antecedo

[德]früher geschehen, vorhergehen

[英]come forward, to be born before

39d3, 45b4

πρόειμι 向前走，前进，开始

[拉]anteeo, procedo

[德]vorgehen, fortschreiten

［英］go forward, advance, begin

20c5, 24d5

προερέω (προεῖπον) 预先说出，预先告知

［拉］praedico

［德］vorhersagen

［英］say beforehand

28a5, 31c5, 32d2, 41c4, 59e7

προέρχομαι 前进，走在前面

［拉］progredior, procedo

［德］vorgehen, vorrücken

［英］go forward, advance

53e9, 57c7

προθυμέομαι 一心要做，极其想做，热衷于

［拉］studeo

［德］bereit, geneigt sein, erstreben

［英］to be ready, willing, eager to do

16b1, 33a3

προθυμητέον 必须渴望……

［拉］promte, alacriter agendum

［德］eifrig sein müssen

［英］one must be eager

61c7

πρόθυμος (adv. προθύμως) 热心的

［拉］promptus, studiosus

［德］eifrig, willig, bereitwillig

［英］zealous, eager

38a3

πρόθυρον 前门，门廊

［拉］vestibulum

［德］Torweg, Vorhalle

［英］front-door, door-way, porch, portico

64c1

προλυπέομαι 预先感到痛苦

［拉］ante dolore afficior

［德］sich vorher betrüben

［英］to feel pain before

39d4

προπετής (adv. προπετῶς) 冒失的，轻率的，仓促的

［拉］inconsideratus

［德］unbesonnen, voreilig

［英］precipitate, rash, reckless

45a9

προσαγορεύω 称呼，打招呼

［拉］voco, saluto

［德］anreden, nennen, begrüßen

［英］address, greet

12c4, 13a7, 13b2, 13b5, 16b4, 34e4, 44b3, 49c1, 54a10, 63b2

προσαγωγεῖον 木工尺，矩尺，曲尺

［拉］instrumentum fabrile quo ligna curva diriguntur

［德］Klammer, Schraube

［英］square

56c1

προσαναγκάζω (προσαναγκαστέον) 强迫

［拉］insuper cogo

［德］dazu nötigen, zwingen

［英］force, compel

13b3

προσαρτάω 使连接，使紧附于……

［拉］apto, adiungo

［德］knüpfen, verbinden

［英］fasten, attach to

58a4

προσγίγνομαι 加上，增加，产生，发生

[拉] adsum, adnascor

[德] dazukommen, sich anschließen

[英] to be added, accrue, come to, happen to

37d2, 37d7

προσδέομαι (προσδέω) 还缺少……，还需要……

[拉] indigeo, requiro

[德] noch dazu bedürfen, noch dazu begehren

[英] to be in want of, stand in need of besides

20c5, 20e6, 21a11, 23d5, 23d9, 60c3, 61e9, 63c6, 63d3, 64b5

προσδέχομαι 接受，容许，期待

[拉] admitto, expecto

[德] annehmen, zulassen, erwarten

[英] accept, admit, await, expect

15b4

προσδοκάω (προσδοκέω) 指望，期待

[拉] expecto

[德] erwarten

[英] expect, wait for

20b1

προσδοκία (προσδόκημα) 期待，指望

[拉] exspectatio

[德] Erwartung, Vermutung

[英] looking for, expectation

32c1, 32c4, 36a5, 36c11

προσεῖπον 对……说，打招呼，称为

[拉] alloquor, appello

[德] ansprechen, nennen

[英] speak to, address

18d2, 38a2, 38d10

προσέοικα 相似，相像

[拉] similis sum

[德] ähnlich sein, gleichen

[英] to be like, resemble

38e12

προσερέω (προσερῶ) 说话，攀谈

[拉] alloquar

[德] anreden, ansprechen

[英] speak to, address

19d3

προσέτι 此外，而且还

[拉] praeterea

[德] noch dazu, überdies

[英] over and above, besides

30b5

προσέχω 带给，献上

[拉] applico

[德] herführen

[英] apply, bring

31d2, 32e5, 45d5

προσήκω 来到，抵达，关系到，适合于，属于

[拉] pertineo aliquo, attineo

[德] herzugekommen sein, in Verbindung stehen

[英] to have come, reach, belong to, be related to

36d7, 36d10

πρόσθεν 在……前，以前，从前

[拉] ante, olim, prius

[德] vorn, früher

[英] before, in front of

17d2, 18e8, 25c10, 28d8, 32b2,

digen

［英］bring to, present, utter

57a5

προφήτης 代言人，解释者

［拉］interpres, vates

［德］Wortführer, Wahrsager

［英］spokesman, interpreter, expounder

28b8

προχαίρω 预先高兴，预先欢喜

［拉］ante gaudeo

［德］sich vorher freuen

［英］rejoice beforehand

39d4

πρόχειρος 准备好的，在手边的

［拉］ad manum, promptus

［德］zur Hand, bereit

［英］at hand, ready for

45a4

προχωρέω 前行，前进

［拉］progredior

［德］fortgehen

［英］go or come forward, advance

24d4

πρώτειον 头奖，一等奖

［拉］palma, primae

［德］erster Preis

［英］first prize

22e1, 33c2

πρῶτος 最前面的，为首的，最初的

［拉］primus

［德］vorderster, frühester

［英］foremost, primary

44e6

πταίω 绊跤，跌倒，失误，犯错误

［拉］titubo, pecco

［德］verfehlen, anprallen

［英］stumble, make a false step or mistake

30b2, 45a9

πυνθάνομαι 询问，打听，听到，了解到

［拉］interrogo, quaero, audio

［德］fragen, sich erkundigen

［英］inquire about, hear, learn

44d3, 54a11, 61b1

πῦρ 火

［拉］ignis

［德］Feuer

［英］fire

16c7, 29a10, 29b9, 29c3, 29c6, 46e1

πυρέσσω 发烧

［拉］febricito

［德］fiebern, das Fieber haben

［英］to be feverish, fall ill of a fever

45b6

πυρία 蒸汽浴，热敷

［拉］vas caldarium, quo excalefacto sudation cietur

［德］Schwitzbad, Erwärmung

［英］vapour-bath, external application of heat

46e2

πῶμα 一剂药，一口饮料

［拉］potus, poculum

［德］Trank, Getränk

［英］drink, draught

34e14, 35a1

ῥᾴδιος (adv. ῥᾳδίως) 容易的，漫不经心的

33d5, 33e11

σελήνη 月亮

［拉］luna

［德］Mond

［英］moon

28e4

σεμνός 庄严的，神圣的

［拉］vererandus, sacer

［德］erhaben, heilig

［英］august, holy

53d6

σεμνύνω 使宏伟庄严，夸大，美化

［拉］venerandum et augustum reddo, orno, honore et dignitate adficio

［德］ehrwürdig od. feierlich machen, verherrlichen

［英］exalt, magnify

28b1, 28c3, 28c7

σημαίνω 表明，宣告，发信号

［拉］significo, impero

［德］bezeichnen, befehlen

［英］show by a sign, give a sign, point out

24b7, 51a2

σημεῖον 迹象，信号，标记

［拉］signum

［德］Zeichen

［英］mark, sign

24e5

σκεπτέον 必须考虑，必须考察

［拉］considerandum est

［德］man muss betachten, überlegen

［英］one must reflect or consider

26e2, 28a2, 36d7, 36e11, 36e13, 37b8, 37b9, 37c2

σκέπτομαι 考虑，思考

［拉］considero

［德］nachdenken

［英］consider

24a6, 39c8, 44d2, 44d4, 65d5

σκέψις 考虑，思索，观察

［拉］consideatio, speculatio

［德］Überlegung, Prüfung

［英］consideration, speculation

26e2, 28c9, 36c3, 65d7

σκληρός 顽固的，硬的

［拉］durus

［德］hart, verstockt

［英］hard, stiff, unyielding

44e1, 44e2

σκληρότης 坚硬，硬（性）

［拉］durities

［德］Härte

［英］hardness

44e3

σκοπέω 考虑，注视，查明

［拉］speculor, considero

［德］überlegen, prüfen, sich umshen

［英］behold, contemplate

12c6, 16c3, 16d3, 16e3, 17d7, 17e2, 19a5, 19b1, 20e1, 22c8, 24a7, 25b10, 25b11, 32a8, 34d1, 34d4, 45c3, 45e9, 46a2, 52e8, 57a11, 58e1, 60d6

σκοπός 瞭望者，观察者，目标

［拉］speculator, meta

［德］Wächter, Aufseher, Ziel

［英］one who watches, watcher, mark

［德］Vermutung

［英］guessing, the power of guessing

56a4, 62c1

στοχαστικός 善于猜中的

［拉］conjiciens et conjectura assequens

［德］zum Vermuten geschickt

［英］proceeding by guesswork

55e7

στρατηγικός 关于将军的，有将才的

［拉］imperatorius

［德］den Feldherrn betreffend

［英］of or for a general

56b2

στρατόπεδον 营地，军营

［拉］castra

［德］Lager

［英］camp, encampment

56d11

συγγενής 同类的，同家族的，同属的

［拉］cognatus

［德］verwandt, mitgeboren

［英］akin to, of like kind

11b8, 11e1, 19d5, 22d8, 31a8, 46b5, 59c5, 65b1, 65b7, 65c3, 66c2

συγγίγνομαι 和某人在一起，和某人交往，和某人交谈，帮助某人

［拉］simul sum, auxilior

［德］zusammenkommen, mit jemandem zusammensein, helfen

［英］keep company with, hold converse with, come to assist

45b8

συγγιγνώσκω 原谅，同意

［拉］consentio, ignosco

［德］eingestehen, verzeihen

［英］consent, agree, excuse, pardon

23e1

συγγνώμη 同情，体谅

［拉］venia

［德］Verzeihung

［英］fellow-feeling

65c7

σύγκειμαι 躺在一起，被组合起来

［拉］simul positus sum, consto, compositus sum

［德］zusammen liegen, zusammengesetzt sein

［英］lie together, to compounded

29d8

συγκεράννυμι (συγκρατέον) 混合在一起

［拉］commisceo

［德］zusammenmischen

［英］mix, blend with

46e4, 50a7, 50d6, 61e7, 62b7, 63a5

συγκεφαλαιόω 总计，总结

［拉］summatim et breviter recenseo

［德］zusammenrechnen, zusammenfassen

［英］sum up, make a summary of

11b1

συγκινδυνεύω 和他人一起冒风险，分担风险

［拉］una periculum subeo

［德］zugleich in Gefahr sein, die Gefahr teilen

［英］incur danger along with others, share in the danger

29a3

［英］commingling, commixture
23d7, 64c5, 65a4

συμμετέχω 一起分享，参与
［拉］una particeps sum
［德］zugleich teilhaben
［英］partake of with, take part in with
54b7

συμμετρία 对称，匀称，比例恰当
［拉］apta proportio, apta compositio
［德］richtiges Verhältnis, Ebenmaß
［英］commensurability, symmetry, due proportion
64e6, 65a2

σύμμετρος 可以用同一标准衡量的
［拉］commensuratus
［德］kommensurabel
［英］commensurable
25e1, 26a8, 64d9, 66b1

συμμίγνυμι (συμμεικτέον) 混合
［拉］misceo
［德］vermischen
［英］mix together, commingle
22a2, 23d1, 25d2, 26b3, 47a4, 51e2, 61c8, 61e7, 62d9

σύμπας (συνάπας) 全部，总共，整个
［拉］omnis, totus, cunctus
［德］all, insgesamt
［英］all together, the whole, sum
11b9, 13e9, 18c6, 19c2, 25b1, 26a4, 26b7, 27d9, 28d5, 34c1, 35d2, 50b3, 52e3, 53b10, 54c4, 56a5, 58a3, 60a9, 62d4, 63e5, 64d3, 67b2

συμπίτνω (συμπίπτω) 塌陷，收缩，一起落下，同时发生
［拉］collabor, incido, incurro
［德］verfallen, zusammenfallen
［英］fall in, fall together, concur
39a1, 41a3, 47d3

συμφέρω (συμφορέω) 收集，聚集
［拉］confero, congero
［德］zusammentragen, sammeln
［英］bring together, gather, collect
63a4, 64e1

συμφεύγω 一起逃走，一起流亡
［拉］una fugio, simul exsulo
［德］mit jem. fliehen, mitverbannt sein
［英］flee along with, to be banished along with
43a8

σύμφημι 同意，赞成
［拉］concedo, approbo
［德］beistimmen, bejahen
［英］assent, approve
29a1

συμφορά 厄运，不幸
［拉］calamitas, infortunium
［德］Unglück, Unfall
［英］mishap, misfortune
64e2

σύμφορος 陪伴着的，伴随着的，有益的，合适的
［拉］conveniens, utilis
［德］zusammenhängend, vereint, angemessen, zuträglich
［英］accompanying, suitable, useful, profitable
64d2

συμφύρω (συμφυράω) 和……混合在

19d5

σύνθετος 组合在一起的，合成的

[拉] compositus

[德] zusammengesetzt

[英] put together, compounded, composite

29e2

συνίστημι 组成，联合

[拉] constituo

[德] bestehen, zusammensetzen

[英] put together, constitute

26a4, 64c9

συννοέω 理解，明白

[拉] intelligo

[德] verstehen

[英] comprehend, understand

26c4, 31e4, 44e2, 48b2

σύνοιδα (σύν-εἶδον) 一起看清楚，了解，意识到

[拉] conscius

[德] zugleich wissen

[英] know well

32d9

συνοικέω 住在一起

[拉] una habito vel vivo

[德] zusammen wohnen

[英] dwell or live together

63c2

σύνοικος 住在一起的

[拉] una habitans

[德] zusammen wohnend

[英] dwelling in the same house with

64d3

συνομολογέω 和某人一同表示同意，承认

[拉] fateor, confiteor

[德] übereinstimmen

[英] say the same thing with, agree with

41d5, 60b7

συνουσία 就教，交往

[拉] conversatio, colloquium

[德] das Zusammensein, Umgang, Verkehr zwischen Lehrer und Schüler

[英] being with or together, intercourse with a teacher

19c5

σύντασις 紧张，努力

[拉] contentio

[德] Anspannung, Anstrengung

[英] tension, rigidity, exertion

46d1

συντάσσω 安排，组织

[拉] compono, dispono, constituo

[德] zusammenordnen, einrichten

[英] put in order together, arrange, organize

28d9, 30c5

συντείνω 奋起，努力，激励，绷紧

[拉] contendo, intendo, concito, studiose laboro

[德] anspannen, anstrengen, zusammennehmen

[英] exert oneself, strive, strain

47a6, 59a2

συντίθημι 编造，同意，合并

[拉] compono, convenio, conjungo

[德] aussinnen, entwerfen, verfassen,

17d4, 21c8, 29a9, 29d8, 29e2, 29e5, 29e6, 30a6, 30b2, 32c4, 33d2, 33d3, 33e11, 34a3, 34b6, 34c6, 35b9, 35c6, 35d5, 36a5, 39d2, 41c2, 41c6, 42d9, 42e9, 45a5, 45b8, 45e6, 46b8, 46c1, 46c2, 47c2, 47c3, 47d1, 48e5, 50d4, 50d5, 51a8, 52c7, 55b2, 64b7

σωμασκία 身体锻炼，操练

［拉］corporis exercitatio

［德］Leibesübung

［英］bodily exercise, athletic training of the body

30b2

σωτήρ 救星，救主

［拉］servator

［德］Retter

［英］savior

66d4

σωτηρία 拯救，保全

［拉］salus

［德］Rettung

［英］salvation

34a10, 35e3

σωφρονέω 清醒过来，明白过来，节制

［拉］prudens sum

［德］vernünftig, klug, besonnen sein

［英］come to one's senses, learn moderation, to be temperate

12d1, 12d2, 63e5

σωφροσύνη 节制，清醒

［拉］temperantia, modestia

［德］Besonnenheit, Selbstbeherrschung

［英］selfcontrol, temperance

55b3

σώφρων (σωφρονικός) 节制的，清醒的

［拉］temperans, moderatus

［德］besonnent

［英］temperate, self-controlled

19c2, 45d4, 45d7

τάξις 位置，岗位，布置，安排

［拉］ordo, officium

［德］Ordnung, Platz

［英］arrangement, post

26b10, 49c5

ταράσσω 扰乱，心神迷乱

［拉］perturbo

［德］aufrühren, verwirren

［英］stir, upset

63d6

ταραχή 混乱，动乱

［拉］turba, confusio

［德］Verwirrung, Störung

［英］disorder, confusion

16a8

ταὐτός 同一的

［拉］idem

［德］identisch, gleich

［英］identical

12e7, 13b3, 13e6, 15b7, 17b12, 19b4, 19b6, 20c2, 22c2, 22c4, 23b9, 24a1, 26a3, 27a8, 29b9, 29d1, 29e1, 30a6, 31e2, 32a7, 34e3, 35d8, 37d8, 38e6, 39a1, 43d4, 58a2, 60e1, 61e2, 62d10, 63a2, 65d2

ταχύς (adv. τάχα, comp. θάσσων) 快的，迅速的

［拉］citus, celer, velox

［英］engaged in, to be busy

56e5

τέχνη 技艺

［拉］ars

［德］Kunst, Kunstfertigkeit

［英］art, skill

16c2, 17c1, 18d2, 19d5, 44c6, 55e1, 55e7, 56c4, 56c8, 56c11, 57b6, 57b9, 57c10, 58a8, 58b2, 58c1, 58c6, 58e2, 58e5, 61d8, 62b6, 63a1, 66b9

τεχνικός 有技艺的，合适的

［拉］artificialis

［德］kunstvoll, vernünftig

［英］skilful, artful, cunning

56b6

τίθημι (θετέος) 提出，设定

［拉］pono, duco

［德］setzen, stellen

［英］give, put, setup

13b7, 13e2, 13e5, 14b6, 14c10, 14d2, 15a2, 15a5, 15b6, 16d2, 17c4, 23c2, 23c12, 23d8, 25a2, 25c11, 26b10, 26d8, 27d1, 28a6, 31c11, 32b6, 32b9, 33d2, 39d8, 41a3, 42b3, 43c13, 43e1, 47e3, 48b9, 51e4, 52d1, 53b1, 54c11, 54d2, 55a11, 56c4, 56d8, 56e3, 57a2, 57a4, 58b3, 60b1, 60c7, 60d5, 66b6, 66b8, 66c4, 66d7

τιμάω 尊重，敬重，看重；提出应受的惩罚

［拉］honoro, decoro, dignum judico

［德］ehren, achten, schätzen, auf eine Strafe antragen

［英］worship, esteem, honour, estimate the amount of punishment

59d1

τιμή 尊荣，崇敬

［拉］honor

［德］Ehrung

［英］worship, esteem, honour

61c2

τίμιος 贵重的，受尊敬的

［拉］pretiosus

［德］geehrt, kostbar

［英］valuable, held in honour, worthy

30b7, 64c5, 65b1

τιμωρέω 报复，复仇

［拉］ulciscor

［德］rächen

［英］avenge

49b7, 49b9

τιτρώσκω 受伤，伤害

［拉］vulnero, laedo

［德］verwunden

［英］wound, damage, injure

13c9

τμῆμα (τμῆσις) 砍下的部分，一段，一片

［拉］incisio, segmentum, sectio, portio

［德］Schnitt, Stück

［英］incision, part cut off, section, piece

61e6

τολμάω (τολμητέον) 敢，敢于，大胆

［拉］audeo

［德］wagen

［英］dare

[拉] invenio, incido

[德] sich treffen, sich zufällig ereignen

[英] happen to be

12e6, 13a2, 15e6, 17a1, 17b11, 27e8, 28d7, 30a6, 36b12, 47b6, 50d8, 51e3, 64d9

τύπος 印迹，形象，形态

[拉] forma, simulacrum

[德] Gepräge, Form

[英] impression, form, shape

32b5, 51d2, 61a4

τύχη 命运，运气

[拉] fortuna, sors

[德] Geschick, Zufall

[英] fate, chance

57e1

ὕβρις 侮慢，放纵

[拉] contumelia

[德] Übermut, Hochmut

[英] insolence, wanton violence

26b7, 45d3

ὑβριστής 侮慢者，放纵者

[拉] contumeliosus, protervus, lascivus

[德] Übermütiger

[英] insolent man

45e2

ὑγιαίνω 健康

[拉] valeo

[德] gesund sein

[英] to be sound, healthy

29d4, 45a8, 45b1, 45c5

ὑγίεια 健康

[拉] sanitas

[德] Gesundheit

[英] health, soundness

25e8, 31c11, 45c2, 63e4

ὑγιεινός 健康的

[拉] saluber

[德] gesund

[英] healthy, sound

61c7

ὑγιής (adv. ὑγιῶς) 健康的，强健的

[拉] saluber, sanus

[德] gesund

[英] healthy, sound

44c8

ὑγρός 湿的，柔软的

[拉] humidus, mollis

[德] feucht, weichlich

[英] wet, soft

25c8, 32a1

ὑγρότης 潮湿

[拉] humor

[德] Nässe, Feuchtigkeit

[英] wetness, moisture

32a6

ὕδωρ 水

[拉] aqua

[德] Wasser

[英] water

29a10, 61c7

ὕλη 树林，灌木林，原料，质料

[拉] silva, materia

[德] Wald, Holz, Gesträuch, Stoff, Material

[英] forest, woodland, material, matter

54c2

46a4

ὑπομιμνήσκω 提醒，启发

[拉] in memoriam revoco

[德] erinnern

[英] remind

31c4, 47e6, 67b12

ὑποπτεύω 怀疑，猜想，觉得

[拉] suspicor, suspectum habeo

[德] vermuten, mit Argwohn betrachten

[英] suspect, guess, suppose

66e7

ὕστερος 较晚的，后来的

[拉] posterior, sequens

[德] später, nächst

[英] latter, next

41a6, 46d1, 52a5, 59c6

ὑφίστημι 置于下面，支持

[拉] substituo, substitutus sum

[德] darunterstellen, sich unterstellen

[英] place or set under, support

19a7

φαίνω 显示，显得，表明，看起来

[拉] in lucem protraho, ostendo, appareo

[德] ans Licht bringen, scheinen

[英] bring to light, appear

11d11, 11e1, 12d6, 13d5, 15b7, 15d7, 17e8, 20c1, 21a1, 21e4, 23a5, 23b7, 23d5, 24d8, 24e7, 25e3, 25e5, 26c2, 26d2, 28e2, 29d5, 31a5, 31b8, 31c2, 34d2, 35d9, 38b3, 38e9, 39a2, 41d3, 41d4, 42b4, 42b9, 42c1, 42c6, 43d10, 45b11, 45c1, 54a12, 55c6, 56c10, 62c3, 64b8, 66a9, 66e8, 67a3, 67a10, 67a12

φανερός 明显的，看得见的

[拉] manifestus, evidens

[德] offenbar

[英] visible, manifest

16c3, 33c10, 36a8, 61b9

φανός 光明的，光芒四射的

[拉] lucidus, illustris

[德] leuchtend, glänzend

[英] shining, radiant

16c7

φαντάζω (φαντάζομαι) 使显得，显出

[拉] ostendo, appareo

[德] erscheinen

[英] make visible, appear

38d1, 38d2, 51a6

φάντασμα 显影，显象，假象

[拉] phantasma

[德] Erscheinung, Einbildung

[英] apparition, phantom

40a9

φάος (φῶς) 光，光线

[拉] lux

[德] Licht

[英] light

66a3

φάρμακον 药，药物，毒药；颜料，染料

[拉] venenum, color vel pigmentum

[德] Gift, Färbemittel

[英] poison, drug, dye, paint, colour

54c1

φάρμαξις 治疗，药物救治

[拉] perdo, corrumpo
[德] verderben, verschlechtern
[英] destroy, corrupt, ruin, spoil
32b2, 55a3

φθίσις 衰减，耗损
[拉] decrementum, corruptio
[德] Abnahme, Schrumpfung
[英] wasting away, perishing, decay
42d1

φθόγγος 声音，乐音
[拉] sonus
[德] Ton
[英] sound
18c1, 51b5, 51d6

φθονερός 嫉妒的
[拉] invidus
[德] neidisch
[英] envious, jealous
49d4

φθονέω 嫉妒
[拉] invideo
[德] beneiden, neidisch sein
[英] grudge, be envious or jealous
48b11

φθόνος 嫉妒
[拉] invidia
[德] Neid
[英] envy, jealousy
47e2, 48b8, 49a8, 49c8, 50a2, 50a6, 50a7, 50c1, 50c5

φθορά 毁灭，败坏
[拉] corruptio
[德] Vergehen, Verderben
[英] destruction, ruin
31e10, 32b2, 35e3, 55a5

φιλέω 爱，喜爱，热爱
[拉] amo
[德] lieben
[英] love
37b6

φιλονικέω 热爱胜利，喜欢竞争
[拉] vincere, praestare cupio, contendo
[德] den sieg lieben
[英] to be fond of victory, engage in rivalry
14b5, 50b6

φίλος 亲爱的，令人喜爱的
[拉] carus, amicus
[德] lieb, geliebt
[英] beloved, dear
12c3, 17c11, 24b10, 25b11, 30a5, 30d3, 31c4, 49d6, 49d11, 49e3, 50a2, 50a5, 50e4, 53d1, 58b9, 63b2

φιλοσοφέω 热爱智慧，从事哲学
[拉] sapientiam amo
[德] philosophieren
[英] philosophize
56d5, 57c2, 57d1

φιλοσοφία 热爱智慧，哲学
[拉] philosophia
[德] Philosophie
[英] philosophy
56e8

φλεγμαίνω 使肿胀，发炎，化脓
[拉] inflammatus sum
[德] flammen, erhitzt sein
[英] cause to swell up, to be heated, inflamed, fester

［英］beget, bring forth, produce

14c7, 27e8, 51c7, 58a3, 58d4, 64a2

φωνή 方言，声音

［拉］vox, dictum

［德］Mundart, Laut

［英］dialect, sound

17b3, 17c1, 17c12, 18b6, 18c1

φωνήεις 发响声的，有声的

［拉］voce praeditus, vocalis

［德］mit Sprache begabt, redend

［英］endowed with speech, vocal

18b8, 18c4

χαίρω 高兴，满意，喜欢

［拉］gaudeo, laetor, delector

［德］sich freuen

［英］rejoice, be glad

11b4, 11d8, 16e2, 21b2, 21b4, 21b7, 21b8, 21c2, 21c4, 21c5, 21c6, 33a1, 33b1, 33b3, 33b8, 35e4, 36a3, 36b5, 36b9, 36d9, 36e7, 37b7, 40a12, 40c1, 40d7, 40d8, 43d5, 44a4, 44a7, 44a9, 44a10, 45c4, 47c7, 48a6, 49d4, 49d7, 49e9, 50a1, 54e5, 55a7, 55b5, 55b7, 55c1, 59b11, 60d8, 67b2

χαλεπαίνω 动怒

［拉］irrito, irascor

［德］wüten,zürnen

［英］to be angry with

47e8

χαλεπός (adv. χαλεπῶς) 困难的，艰难的，难对付的，痛苦的

［拉］difficilis, molestus

［德］schwer, schlimm

［英］difficult, painful, grievous

16c1, 24a6, 28c1, 37c8, 58e1, 64d3

χαρά 欢喜，快乐，愉快

［拉］laetitia

［德］Freude

［英］joy, delight

19c7

χάρις 满意，感激

［拉］gratia

［德］Dank, Wohlwollen

［英］thankfulness, gratitude, gratification, delight

34c4, 50c11, 53c7, 53e6, 54d6

χαρμονή (χάρμα) 快乐，高兴

［拉］gaudium, voluptas

［德］Freude, Wonne

［英］joy, delight

43c11

χειμάζω 遭殃，遭大难

［拉］in magnis malis versor

［德］heimsuchen

［英］suffer from

29a11, 29b1

χειμών 严冬，冬季

［拉］hiems

［德］Winter

［英］winter

26a6

χειροτεχνικός 手艺人的，工匠的

［拉］ad opifices pertinens vel spectans

［德］zum Handwerk gehörig

［英］skilful, manual

55d5

χορδή 琴弦，弦

[拉] chorda
[德] Saite
[英] string
56a5

χράω (χράομαι) 利用，使用，运用
[拉] utor
[德] benutzen, gebrauchen
[英] use, make use of
16c1, 25c1, 36c4, 41b2, 43e2, 55c8, 56b5, 56c1, 59a1, 62b1

χρεία 需要，运用，使用
[拉] usus, indigentia
[德] Bedürfnis, Gebrauch, Nutzen
[英] need, use
52b1, 58c6

χρῆ (χρεών) 必须……，应该……
[拉] opus est, oportet, licet
[德] es ist nötig, man muß
[英] it is necessary, one must or ought to do
15c4, 22c8, 23b9, 25a3, 31b7, 52d6, 55d9, 59b11, 63a8, 63b2, 66a7, 66d3

χρῆμα 钱财，财物，必须之物
[拉] divitia, pecunia
[德] Reichtum, Geld
[英] money, treasures
12e2, 48e1

χρηστός 有益的，有利的，好的
[拉] utilis, bonus
[德] nützlich, gut
[英] useful, good
37e7, 40e6

χρόνος 时间
[拉] tempus
[德] Zeit
[英] time
21c5, 31d6, 32e6, 35a8, 36b6, 38e7, 39b4, 39c12, 39d4, 39e1, 39e5, 50a9, 60e1, 65c2, 65c4

χρυσός (χρυσίον) 黄金
[拉] aurum
[德] Gold
[英] gold
40a10, 43e2, 43e6

χρῶμα 颜色，肤色
[拉] color
[德] Farbe, Teint
[英] colour
12e3, 12e4, 47a7, 51b3, 51d2, 53a7

χώρα 地点，位置
[拉] locus
[德] Ort
[英] place, position
24d2

χωρίζω (χωριστέον) 使分离，使分开
[拉] separo, secerno
[德] sondern, trennen
[英] separate, divide
55e1

χωρίς 除了……，离开，分离
[拉] praeter, separatim
[德] abgesehen, abgesondert
[英] apart from, separately
15b7, 20e2, 26e5, 31b5, 32c4, 34c6, 41c2, 44a10, 44a11, 52b3, 52b4, 52c1, 55d11, 60c6, 60e4, 63b4

ψευδής 虚假的，说谎的

［拉］falsus, mendax

［德］falsch, lügenhaft

［英］false, untrue

36c7, 36c8, 36c10, 36c11, 36e3, 37b5, 38a1, 38a2, 38b6, 38b10, 39a6, 39c5, 40b7, 40c1, 40c4, 40d2, 40e7, 40e10, 41a7, 42a1, 42a7, 42c6, 44a9, 49a2, 49b1, 62b5

ψεῦδος 虚假，错误

［拉］mendacium

［德］Täuschung

［英］falsehood

37b10, 37e11, 38a7, 41a2

ψῆφος 票，小石子

［拉］suffragium, lapillus

［德］Abstimmung, Steinchen

［英］vote, pebble

57a4

ψόγος 指责，责备

［拉］vituperatio

［德］Tadel

［英］blame, censure

29a3

ψῦξις 冷却，寒冷

［拉］refrigeratio

［德］Abkühlung, Erkältung

［英］a cooling, chilling

32a3

ψυχή 灵魂，性命

［拉］anima, animus

［德］Seele

［英］soul

11d4, 26b6, 30a3, 30b1, 30c9, 30d2, 32b9, 32c4, 33c6, 33d3, 33d8, 33e10, 34a3, 34b6, 34c6, 35b11, 35d2, 36a5, 38e12, 39a3, 39b4, 39b7, 39d1, 40c5, 41c2, 41c5, 45e6, 46c1, 46c2, 47c3, 47d1, 47d8, 47e3, 48a8, 48b9, 48e9, 50d4, 51a9, 52c7, 55b3, 55b4, 58d4, 63d5, 66b8, 66c5

ψυχρός 冷的

［拉］frigidus

［德］kalt

［英］cold

24a8, 24b4, 24d3, 24d5, 25c5, 32d3

ψύχω 使变冷，使变凉

［拉］frigesco

［德］abkühlen

［英］make cool or cold

46c8

ψώρα 疥癣

［拉］scabies

［德］Krätze

［英］itch

46a8, 46d8

ὠθέω 推，推开

［拉］pello, trudo

［德］drängen, zurückstoßen

［英］thrust, push

62c5

ὥρα 时候，季节

［拉］hora

［德］Zeit

［英］any time or period

26b1, 30c6, 62e3

ὡσαύτως 同样地

［拉］similiter, eodem modo

［德］ebenso, auf dieselbe Art

专名索引

神话与传说

人名

地名

参考文献

（仅限于文本、翻译与评注）

1. Platon: *Platonis Philosophi Quae Extant, Graece ad Editionem Henrici Stephani Accurate Expressa, cum Marsilii Ficini Interpreatione*, 12Voll. Biponti (1781–1787).
2. F. Ast, *Platonis quae exstant opera, Graece et Laine*, 11 Bände. Lipsiae (1819–1832).
3. I. Bekker, *Platonis Scripta Graece Opera*, 11Voll. Londini (1826).
4. J. K. Götz, *Philebos, oder von der Lust*. Augsburg und Leipzig (1827).
5. G. Stallbaum, *Platonis Philebus*. Gothae (1842).
6. H. Cary, G. Burges, *The Works of Plato, a new and literal version, chiefly from the text of Stallbaum*, 6 vols. London (1848–1854).
7. H. Müller, *Platons Sämmtliche Werke*, 8 Bände. Leipzig (1850–1866).
8. Ch. Badham, *Platonis Philebus, with Introduction and Notes*. London (1855).
9. F. W. Wagner, *Platons Philebos, Griechisch und Deutsch mit kritischen und erklärenden Anmerkungen*. Lepzig (1857).
10. W. William, *Platonic Dialogues for English Readers*, 3 Vols. Cambridge (1859–1861).
11. E. Poste, *The Philebus of Plato, with a Revised Text and English Notes*. London (1860).
12. E. Poste, *Philebus: A Dialogue of Plato, on Pleasure and Knowledge and their Relations to the highest Good*. London (1860).
13. R. B. Hirschigius, *Platonis Opera, ex recensione R. B. Hirschigii, Graece et Laine*, Volumen Primum. Parisiis, Editore Ambrosio Firmin Didot (1865).
14. L. Georgii, *Platons Werke, Zweiter Gruppe: Gespräche Praktischen Inhalts, Philebos*. Stuttgart (1869).

15. F. A. Paley, *The Philebus of Plato, translated, with brief explanatory notes*. London (1873).

16. Ch. Badham, *The Philebus of Plato, with Introduction, Notes, and Appendix*. Williams and Norgate (1878).

17. B. Jowett, *The Dialogues of Plato*, in Five Volumes, Third Edition. Oxford (1892).

18. R. G. Bury, *The Philebus of Plato, edited with Introduction, Notes and Appendices*. Cambridge (1897).

19. J. Burnet, *Platonis Opera*, Tomus II. Oxford (1901).

20. H. F. Carille, *The Theaetetus and Philebus of Plato*. London (1906).

21. O. Kiefer, *Platons Parmenides / Philebos*. Jena (1910).

22. O. Apelt, *Platon:Sämtliche Dialoge,* 7 Bände. Leipzig (1922–1923).

23. H. N. Fowler and W. R. M. Lamb, *Plato: The Statesman, Philebus, Ion*, Loeb Classical Library. London (1925).

24. G. Budé/ M. Croiset, *Platon: Œuvres complètes*, Tome IX–2. Texte établi et traduit par Auguste Diès. Paris (1941).

25. R. Hackforth, *Plato's Examination of Pleasure, A Translation of the Philebus, with Introduction and Commentary*. Cambridge (1945).

26. A. E. Taylor, *Philebus and Epinomis*. London (1956).

27. Hamilton and Huntington Cairns, *The Collected Dialogues of Plato*. Princeton (1961).

28. J. C. B. Gosling, *Plato: Philebus, Translated with Notes and Commentary*. Oxford (1975).

29. R. A. H. Waterfield, *Plato: Philebus, Translated with Introduction*. Harmondworth (1982).

30. D. Davidson, *Plato's Philebus*. Carland Publishing (1990).

31. S. Benardete, *The Tragedy and Comedy of Life: Plato's Philebus, Translated and with Commentary*. University of Chicago Press (1993).

32. D. Frede, *Plato: Philebus, Translated with Introduction and Notes*. Indianapolis (1993).

33. D. Frede, *Platon: Philebos, Übersetzung und Kommentar*. Vandenhoeck & Ruprecht in Göttingen (1997).

34. J. M. Cooper, *Plato Complete Works*, Edited, with Introduction and Notes, by John M. Cooper. Indianapolis/Cambridge (1997).

35. Marsilio Ficino, *The Philebus Commentary, A Critical Edition and Translation by*

Michael J. B. Allen. Tempe, Arizona (2000).
36. Gunther Eigler, *Platon: Werke in acht Bänden, Griechisch und deutsch, Der griechische Text stammt aus der Sammlung Budé, Übersetzungen von Friedrich Schleiermacher und Hieronymus Müller*. Darmstadt: Wissenschaftliche Buchgesellschaft (7. Auflage 2016).
37. 柏拉图,《赖锡斯　拉哈斯　费雷泊士》，严群译，北京：商务印书馆，1993年。
38. 张波波,《〈菲丽布〉译注》，北京：华夏出版社，2013年。
39. 吴广瑞,《柏拉图的论善:〈菲利布篇〉方法论、快乐论研究》，北京：中国社会科学出版社，2014年。
40. 伯纳德特,《生活的悲剧与戏剧：柏拉图的〈斐勒布〉》，郑海娟译，上海：华东师范大学出版社，2016年。

图书在版编目(CIP)数据

菲勒玻斯:希汉对照/(古希腊)柏拉图著;溥林译. —北京:商务印书馆,2023
(希汉对照柏拉图全集)
ISBN 978-7-100-21187-1

Ⅰ.①菲… Ⅱ.①柏… ②溥… Ⅲ.①柏拉图(Platon 前427—前347)—哲学思想—希、汉 Ⅳ.①B502.232

中国版本图书馆CIP数据核字(2022)第083900号

希汉对照
柏拉图全集
Ⅲ.2
菲勒玻斯
溥林 译

商务印书馆出版
(北京王府井大街36号 邮政编码100710)
商务印书馆发行
北京通州皇家印刷厂印刷
ISBN 978-7-100-21187-1

2023年1月第1版 开本710×1000 1/16
2023年1月北京第1次印刷 印张23¾
定价:160.00元